“双一流”高校建设“十四五”规划系列教材

风险投资学

李海涛　主编

天津大学出版社
TIANJIN UNIVERSITY PRESS

内容提要

本书系统地介绍了风险投资完整的运作过程，全书一共分为 7 章，分别介绍了风险投资概述、风险投资的资金来源、风险投资机构的组织形式、投资项目的选择、交易结构设计、风险投资的投后管理、风险投资的退出，从风险投资全寿命周期的 4 个环节“融、投、管、退”系统地介绍风险投资的整个运作过程。

本书兼备理论性与应用性，重视学生风险投资投资理念和思维的培养，适合高等院校工商管理类、金融类、创新创业类本科生、双学位学生使用，可以作为工商管理类、金融类、创新创业类研究生和工商管理硕士（MBA）的参考教材，也可作为政府部门企事业单位从事风险投资的相关从业人员的参考用书。

图书在版编目（CIP）数据

风险投资学 / 李海涛主编. -- 天津 : 天津大学出版社, 2024. 6（2026.1重印）. --（“双一流”高校建设“十四五”规划系列教材）. -- ISBN 978-7-5618-7738-8

Ⅰ. F830.59

中国国家版本馆CIP数据核字第20240N395C号

出版发行	天津大学出版社
地　　址	天津市卫津路92号天津大学内（邮编：300072）
电　　话	发行部：022-27403647
网　　址	www.tjupress.com.cn
印　　刷	天津泰宇印务有限公司
经　　销	全国各地新华书店
开　　本	787mm×1092mm　1/16
印　　张	21.75
字　　数	585千
版　　次	2024年6月第1版
印　　次	2026年1月第2次
定　　价	58.00元

前言

科技是现代经济的心脏，金融是现代经济的血脉。当前，我国金融机构围绕实体企业融资需求，从过去传统经济向“科技—产业—金融”新经济循环转型。我国已迈入中国式现代化国家新征程，要成为引领全球的创新大国，离不开企业从“0”到“1”的颠覆性创新，而企业的创新又离不开风险投资的大力支持和长期陪伴。

党的二十大报告明确指出，要“健全资本市场功能，提高直接融资比重”，“推动创新链产业链资金链人才链深度融合”。中共中央政治局2024年4月30日召开会议，会议强调，要因地制宜发展新质生产力。要加强国家战略科技力量布局，培育壮大新兴产业，超前布局建设未来产业，运用先进技术赋能传统产业转型升级。要积极发展风险投资，壮大耐心资本。风险投资作为重要的直接投融资渠道，在服务国家战略、服务实体经济、推动科技自立自强和加速产业升级等方面成效明显，功能作用日益增强，有力支持了“卡脖子”技术的创新发展。科技创新投资规模大、周期长、风险高，与股权融资“风险共担、利益共享”的特点相契合，在创新型国家建设中，股权融资具有重要作用。首先，风险投资是高科技企业创新中较为活跃的金融资源，不仅可帮助企业在发展早期拿到资金，还可助力企业实现资源共享。其次，风险投资能够成为中小企业融资难的破局者，为其他金融活动提供更多投资标的。再次，作为企业股本的市场化补充机制，风险投资有助于解决经济发展中遇到的融资结构失衡的瓶颈问题，有助于引导民间资本流向实体企业。最后，风险投资行业对地区经济和区域性发展战略的支撑作用也逐步显现，某一个地区风险投资行业的聚集程度、上市公司的数量和拟上市公司的数量，以及地方支柱型产业发展的势头之间出现了典型的正相关关系。过去30年，中国已经快速崛起为世界第二大PE/VC(Private Equity/Venture Capital，私募股权投资/风险投资)市场,不仅先期进入的境外资本收获颇丰,本土头部机构蔚然成林,也对经济发展产生了深远影响。鉴于风险投资行业在支持科技创新、布局未来产业、推动产业转型升级方面具有重要作用,风险投资应担负起促进中国经济高质量发展的历史使命。

本书系统地介绍了风险投资完整的运作过程,全书一共分为7章,分别从风险投资全寿命周期的4个环节“融、投、管、退”系统地阐述风险投资的整个运作过程。第1章首先对风险投资进行概述性的介绍,第2章和第3章介绍风险投资融资的环节,第4章和第5章介绍风险投资的投资环节,第6章介绍风险投资投后管理的环节,第7章介绍风险投资退出的环节。本书相对于同类教材的最大特点就是更加重视风险投资的社会实践对理论知识的重要支撑作用,并结合目前国内国外最新的风险投资实践和案例来加深读者对风险投资投资理念的认识和理解。本书每章后面都附有案例汇编、案例思考题和扩展阅读,这些素材为读者理论和实践的融合提供强有力的助力。本书除了可以作为金融、工商管理、创新创业等专业的教材,还可为希望系统学习风险投资的相关人士提供参考。

在本书的编写过程中,编者参考了大量国内外的书籍和资料,在此对这些参考文献的作者表示感谢。本书是天津大学2022—2023年本科教材建设的立项项目,同时还获得了天津大学2022年研究生创新人才培养项目(项目编号:YCX202225)的资助,在此一并表示感谢。在本书的编写过程中,编者力求内容全面、系统、新颖,追求理论知识的正确性与内容的实用性,由于作者水平有限,书中不足之处在所难免,望各位读者不吝赐教,以便再版时改正修订,编者的电子邮件是:lihaitao@tju.edu.cn。

编者

2024年6月

目录

1 风险投资概述

1.1 风险投资的界定

1.1.1 风险投资的定义

风险投资（Venture Capital，VC），也称创业投资，中文简称“风投”或“创投”，是指由职业风险投资家将风险资本投向新兴的、迅速成长的、有巨大竞争力的未上市公司，在承担很大风险的基础上为融资人提供长期股权资本和增值服务，以其拥有的专门知识主动参与经营，培育企业快速成长，数年后通过上市、并购或其他股权转让方式撤出投资并取得高额投资回报的一种投资方式。

风险投资是伴随着高新技术产业的发展和创新创业活动而产生的。通常，业内人士将1946年设立于美国波士顿的美国研究与发展公司（American Research and Development，ARD）视为最早的风险投资公司。从字面意思来看，Venture的本意是“探险、冒险”，指的是创业与探险一样，创业者与探险者一样，其引申义就是指有风险的企业、商业、投资活动、经营项目等。Venture不同于Risk，Risk意为“风险、危险”，而Venture表示人们主动承担可能的创新风险而进行的有意义的冒险创新活动或创业行为，其含义包括主动冒险、创新和追求改变等，尤指冒险行为、创新行为、创业企业等，如把创业企业称作“New Venture”，合资企业称作“Joint Venture”等。而Risk则是一种客观存在，不管是否能感知到，它都无所不在。因此，风险投资（Venture Capital）不同于一般的风险性资本（Risk Capital）。

风险投资的定义包含了三层意思：①从投资对象来看，风险投资主要投资于还未上市的新兴创业企业尤其是高科技创业企业，而不是投资于相对成熟的企业；②风险投资不同于单纯的投资行为，它不仅为创业企业提供资金支持，而且提供特有的对企业经营管理的支持性服务；③与长期持有所投资企业股权以获取股息为目的的普通投资不同，风险投资在创业企业发育成长相对成熟后就退出投资，以实现自身的资本增值为目的。

风险投资的运作过程分为融资过程、投资过程、管理过程和退出过程。

风险投资的实质是通过投资于一个高风险、高回报的项目群,将其中成功的项目出售或者上市,实现所有者权益的变现(风险投资的退出),从而弥补那些失败项目的损失,使投资者获得高额回报。在西方国家,据不完全统计,风险投资家(Venture Capitalists)投资10个项目,只有3个是成功的,而剩余7个全是失败的。正是因为这样,在风险投资界才会奉行"不要将鸡蛋放在一个篮子里"的分散组合投资原则。

迄今为止,国内外学术界对于风险投资的定义并无统一的阐述。常见的对风险投资的定义有如下几种。

(1)世界经济合作组织科技政策委员会1996年发表的一份题为《风险投资与创新》的研究报告指出,风险投资是指一种向极具发展潜力的新建企业或中小企业提供股权资本的投资行为。它与一般产业投资的不同在于其投资周期长,一般是3~7年;除资金投入外,投资者还向投资对象提供企业战略设计、经营管理等方面的咨询与帮助;投资者在投资结束时的股权转让活动中获得投资回报。

(2)美国风险投资协会(National Venture Capital Association,NVCA)强调风险投资是一种权益投资,根据NVCA给出的定义,风险投资是由职业金融家投入新兴的、迅速发展的、有巨大竞争力的企业中的权益资本,其本质内涵是"投资于创新创业企业,并通过资本经营服务培育和辅导创新企业创业,以期分享其高增长带来的长期资本增值"。

(3)英国风险投资协会(British Venture Capital Association, BVCA)将对英国未上市公司进行的长期股权投资统称为风险投资。

(4)欧洲风险投资协会(European Venture Capital Association, EVCA)则强调投资行为,指出风险投资是一种由专门的风险投资公司向具有巨大发展潜力的成长型、扩张型或重组型未上市企业提供资金并辅之以管理参与的投资行为。

(5)欧洲投资银行(European Investment Bank, EIB)认为风险投资是为形成和建立专门从事某种新思想或新技术生产的小型公司而进行的以股份形式承诺的投资。

(6)经济合作与发展组织(Organization for Economic Cooperation and Development, OECD)在1983年召开的第二次"投资方式研讨会"上认为,"凡是以高科技与知识为基础,对从事生产与经营技术密集的创新产品或服务进行的投资,都可以视为风险投资"。

(7)美国《企业管理百科全书》把风险投资定义为,"对不能从传统来源,诸如股票市场、银行或与银行相似的传统融资渠道,获得资本的工商企业的投资行为"。

(8)被誉为"中国风险投资之父"的著名管理学家、全国人大常委会前副委员长成思危先生在《积极稳妥地推进我国的风险投资事业》一文中对风险投资的定义是:"所谓风险投资,是指把资金投向蕴藏着较大失败危险的高新技术开发领域,以期成功后取得高资本收益的一种商业投资行为。其实质是通过投资于一个高风险、高回报的项目群,将其中成功的项目进行出售或上市,实现所有者权益的变现(蜕资),这时不仅能弥补失败项目的损失,而且还可使投资者获得高额回报。"

(9)我国关于风险投资的权威文件《国务院办公厅转发科技部等部门关于建立风险投资机制若干意见的通知》(国办发〔1999〕105号)将其定义为:"风险投资(又称创业投资)是指向主要属于科技型的高成长性创业企业提供股权资本,并为其提供经营管理和咨询服务,以期在被投资企业发展成熟后,通过股权转让获取中长期资本增值收益的投资行为。"

不论哪种定义,都体现出风险投资的本质内涵是一种针对新兴创业企业的专家管理型资本的投资活动。

1.1.2 私募股权投资的定义

近些年来,风险投资从传统的投资范围向私人权益资本的其他领域扩张,风险投资几乎囊括了私人权益资本的全部投资项目。广义上的风险投资概念正逐渐被一个更广泛意义上的概念"私募股权投资"(Private Equity, PE)所取代。欧洲和亚洲的不少国家对风险投资都采纳了广义风险投资的概念。

所谓私募股权投资是指通过私募形式投资于非上市股权或者上市公司非公开交易股权的一种投资方式,在持有一定阶段后通过上市、并购、重组等方式,出售所持企业股份获利且退出投资。广义的私募股权投资为涵盖企业生命周期各阶段的权益投资,即对处于种子期、初创期、成长期、扩张期、成熟期、Pre-IPO(上市前)和上市之后各个时期的企业所进行的股权投资。

私募股权投资起源于风险投资,在发展早期主要以中小企业的创业和扩张融资为主,因此风险投资在相当长的一段时间内成为私募股权投资的同义词。也因为如此,私募股权基金行业协会的名称通常都冠以"风险投资协会(VCA)"。从 20 世纪 80 年代开始,大型并购基金(如 KKR)的风行使得私募股权投资有了新的含义。由于历史原因,各国对于私募股权投资和风险投资的定义也稍有差别。美国(NVCA)一般认为风险投资范围限于中小公司的初创期和扩张期融资,私募股权投资则涵盖所有为企业提供长期股权资本的私募基金(包括创业投资基金)。欧洲(EVCA)、中国香港(HKVCA)和中国台湾(TVCA)则将创业投资和私募股权投资完全等同,都是提供长期股权资本的集合投资形式。

根据被投资企业发展阶段划分,私募股权投资主要可分为风险投资(Venture Capital)、成长资本(Development Capital)、并购基金(Buyout/Buyin Fund)、夹层资本(Mezzanine Capital)、重振基金(Turnaround Fund)、上市前投资基金(Pre-IPO Fund)、上市后私募投资基金(Private Investment in Public Equity Fund)等。

1. 风险投资(Venture Capital)

风险投资是指向新兴的、发展迅速的、具有发展潜力的初创企业提供资金支持并取得股权的一种投资,其主要投资处于种子期、初创期、成长早期等各个时期的中小型、未上市的高科技新兴企业。由于创业企业的发展存在着财务、市场、营运以及技术等诸多方面的不确定性,因而具有很大的风险,这种投资能够持续的理由是投资利润丰厚,能够弥补其他项目的损失。由于这类高科技创业企业具有较强的不确定性,因此这一类型投资的特点是高风险与高收益并存。风险投资有助于产业升级和结构调整,国家政策给予支持的力度要大于其他类型的投资。这部分投资就是本书所界定的风险投资。

2. 成长资本(Development Capital)

成长资本专注于投资处于成长期的企业。成长期的企业产品已经占据了市场的一定份额,营销模式和管理模式也已初步确立,扩张速度加快的同时资金需求更加迫切,但资信不足,一般无法获得足够的银行贷款,成长资本正是在企业的这种经营形势下进入从而获得股权或者投资收益的资本。

3. 并购基金(Buyout/Buyin Fund)

并购基金是一种专注于对有着稳定现金流的成熟企业进行并购的投资基金。基金通过收购目标企业的存量股权获得对目标企业的控制权,然后对目标企业进行重组改造,改善经营,使其增值后再全部或部分出售,获利了结。并购基金与其他类型投资基金的不同之处在于,并购基金主要投资于相对成熟的企业,而且意在获得目标企业的控制权。

4. 夹层资本(Mezzanine Capital)

夹层资本的目标主要是已经完成初步股权融资的企业。它是一种兼有债权投资和股权投资双重性质的投资方式,其实质是一种附有权益认购权的无担保长期债权。这种债权总是伴随着相应的认股权证,投资人可依据事先约定的期限或触发条件,以事先约定的价格购买被投资公司的股权,或者将债权转换成股权。夹层投资的风险和收益低于股权投资,高于优先债权。在公司的财务报表上,夹层投资处于底层的股权资本和上层的优先债(高级债)之间,因而称为“夹层”。与风险投资不同的是,夹层投资很少寻求控股,一般也不愿长期持有股权,更倾向于迅速地退出。当企业在两轮融资之间,或者在希望上市之前的最后冲刺阶段,资金处于青黄不接的阶段,夹层投资者往往就会从天而降,带给企业最需要的现金,然后在企业进入新的发展期后全身而退。这也是它被称为“夹层”的另一个原因。夹层投资的操作模式风险相对较小,因此寻求的回报率也低一些,一般在 18%~28%。

夹层资本是传统创业投资的演进和扩展,融资企业在使用了股权和优先债务融资后仍有很大资金缺口时,夹层投资此时可以提供利率比优先债务高,但同时承担较高风险的资金。其投资工具主要是:次级债券、可转换债券、可转换优先股、认股权等金融工具或其组合。对于融资方而言,夹层投资相比优先债务的优势是无须提供担保,相比股权融资的优势是不会稀释企业的股本。夹层资本主要应用于管理层收购(Management Buy-Outs, MBO)、杠杆收购融资、企业并购融资、企业扩张融资、债务重组、资本结构调整等。

5. 重振基金(Turnaround Fund)

重振基金一般投资于面临财务困难、亟须一定资金资助其摆脱困境的公司。投资后,重振基金通过改善经营管理、提高经营效率、改组等手段帮助公司走出困境。当然,只有那些市场发展前景好、有生产能力、有发展潜力而又面临财务困境的企业才能吸引重振基金的参与。

6. 上市前投资基金(Pre-IPO Fund)

上市前投资基金主要投资于企业上市前阶段。其退出方式一般为企业上市后在公开资本市场上出售股票。此类基金一般具有投资风险较小、回收周期相对较短、投资回报较高的优点,并且在企业股票受到投资者追崇的情况下,可以获得较高的投资回报,是私募股权投资市场上的重要组成部分。

7. 上市后私募投资基金(Private Investment in Public Equity Fund)

上市后私募投资(Private Investment in Public Equity, PIPE)基金是指投资于已上市公司股份的私募股权投资,以市场价格的一定折价率购买上市公司股份以扩大公司资本的一种投资方式。PIPE 分为传统型和结构型两种形式,传统型 PIPE 由发行人以设定价格向 PIPE 投资人发行优先股或普通股,结构型 PIPE 则是发行可转换为普通股或者优先股的可转债。相对于二次发行等传统的融资手段, PIPE 融资成本和融资效率相对较高,监管机构的审查较少,而且不需要昂贵的路演成本,这使得获得资本的成本和时间都大大降低。从投资周期看, PIPE 处于 PE 投资周期的后端,相应的风险较低、收益相对稳健。PIPE 比较适合一些不希望应付传统股权融资复杂程序的想快速成长为中型企业的上市公司。

1.1.3 风险投资与私募股权投资的区别

从风险投资（VC）和私募股权投资（PE）的定义可以看出，VC和PE并无本质区别，VC的本质属性就是PE，都是对非上市企业的股权投资。从本质上讲，VC是PE的一种，其主要的区别在于投资企业所处的阶段不同。区分VC与PE的简单方式是，VC投资企业的前期，PE投资后期。当然，前后期的划分使得VC与PE在投资理念、规模上都不尽相同。广义上的PE是对处于种子期、初创期、成长期、扩张期、成熟期、Pre-IPO和上市之后各个时期企业进行的股权投资，因此广义上的PE是包含VC的。

VC与PE虽然都是对上市前企业的投资，但是两者在投资阶段、投资规模、投资理念上有很大的不同。为了区分VC和PE，一般把企业成熟后（包括企业上市前和上市后）的各种股权投资叫作PE。VC主要投资中早期企业，创业期和成长期企业；PE主要投资后期企业，Pre-IPO和成熟期企业。从投资规模来看，PE单个投资项目金额比较大，VC则视项目需求和投资机构而定。从投资理念来看，VC投资期限较长，提供增值服务较为深入，对创业企业的增值不仅包括外部市场整合带来的增值，更主要是企业内部管理带来的增值；而PE投资一般是协助投资对象完成上市或者并购后立即套现退出，期限较短，提供的增值服务主要来自外部市场的整合。VC的成功率是20%~30%，PE能做到50%~70%，这就决定了VC与PE的投资心态会有很大不同：VC的心态是不能错过（好项目），PE的心态是不能做错（指投资失误）。

VC和PE尽管在投资理念、投资规模、投资特点和投资阶段等方面有所不同，但它们都是对上市前企业的投资，都是以私人股权方式从事资本经营，都是追求长期的资本增值。时至今日，交易的大型化使得VC与PE之间的差别越来越模糊。很多传统上的VC机构介入PE业务中，例如原来在硅谷做风险投资的老牌VC机构（如红杉资本、经纬创投、凯鹏、德丰杰）进入中国以后，旗下也开始募集PE基金，很多披露的投资交易金额都远超千万美元，愿意投资早期创业项目的VC越来越少。而许多传统上被认为专做PE业务的机构也参与了VC项目，比如著名的PE机构（如凯雷）也涉及VC业务，其投资的携程网、聚众传媒等便是VC形式的投资。也就是说，PE与VC只有概念上的区分，在实际业务中两者界限越来越模糊。

在中国，VC是个舶来品，刚开始被中国媒体翻译为“风险投资”且一直沿用到20世纪末期，后来一些人根据百科全书解释将其翻译为“创业投资”。于是，原来的一些文献、政府文件所使用的“风险投资”概念渐渐演变为对“Venture Capital”的各自表述。在国家发展和改革委员会、科技部等部委文件中相继出现了“创业投资”这个译法。而这两种表述后来竟然演变成了水火不相容甚至由此出发的政策着眼点都大相径庭，“风险投资”论者强调投资者的风险意识和投资冲动，“创业投资”论者强调被投资对象的创业特性。

由于争执双方都有行政、立法话语权，所以由人民代表大会和国务院出台的文件常常是“风险投资”，而由国家发展和改革委员会、科技部、商务部等部委发布的文件则多是“创业投资”，如2006年3月1日生效的《创业投资企业管理暂行办法》等。后来经过多方查考，两种理解其实是站在不同的角度和立场进行表述的，然而又不能完全概括。

因此，在国务院发布的《国家中长期科学和技术发展规划纲要（2006—2020年）》及配套政策中，第一次把“Venture”的两种含义都写入了政府文件。为此，由科技部、商务部和国家开发银行联合推出的大型调查报告也从2006年更名为《中国创业风险投资发展报告》。至此，官方的解释和表述口径才渐渐走向统一。

1.2 风险投资的主体及特征

1.2.1 风险投资的主体

1. 风险资本

风险资本是指由风险投资者提供的投向发展迅速且极具发展前景的新兴企业的资本。它通常是投资于公司起步或发展初期,并在公司发展壮大后退出的一笔长期投资;是风险投资者对新兴的、快速成长的、具有很强竞争能力的公司的股权投资。因为被投资公司的财务情况不能实现对投资的短期变现,所以其通常不能从常规的融资途径(如银行贷款、上市融资等)中得到发展所需要的资金支持,此时风险投资者通过购买股份、提供贷款或者两种方式组合的形式把风险资本注入这些企业中,为企业的发展提供助力。

风险资本是一种典型的价值投资形式,具有三个基本特点。①风险资本的投资周期相对较长,通常为3~10年。②风险资本的提供者不仅仅给创新创业企业提供发展过程中所需要的资金支持,还为企业提供增值服务和监督控制,助力企业更好发展。③风险资本不追逐资金的短期回报,以实现长期的价值增值为根本目标,经常在企业发展壮大到某一阶段后通过股权转让的方式实现投资退出。

2. 风险投资者

风险投资者是运作风险资本的个人或者组织,在整个风险投资环节中,居于中心地位。其主要的职能是:寻找、发现和识别投资机会;筛选投资项目;做出投资决策;提供增值服务;选择退出时机和退出方式。大体而言,风险投资者可以分为以下三类。

1)风险投资家

风险投资家是投资创业企业的企业家,是职业投资人,他们具备深厚的金融方面的专业素养,同时又有一定的管理知识,熟悉了解科技发展的背景和趋势,通过投资创业企业获得资本增值。风险投资家在向创业企业注入资本的同时,还利用自己掌握的专业技术和管理经验为创业企业提供增值服务,从而更好地帮助创业企业实现价值增值。风险投资家参与创业企业的管理,并非越俎代庖。在很多情况下,他们并不追求对创业企业的控制权,而只是担任创业企业参谋和顾问的角色,因为他们的目标是当风险资本增值后实现退出,获取资本增值的收益。所以,风险投资家和创业企业家是一种合作关系,让创业企业快速成长起来并发展成熟是双方共同的目标。在这个过程中,风险投资家帮助创业企业家实现自己的创业梦想,自己则通过投资获得高额投资回报。

2)天使投资人

天使投资人又称为投资天使,天使投资指具有一定净财富的个人或者机构,对具有巨大发展潜力的初创企业进行早期的直接投资,属于一种自发而又分散的民间投资方式。在风险投资领域,"天使投资人"这个词指的是创业企业家的第一批投资人,这些投资人在公司产品和业务成型之前就把资金投入进来。天使投资人自己组织的天使团体或天使网络不断扩大,以分享研究成果和集中资金针对性。

所谓的天使投资是一种概念,其实所有有闲钱愿意做主业外投资的公司或个人都可以叫天使投资人,他们更多参与早期容易参与的项目。"天使投资"一词源于纽约百老汇,特指富人出资资助一些具有社会意义的公益演出。对于那些充满理想的演员来说,这些赞助者就像天使一样从天而降,将他们的美好理想变为现实。后来,天使投资被引申为一种对高风险、高收益的新兴企业的早期投资。相应地,这些进行投资的富人就被称为投资天使、商业天使、天使投资者或天使投资家,那些用于投资的资本就叫天使资本。

3)风险投资企业

风险投资企业,是指把风险资本投入具有巨大发展潜力的高新技术创业企业,通过创业企业的成功上市或被并购而获取高额资本回报的企业。风险投资企业的主要职能是:从市场上融到投资所需的资金;寻找并选择投资项目;参与被投企业的投后管理;退出实现投资增值。风险投资企业多采用基金的形式进行投资,基金可以采用不同的组织形式进行投资,比较常见的组织形式有三种:公司制、有限合伙制和信托基金制。在不同国家的法治环境下,风险投资采用的主导组织形式会有所不同。在美国,很大一部分风险投资企业不是有限责任公司或上市公司,而是私人合伙企业。大部分风险投资基金一般采用有限合伙制的组织形式,其中的合伙人分为两类:一类叫有限合伙人(Limited Partnership, LP),即投资人,负责风险投资基金主要的资金来源;另一类叫普通合伙人(General Partnership, GP),即风险投资家,负责风险投资基金的日常运作和管理,筛选投资项目,把资金投入创业企业,同时负责把所获得的投资回报进行公平合理的分配。风险投资企业的组织形式除了有限合伙,还可以采用公司制或信托基金制等其他组织形式。

3. 创业企业

创业企业是指风险投资的投资对象。虽然没有人对风险投资的对象加以限制,但多数的风险投资家还是热衷于把钱投到从事高新技术创新活动的企业中,这类企业被称作创业企业,从事创业企业经营的企业家被称为创业企业家。创业企业家一般是一个新发明、新技术、新思路的发明者或拥有者。他们在其发明、创新进行到一定程度时,由于缺乏后续资金的支持而寻求风险投资家的帮助。在创业企业家和风险投资家的共同努力下,创业企业得以诞生、发展直至壮大。

如果说风险投资家的职能是发现价值的话,那么创业企业的职能则是创造价值。它专门开发高新技术,并将其转化为产品或工艺,从而达到商业目的。其一般特点是创建时期规模较小,属于微型企业,只有少数员工。创业企业较之一般的企业有更高的风险(据统计,在美国,每10个创业企业中,只有2~3个能获得成功,成功率在20%~30%)。但是,一旦成功,其利润将十分惊人。作为新技术产业的温床,创业企业所从事的技术开发具有广阔的前景,能够代表一个新经济时代的到来,是一国经济的增长点和高新技术产业发展的催化剂。

4. 风险资本市场

风险资本市场是一个与一般资本市场相对应的概念,是资本市场中一个具有较大风险的子市场,同时又是资本市场中一个重要的组成部分。一般资本市场是为政府和较为成熟的大中型企业筹集长期资本的市场,它包括普通意义上的证券市场、私人股权融资市场和项目融资市场;而风险资本市场则是对处于发育成长期的新兴高科技企业进行融资的市场。

风险资本市场中存在着比一般资本市场更高的风险,这种风险来源于市场中的信息不对称和信息不完全,这是由创业企业本身的特点决定的,它与资本市场上衍生产品的风险有本质的区别。衍生产品具有的风险是由其本身运作上的复杂性和市场杠杆放大作用所带来的,而风险资本市场的风险来源于创业企业的不确定性。

风险资本市场以创业企业家、风险投资家、投资者为核心。在该市场上,一方面是机会,即巨大的增长潜力;另一方面是资本,即寻求高回报、不怕高风险的风险资本。风险投资家看到了两者的需求,竭力使风险和机会联系起来。这些富有创造力的社会精英与资本结合,创造出了一个又一个的经济奇迹。然而,培育出一个完善的、高效的风险资本市场是一项长期而艰巨的任务,不可能一蹴而就,需要政府和社会坚定不移地长期努力,创造一个良好的投资和发展环境。

在科学技术快速发展的今天,一定要高度重视风险资本市场在整个国民经济发展中的重要作用,因为风险资本主要用于扶持成长中的高新技术企业,而高新技术企业是现代经济增长的主要动力,科学技术是第一生产力。尤其在当今全球化、信息化、数字化的时代,谁能发展以高新技术为代表的新兴产业,谁的国民经济的发展就会突飞猛进。因此可以说,风险资本是现代经济增长的第一推动力。

1.2.2 风险投资的特征

风险投资的特征可以用"一二三四五"来概括:一是风险投资是一个流动性很小的中长期的周期性循环;二是风险投资包含两个委托代理关系,形成了两种合作机制;三是风险投资有三个参与者;四是风险投资包含四个运作阶段;五是风险投资具有五大内涵。

1. 风险投资是一个流动性很小的中长期的周期性循环

风险投资是一个周期性循环运作的过程,它需要经过融资(募资)—投资—投后管理—退出—利润分配—再融资这样一个循环过程。风险投资从融资到投资,到投资后管理、退出,是资本运作的一个循环。在从项目退出以后,它会进入下一个循环。从这个意义上讲,风险投资是金融活动。当然风险投资不仅仅是金融活动,风险投资的核心是创新,是帮助创业企业成长壮大。但另一方面,由于风险投资的运作是一个循环,它以资本的形式投入,最终以资本的形式退出,因此风险投资又是一种典型的资本运作模式。风险投资的过程形成了一个从资本再到资本的循环:从原始资本到增值后资本,从资本的筹集到资本的投入,从投入企业后的积极参与到被投企业成功后资本的退出。风险投资的这个性质使得它具有了一般资本的最基本特征:资本以现金的形式投入,以现金的形式退出,并带给投资者一定的利润,有时是高额利润。

风险投资是一种流动性很小的中长期投资,其投资要经历技术研发、产品试制、正式生产、扩大生产,再到赢利以后进一步扩大生产规模,销售额进一步增长等阶段。直到企业实现股票上市,股价上涨时,风险投资者才会收回风险资本同时兑现投资利润。这一过程少则需要 3~5 年,多则需要 7~10 年,因此风险投资是一种中长期投资。同时,被投企业的股票在上市之前,由于其流动性非常小,所以风险投资也被称为"呆滞的资金"。甚至在投资企业以后,能够忍受和承担长期的账面亏损。据美国因第佛斯公司的调查,从 1972 年到 1982 年, 157 家创业企业平均需要 30 个月才能达到负现金流转向正现金流的现金流平衡点,需要 75 个月才能恢复原始股本价值。也正因为如此,风险资本也被称为"耐心和勇敢"的资金。

2. 风险投资包含两个委托代理关系,形成了两种合作机制

1)两个委托代理关系

按照现代经济学理论,委托代理关系是一种会产生一定成本的经济关系。委托代理关系具有委托人(Principal)和代理人(Agent)两个方面。委托代理关系是根据委托人的委托授权而产生的代理关系。委托人是被代理人,又称为委托代理人;代理人又称为被委托人,或受托人。

一般地，委托代理关系建立在一定的法律关系，即委托合同关系之上，这种委托关系也可以是劳动合同关系、合伙关系、工作职务关系。委托合同由委托人和受托人约定，是由受托人处理委托人事务的合同，因此这种关系被称为委托代理。委托代理关系的建立，还必须经过被代理人向代理人授予代理权。因此，被代理人的授权意志是委托代理关系最终建立的关键。委托代理关系往往产生委托代理成本，这是因为委托人将某些决策权委托给代理人，代理人以委托人的名义从事各种活动。如果委托代理关系中的双方都追求效用最大化，那么代理人就不可能完全按照委托人的利益行事。

虽然在委托代理合同中，委托人要求代理人为委托人本身的利益服务，但在现实生活中，代理人可能为他们自己的利益服务。为了防止这种现象发生，委托人必须设计出一种合适的激励机制和监督机制以限制代理人偏离委托人的行为，这就产生了委托代理成本问题。有时，委托人要求代理人支付一定的保证费，用以保证后者不采取对前者不利的行为，或者规定一旦代理人采取此种行为，必须向委托人做出赔偿。委托代理关系总会产生监督成本和保证成本。

在风险投资的运作过程中，委托代理关系是相对复杂的。风险投资过程出现两种委托代理关系，即风险投资具有双重委托代理关系。如图 1-1 所示，风险投资中的两种委托代理关系表现在：当投资者（在有限合伙制关系中投资者即有限合伙人 LP）将资金交给风险投资家（在有限合伙制关系中风险投资家即资金管理者或普通合伙人 GP）管理时，投资者与风险投资家产生了一种委托代理关系，这里，投资者 LP 是委托人，而风险投资家 GP 是代理人。风险投资家代理投资者将资金投入具有增长潜力的生气勃勃的企业中，为投资者获取较高的投资收益。这是风险投资过程中的第一层委托代理关系。但当风险投资家将风险资本投入企业后，风险投资家摇身一变，从代理人转变为委托人，而创业企业家成为代理人。风险投资家将资金委托给创业企业家管理。这时出现了风险投资的第二层委托代理关系。

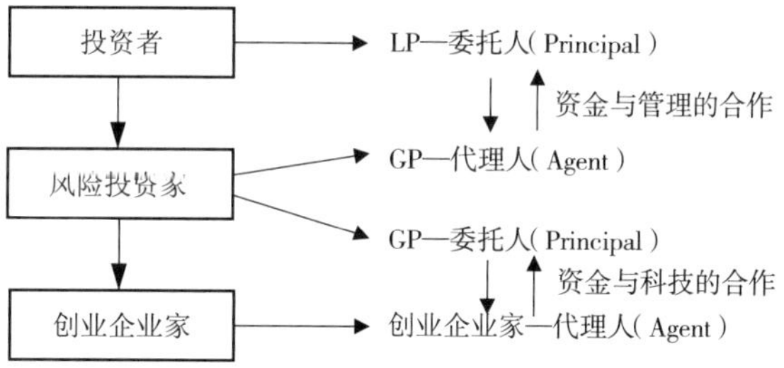

图 1-1 风险投资中的两个委托代理关系

如前所述，代理人应当对委托人负责，代表委托人的利益，但有时代理人难免把自身的利益放在委托人利益之上。为了避免这种情况发生，委托人往往要对代理人进行监管，这就产生了代理成本。在风险投资运行过程中，投资者（LP）往往通过各种方式对风险投资家（GP）进行监管控制。同样，风险投资家也通过各种机制对创业企业家如何运用资金加以监控。当然，由于情况不同、背景不同，投资者对风险投资家的监控与风险投资家对创业企业家的监控有所不同。

2）两种合作机制

委托代理关系的产生，本质上是社会化分工发展的必然结果，因为任何价值创造过程必须是全要素的生产过程，也就是说资金、技术、管理等生产要素必须全部具备才能进行有效的价值创造活动,但是客观现实是很多经济个体只具备某种生产要素。比如,投资者虽然有丰厚的资金,但是缺乏投资管理的经验和能力;风险投资家虽然具备投资的知识和能力,但是并没有进行投资的大量资金;创业企业家虽然有生产产品的技术或者新颖的商业模式,但是并没有创业所需要的资金。所以,为了进行完整的价值创造过程,拥有各种生产要素的经济体进行合作就成了一种历史之必然。参与价值创造的各方参与者根据其所提供生产要素的稀缺性来确定最后的利益分配,形成一种可持续的良性循环,这就是社会分工发展的基本逻辑和必然趋势。在合作的过程中,参与各方提供的生产要素的属性不同,决定了他们各自的利益诉求也不同,这就决定了委托代理关系和机制的产生,通过对双方权利义务关系的界定,保证彼此利益诉求的实现。所以,风险投资的过程本质上是各方参与者形成的一种合作机制,这种合作体现为资金与管理的合作、资金与科技的合作。

(1)风险投资形成了一种资金与管理的合作机制。在图 1-1 的第一个委托代理关系(投资者和风险投资家的合作)中,投资者是"金主",风险投资家是"高级打工仔",投资者一方出资金,风险投资家一方出管理。很明显,在双方的合作中,形成了资金与管理的合作机制。双方根据各自提供的生产要素的稀缺性决定其在最终利益分配中的话语权,形成相互合作的动态博弈机制。

(2)风险投资形成了一种资金与科技的合作机制。形成风险投资合作机制的两大主要要素是资金和高科技,两者缺一不可。在图 1-1 的第二个委托代理关系中,投资者和风险投资家组成的风险投资公司是"金主",创业企业家是"高级打工仔",风险投资公司一方出资金,创业企业家一方出技术。在风险投资公司和创业企业家的合作中,形成了资金与科技的合作机制。这种合作机制的形成大大促进了社会生产力的发展。

科学技术是第一生产力,当今世界,再没有什么比科学技术更能对生产力的发展起到如此之大的推动作用。高科技产业更是当今世界经济发展的火车头,当代高、精、尖产品无一不是高科技的结晶。第二次世界大战以后,电脑行业、软件行业、信息技术行业和生物技术行业先后站在科技发展的最前沿,它们的出现和应用是第三次技术革命后的又一波新技术浪潮,这些技术的应用给人类的生产、生活带来了巨大的变化,推动了经济的发展和整个社会的进步。另外,这些行业的企业也借助于技术的更新和发展,在商业运营上取得了巨大的成功。回顾这些企业的发展历史,我们会发现,在这些企业成长的过程中,风险投资扮演了重要的角色,为股东创造了巨大的财富。资金和科技构成了风险投资的两大重要因素,两者在风险投资的过程中相辅相成,相得益彰,风险投资促进了科技的发展,而科技的发展和企业的成长又给了风险投资超额的回报,使之能进行一轮又一轮的投资。

3. 风险投资有三个参与者

风险投资家本身没有资本,或没有足够的资本。他们需要向投资者融资,融到资金后,他们再将资金投入创业企业家身上。这样看来,风险投资有三个参与者:投资者、风险投资家和创业企业家。图 1-1 清晰地说明了风险投资过程中三个参与者的关系:投资者提供资本给风险投资家,风险投资家再投资给他们所选中的企业。值得注意的是,图 1-1 中的三个参与者并不是说每个参与者只有一个,投资者可能有若干个,同样被投企业也可能有若干个,风险投资家也并不是仅有一人,风险投资家是一个机构(往往是风险投资公司),而投资者、被投企业则往往是不同的机构。这里,投资者可以是一个(往往是公司型风险投资基金),也可以是若干个。他们可以是机构投资者,也可以是个人或家庭。而被投企业从来不可能仅有一个。风险投资家为了分散投资风险，他们绝不会把所有的鸡蛋放入同一个篮子，也就是说绝不会把所有的资本投入一个企业中去。

风险投资的三个参与者，通过上述的委托代理关系，形成相互合作的机制。风险投资家具有鉴别和筛选项目的能力，具有投资创业企业的经验，能够精准预判市场发展，他们唯一缺乏的是雄厚的资本。他们的所长，正是投资者的所短；同样，投资者的所长正是风险投资家的所短。这样，风险投资家与投资者的结合是二者取长补短，相辅相成的必然结果。风险投资的另外一个参与者是被投企业，在典型的风险投资过程中，这些被投企业通常是新兴的创业企业。投资者与风险投资家联手，将资金投入具有巨大发展潜力的企业。风险投资的整个运作过程，最终要落实到企业上。能否实现风险投资所追求的超额利润，取决于企业能否成长壮大。总之，风险投资的三个参与者，缺一不可，三者相辅相成，达到共同的目标：使所投企业成为成功的企业。只有这样，投资者、风险投资家和创业企业家才能各有所获，达到其理想的目标。

4. 风险投资包含四个运作阶段

风险投资从融资到投资，到投资后的管理，到退出，要经历四个阶段，这四个阶段被简称为“融（募）、投、管、退”，如图 1-2 所示。风险投资家首先要从投资者那里融资，构成资金池。融资成功后，风险投资家对所筛选的企业投资，以获取股权。投资后，风险投资家不是袖手旁观，而是积极参与企业的建设，促进企业的发展。最终，风险投资家将资金退出所投入的企业。如投资成功，风险投资家在退出时会有丰厚的利润，获取资本的增值。

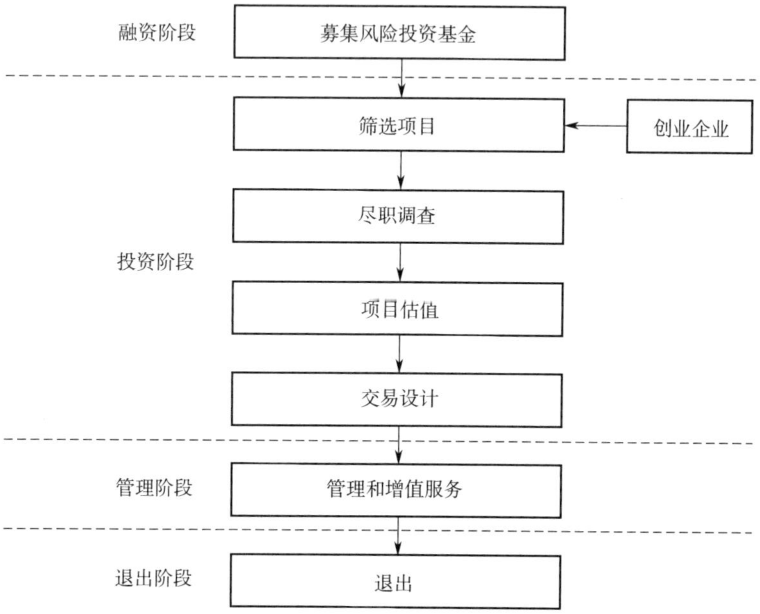

图 1-2 风险投资四个阶段

风险投资过程的四个阶段具体如下。

1）第一阶段：融资（募资）

融资（募资）即风险投资家从投资者那里筹措投资资本，形成资金池。在这个阶段，投资者是委托人，而风险投资家则是代理人。风险投资的融资一般采取基金的形式，风险投资基金是由风险投资家管理的个人或者机构的资金组成。募集资金是风险投资活动的起点，在此过程中,基金管理人要准备基金募集说明书,并和出资人商谈基金管理的细节问题,最终签署法律文件,成立基金。

2)第二阶段:投资

投资即风险投资家通过一系列步骤将所融资本投入具有巨大发展潜力的企业中去。在这个阶段中,风险投资家成为委托人,而被投企业则成为代理人。这是风险投资过程中非常重要的一个阶段,风险投资家凭借自己的经验、背景、知识,以及自己的洞察力选择潜在的被投对象。这是一个十分复杂的过程,这个阶段包括下面四个具体过程。

(1)筛选项目。

大量的创新型创业企业需要融资,但只有少数企业有成功上市的潜力。风险投资家要从大量的项目中筛选出最有可能成功的项目进行投资。项目的特征一般需要符合基金的投资策略才能够得到投资,另外,风险投资家一般都有一个特定的行业范围,他们在自己熟悉的领域内选择项目。

(2)尽职调查。

通过筛选的创业企业要想得到投资,必须接受风险投资机构的尽职调查。尽职调查又称审慎调查,是指投资者在与目标企业达成初步合作意向后,由投资者对目标企业进行调查分析以确定创业企业的投资价值、风险等的一系列活动。通常,投资者会组织一个小团队,通过标准化和多层面的过程对项目进行详尽的了解。

(3)项目估值。

在尽职调查的基础上,结合风险投资家的行业经验以及资本市场行情,风险投资家对创业企业的价值做出定量的计算和判断,并将其作为股权定价谈判的依据。由于创业企业自身的特点,确定其估值是一件十分困难的事情,要考虑更多财务报表所不能显示的因素,例如团队、技术、市场等。

(4)交易设计。

风险投资一般以少数股权投资进入创业企业,为了充分激励和有效监督创业企业,需要对投资方式、投资工具以及具体细节在投资协议中做出相应安排。经过与创业企业的多轮次谈判,双方最终就交易细节达成一致并签订协议,投资阶段即宣告结束。

3)第三阶段:管理

投后管理是风险投资中非常重要的环节,在风险投资家与创业者签订投资协议后,从风险资本进入被投企业开始,一直到风险资本退出为止,都属于投后管理的期间,主要包括提供增值服务和监督控制两部分。由于企业面临的经营环境在不断变化,公司的经营发展会受到各种因素的影响,从而增加项目投资的不确定性和风险,投后管理正是为管理和降低项目投资风险而进行的一系列活动。风险投资家参加创业企业的董事会、帮助企业制定战略、监控企业的运营,并为创业企业提供各种增值服务,以帮助其发展壮大实现企业价值的增加。投后管理关系到投资项目的发展与退出方案的实现,良好的投后管理将会从主动层面减少或消除潜在的投资风险,实现投资的保值增值。风险投资投后管理不同于项目管理,也不能简单地将其理解为投资后的风险管理,它是风险投资家和创业团队之间的博弈活动,两者的关系包括教练、朋友、合伙等多种维度。

4)第四阶段:退出

风险投资家将资本投入企业后,成为企业的股东之一,从这个意义上讲,他们是创业者。

风险投资家往往被称为“创业者身后的创业者”。但风险投资家不会永远作为被投企业的股东,他们是要从被投企业中退出的。他们会在最佳时期,即企业价值相对较高的时候变卖他们的股权,从被投企业中退出。退出是风险投资的收益实现过程,风险投资家通过出售自己的股权实现变现,并按照基金募集时签订的协议和出资人进行利益分配。退出的方式取决于企业的发展状况、资本市场行情以及基金期限等因素。

在风险投资的四个阶段中,最能体现风险投资中两个委托代理关系的就是前两个阶段,融资和投资。融资体现的是投资者和风险投资家之间的委托代理关系,投资体现的是风险投资家和创业企业家之间的委托代理关系。所以说,从风险投资运营的角度考察,风险投资是融资与投资相结合的投资,风险投资在整个过程中所承担的风险和不确定性,不仅仅体现在投资上,也体现在融资上。从风险投资“融、投、管、退”四个阶段前后的逻辑关系来看,风险投资过程中最重要也最困难的阶段不在投资,而在融资。

既然风险投资中的融资和投资都是委托人和代理人之间的合作机制,合作双方在合作中就要讲究公平,公平的最好体现是双方的权责利对等,所以风险投资家要想融到投资所需要的资金,其承担的融资风险和收益要成正比。

风险投资的融资方式是由其融资的风险决定的。它的融资方式不同于一般企业融资。后者的资金来源主要为两个渠道:直接融资和间接融资。一旦企业经营有误,有效的退路是宣布破产。对于企业,特别是股份有限公司来说,破产是一种颇有价值的期权。若企业经营得好,利润的上限可以是无止境的。若企业经营不佳,最大的损失也不过自有资金总额。因此,以有限责任公司的形式融资,融资风险和收益不成正比。

风险投资融得资金的多少,很大程度上取决于风险投资家个人的魅力。投资者是本着对风险投资家个人的信赖投出资金的,很大程度上是对风险投资家个人的投资,而不是对企业或项目的投资。风险投资家很清楚手中融到的这些资金的分量。他们知道这笔钱一旦有误,将来再从这些人手中融资的可能性就会化为零。因此,风险投资中“风险”既体现在投资方面,也体现在融资方面。

风险投资既是投资也是融资。融资决策往往比投资决策更困难。在融资市场中,风险投资家处于被动地位。在投资市场中,风险投资家却处于主动地位。风险投资的这种市场模式说明了一个问题:资金的短缺仍然是风险投资业的普遍现象,是其进一步发展的障碍。从这个意义上看,融资的确是风险投资业最重要也是最困难的环节。

风险投资是以融资为首的投资和融资的有机结合。融资中有投资,投资中又有融资。没有一定的投资目标或投资方向很难融得资金。很多时候,投资方向的选定是能否融到资金的关键。同样,投资的过程往往伴随着第二轮或第三轮的融资。融资和投资构成了不可分割的有机整体。

5. 风险投资具有五大内涵

1)风险投资是一种针对未上市企业的权益投资

从金融工具的性质来看,风险投资不是债权资本,而是一种股权资本。但是区别于传统的上市公司的股权融资,风险投资的投资对象是还没有上市的企业,而且往往还投资于企业发展的早期,有时甚至是在种子期。处在早期发展阶段的企业,往往没有足够的信誉或者抵押品来获得银行贷款。银行借贷资本是债权资本,会构成企业的债务。银行贷款对所投资对象的风险有确定性的要求,以保证能够按时收回本金和利息,所以银行的着眼点在于企业的盈亏,以保障企业的还款能力。而风险投资采取股权的方式投资创业企业，面对着投资巨大的不确定性，从企业发放股息红利和股权转让中获利，因此为了补偿其承担的巨大风险，风险投资则更看重企业未来的发展前景和资本增值的潜力，以便能通过企业上市出售股权而蜕资，实现高额的投资回报。

2)风险投资是一种高风险与高收益并存的投资

因为风险投资是权益资本，所以风险投资是没有抵押和担保的投资。加上风险投资所投资的对象常常是高科技中的种子技术、某种设计思想和尚未起步或刚刚起步的创新小企业，因此风险和不确定性因素非常多。此外，一项新的科技成果要想转化为一种能被市场接受的新产品，中间要经过产品的技术和工艺研究、产品试制、中试、大规模量产、上市销售等多个环节，每个环节都面临着诸多的风险和不确定性。由于科技的研究开发和转化花费过高，且周期漫长，特别是投资风险过高，使许多企业望而却步。据国外统计，20%~30%的此类投资完全失败，约60%受到挫折，只有5%~20%获得成功。如在美国“硅谷”，就有很多创业企业因为决策失误、研发失败、管理不善、供应链断裂等各种原因而夭折。风险投资每投出的10个创新创业企业中，最终可能只有一个企业脱颖而出，完全是“九死一生”。因此，从所投企业成功的比例来看，风险投资具备高风险的特征。如此高的失败率，如果没有成功项目的高收益率来弥补其失败项目所承担的成本的话，风险投资的投资行为就是不可持续的。所以，这就要求风险投资所投的成功的高技术企业必须具有极高的收益率，具备高收益的特征。由于依靠风险投资成长起来的高新技术企业，其生产的产品具备更高的性价比、更高的附加值、更强的市场竞争能力，产品一旦投入市场极易获得成功，其投资收益率就会远远高于传统产业和产品，可以为风险投资带来丰厚的投资收益。

由于被投企业具备高成长性，风险投资所投资的未上市创业企业，一旦实现首次公开发行股票(Initial Public Offering，IPO)，则可以获得几十倍、上百甚至上万倍的投资收益。因此，对于风险投资家来说，只要在投资的10家公司中有1家获得较大的成功，就可以获得足以弥补其他9家公司投资损失的资金，甚至还绰绰有余。例如，1957年，ARD投资美国数字设备公司(Digital Equipment Corporation，DEC)，当时投资了7万美元，拥有77%的股份，到了1971年ARD的股份已经增值到3.55亿美元，增加了5 000多倍。美国风险投资家瓦尔丁于1976年向苹果计算机公司投入20万美元，到了1980年，仅仅4年的时间，就获得了1.34亿美元的超额利润，是他投入资本的670倍。2000年，软件银行集团孙正义向阿里巴巴注资2 000万美元，获得34%的股份，2014年阿里巴巴赴纽交所上市成为美股史上最大的IPO，按照当时的市值计算，孙正义在阿里巴巴的投资已经创造了2 800倍投资回报率的神话。2004年，彼得·蒂尔投资给脸书(Facebook)一笔50万美元的投资，获得了Facebook 7%的股份，成为Facebook第一个外部投资人，2012年Facebook上市，彼得·蒂尔获得近2万倍的投资回报。2001年11月，龚虹嘉作为创始人之一，出资245万元参与设立海康威视，持股49%。2010年5月28日，海康威视在深圳交易所创业板上市。海康威视上市后，限售股一解禁，龚虹嘉就开始了减持——直到2021年减持达20余次。龚虹嘉在20余次减持后，累计套现约300亿元，手中还继续直接持股10.31%，已经套现的投资回报超过1万倍。1995年，在“大哥大”热潮中启动创业的王传福，先后获得吕向阳、夏佐全等人的天使投资，在深圳注册了比亚迪实业。2022年6月，比亚迪总市值一度破万亿元，吕向阳、夏佐全手中所持股权的市值分别超过1 300亿元、280亿元，相较于二者当初280万元的投资总成本，增值逾5.8万倍。高科技领域高收益与高风险并存,吸引了许多风险资本的参与,同时也创造了众多的高科技公司。要注意的是,风险投资高风险的投资行为只是可能会产生高收益,但不一定必然产生高回报,高风险只是对应着风险投资家对高回报的预期。因此,与普通的投资不同,风险投资的对象集中于高科技领域及其创新产品,在承担高风险的同时以期获得高回报率。可以说风险投资是科技成果转化的催化剂,也是高科技产业迅猛发展的启动器。风险投资是一种高风险与高收益并存的投资。

3)风险投资是一种针对无法从传统渠道获得融资的企业的投资

中小企业融资难融资贵是个世界性难题。早在20世纪30年代,整个世界经济陷入大萧条时期,为摆脱经济危机的影响,英国政府指派"金融产业委员会"对英国的金融体系和企业情况进行了调查分析,并出具了调查报告,中小企业在发展过程中始终存在资金缺口,这个缺口被称为"麦克米伦缺口"。实际上,这个缺口迄今在国际上还不同程度地存在着。

处于创业阶段的企业要想完成融资,必须能够在传统的金融市场中融到钱,目前传统金融市场的融资工具无外乎两种(如图1-3所示),一种是债(贷款),另一种是股。债和股分别对应着间接金融和直接金融两种市场。在间接金融市场上,主要是以银行为代表的金融机构,银行主要通过贷款来帮助企业融资。贷款按照是否有担保来分,可以分为信用贷款和担保贷款。信用贷款是指以借款人的信誉发放的贷款。担保贷款又可以根据担保物的不同分为保证贷款、抵押贷款和质押贷款。保证贷款,是指第三人承诺在借款人不能偿还贷款时,按约定承担一般保证责任或者连带责任为前提的贷款,是一种以人为担保的贷款形式。抵押贷款是指以借款人或第三人的财产作为抵押物的贷款,是一种依据贷款项目的风险程度和抵押物的评估价值来发放的贷款。质押贷款,是指以借款人或第三人的动产或权利作为质物的贷款。抵押贷款和质押贷款都是以物为担保的贷款形式。在直接金融市场上,主要是以股票市场为代表的资本市场,企业可以通过上市发行股票进行融资。

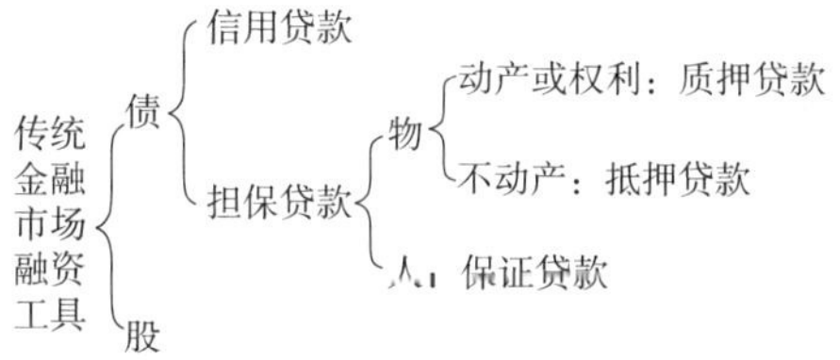

图1-3 传统金融市场的融资工具

处于创业阶段的初创企业,要想在传统金融市场完成融资是非常困难的。在间接金融市场上,对于银行机构来说,其发放贷款的主要标准是信誉和偿还能力。在高新技术创业企业刚开始创业的阶段,由于企业不为市场所知,没有建立起自己的信誉,因此很难从银行和其他类似银行的金融机构中获得信用贷款支持。同时,现在的高新技术创业企业,基本上都是轻资产的模式,没有什么有价值的不动产或者动产可以用来抵押或者质押。由于缺乏清偿能力,企业也没有信誉和能力去寻求其他经济个体为其提供清偿保证。银行的贷款资金主要来自期限较短、流动性较强的居民和企业的储蓄存款,银行把这些资金投资给高风险行业明显与储户的利益相悖。同时,银行依托这种短期负债的结构来支持创业企业进行长期性的投资支出,非常容易导致创业企业资金链断裂,造成银行坏账。如果坏账规模过大,还会引发债务危机。因此,对于初创的中小企业,其所处的发展阶段,决定了其承担风险的能力与银行对贷款的风险要求是不匹配的。初创的中小企业很难从间接融资渠道融到发展所需要的资金。

处于创业阶段的初创企业要想在直接金融市场上发行股票进行融资,更是难上加难。创业企业股票上市融资的前提条件是企业过去有良好的经营业绩、健康的财务状况,而创业阶段的高新技术创业企业根本就不符合股票上市融资的要求,因而也就决定了创业企业也不可能采取股票上市的方式融资。可见,在高新技术创业企业创新的关键阶段,由于创新风险的不确定性和创业企业风险承担能力脆弱,往往存在着资金需求和资金供给不匹配的现象。很显然,传统金融市场中原有的资金供给方式无法从根本上突破这些障碍。风险投资则是解决高新技术企业的资金需求与资金供给缺口之间的矛盾的一种新的融资形式。

其实不仅仅是初创的高新技术企业,任何初创的创业企业在创立初期,都会面临上述的融资困境,即很难在现行的金融市场上融到发展所需要的资金,企业融资的风险令其很难在金融市场上找到对接的风险承担者,创业企业融资成为市场的空白,创业企业融资难成为世界性的难题。虽然风险投资使用的是传统金融工具中的股票投资形式,但是风险投资所投资的对象是未上市的企业,风险投资通过自己的投资行为弥补了现有金融市场的融资空白,从这个意义上来说,风险投资可以被视为一种全新的投融资机制。

风险投资可以理解为对传统投融资机制的一个重要的补充,它是金融市场投融资机制发展到一定阶段后产生的一种更为高级的投融资机制,虽然它的投资形式是传统的股权投资,但是它所投资的对象是一般现行金融市场中金融机构不愿投资的领域。从投资对象上看,风险投资的投资对象是高新技术创业企业,它们资金实力单薄,急需发展资金,又无法从银行和资本市场中获得资金支持。同时,风险投资投资的高新技术是人类想要探索未来的新兴技术,是一个国家生产力发展、产业结构升级换代、综合国力提升的关键。

4)风险投资是一种典型的分散投资

投资按照投资的方式可以分为两种形式,分别是集中投资和分散投资。不管是集中投资,还是分散投资,投资的目标都是统一的,那就是获取投资收益的最大化。对于任何一笔投资而言,投资的本金都是固定的,投资的收益本质上取决于所投资对象产生的投资收益率。我们用 P 来表示本金, i 表示投资收益率,不管投资增值的形式是单利还是复利,最后产生的增值部分,本质上都取决于 $P \cdot i$ 的大小。在集中投资中,P 是没有被分散的;在分散投资中,由于本金 P 被分散了,分散投资所投资的各个对象的收益率 i 是有差异的,如果彼此间收益率差异较大,甚至有的项目的收益率出现负值的话,分散投资整体的收益率就会下降,从而影响整体收益的实现。所以分散投资要想保证较高的整体收益的话,其有效的前提条件是其投资的某个项目的收益率必须足够高,高到可以弥补分散本金造成的投资收益下降的影响,同时还能弥补其他亏损项目产生的亏损。风险投资的投资收益主要由两个部分构成,一部分是持股期间获得的股息和红利,另一部分是资本的增值部分。其中,资本增值是风险投资收益最主要的构成部分。风险投资就是一种典型的分散投资形式,风险投资采取分散投资之所以有效,是因为其投资的对象具备高的成长性,能够保证小概率成功的项目具有非常高的投资收益率水平,从而有效保证整体收益的实现。风险投资作为一种分散投资形式,其投资分散的方式有以下两种表现。

(1)分项目投资。

面对成功率非常低的高科技创新创业企业,风险投资为了保证整体投资的收益,采取了分散投资的形式,这种分散投资首先体现在投资分散在多个项目上,因为对于每个项目而言,其

1946 年,美国哈佛大学教授乔治·多里奥特和一批新英格兰地区的企业家成立了第一家具有现代意义的风险投资公司——美国研究与发展公司(American Research and Development Corporation,简称 ARD),开创了现代风险投资业的先河,乔治·多里奥特被誉为“风险投资之父”。ARD 是人类历史上第一个面向初创企业进行投资的、专业的风险投资公司,这家公司在风投界乃至在美国科技发展史上,都产生了非常重要的影响。其发起人为美国波士顿联邦储备银行行长弗兰德斯和哈佛大学教授多里奥特。当时新英格兰地区的纺织业和一些传统机械制造业出现严重亏损,从而使该地区的经济处于衰退之中。弗兰德斯和多里奥特认为该地区经济的困境不仅是由老工业的亏损造成的,而且也是由新兴工业的缺乏所引起的。尽管该地区及其周围有很多著名的大学,拥有先进的技术和丰富的人才资源,但是由于对新办企业投资不足,以及缺乏有经验的管理人才,导致该地区新办企业诞生率很低。针对这种不利状况,弗兰德斯于 1945 年 11 月 16 日在芝加哥召开的国家证券交易商协会(National Association of Securities Dealers)上首次提出要建立一个专门面向新兴企业的投资公司。他认为要改变 1940 年投资法的规定,使投资公司或投资基金至少能向新企业投入多达 5%的股权资本。ARD 的创始人都是经验丰富而且享有盛名的杰出人才,具备从技术到管理、财务、法律运作方面的能力。同时,第二次世界大战结束后,大量的部队官兵回归民间,投身到如火如荼的战后经济重建当中,这些人大量地加入或创立了小企业,亟需获得资金支持。兼具军旅生涯经验和商业智慧的多里奥特与弗兰德斯一起,在彼时已有的各种商业模式探索的基础之上,大胆创新,设计和成立了一个全新的、专业的投资公司,也就是 ARD,最初的目的是为退伍军人们运营的初创公司和中小企业提供资金,后来拓展到为科技初创公司提供投资。

ARD 被设计成为一个封闭式基金组织,创始人想在公开股票市场上筹集到 500 万美元的资金,但是他们面临重重困难。首先,这是一个全新的投资公司,它所提倡的理念根本没有受到实践检验。其次,所有创始人都身兼数职,不能全心全意投入 ARD 的运作。最后,ARD 的招股说明书上说明募股的目的不是盈利,而是为了振兴经济,这与投资者进行投资的初衷完全相悖。因此,募股的过程异常艰难。当时股市正处于低迷状态,他们只筹到了 350 万美元,但是对于这个以振兴经济而非盈利为目的的基金而言,这笔钱已经难能可贵了。

1946—1951 年是 ARD 最艰难的岁月。一方面 ARD 提倡的面向种子阶段、创业阶段企业投资的新观点不为大众所接受,另一方面 ARD 管理层本身也在摸索管理方法,积累学习经验,所以 ARD 的业绩不佳,股票一直在低位徘徊,而且它管理的企业经常遇到险情。从 1951 年底开始,ARD 渐渐走出困境,其手中有 10 家公司开始盈利,而且管理层也把股东权益放在了重要的位置。

ARD 坚持“长期投资、耐心持有”的投资原则。当时美国的主流信托投资基金都是基于季度和年度进行业绩考核的,投资期限非常短。要说服投资人以几年甚至十几年为时间单位来持有其投资,评估其投资成果,面临很大的困难,不难想象,其创始人团队要克服多大的困难才能获得投资人的支持。在投资流程和标的筛选上,ARD 非常严格和挑剔。在任何一年,其投资项目的数量都不超过其收到的商业计划书数量的 4%。

由于创始人团队出色的经验、能力和人脉资源的组合,ARD 自成立后到 1972 年与德事隆(Textron)公司合并前,一直坚持严格的项目遴选标准和合理的投资决策流程,其间先后投资了约 150 个项目,总体获得了不错的业绩表现。其中,ARD 最著名的投资案例,当属 1957 年向数字设备公司(DEC)的投资。1957 年,ARD 向数字设备公司投入 7 万美元资金,得到 77%

的股权，后于1971年全部退出，累计获利达到了惊人的3.55亿美元。据统计，自1946—1971年期间，ARD的年内部收益率（IRR）达到了14.7%，而如果没有数字设备公司，年度平均回报率仅为7.4%。对数字设备公司投资使ARD名声大噪，完全改变了ARD的命运，并且为美国风险投资业的发展敞开了大门。对数字设备公司投资的成功，为20世纪70年代和80年代的风险投资企业树立了榜样。

ARD为风险投资的发展定下了基调，它成功地证明了自己的理念。ARD的建立，可以说是风险投资行业的起点，发明了全新的金融模式，其成功带来了良好的示范效应，为初创企业寻求股权资金的支持开辟了新路，标志着风险投资的真正诞生。从此，面向新兴企业、小企业和高风险企业的投资成为一个特殊的公司融资领域，吸引了众多有识之士。它与大学的紧密联系、对高科技的偏好，又为类似硅谷或波士顿等企业—大学—投资公司的集散地的形成提供了参考。

在ARD创立的同时，1946年，先锋影业老板惠特尼家族，设立了惠特尼公司，注资500万美元，开展更为系统化的风险投资，并先后投资了包括康柏在内的350多家创业企业。惠特尼还率先认识到了风险投资运作的专业性和复杂性，并雇佣职业投资人来负责风险资本的运作，从而为风险投资的机构化和职业化做出了重要贡献。惠特尼的搭档本诺·施密特将这种投资模式定义为“风险投资”（Venture Capital），这就是VC一词的正式由来。

2. 美国风险投资发展的初期

在ARD成立不久后，富裕家族，如洛克菲勒家族、惠特尼家族等也创建了私人基金，面向有高增长潜力的小企业投资，但是模仿ARD的公开交易的风险投资基金却寥寥无几。尽管ARD最终取得了成功，并为其投资人提供了将近15%的年收益率，但在20世纪50年代，它充其量只能被认为是小有成就，模仿它的人并不多。有研究资料表明，在1945—1958年的十几年间，美国没有第二家采取ARD体制的风险投资组织。因而，20世纪50年代，美国为小企业提供的私人权益资本融资的规模远远不够，而且提供这种资金的机构也不多。许多小企业因为得不到资本而被迫关闭，许多发明与创新也随之夭折。

1946年3月5日，英国前首相温斯顿·丘吉尔在美国富尔顿发表了著名的“铁幕演说”，正式拉开了近半个世纪之久的美苏争霸的冷战序幕。20世纪50—70年代，苏联挟举国体制之优势，在多方面快速追赶甚至在部分领域超越了美国。

1954年，苏联建成了世界上第一座核电站；1957年，成功将第一颗人造地球卫星送上太空；1961年把第一颗载人卫星送上太空，苏联宇航员加加林成为进入太空的第一人；等等。苏联取得的这些成就，让美国朝野感到了前所未有的压力甚至恐惧，美国社会上下阶层也迅速形成了促进经济发展、鼓励创新、推动科技进步、碾压苏联阵营、打赢冷战的国家共识。当时学术界、经济界和金融界已经有越来越多的人意识到，一个国家不能仅仅依靠现有的大企业来维持国家竞争力，要获得可持续的国家优势，必须依靠持续的创新，依靠数量庞大、充满活力的初创和中小企业，但这些中小企业在发展初期，往往存在抗风险能力相对很弱、资金缺乏等问题。

初创公司、中小企业被视为体现国家综合竞争力的重要因素，而这些中小微企业，尽管有部分获得了ARD等公司的投资，但普遍仍存在严重的融资渠道缺乏、融资难的问题，导致很多发明、创造无法商用化，更遑论形成生产力。

在这种情况下，美国国会为了加快小企业的发展，采取了一系列措施。其中一个是通过了国内收入法规中的第1 224部分，允许当个人向新企业投资超过25 000美元遇到资本损失时，可以从收入中抵减这一损失。但是最重要的立法是 1958 年通过的《小企业投资法》(*Small Business Investment Act*,简称 SBIA),它允许建立小企业投资公司(Small Business Investment Companies,简称 SBIC)。

SBIC 是小企业局批准成立的私人公司,专门向高风险的小型企业提供由职业投资人才管理的资本。它们是政府与私人部门经济之间合作的结果。为鼓励 SBIC 成立,美国政府规定,SBIC 的发起人每投入 1 美元便可以从政府得到 4 美元的低息贷款,并可享受特定的税收优惠。SBIC 利用自有资金以及从联邦政府得到的优惠贷款,向小型独立企业提供资金。这种公司原则上是可以在任何州成立,最低的注册资本是 500 万美元。SBIC 的所有者基本不受小企业局的限制。受到政府的低息贷款和各种优惠措施的吸引,各种 SBIC 如雨后春笋般成立。1958—1963 年间,就有 692 家 SBIC 获得了营业执照,这些公司管理的资金总量为 4.64 亿美元,其中有 47 家公共公司通过公开发行股票的方式筹集到 3.5 亿美元。而美国 ARD 从 1946—1958 年共筹资 740 万美元,只有前者的 1.5%左右,这充分证明了政府扶植的巨大作用。

但是 SBIC 的设置存在一些内在的机制性缺陷。

(1)SBIC 存在投资限制,不能向被投公司投资超过 6 万美元,这使得初创企业很难获得创业所需的足够资本。

(2)SBIC 的资金部分是政府提供的低息贷款,存在还本付息的问题,因此并非所有的 SBIC 都为新企业提供权益性融资。由于 SBIC 可从小企业管理局那里得到极低利息的贷款,一些 SBIC 倾向于向那些有现金流入的公司提供债务融资,以获取利息。这样做风险小,并且现金回流快。另外, SBIC 从政府那里筹集的资金成本并不低,补贴政策也只是看起来慷慨。来自政府的大笔贷款听起来很有吸引力,但贷款必须被还清,并且公司接受补贴后贷款利率仍有 5%。这会产生严重的影响,即 SBIC 不得不要求被投的初创企业产生足够高的股息,以负担贷款利率。这与科技投资的想法背道而驰:科技企业在开始销售产品前通常需要至少一年的研发期,之后如果能证明产品是成功的,企业一般希望将每一美元的收入都再次投入生产,在被竞争对手抄袭之前提高销售成果。另外,SBIC 对股息的需求使它们与其本应支持的成长型科技企业产生矛盾。政府的本意是促进创新,却提出了一种无法促进科技企业创新的投资方法。

(3)SBIC 主要吸引的是个人投资者,而不是机构投资者,尤其是那些上市的 SBIC。而个人投资者往往并不愿意去承担私人权益性投资的风险和困难,即使可能获得极高的回报。SBIC 吸引的大多数是个人投资者,在股市高涨时盲目跟进,而股市低迷时,却没有耐心等待,造成投资时间的限制和对环境特别是股市的高敏感度。1963 年,股票市场的熊市使得公开上市的 SBIC 的股票平均要打 40%的折扣,这就使它们很难从个人投资者那里筹到资金,不得不把注意力放在收购和债务清算上。SBIC 的兴衰使风险投资业意识到对小企业以及新兴企业的投资不能采取上市公司的形式。于是行业人士开始摸索一种新的方式,进行以股权投资方式为主的风险投资。

(4)SBIC 无法用分配股票期权的方式来支付投资人员的酬劳,因此无法吸引到高质量的管理人才,不能为初创企业提供高水平的价值增值服务。当时的有关专家估计,由于 SBIC 管理者的素质不高,专业知识水平较差,多从事的是没有把握的投资,以致全国 700 个 SBIC 中有 232 个是有问题的企业。当时有很多媒体报道揭露 SBIC 经营者的无能。面对外界带来的压力,小企业管理局被迫对所有 SBIC 进行审计。这以后,国会又通过了一项立法,以便赋予小企业管理局更广泛的执法和监督的权力。1977 年，SBIC 的数量降到了 276 个，只占美国风险投资公司总量的 21%。

除内部因素外，外部因素也对 SBIC 计划产生了影响，其中影响最大的就是过热的股票市场。1968—1969 年，股票价格高耸入云，在这两年间，有将近 1 000 个小企业和新兴企业公开上市，股票的承销额高达 14 亿美元。新股发行市场的火爆使人们得出了这样的结论：投资于初创的私人企业大大有利可图；在企业初创时投入资本，并在公司上市时收回现金，这样的投资，其潜在的利润是无限的。由于充斥着巨大的希望，所以资金不断流入风险投资市场，仅 1969 年就超过了 2 亿美元。

但到了 1969 年末，股市的行情急转直下。经济的衰退和为支持越南战争增加的税收对风险投资行业造成了灾难性打击。尤其是 1969 年美国资本收益税的骤增（从 29%增加到 49%），使风险投资总规模骤减。20 世纪 60 年代末的疯狂投资，导致产生了像 ARD 早期所经历过的那种困难，即无论是风险投资公司，还是它所投资的企业都出现了负的现金流量。这又一次证明了自 ARD 创立以来已被反复证明的道理：挑选和创建一家成功的新兴企业是一项极其危险的交易，它需要花时间和金钱，并需要精心管理。

尽管有许多问题，但在向快速增长的小企业提供权益性资本方面，SBIC 还是最大的资金供给者。在 20 世纪 60 年代中，较大的 SBIC 中有 23 个是银行持股公司的附属公司。这些公司使用 SBIC 的执照，将资本投入小公司，这一行为违反了对银行持股公司进行权益性投资的限制。从整体上说，由银行控制的这些 SBIC 也被管理得非常好，即使不从小企业管理局借款，也能从事全面的权益性投资。

SBIC 的经验和教训，以及外部经济条件的变化，为创造一个新的行业结构提供了方向，推动了私人风险投资合伙公司的出现。

3. 美国风险投资发展的低潮

1959 年，加州硅谷成立了美国西海岸第一家风险投资公司 DGA（Draper, Gaither & Anderson），DGA 是美国第一个采用有限合伙组织形成的风投基金。采取这种有限合伙组织形式的风投基金在税收和信息披露方面具有相当优势，遗憾的是，DGA 基金的业绩表现却差强人意，不过这在很大程度上也再次提醒人们：投资初创公司的确是一个充满风险、需要专业技能的事业。尽管在组织形式上是个里程碑式的创新，但由于 DGA 业绩平平，缺乏示范性的赚钱效应，在整个 20 世纪六七十年代，美国市场采用有限合伙组织形式的风投基金仍屈指可数。

20 世纪 70 年代开始，美国风险投资进入低潮。在这个时期，风险投资行业中的有限合伙公司开始慢慢兴起，风险投资合伙公司的兴起有两个原因：一是 SBIC 的衰败，二是人们对像 ARD 这样的公众持股公司的疑虑。由于成为一家上市公司要有高度的透明性，公众会对其投资的风险性加以限制，而风险投资本身具有高风险性，许多观察家担心，采用这种存在形式，风险投资业将很难得到发展。

有限合伙公司对管理私人权益资本的职业金融家也有吸引力。1940 年的《投资公司法案》（*Investment Company Act*）规定，公开交易的风险投资公司，不得接受股票选择权或其他以经营业绩为基础的报偿。即使是在没有法律约束的地方，如银行附属的 SBIC 和机构投资者等私人权益资本的职业金融家也仅能得到工资。而这些工资，即使是高工资，也与那些风险投资合伙公司普通合伙人的收入相去甚远。

有限合伙公司的另一个吸引人之处是，它能回避政府对 SBIC 的投资约束，并能吸引比公开上市的 SBIC 的股票持有人更精明的投资者。1969 年,新型的风险投资合伙公司筹集了创纪录的 1.71 亿美元。通常,这些合伙公司资金规模不大(基本上在 250 万~1 000 万美元之间),并从个人投资者那里筹资。1969—1975 年间,大约有 29 个有限合伙公司成立,筹集了总数为 3.76 亿美元的资金。有限合伙公司由于采取了向管理者提供以业绩为基础的奖金分配机制,激发了管理者提交投资绩效的积极性,吸引了大量的资金,并逐渐被视为行业组织标准。1973 年,美国风险投资协会(NVCA)成立,这是美国第一家全国性的风险投资业自律组织,对通过有限合伙组织形式进行的风险投资进行行业监管和制约。这便是美国风险投资合伙公司发展的起点。

然而,新的风险投资组织形式并未能挽救由 SBIC 运作失败而造成的风险投资低潮。风险投资合伙公司刚成立不久,美国整个风险投资行业便遭受到外部环境带来的沉重打击,使其发展陷入了为期 10 年的低谷。

20 世纪 70 年代中期美国接连受到两次石油危机的冲击,经济出现滞胀,股市一直萧条,新股发行几乎停滞。同时,经济衰退和股市的虚弱使公司的投资和并购活动大为减少,这就堵死了风险投资退出的一条退路——收购与兼并。在这种条件下,风险投资的管理者很少为新企业投资,他们宁愿把更多的时间和资金花费在那些已投入资金的企业中去。除此之外,阻碍资本投入新兴企业中去的另一个因素是,缺少有资格经营新成立企业的企业家。此外,一系列税收制度的变化,使得以股票为投资报酬的投资的吸引力大为降低,资本收益税率在 1969 年陡然增加,而对雇员的股票期权的处理也发生了变化,期权实施时就要交税,而不像以前在股票被售出时才交税。

综上可知,在 20 世纪 70 年代,新兴企业很难获得风险投资。美国风险投资协会调查发现,1974—1975 年间,其成员所进行的 2.92 亿美元的投资中,仅有 7 400 万美元被投资于企业初始期的首轮投资,占总投资额的 25%。

在 1969 年以后的 8 年中,风险投资市场增长缓慢。1969—1977 年间,风险投资总资本量只有 25 亿~30 亿美元,风险投资每年的变动范围为 2.5 亿~4.5 亿美元,但其中有很大比例投向了较大的和已成熟的公司。

1977 年,公众的注意力再一次集中到新兴企业资本的短缺上。在一份小企业管理局的报告中,一些风险投资业的从业人员建议修改《雇员退休收入保障法案》(*Employee Retirement Income Security Act*,简称 ERISA)以及其他税收和证券法律,以挽救处于困境中的风险投资行业。1978—1980 年间,报告中的一些建议被采纳,从而加速了风险投资的快速增长。其中,最重要的变化是劳工部关于《雇员退休收入保障法案》中对"谨慎的人"条款所做的修改。这一条款曾要求养老基金在投资时要基于对"谨慎的人"的判断。进一步说,就是禁止养老基金投资于小的或新兴企业所发行的证券以及创业基金。劳工部提出,只要不威胁整个投资组合的安全,上述原被禁止的投资行为也是可以被允许的。这一解释在 1978 年 9 月提出,9 个月后得到采纳,几乎立刻就引起了小公司股票市场和新股发行市场的回应。活跃的股票市场使原本陷入瘫痪状态的风险投资退出机制开始运转,风险投资公司能退出一些投资项目,并获得高回报。高回报吸引了大量资金投入新兴企业和小企业,使风险投资业又火爆起来。美国风险投资协会在其 1979 年的报告中指出,其成员投资中的 80%流向了新的创业企业,而不是杠杆并购其他已成立的公司。

劳工部的决定最初只是促进新股发行市场的扩张,但它的长期影响却是鼓励养老基金把钱投向风险投资合伙公司。养老基金管理者长期以来一直把风险投资视为对其所承担的信托责任的一种背离，1974 年通过的《雇员退休收入保障法案》更强化了这种保守的态度。在 1976—1978 年间，风险投资合伙公司平均每年从《雇员退休收入保障法案》的养老金计划中筹集的资金不到 500 万美元，而 1979 年仅头 6 个月就筹集到了 5 000 万美元。

然而，政府这时又提出了一些其他方面的管制。1979 年 8 月，劳工部决定，风险投资合伙公司的投资是《雇员退休收入保障法案》的"计划资产"。这一决定有重大影响，因为在《雇员退休收入保障法案》下，"计划资产"的外部管理人必须按照 1940 年颁布的《投资顾问法》以"顾问"身份来登记。而一旦登记，他们就不能接受同经营业绩相联系的酬金。普通合伙人将被视为《雇员退休收入保障法案》"计划资产"的受信托人，从而受制于限制交易规则，这也使得风险投资合伙公司的投资变得更加困难。

风险投资家们对这一规定进行了顽强的抗争。第二年，劳工部修改了规定，允许合伙公司作为从事风险投资的公司，可以不受"计划资产"管制的约束。然而，在劳工部修改规定之前的 10 个月中，有限合伙公司从养老基金计划中没有筹集到任何资金用以组建新的基金。1980 年，国会最终解决了要求普通合伙人作为投资顾问进行登记的问题。按照国会的声明，风险投资基金的管理人将不再被要求按照《投资顾问法》进行登记，因为"法案中的语句已清楚地区分了投资顾问与风险投资基金管理人的不同的行为"。20 世纪 70 年代，证券交易委员会（SEC）的数位成员认为，风险投资基金的经理是事实上的投资顾问，因为在这种情况下"接受建议的人不是有限合伙公司本身，而是每一个有限合伙人"。因为《投资顾问法》规定，当投资顾问的客户人数少于 14 人时，可不进行登记，因此许多有限合伙公司都把其合伙人规模定为 14 个合伙人。1980 年通过的《小企业投资鼓励法》，重新将风险投资和私人权益资本合伙公司界定为商业发展公司，使其不再受《投资顾问法》的约束，也使有限合伙公司对合伙人人数的控制变得不必要了。

同时，国会也通过降低资本利得税来促进风险投资的发展。1978 年，资本所得税的最高税率从 49.5%降到了 28%。此外，1981 年通过的《鼓励性股票期权法》中，允许重新采用以前那种用股票期权作为酬金的做法，即风险投资家的收入如果是股票期权，那么这部分收入就可以暂时不必纳税，纳税期将被推迟到股票出售之后。

4. 美国风险投资发展的繁荣期

有限合伙组织形式的出现、有利的制度变动以及一些成功企业的示范效应激发了风险投资业的活力。1980 年风险投资总额比 20 世纪 70 年代平均风险投资总额猛增 10 倍，第二年又翻番，1987 年最高，上升到 50 亿美元。资金供应量的膨胀使美国沉默多年的风险投资业开始活跃起来。活跃的市场促进了企业家精神的发展，大批企业的成立促进了新技术和知识的商业化，对美国经济有明显的促进作用。

（1）风险投资的投资者构成发生了明显的改变。以养老基金为主流的机构投资基金逐渐成为风险资本的主要供应者。1978 年，富裕个人和家庭是风险投资的主要供应者，大约提供了总额的 32%，养老基金只占了 15%左右，不到前者的一半。而 1988 年养老基金一跃成为最大的投资者，占据了 46%的投资总额，而个人和家庭的份额则缩小到 8%。

（2）不到 10 年时间，美国风险投资的聚集，已变得几乎完全依赖于机构投资者了。在机构投资者带来的压力下，风险投资业已渐渐背离了传统的风险投资轨道，风险投资的重点开始逐渐偏离多里奥特倡导的以高科技、高附加值为导向的传统风险投资领域，即种子企业、创业企业以及早期企业，趋向成熟的发展型企业以及有并购意向的企业成为风险投资的重点。养老基金、捐赠基金等机构投资者的加入使风险投资公司的资金规模大大增加。20 世纪 80 年代末风险投资公司的平均规模比 70 年代末增加了 2.5 倍。由于创业基金规模在 10 年中从平均 1 800 万美元膨胀到 1989 年的 4 950 万美元，它所涉及的交易规模和最小的投资量都发生了变动。的确，风险投资基金不可能把钱投在较小的企业以得到巨额回报，这就给风险投资家造成压力，迫使其从需要资金量较小的导入期融资转移到了每笔交易需要更多资金的后期融资。较大规模的基金首先背离了风险投资支持新兴企业的动机，而杠杆并购则满足了对大量交易和较短持有期的需要。精明的风险投资家很清楚：对一个新兴企业来说，要花 5 年以上的时间才能到达收获期，而一个成熟的公司则可以在 6~18 个月内生产出产品并在 1~2 年内获得利润。这也同样反映在风险上，对初创和早期企业投资的风险比对扩张期企业投资的风险要大得多。所以一般合伙人寻找的投资机会是那些规模较大、对资金需求量较高的企业，而种子企业、创业企业或早期企业是不能满足它们的要求的。这就使得发展型企业以及并购企业（包括杠杆并购和管理并购）成为风险投资的主要对象。

同时，以机构为基础的有限合伙人在提供风险投资业所需资金的同时，也向普通合伙人施加了压力，以便较早地取得资金的流动性，但这却可能在无意中破坏了这一行业对经济的贡献。为了获得高流动性，机构投资者寻求仅需 2~4 年投资期的杠杆并购交易，以取代需要 5~10 年的早期和导入期投资这种需要“耐心和勇气”的传统风险投资。机构投资者要求他们投入的资金有更少的“耐心和勇气”，承担更小的风险。

机构投资者还改变了有限合伙组织形成的基本规则和条款。由于主要的机构投资者在基金创建时投入了相当多的资金，因而相对于普通合伙人而言，有强大的谈判筹码。他们要求较早和较频繁的现金分配、较低的管理费用、最少的保证利得，他们还要求提供季度报告，由顾问委员会掌握估价等，这些要求导致风险投资业发生了根本性的结构变化。传统风险投资的长期投资原则和机构投资者之间利益的不一致正在扩大。机构投资者要求尽早分配收益，这种压力可能会引发事与愿违的恶果。

（3）美国风险投资业总体面貌发生了变化，出现了专业化和差别化的投资战略。从前，整个风险投资业规模非常小，各投资公司非常类似，而且保持着紧密的联系，互相合伙，分享投资机会、信息和资金，在外行眼中类似一个封闭的小镇。20 世纪 80 年代之前，风险投资的行业特征是：各个风险投资公司几乎都有着相同的投资战略和投资准则。然而，进入 80 年代后，各风险投资公司力图寻找的战略焦点和投资阶段却各不相同，呈现出专业化的投资战略形式。一些投资基金以杠杆收购类交易为目标，一些集中在成熟期投资，一些则致力于种子期投资，还有一些基金则专注于工业或技术领域，如生物技术、废品回收与环保技术及零售和服务业。可以说，这些掌握着独一无二技能的新一代风险投资家正在调整其战略，使之更适应自己最熟知的投资领域。风险投资的专业化是风险投资内部竞争的必然结果。现在，风险投资业出现了分工。各风险投资公司的风险投资基金因其投资方向、投资规模和投资目的的不同而被划分为几类。从投资规模角度看，风险投资基金可以被分成超大型基金、主流基金、二级基金、特定市场基金以及企业附属基金等。

超大型基金是私人的独立风险投资公司的风险投资基金，不附属于任何企业、金融机构或政府机关。它的基金规模在 1 亿美元以上，投资的最低限度为 100 万~300 万美元。由于资金规模庞大，它的许多投资集中在发展型企业、并购等活动，或投资于一些创业型企业。

主流基金主要是独立的私人基金组织（也包括部分机构性 SBIC）的风险投资基金，管理 2 500 万~10 000 万美元的资金。它们的投资底线一般为 50 万~100 万美元。其投资方向与超大型基金类似，也是以后期企业融资和并购为主，兼顾一些创业型或早期企业融资。主流基金的投资集中于本国，特别是邻近地区。主流基金的投资也以普通股以及一些有附带功能的优先股为主。

二级基金大部分是 SBIC 的风险投资基金，也包括一些小规模独立私人投资公司。二级基金的资金规模小于 2 500 万美元，一次投资的最低限度在 50 万~75 万美元之间。二级基金的地理范围以地区为主，大多是 SBIC，一般以次级债券方式进行投资或放贷。二级基金的行业涉及甚广，既有高科技行业，也有服务性和零售性行业。

特定市场基金规模也小于 2 500 万美元。与二级基金不同的是，特定市场基金主要是独立的私人投资公司的风险投资基金，投资方向集中在早期企业或创业型企业。它的投资主要侧重于技术或营销导向型企业，以股权方式进行投资，投资的目标是长期的投资收益。

企业附属基金是为了本企业的战略目标而设立的风险投资公司的风险投资基金。企业将自有资金投入新兴企业之中，可以得到该企业拥有的专利技术或产品，避免未来可能出现的竞争，既节约了研究与发展的费用，又能保持自己在技术与产品创新方面的领先地位。企业附属基金的资本基本是企业自有资金，很少进行外部融资。投资的方式为股权、贷款、债券等，形式多样。企业附属基金相对比较成功。

20 世纪 80 年代前期美国风险投资规模迅速增长，但缺乏有专业投资经验的复合型人才、投资机会相对短缺、竞争激烈等，降低了风险投资业的平均收益率。同时，美国政府担心风险投资过热，于 1986 年在《税收改革法》中提高了与风险投资有关的优惠税率，将企业边际税率从 28%提高到 34%。美国风险投资的热潮逐渐平息，尤其是 1987 年 10 月股市暴跌后，美国风险投资业又面临投资回报较低且筹资难的艰难境地，风险投资规模有所降低，风险投资总额在 1987 年达到最高峰后，开始逐渐滑坡，在经历了快速增长后又进入调整期。

5. 美国风险投资发展的成熟期

从 1988 年起，美国风险投资业进入了调整时期，投资收益率下降，总投资额缩小，投资理念逐渐偏离了多里奥特倡导的传统风险投资观点，SBIC 又一次受到了打击。到 1990 年中期，有 159 家 SBIC 宣告破产，而且负债累累。

进入 20 世纪 90 年代以后，美国经济在网络经济等高科技工业的带动下，持续增长。美国 20 世纪 90 年代的平均经济增长率为 3.2%，大于 80 年代平均增长率。失业率和通货膨胀率连创新低。经济的增长带动了股票市场，高科技市场纳斯达克证券市场（NASDAQ）连创新高。在经济高涨、股市牛气冲天的大好背景下，风险投资企业较容易发行股票、进行并购等，从而使风险投资资本的退出变得容易，而且收益很高。这些因素使美国风险投资业进入了另一轮上涨时期。年总投资迅速增加，被投资项目增加。正如微处理器工业掀起了 20 世纪 80 年代的第一轮风险投资高潮一样，以网络为核心的信息工业掀起了第二轮风险投资高潮。

20 世纪 90 年代还出现了一些对风险投资业有利的公共政策变化。1997 年，税法改革制定了对风险投资业非常有利的税务政策。此外，美国创业企业局重新修改 SBIC 的计划，使 SBIC 更加有吸引力。

随着全球高新技术产业的不断发展，资本市场的日趋活跃，新经济模式不断涌现，美国高新技术产业在 1986—1997 年平均投资回报率高达 41.2%，刺激美国风险投资开始了新一轮的快速增长。1996 年,美国新增风险投资额达到 95 亿美元;1997 年,又新增了 100 亿美元;2000 年,美国风险投资发展到新的高度,风险投资所投资的项目已经突破了 1 000 亿美元大关。风险投资在研发资金总额中所占比重也由 1988 年的 37%上升到 2000 年的 40%。2000 年 3 月,美国互联网经济泡沫破灭,美国纳斯达克指数从 2000 年的历史最高点 5 048 一路跌到 2002 年的 1 114,整个股市市值蒸发了 2/3。此后,美国风险投资受到严重影响, 2001 年下半年以后风险投资额开始持续下降(如表 1-1 所示),平均回报率的大幅降低也导致风险投资的发展出现了停滞。但到了 2003 年以后,美国的风险投资又开始出现复苏。

表 1-1 1995—2003 年美国的风险投资额

年份(年)	项目数量(个)	投资总额(美元)
1995	1 887	7 623 118 000
1996	2 642	11 610 113 800
1997	3 221	15 080 031 200
1998	4 168	21 446 890 800
1999	5 640	54 749 411 300
2000	8 138	106 224 708 400
2001	4 635	40 801 949 800
2002	3 039	21 188 870 100
2003	2 884	19 400 000 000
2004	2 945	21 900 000 000

资料来源:根据 *Venture Economics* 资料整理。

2002 年,投向未上市创业公司的投资总额下降了 48%,降至 212 亿美元,明显低于 2001 年的 408 亿美元,远不如 1999 年与 2000 年的极盛时期。经过 3 年多的下跌,美国的风险投资触底反弹, 2003 年第四季度风险投资额达到 49 亿美元,比第三季度增长 12%,创近 18 个月来的新高。虽然增长幅度非常有限,但这是 2000 年第一季度以来整个风险投资行业第一次实现季度增长。2004 年,美国的风险投资总额已超过前两年。据美国权威媒体报道, 2003 年第四季度,生物技术领域的风险投资额达到 11 亿美元,连续两个季度超过软件行业,成为美国吸引风险投资最多的领域;软件行业在第四季度吸收风险投资 9.78 亿美元。尽管受到网络经济泡沫的影响,美国的风险投资出现了短暂的停滞现象,但是仍然保持着增长态势。根据美国风险投资协会(NVCA)的最新报告显示, 2021 年,美国风险投资(VC)不仅交易总额达到创纪录的 3 300 亿美元,而且融资总额首次突破 1 000 亿美元,达到 1 283 亿美元的最高历史纪录。

1.3.3 中国风险投资的发展历程

过去 30 年,伴随经济高速增长,新兴产业崛起,中国私募股权投资(PE)及风险投资(VC)行业从零起步,一路高歌猛进,在推动创新和服务实体经济的过程中,成为规模增速仅次于互联网的高成长行业。1999—2021 年,中国 PE/VC 机构的数量增长了 150 倍,从业人员数量增长了 110 倍,管理的资金增长了 600 多倍,2015 年至今市场规模稳居世界第二。

从早期外资机构的美元基金占据绝对主导地位,到如今国资、本土民营机构的人民币基金百花齐放，在这三股力量竞相逐鹿又共生互促的演进中，在中国经济飞速发展使得资本日益丰沛、创新创业浪潮澎湃使得项目日益丰富、资本市场改革开放使得退出日益通畅的环境下，中国 PE/VC 市场正呈现全新的发展风貌。

中国风险投资从 20 世纪 80 年代中期开始，兴起于 20 世纪末，经 2002—2004 年的调整，于 2005 年全面复苏并快速发展，持续至今。2009 年，随着创业板市场的推出，风险投资进入新的高潮。中国风险投资伴随着该领域政策、法规体系不断完善和发展，分为 6 个阶段，包括酝酿期（1985—1997 年）、兴起期（1998—2001 年）、调整期（2002—2003 年）、回暖发展期（2004—2006 年）、高速扩张期（2007—2013 年）、理性发展期（2014 年至今）。

1. 酝酿期（1985—1997 年）

1984 年国家科技促进发展研究中心在“新的科技革命与我国的对策”的研究中，就提出了“风险投资”的概念。1985 年 3 月，中共中央发布了《关于科学技术体制改革的决定》，指出：“对于变化迅速、风险较大的高技术开发工作，可以设立风险投资给予支持。”这一决定使得我国高技术风险投资的发展有了政策上的依据和保证。1986 年，经国务院批准，由国家科学技术委员会和财政部共同出资成立了中国第一个风险投资公司中国新技术创业投资公司（简称中创公司），标志着中国风险投资事业的开始。继中创公司之后，地方政府纷纷仿效，成立基金对国有企业进行投资以促进科技进步，资本金大都由当地的政府机构（科学技术委员会）提供，如上海信息投资股份有限公司、深圳高新技术产业投资服务公司、中国长和科技基金、深圳科技银行、黑龙江科技实验银行等。

1991 年，国务院在《国家高新技术产业开发区若干政策的暂行规定》提出：“有关部门可以在高新技术产业开发区建立风险投资基金，用于风险较大的高新技术产业开发，条件成熟的高新技术开发区可创办风险投资公司。”风险投资公司再次在中国兴起，并且激发了外资对中国的兴趣和投资，由于法律制度、资本市场、文化差异，外资以合资方式进入中国的效果并不理想。

1995 年和 1996 年国务院分别在《关于加速科技进步的决定》和《关于“九五”期间深化科学技术体制改革的决定》中，强调要发展科技风险投资。受国家政策引导和相关制度发展的影响，国内出现了一批风险投资公司，国际资本也采取新的投资战略进入中国市场。国际风险投资的开路先锋是美国国际数据集团（IDG），IDG 技术创业投资基金对搜狐、百度和金蝶等创业企业实现了成功投资。与此同时，由世界银行所属的金融公司发起组建的华登风险投资基金对深圳等地的成长型高技术企业或项目进行了成功的投资。1997 年底，四方利通公司获得美国美洲银行罗世公司、华登国际投资集团和埃芬豪国际集团三家风险投资公司 650 万美元的风险投资。

2. 兴起期（1998—2001 年）

1998 年 3 月，在时任民建中央主席成思危的领衔下，民建中央在全国政协九届一次会议上提交了《关于尽快发展我国风险投资事业的提案》，该提案因立意高、分量重，被列为“一号提案”。提案提出后受到了中共中央、国务院的高度重视，并在各部委、各级地方政府和科技界、金融界产生了巨大反响，掀开了中国风险投资大发展的序幕。成思危也因此被誉为“中国风险投资之父”。

1999 年，科技部、国家计委、国家经贸委、财政部等部门联合发布《关于建立风险投资机制的若干意见》，各地方政府纷纷出台支持政策。2000 年，新浪、网易、搜狐等一系列门户网站在外资风投的支持下，掀起了中国互联网行业上市第一波浪潮。深创投、上海永宣投资、达晨创投、同创伟业、深港产学研等日后具有代表性的本土 PE/VC 机构应运而生。数据显示，2000 年，国内的 PE/VC 机构新增 102 家，存量猛增至 201 家，资本繁殖一日千里。

2001 年，中国加入世界贸易组织后，外商投资随之增长。当中国的风险投资机构伴随着政策刺激和网络大潮兴起时，欧美的高科技市场却面临着一场空前危机，21 世纪之初全球“光通信泡沫”和“网络泡沫”相继破裂。随着美国“网络泡沫”破灭，国内投资的热情也受到挫伤，一大批前期投资者的资本被深度套牢，无法退出，由于没有特别令人信服的风险投资成功案例，新增的投资极为有限。风险投资迎来寒冬时期，表现为投资案例数量和投资金额的减少，自此风险投资进入调整期。

3. 调整期（2002—2003 年）

2003 年，《中华人民共和国中小企业促进法》提出“国家通过税收政策鼓励各类依法设立的风险投资机构增加对创业企业的投资”。明确了政府对创业企业融资难问题的关注和通过风险投资途径解决这一困境的政策扶持。此后几年，国家对风险投资的态度左右摇摆，风险投资受到影响，本土风险投资机构数量及风险投资资本总量在 2003 年和 2004 年较上一年都有减少，但是我国风险投资活动总案例数量及投资额数据却反映风险投资活动相对活跃，主要是这期间外资风险投资机构的投资活动仍然活跃。

4. 回暖发展期（2004—2006 年）

2004 年 5 月，深圳创业企业板正式登场，一批符合条件的成长型创业企业获得上市融资机会。此举为创业板市场建设打下基础，为本土风险投资退出创造了另一种国内途径，推动了国内风险投资回暖。

2005 年之前，国际资本借助娴熟的投资技巧和对国际金融市场的运作，采用可变利益实体（VIE）架构的方式在我国境内进行股权投资，通过在境外设立离岸公司，实现间接海外上市。蒙牛、盛大、百度等百余家中国企业通过这一“红筹”路径登陆海外股市，而没有遇到任何法律风险。但是，这种红筹现象被政府监管机构视为会造成巨额资本“体制外循环”。于是，2005 年 1 月和 4 月，国家外汇管理局先后发布了《关于完善外资并购外汇管理有关问题的通知》（11 号文件）和《关于境内居民个人境外投资登记及外资并购外汇登记有关问题的通知》（29 号文件），要求中国境内个人和企业的海外投资活动必须经中央政府审批。而在风险投资机构看来，在实践中外管局并不授予批准，风险投资活动因此一度放慢了脚步。同年 10 月，国家外汇管理局 75 号文件《关于境内居民通过境外特殊目的公司融资及返程投资外汇管理有关问题的通知》修改了上述 11 号文件和 29 号文件的规定，将中央登记改为容易获得的地方登记，从而使海外上市的交易得以继续。但是，2006 年 8 月商务部等六部委联合发布“10 号文”《关于外国投资者并购境内企业的规定》，规定严格限制了境内企业以红筹方式在海外上市的模式，对创投基金的退出产生重大影响，尤其是给外资 VC 的退出设置了障碍。

2006 年 8 月，通过新修订的《中华人民共和国合伙企业法》，正式确立了有限合伙企业的形式，为有限合伙制的人民币股权基金的设立提供了法律依据；加快多层级资本市场体系建设，为人民币基金的投资和退出创造了合理的渠道；经济持续发展和民间资本充足为人民币基金的发展提供了市场需求和融资基础。

2006 年 2 月，国务院颁布《国家中长期科学和技术发展规划纲要（2006—2020 年）》，提出“探索以政府财政资金为引导，政策性金融、商业性金融资金投入为主的方式，采取积极措施，促进更多资本进入风险投资市场”。

2006年，同洲电子在中小板挂牌上市，成为本土VC在国内资本市场首个成功退出的案例。这不仅令其背后的达晨创投、深创投出名，也意味着一个属于本土创投的时代悄然到来。与此同时，制造、资源、钢铁、地产等领域的一大批民营企业高速发展，企业家财富暴涨，开始向PE领域配置财富，PE/VC迎来了“不差钱”的时代。在深圳，2005年以后设立的创业投资机构90%属民营性质，LP主要是民企和高净值人士，其资金大多来自房地产、股票等收入。

2007年2月，财政部、国家税务总局发布了《关于促进创业投资企业发展有关税收政策的通知》（财税〔2007〕31号），规定了对创业投资企业的优惠政策：对投资中小型高新技术企业的投资额的70%抵扣该创业投资企业的应纳税所得额。同年3月颁布的《中华人民共和国企业所得税法》，规定了创业投资企业从事国家需要重点扶持和鼓励的产业投资，可以按投资额的一定比例抵扣应纳税所得额。《中华人民共和国企业所得税法实施条例》明确指出：创业投资企业采取股权投资方式投资于未上市的中小高新技术企业2年以上的，可以按照其投资额的70%在股权持有满2年的当年抵扣该创业投资企业的应纳税所得额；当年不足抵扣的，可以在以后纳税年度结转抵扣。对年初作为通知形式的税收优惠政策进行了法规层面的确认。

税收法律和政策优惠体现了政府促进中国创投市场发展的意愿和决心。受政策法律对风险投资大力支持倾向的影响，在2005—2007年3年间风险投资活动极为活跃，国内风险投资市场规模扩张迅速，投资金额年增长均超过50%。根据科技部统计，2005年全国已有创业投资机构319家，管理的资本达到631亿元。截至2005年，中国创业风险投资机构累计投资3 916个项目，其中高新技术投资项目达到2 453个，投资额达到326亿元。截至2007年底，我国风险投资机构超过360家，管理资金超过660亿元，并且超过以色列，成为仅次于美国的世界第二大获得风投资本的国家。

5. 高速扩张期（2007—2013年）

这个阶段的特点在于，国家政策进一步支持，市场发展日趋成熟，资本总量持续扩大，人民币投资迅速抬头，行业组织模式不断丰富。

由于次贷危机的潜在影响，越来越多的风险投资者突破以往的投资理念，风险资金投向趋向保守，不再全方位地关注高科技产业，而将目光逐步转移到具有反周期性的传统民生行业上来。2008年，我国风险投资发生的投资案例数共501个，总投资金额为337.90亿元。其中，传统行业发生的投资案例数为119个，投资金额为99.38亿元，项目数量和金额所占比例均最高，分别为23.75%和29.40%。此外，随着传统能源的日渐枯竭和政府对节能减排的高度重视，对能源环保的投资成为风险投资关注的热点。2008年，我国能源环保行业的案例有45个，占总案例数的8.98%；投资金额为22.96亿元，占总投资金额的6.79%。

由于传统的风险投资热门行业TMT（电信Telecommunications、媒体Media和科技Technology三个英文单词的首字母）受外部金融环境、经济周期的影响较大，因此从2008年下半年开始风险投资开始倾向投资于非TMT行业。例如，对经济周期变化不敏感的新能源行业、医疗健康行业、教育培训行业。2008年第三季度，传统行业投资额一直下降，而北美、欧洲、中国和印度以风能和太阳能为代表的清洁技术领域总获投资26亿美元，环比增长17%，同比增长37%，而我国的医疗健康业也开始得到风险投资的重视。2008年第三季度，投资在医疗健康业中的案例数大幅度增加，在总案例数中占的比例也同样增加。

2008年3月，全国社保基金等多类金融资本获准自主进行股权投资，本土机构融资渠道进一步拓宽。

2008 年 8 月底，证监会出台了 142 号文，指出那些有合伙制企业支持的公司不可以上市，这条法令直接影响到了风险投资的退出问题。此外，次贷危机之后，国家对风险投资的监管和控制也比以往更加严格。

2008 年 10 月，国务院办公厅转发《关于创业投资引导基金规范设立与运作的指导意见》，明确创业引导基金是由政府设立并按市场化方式运作的政策性基金，主要通过扶持创业投资企业发展，引导社会资金进入创业投资领域。该引导基金本身不直接从事创业投资业务，政府可以看成是一个特殊的 LP（有限投资人），因此风险投资基金可以通过与当地政府创业引导基金的合作，在获得一定资金支持的情况下，发掘出当地具有投资价值的项目。

2008 年 12 月，国务院办公厅发布《关于当前金融促进经济发展的若干意见》，要求对股权投资基金出台具体的管理办法，完善相关政策。

2009 年 10 月 23 日，创业板正式启动，酝酿已久的创业板正式推出，意味着风险投资在国内可以通过创业板上市退出获得收益。首批 28 家公司背后的 20 家 VC 最终赢得了平均 5.76 倍的回报。VC“本土募集、本土投资、本土退出”模式最终形成。

2009 年，人民币风投基金开始在国内占据绝对主流的地位，越来越多的外资机构开始尝试在国内设立人民币基金。中国风险投资研究院调研数据显示，2009 年中国股权投资市场完成募集的人民币基金共 116 只，占完成募集的基金数量的 85.29%。人民币基金的募资规模达 505.60 亿元，占新募集资本额的 52.49%。外币基金的募资规模为 457.69 亿元，占新募集资本额的 47.51%。2009 年中国国内的风险资本中，来自非金融类企业的资金占据主导地位，占比达到 52.74%。

2009—2010 年，本土 PE/VC 投资案例数占比超过 60%，同期的退出案例数则远超外资。人民币基金的规模扶摇直上，开始与美元基金平起平坐，尤其是一些头部机构的体量一飞冲天。2001—2011 年，鼎晖投资管理的基金规模从 1 亿美元增长到 100 亿美元，增长了近百倍。同期，达晨创投的资管规模也增长了近百倍。

2009 年 10 月，金亚科技与吉峰农机同时在创业板上市，其背后的昆吾九鼎获得超过 2.7 亿元的投资回报，这家创立仅两年的机构在 A 股市场一战成名。高回报的退出吸引了大规模的资金进入。2010 年，国内 PE/VC 募集资金 1 768 亿元，相当于 2009 年的 2 倍。

清科集团发布的 2005—2010 年 PE/VC 榜显示：2005 年，榜单的前十中，仅 3 家为本土机构；2008 年开始，本土和外资机构各占一半；2009 年之后，仅红杉中国、IDG、SAIF 有外资背景，其余 7 家均为本土机构。本土头部机构的弯道超车，仅用了 4 年时间。

2011 年 2 月，国家发展改革委发布《关于进一步规范试点地区股权投资企业发展和备案管理工作的通知》，要求各试点地区进一步规范股权投资企业的备案管理工作。2011 年 11 月，国家发展改革委发布《关于促进股权投资企业规范发展的通知》，首次明确了境内设立的股权投资企业的规范运作和强制性备案管理。2012 年 12 月，修订后的《中华人民共和国证券投资基金法》颁布，将“非公开募集基金”纳入规定，私募基金首次取得法律身份。2013 年 6 月，在《关于私募股权基金管理职责分工的通知》中明确了私募股权基金的监督管理工作由证监会负责，国家发展改革委负责组织拟订促进私募股权投资行业的发展政策。2014 年，证监会发布《私募投资基金监督管理暂行办法》，对私募基金登记备案、合格投资者、资金募集、投资运作等做出规定。政府的政策支持，使中国的创投环境日益改善。

经历了此次金融危机的洗礼之后，中国A股市场已经成为全球极具吸引力的市场之一，不论是本土还是外资投资机构都纷纷表示看好中国A股市场，特别是创业板的发展前景。相比之下，中国资本市场拥有低上市成本、高市盈率以及文化和法律本土化等各方面优势，使得越来越多的民营企业将境内上市作为其公司战略发展的重要选择之一。此外，创业板开闸不仅为本土人民币基金的退出增加渠道，也将吸引更多外资投资机构支持的企业转到国内上市。

为应对金融危机，我国政府的一系列宏观调控也刺激了风险投资行业的快速扩张。受到IPO重启、风险投资行业税收优惠等政策的影响，我国风险投资行业规模大幅攀升（如表1-2所示），仅2010年一年，我国风险投资机构数量就增长了291家，到2011年，机构总数达到1 096家，首次突破1 000家大关。此外，资本管理总额方面，中国创业风险投资管理资本总额处于不断上升的趋势（如图1-4所示）。

表1-2　中国创业风险投资机构总量、增量（2006—2014年）

项目年份（年）	2006	2007	2008	2009	2010	2011	2012	2013	2014
现存的VC机构（家）	345	383	464	576	867	1 096	1 183	1 408	1 551
其中：VC基金（家）	312	331	410	495	720	860	842	1 095	1 167
其中：VC管理机构（家）	33	52	54	81	147	236	241	313	384
VC机构增长率（%）	8.2	11.0	21.1	24.1	50.5	26.4	7.9	19.0	10.2

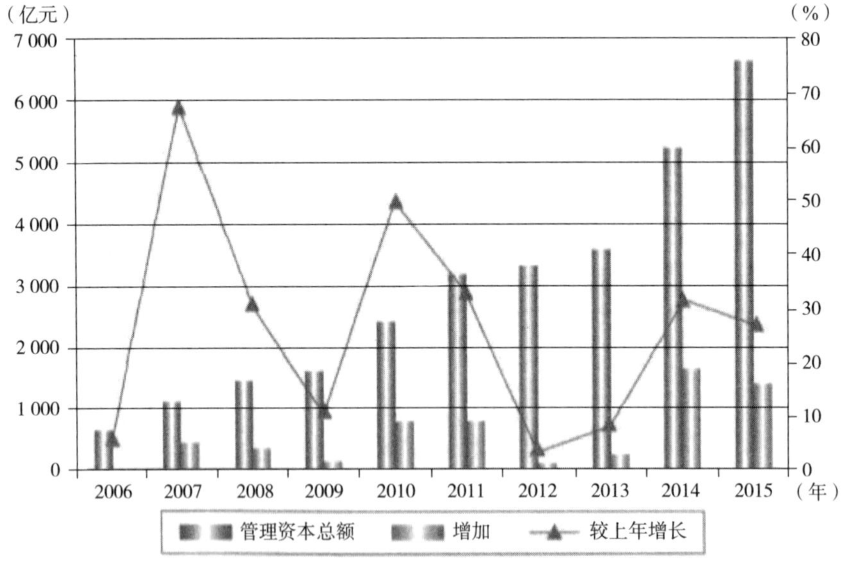

图1-4　中国创业风险投资管理资本总额（2006—2015年）

这一阶段中，行业内各结构之间的关联程度显著上升，许多大型创业投资公司（集团）通过与地方政府或其他企业合作的方式设立子基金，形成了资金网络。投资机构之间的委托和外包管理模式也风行一时，专业化的创投管理公司受到了欢迎。这一阶段的特点是国内风险投资市场的格局开始改变，监管层对创新型企业的关注日益提高，随着新三板的推出和证监会发审制度的改革，风险投资在国内资本市场的退出渠道逐渐打开。

6. 理性发展期(2014 年至今)

本阶段的特点在于,前期刺激政策仍在消化,行业发展速度趋缓,风险投资逐步回归到理性的价值投资,中国风险投资大国地位完全确定。受到国际经济增长乏力和国内经济结构调整的双重影响,我国风险投资行业发展也步入了"新常态"。

从 2015 年开始,中国经济进入中低速增长的常态化时期。随着互联网创业浪潮退去,硬核科技浪潮来临。这一时期可称作第四次创业浪潮,创业的科技含量和门槛较高。当前,5G 技术、芯片、先进制造业、人工智能、互联网+等领域备受风险投资青睐和关注。这一时期,中国经济结构面临转型升级,国有企业持续深化改革,人口结构变迁引发消费新潮流,养老、零售、孩童、汽车、健康五大需求将有效刺激投资热度。这一时期,政府不断出台新政策,旨在规范行业发展,优化营商环境和提升市场活力。

2015 年,国务院先后推出《关于加快构建大众创业万众创新支撑平台的指导意见》和《关于大力推进大众创业万众创新若干政策措施的意见》,培育和催生经济社会发展的新动力。2015 年也被称作双创战略落地元年。2016 年 9 月,《国务院关于促进创业投资持续健康发展的若干意见》(简称"创投国十条")发布,是国内第一部促进创业投资行业持续健康发展的系统性、针对性的政策文件,为创业风险投资提供了明确的政策方向,覆盖创业风险投资"融、投、管、退"各个环节。2017 年,38 号文《财政部 税务总局关于创业投资企业和天使投资个人有关税收试点政策的通知》发布,税收优惠进一步助力创业风险投资。2018 年,《关于推动创新创业高质量发展打造"双创"升级版的意见》发布,"双创升级版"从税收、融资等多方面出台政策支持创业风险投资的发展。

这一阶段,风险投资市场参与主体多元化且竞争激烈。许多著名投资人创立自己的投资公司,战略投资者(如 BAT 等)涉足各个领域,国资背景的风投机构依旧实力雄厚。同时,政府引导基金发展迅速,成为最主要的 LP(有限合伙人)之一。2015 年,《政府投资基金暂行管理办法》发布。2015—2016 年政府投资基金迅速增长,主要以国家级和省级基金为主。2017 年,政府引导基金设立主体由省级向地市级区县级延伸。2018 年,央行、银保监会、证监会、外管局等四部委联合发布《资管新规》,细化了私募基金监管的底线要求,打击了一系列违法违规行为,以往各方资金嵌套资管产品投资私募股权基金的模式难以实现,股权投资机构普遍陷入募资的困境中。风险投资进入理性发展阶段。国家严格规范从业规则以后,将淘汰市场违规主体和优化资源配置。市场监管趋严叠加中美贸易战、新冠疫情等因素,流入股权投资行业的资金收窄。但是科创板的推出为股权投资市场带来了活力。2019 年,共发生 1 152 笔 VC 退出交易,同比上升 17.8%。被投企业 IPO 依旧是最主要的退出方式(占总退出方式的 50.4%)。中国风险投资站在新的历史交汇点,在政策和市场的不断推动下,将更加合理地投入支持实体经济的发展中。

2023 年 7 月 3 日,国务院总理李强签署国务院令,公布《私募投资基金监督管理条例》(以下简称《条例》),自 2023 年 9 月 1 日起施行。私募基金行业首部行政法规酝酿十年后正式面世。《条例》对私募股权投资基金进行底线监管的同时,充分考虑发挥其积极作用。《条例》的出台明确对创业投资基金实施分类监管,并为创业投资基金设置专章,充分注重发挥私募基金行业在服务实体经济、支持科技创新等方面的作用,在投资范围、投资期限、合同策略等方面明确创业投资基金应当符合的条件,鼓励"投早投小投科技",并加强创业投资基金监管政策和发展政策的协同配合。

事实上,过去的 30 多年,伴随经济高速增长,新兴产业崛起,中国风险投资行业从零起步,一路高歌猛进,从一个"小众行业"发展成为我国金融体系的重要组成部分,在推动创新和服务实体经济的过程中,成为规模增速仅次于互联网的高成长行业。1999—2021 年,中国 PE/VC 机构的数量增长了 150 倍,从业人员数量增长了 110 倍,管理的资金增长了 600 多倍,2015 年至今市场规模稳居世界第二。

截至 2022 年末,私募股权基金(含创业投资基金)在投中小企业项目 8.5 万个,在投本金 2.59 万亿元;在投高新技术企业 5.9 万个,在投本金 2.62 万亿元;在投初创企业 2.7 万个,在投本金 5 443 亿元。注册制改革以来,近九成的科创板、六成的创业板和九成以上的北交所上市公司在上市前获得过私募股权基金支持。私募股权基金投资为证券市场高质量发展提供了强大动力。私募投资基金作为一种非公开募集的投资基金形式,在服务实体经济、支持创业创新、提高直接融资比重以及服务居民财富管理等方面发挥了重要作用。可以说,我国风险投资大国的地位已经完全确定。这个阶段的一个主要特点就是,人民币基金逐渐超越美元基金变为市场的中坚力量,人民币投资的资产规模超越美元投资的资产规模,越来越多的美元基金管理人将重心切换到人民币投资。如今,随着科创板、北交所的设立,本土 PE/VC 的退出渠道进一步打开, A 股 IPO 速度正在加快,创投机构排队等候退出,与此同时国内资本市场退出变成风险投资的主要退出渠道。

同时,已经在海外上市的中国企业,尤其是在美国上市的企业纷纷谋求私有化退市,试图转战国内资本市场。另外,在当前阶段中,由于市场环境复杂、投资机构数量众多等原因,风险投资行业的竞争不断加剧,据 Money Talks 统计数据,10%的风投公司资产十年回报在 2~3 倍,35%的风投公司资产回报在 1~2 倍,大概有 50%的风投公司十年后资产比十年前还少,真可谓是亏血本。这从侧面说明了行业正在经历持续整合,将日益走上专业管理道路。

从早期外资机构的美元基金占据绝对主导地位,到如今国资、本土民营机构的人民币基金百花齐放,在这三股力量竞相逐鹿又共生互促的演进中,在中国经济飞速发展使得资本日益丰沛、创新创业浪潮澎湃使得项目日益丰富、资本市场改革开放使得退出日益通畅的环境下,中国 PE/VC 市场正呈现全新的发展风貌。

1.3.4 风险投资形成与发展的背景和条件

从美国和中国发展风险投资的历程可以看出,风险投资的萌发离不开历史背景和环境的土壤,在具备了形成和发展的条件后,风险投资便会脱颖而出,并取得蓬勃发展。这些背景与条件概括起来主要有以下几点。

1. 高新技术供需两旺,是风险投资业存在和发展的前提

科学技术是第一生产力,然而随着科学技术的发展,高新技术创新过程的高创新性、高难度性、知识密集性和低成功率使得资金实力雄厚的大企业因为成本高、风险大望而却步。相反中小企业由于规模较小而具有灵活性强、市场反应迅速、内部信息和决策过程敏捷等优势,这使得他们在科技创新方面效率较高而相对风险较小。并且基于市场竞争的压力,中小企业希望通过科技创新赢得生存和发展的机会,因而中小企业更具创新的动力。规模小、机制灵活是中小企业的主要优势,但是中小企业面临的最大的不利因素是资金不足。一方面中小型企业在资金供给方面"先天不足",另一方面科技创新高风险的特性,使得科技型中小企业很难通过普通融资渠道获得资金。传统的资本市场和银行都无法解决科技型中小企业的资金来源问题,而政府的补贴往往受到财政预算的约束,科技新发展遭遇“资金瓶颈”,客观上需要一种全新的融资渠道来弥补传统融资渠道的不足。

随着社会经济的发展和科技水平的提高,大批的科技创新成果不断涌现出来,并且社会对这些创新产品保持着旺盛的需求。这种“供需两旺”的势头,不断降低了科技创新的技术风险和市场风险。与此同时,科技创新产品的高附加值和广阔的市场前景,使得追求高额利润的投资家们有了充分的投资理由,风险投资应运而生。

2. 良好的资金环境是风险投资产生和发展的外部条件

风险投资最本质的特征是通过承担投资的高风险而获取相应的高收益,承担高风险是前提,获取高收益是目的。因此,必须是拥有相对富足的财富的人或实体,才会有较高的风险忍受程度,从而对风险投资这种投资形式感兴趣;也只有经济增长带来大量的财富积累,才能提供风险资本来源,才有能力承担高风险。国家财力雄厚,人民生活富足,资金流动活跃,才能使风险投资的资金来源有潜在的保障。风险投资是集融资和投资于一体的投融资形式。融资是首要的前提,也只有在获得足够的资金支持之后,它才能进行投资。如果没有充裕的资金来源,风险投资也只能是无源之水、无本之木。

经济的增长创造了剩余社会财富,这些富余资金必然要找到存在的环境,于是风险投资成为其可选择的投资方式之一。一国经济结构调整的背后是一系列国家产业政策的调整,由此催生的新产业、新兴行业比传统行业、产业具有更高的利润水平,符合资本逐利的本性要求,不仅成为风险资本投向的目标,也在获得高额利润中积累了进一步的风险资本来源。

3. 有利的政策、法律法规环境能促进风险投资的发展

政府的重视和政策扶持是风险投资产生和发展的重要的助推器。当今世界,各国政府都非常重视高科技成果产业化的发展。风险投资是高科技成果产业化的金融发动机。因而,无论是风险投资较为完善的国家,还是正处于风险投资起步阶段的国家,政府对风险投资的引导或扶持都是十分重要的。政策是由政府制定的一系列行为的准则,用以规范和指导各种经济主体的经济行为。政策环境则是政府对风险投资的支持在政策上的体现。从西方发达国家风险投资的发展历史来看,高新技术产业风险投资的发展都得到了政府政策方面的支持,美国及欧洲发达国家将发展风险投资作为增强本国综合实力的一项基本政策。政府的扶持是风险投资发展的有效措施,良好的政策环境可以激励大量民间风险投资进入高风险的高科技企业。政策环境对风险投资的支持集中体现在各国所制定的一系列促进风险投资发展的优惠政策上,如风险补偿、制度创新和直接投资等举措,具体包括政府的经济补贴、税收优惠、政府信用担保、政府采购、政府直接投资等。

风险投资是一个特殊的投资机制,涉及向社会公众筹资、向风险企业投资、最后从风险企业退出等的许多行为,其中包含了非常复杂的契约关系。风险投资大量的投资行为采取契约化的方式,在契约的履约和监控上,风险投资的游戏规则对法律要求极其严格。一方面,要求法律保护投资者的利益,强迫契约双方必须按规定履约,惩罚那些不履约的法人或自然人,保护作为投资者的权益人。另一方面,高科技风险企业本身的高风险性和长期性,使风险投资在运行过程中相对脆弱,容易受到侵害,客观上也要求有相当健全的法律法规体系,使风险投资的健康发展受到法律的保护、制约和引导。因此,建立一套完备的法律法规体系是风险投资机制正常运行的必要条件,立法与监督是促进风险投资得以健康发展的重要保证。从发达国家的经验来看,与风险投资有着密切联系的法律法规主要涉及《中华人民共和国公司法》《知识产权保护法》以及金融法规体系等方面。

4. 多层次、成熟的资本市场体系为风险投资的发展提供了保障

风险投资机构融资、投资、退出的运作过程是由一系列完全市场化交易行为所构成并遵循市场机制特定的交易规则而进行的。风险投资机构进行风险投资首先要有一个比较完善的资本市场来募集资金,接着将资金投入高新技术项目或创业企业,然后通过对风险资本的有效运作,使所投资本实现增值,最后在资本市场上变现退出,获得高额回报。高收益是刺激风险投资发展的根本动力,资本市场是风险投资机构进行风险投资运作获得高收益的一个必要支撑条件。

国外的经验表明,多层次的、成熟的资本市场环境是风险投资进入、运行和退出的舞台。风险投资的健康发展离不开发达的市场化的资本市场。资本市场环境是风险投资发展的必要条件。完善的风险资本市场为风险投资的发展创造了良好的外部环境,成为其孕育和成长的土壤。反过来,风险投资的发展又对资本市场的成熟与完善起重要的作用,促进和带动资本市场的发展。例如,美国的纳斯达克资本市场(即原来的纳斯达克小型股票市场),它对企业上市的要求就比较宽松,适合创新型的高新技术企业上市融资,这样就可以为风险投资的退出提供出路。上市后的创业公司,等到运行较成熟以后,可以再升级到纳斯达克全球市场(即原来的纳斯达克全国市场)。

5. 集技术与金融知识于一身的复合型人才的存在

做好风险投资需要涉及多个专业领域,因此复合型人才是发展风险投资的第一要素。风险投资作为一项高风险、高收益和高智能的投资和融资活动,对人的素质要求之高为业内外人士所公认。风险投资需要的是精通高新技术投资和金融投资决策的风险投资家。风险投资的存在和发展需要一个风险投资家群体,需要一大批高素质的从业人员。既懂技术又懂金融的复合型人才,可以为风险投资的发展注入活力。发达国家的风险投资实践证明,良好的人才环境取决于健全的社会人才培养体系。良好的人才环境促进了风险投资业的发展,推动了技术的不断创新,又呼唤着更多人才的加入,形成了风险投资带动经济增长,经济增长促进风险投资人才成长的良性循环。

1.4 风险投资对经济发展的作用

世界经济的增长依赖于科技的进步。进入21世纪,高新技术及其产业的快速发展,已经成为衡量一个国家综合国力的重要标志。作为国民经济的先导产业,高新技术产业的发展程度关系着产业结构的整体优化升级和国家竞争力的提升,世界各国都积极致力于高新技术产业的发展,抢占高新技术制高点已成为当今国际激烈竞争的焦点。世界各国之间经济的竞争已转化为以高科技为基础的综合国力的竞争。创新是高新技术产业发展的动力之源,而创新活动所带来的高风险性使得传统的融资方式难以为其服务,但高新技术产业创新的巨大收益空间使得敢于冒险、追逐高收益的风险投资参与其中。纵观世界各国高新技术产业发展的历史,风险投资皆起着重要的支持和驱动作用。由于高新技术产业创新的高风险性和不确定性,从事直接融资的资本市场和间接融资的银行不愿进行投资,而正是由于风险投资的出现,支持和驱动了高新技术产业的创新和发展,它通过加速高科技成果向现实生产力的转化,推动高科技企业由小变大、由弱变强,从而促进了整个经济的蓬勃发展。风险投资对高新技术成果产业化过程的参与，促进了高新技术产业的发展以及资本的增值，进而促进了经济的增长。在经济增长的宏观环境下，又会孕育出更多的高新技术成果和充足的风险资本来源，推动风险投资与高新技术成果产业化的良性互动进入下一轮的循环，从而实现高科技产业与风险投资的共同发展。由此可见，高新技术产业的创新与风险投资之间存在着一种相互依赖、相互促进、联动发展的关系。所以说，风险投资的形成与运用日益成为经济增长的决定性因素，它在现代经济发展中起着越来越重要的作用。

1.4.1 风险投资与创业企业发展

1. 创业企业在现代经济中的重要作用

无论是在发达国家，还是在发展中国家，创业已成为一个国家经济发展中最具活力的部分，是经济发展的原动力。经济增长的理论和实践表明，创业是经济增长的重要源泉和积极促进因素。创业活动对经济增长的贡献是长期的和潜在的，经济学家熊彼特认为，“创业是经济过程本身的主要推动力”，经济体系发展的根源在于创业活动，创业活动在创新、新兴产业成长、区域经济发展等方面做出了突出的贡献，对一国（地区）生产率增长至关重要。创业可以推动社会的进步与发展。好的创业项目或者行业能推动整个行业的发展，促进社会创新进步，增加社会工作岗位和社会活力。所以，创业对国家有着至关重要的作用，是国家的新鲜血液，是国家的未来。加速以高科技和新兴产业为主导的创业经济的发展，已经成为拓展国家竞争优势的重要战略举措。

企业作为国民经济的细胞，是市场经济活动的主要参加者。国民财富的增长有赖于企业不断创造价值的增长。因此，在现代经济体系中，创业企业是一个国家或者地区经济发展中至关重要的一部分，其创业活动直接反映出这个国家或者地区的经济活跃程度。创业企业不但创造了大量的就业岗位，为社会稳定做出了积极的贡献，还在很大程度上成为技术创新的先锋和主力军，引领着技术创新的潮流和发展方向。特别是高新技术创业企业的发展，对推动经济增长具有重要的现实意义。以美国为例，美国虽然拥有一大批资金和技术实力非常雄厚的跨国公司，但是高新技术创业企业才是美国经济中最活跃的力量。尤其是 20 世纪 70 年代以来，一大批高新技术创业企业引领了美国经济发展的潮流，许多公司在经历了严峻的市场考验后取得了巨大的成功，成为行业的龙头企业。当今行业中许多知名企业，如微软（Microsoft）、苹果（Apple）等都是从小型的高新技术创业企业发展而来的，如今它们都已经成为业内的佼佼者，分别领导了自 20 世纪 80 年代以来的软件和互联网浪潮，为社会创造了惊人的财富和价值，推动了生产力的发展。

创业企业多为中小企业，纵观世界经济发展的情况，各国中小企业在促进技术进步、扩大就业和出口等方面，都发挥着非常重要的作用。特别是在科学技术迅速发展的今天，中小企业的地位日显重要，它为调整和优化产业结构、提高国民经济增长质量和国际竞争力奠定了重要基础。中小企业是每个国家的一股中坚力量。发达国家的经济发展、解决就业、创新培育的主要载体就是中小企业，比如美国将中小企业定义为“国家经济的脊梁”，德国将中小企业视为“国家重要的经济支柱”，日本称中小企业是其“下包制”产业链基础。我国中小企业在国民经济和社会发展中的作用可以概括为“5、6、7、8、9”，即中小企业提供 50%以上的税收、创造 60%以上的国内生产总值、完成 70%以上的发明专利、提供 80%以上的城镇就业岗位、占企业总数的 99%以上。

1）中小企业是保持国民经济平稳较快发展的重要力量

中小企业是数量最大、最具活力的企业群体，是社会主义市场经济的重要组成部分。事实上，中小企业由于其数量多，分布在国民经济的各个领域，因此日益成为各国经济增长的主要因素。我国中小企业占经济总量的60%~70%，而美国和芬兰的中小企业约占国内生产总值的60%，意大利更是超过70%。与此同时，在经济萧条期，大量的中小企业由于经营管理不善而倒闭，与此同时又有相对更多的中小企业诞生和发展，所以中小企业成为经济的缓冲器，有助于抑制经济衰退。另外，中小企业的发展近些年来也成为一些进行经济转轨的国家顺利实现体制转轨的重要保障。中小企业所占国内生产总值比重、纳税比例充分说明在经济建设中不仅要重视发展“顶天立地”的大企业，更要重视发展“铺天盖地”的中小企业。

2）中小企业是关系改善民生与社会稳定的重要基础

就业是民生之本、社会和谐之基，促进中小企业发展就是最大的民生工程。中小企业量大面广，提供就业岗位多，吸纳就业人员多，这对缓解就业压力具有非常重要的作用。如今美国中小企业提供了90%的就业岗位。随着经济体制改革的深化和结构调整步伐的加快，我国就业和再就业的问题越来越突出，应当大力发展中小企业，拓展就业渠道，缓解就业压力，从而保证和维护社会稳定。目前，我国中小企业提供了80%以上的城镇就业岗位，近年来不少高校毕业生也把中小企业作为就业的重要选择。随着自动化程度越来越高，大企业在提高生产效率和增加财政收入方面作用突出，但在解决就业方面的作用却逐渐减小。因此，缓解就业压力，仅指望大企业是不行的，有必要大力发展中小企业。

3）中小企业是推动创新和转变发展方式的关键

中小企业是促进经济发展的生力军，也是推动科技创新的重要主体。中小企业由于自身资金和技术缺乏等原因在市场竞争中天生处于弱势，所以迫于生存的压力不得不进行创新，有着比大企业更强的创新动力，所以在创新方面的作用也非常突出。中小企业的技术创新不仅在数量上占有相当的份额，而且其技术创新的水平和影响也不亚于大企业。例如，由中小企业完成的技术创新成果在美国和日本的占比分别为60%和50%以上。中小企业人均创新数量是大企业的2~3倍，形成产品进入市场的速度比大企业快约30%。近年来，我国70%以上的发明专利是由中小企业完成的。

当前，中小企业创新活动更加活跃、创新领域更加广泛，以互联网、5G、大数据、云计算、人工智能等为代表的数字技术迅猛发展，推动与实体经济的深度融合，催生大量新产业、新业态、新模式，从根本上改变了经济发展模式，促进了经济发展实现质量变革、效率变革、动力变革，正在成为带动新兴产业发展、推动传统产业转型、实现包容性增长和可持续增长的重要驱动力。世界主要国家，呼吁充分利用数字化和新兴技术创新带来的机遇，推动数字技术在制造业中的应用，将数字化转型作为提振实体经济竞争力和增强企业韧性发展的关键。

数字经济的快速发展，创造了大量新增供给与需求，极大拓展了中小企业的发展空间。借助新一代信息技术，中小企业可以与大企业站在同一起跑线，更加广泛地参与创新合作，更加深入地融入全球产业链、创新链、价值链。近年来，中国中小企业发展迅猛，数量超过4 000万家。其中，涌现出大批双创企业、“专精特新”企业和“专精特新小巨人”企业。这些企业通过数字化转型，实现了高质量发展，成为中国经济可持续发展的坚实基础。要完成转变发展方式、提高发展质量的任务，就必须大力支持中小企业发展，充分调动和发挥中小企业在促进经济发展方式转变和实施创新发展战略中的重要作用。

2. 创业企业的特点

创业企业是推动经济发展的中坚力量,它主要有以下四个特点。

1)有形资产不多,抵御风险能力差,资金薄弱,筹资能力差

对一个新兴的创业企业而言,它在创业初期既没有信誉,也没有大量可以作为抵押物的有形资产,它最有价值的资产就是独特的创业构思或专有技术。流动资金(包括现金、库存、原材料等)占公司的资本总额比重大,需要大量的资金来维持资金量通畅,一旦出现资金暂时不足或断裂,整个企业就立刻面临严重风险,这往往导致商业银行不愿意贷款给创业企业。因此,它不可能从传统的融资渠道获得必要的发展资金。

2)对市场变化的适应性强,能发挥"小而专""小而活"的优势

创业企业由于自身规模小,人、财、物等资源相对有限,既无力经营多种产品以分散风险,也无法在某一产品的大规模生产上与大企业竞争,因而往往将有限的人力、财力和物力投向那些被大企业所忽略的细小市场,专注于某一细小产品的经营来不断改进产品质量,提高生产效率,以求在市场竞争中站稳脚跟,进而获得更大的发展。从世界各国的类似成功经验来看,通过选择能使企业发挥自身优势的细分市场来进行专业化经营,走以专补缺、以小补大,专精致胜的成长之路,是众多中小企业在激烈竞争中获得生存与发展的最有效途径之一。此外,随着社会生产的专业化、协作化发展,越来越多的企业摆脱了"大而全""小而全"的组织形式。创业的中小企业通过专业化生产同大型企业建立起密切的协作关系,不仅在客观上有力地支持和促进了大企业发展,同时也为自身的生存与发展提供了可靠的基础。

3)创业企业是成长最快的科技创新力量

现代科技在工业技术装备和产品发展方向上有着两方面的影响,一方面是向着大型化、集中化的方向发展;另一方面又向着小型化、分散化的方向发展。产品的小型化、分散化生产为创业的中小企业的发展提供了有利条件。在新技术革命条件下,许多创业企业的创始人往往是大企业和研究所的科技人员或者大学教授,他们经常集治理者、所有者和发明者于一身,对新的技术发明创造可以立即付诸实践。正因为如此,20 世纪 70 年代以来,新技术型的中小企业像雨后春笋般出现,它们在微型电脑、信息系统、半导体部件、电子印刷和新材料等方面取得了极大的成功,有许多创业企业仅在短短几年或十几年里,迅速成长为闻名于世的大公司如惠普、微软、雅虎、索尼和施乐等。

4)创业企业的研发管理体制更为灵活

创业企业由于资源的限制,往往需要在研发项目上做出更为精准的选择。它们通常需要优先考虑短期内能够快速带来回报的项目,以支撑企业的持续发展和扩张。与此同时,创业企业的研发经费通常较为紧张,需要精打细算,在关键技术点上集中投入。反观大企业,则有能力投入更多的资金和资源于长期而复杂的研发计划,它们能够承担一定程度上的失败风险,进行更加深入的基础研究和技术开发。

在决策速度上,创业企业能够表现出更大的灵活性。由于拥有较少的层级,决策路径简单,它们能迅速响应市场的变化,并对研发方向快速做出调整。快速决策对于抓住突发的市场机会至关重要。而大企业可能需要经过复杂的内部审批和协调过程,决策速度因此受限,但在规模和资金优势下依然能保持较为稳定的研发节奏。

在面对风险和不确定性时,创业企业通常表现出更高的容忍度。创业公司更愿意尝试冒险的项目和前沿技术,甚至是那些可能颠覆市场的创新。这些特性反映了创业企业的创新勇

气和对于市场变革的渴望。相比之下,大企业则更加关注于维持现有的市场地位和产品线,倾向于进行渐进式的研发活动。

组织结构是造成创业企业和大企业研发管理差异的又一关键因素。由于组织层次简单,创业企业的内部沟通效率通常较高,研发团队与管理层的距离更近,有助于及时反馈决策。在大型企业中,则可能存在多层级的组织架构,导致信息传递和决策反馈的滞后,从而影响研发管理的效率。

创新文化在两种企业中扮演着不同的角色。创业企业往往具备更加自由和包容的文化氛围,鼓励员工冒险尝试和快速迭代,这种文化有助于激发创造力和灵活应变。然而,大企业的研发战略则需要稳定的投入和预见性,以持续地推动技术进步和产品更新。在大企业中,研发部门不仅要推动新产品的开发,还要确保现有产品的改进和质量控制。

3. 创业企业各阶段可选择的融资模式

任何一个企业从提出构想到企业创立、发展、成熟,都存在一个成长的生命周期,一般可以分为种子期、发展期、扩张期、成熟期,图 1-5 给出了企业在成长的不同阶段可以选择的融资方式。

种子期所需的资金并不多,投资主要用于新技术或新产品的开发、测试。在种子期内,企业的创业者们可能只有一个创意或一项尚停留在实验阶段还未完全成功的科研项目,创办企业也许还是一种梦想。在这个时期,创业者需要投入相当数量的资金进行研究开发,或者对自己的创意进行测试或验证。一般来说,此时期所需的资金并不多。在这个时期,如果这个创意或科研项目十分吸引人,很有可能吸引被称为"天使投资"的个人风险投资者,或者进行民间借贷来满足该阶段的融资需求。个人风险投资者的作用不容小觑,尽管其提供的资金可能不多,但其丰富的阅历和经验能够为创业者们提供很好的建议和勾勒未来的蓝图,这一点对于初出茅庐的创业企业创业者而言尤为重要。此外,创业企业的创业者也可以向政府寻求一些资助。种子期的主要成果是样品研制成功,同时形成完整的生产经营方案。

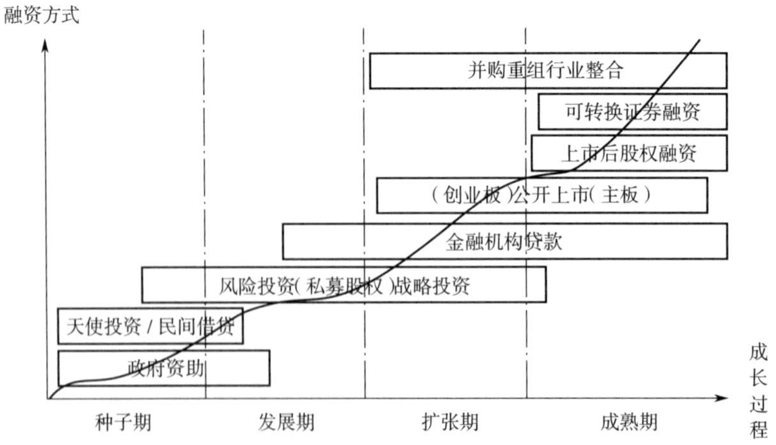

图 1-5 企业成长的不同阶段融资方式的选择

一旦产品研制成功,创业企业的创业者为了实现产品的经济产业价值,着手筹建公司并进行试生产。发展期需要一定数量的"门槛资金"(数量由项目和企业的规模决定),资金主要用于购买机器、厂房、办公设备、生产资料,支撑后续的研究开发和初期的销售等,所需的资金往往是巨大的。只靠创业者的资金往往是不能支持这些活动的,并且由于没有过去的经营记录和信用记录,从银行申请贷款的可能性也甚小。因此,这一阶段的融资重点是创业者需要向新的投资者或机构进行权益融资,这里吸引风险投资是非常关键的融资内容。因为此时面临的风险仍然巨大,是一般投资者所不能容忍的。更为重要的是,由于风险投资者投资的项目太多,一般不会直接干预企业的生产经营活动,因而特别强调企业未来能够严格按现代企业制度科学管理、规范运作,在产权上也要求非常明晰,这一点从长远来说对企业是很有好处的,特别是未来的上市融资。同时,企业在发展期需要大量的资金,用于市场推广。创业企业大多处于这个阶段,资金困难是创业企业在这一阶段面临的最大问题。产品刚投入市场,销路尚未打开,产品积压,现金的流出经常大于现金的流入。为此,企业必须非常仔细地安排每天的现金收支计划,稍有不慎就会陷入资金周转困难的境地;同时还需要多方筹集资金以弥补现金的短缺,此时融资组合显得非常重要,此阶段的融资还应该充分利用负债融资。

扩张期需要大量的资金投入,用于进一步开发和加强行销能力。目前,进入上市的资产重组和上市辅导阶段的创业企业和民营企业大多属于此阶段,企业的生存问题已基本解决,现金入不敷出和要求注入资金的局面已经扭转。与此同时,企业拥有较为稳定的顾客和供应商以及比较好的信用记录,取得银行贷款或利用信用融资相对来说比较容易。但企业发展非常迅速,原有资产规模已不能满足需要。为此,企业必须增资扩股,注入新的资本金。原有的股东如果能出资当然最好,但通常情况下需要引入新的股东。此时,企业可以选择的投资者相对比较多。这一阶段融资工作的出发点是为企业上市做好准备,针对上市所需的条件进行调整和改进。

在成熟期,企业已有自己较稳定的现金流,对外部资金需求不像前面的阶段那么迫切。成熟期的工作重点是完成企业上市的工作。创业企业的成功上市,如同鲤鱼跳龙门,会发生质的飞跃。企业融资已不再成为长期困扰企业发展的难题。因此,从融资的角度看,上市成功是企业成熟的标志。同时,企业上市也可以使风险投资成功退出,使风险投资得以进入良性循环。由于国内主板过高的门槛和向国有企业、大型企业倾斜的政策,创业企业、民营企业比较适宜在创业板市场上市,这也和创业板市场主要针对创业企业的市场定位是相符合的。

1.4.2 独角兽企业

1. 独角兽企业的概念

独角兽为西方神话传说中的一种生物,在神话中,独角兽形如白马,额前有角,代表高贵、高傲和纯洁。独角兽本身是一种存在于传说中的物种,因为其非常稀有,所以那些优质的公司也被称为独角兽。国际上对独角兽的定义为设立时间少于10年估值10亿美元以上的企业。"独角兽"这个词来源于美国,2013年美国著名投资人艾琳·李(Aileen Lee),将市场上成立时间较短(成立不超过10年)、由投资人或者估值机构估值超过10亿美元的创业公司,统称为"独角兽"。自此之后,"独角兽"这个词迅速向国际流传开来。

对独角兽这一概念,判定标准有两点:一是时间,二是估值。

按时间来分,2年内达成标准的称为新生独角兽或初生独角兽,而超过10年的就会被踢出榜单。

按估值来分,估值小于10亿美元但是有发展潜力的,称为潜力独角兽;估值在10亿~100亿美元间的为一般独角兽;估值超过100亿美元的则为超级独角兽。

2. 独角兽企业的特征

按创新形态来看，独角兽企业主要可以分为平台生态型和技术驱动型。

平台生态型主要基于互联网来搭建平台，不直接接触实体经营，类似第三方为实体企业和消费者搭构链接桥梁。平台生态型企业核心思想是依靠平台来“共享”。

平台是一种商业模式，旨在运用强大的互联网效应模糊边界来进行多群体互动。一个好的平台除了影响自有的用户群体，还能扩展衍生、重新定义产业架构、制定行业规则。“平台性”是基于互联网的时效型模式，可以总结为三点，即熟悉、认可和变现，由互联网技术赋能实现营销、经营和金融的动态联动。企业根据用户需求开发创造移动端用户空间，用户熟悉之后进行周围推广，之后用户与用户之间形成人际关系网络。品牌效应深入，用户黏性提高并且用户依赖感增强，用户替换成本就会提高，持续长期和用户活跃就形成良好循环。当企业平台用户扩大到一定规模后，就会有强大的流量引导作用，变现更容易也更具有价值。依托平台生态型企业强大的资金积累、资源整合和系统管理能力，孵化出的独角兽企业展现出显著的爆发式成长特征。

“共享”可以打破私人和公共、传统和科技、界和界之间的隔阂。拥有不同资源的企业可以互联融通，增加可用性、流通性和经济性。这里的重点是“科技+传统”和“跨界”。“传统+科技”突破固化壁垒、缩小区域性的同时给企业带来活力，而“跨界”模糊范围界限、整合资源、优化资源配置，各自发挥优势并带来经济最优解。

技术驱动型是以高科技为主要推动力，例如大数据、云计算、人工智能、区块链技术等，代表企业多为高新制造业。这些企业大多能持续创新且具有自然垄断特征，其带来的区别于其他传统企业无法比拟的优势，是技术驱动型企业发展快速的重要原因之一。

3. 全球独角兽企业发展概况

1）全球独角兽企业数量创新高，中美保持领导力

总量方面，据 CB Insights 数据统计显示，截止到 2022 年 2 月，全球估值在 10 亿美元以上的独角兽公司总数超过 1 000 家。按地域划分，独角兽数量排名前五依次为美国、中国、印度、英国和韩国，其中中美两国独角兽数量占比高达 70%以上。

2）全球独角兽估值跨越新台阶，头部效应显现

全球超过 200 亿美元的超级独角兽总估值占全部独角兽估值的 23%，100 亿美元以上独角兽的总估值占比达 35%以上。从分布地域来看，头部独角兽中仍是美国和中国数量占比最多。2021 年全球估值最高的 40 个独角兽中，美国和中国分别有 20 家和 10 家；英国有 3 家；印度有 2 家；澳大利亚、巴西、德国、新加坡和瑞典各有 1 家。

3）全球独角兽行业分布广泛，新细分领域和行业新增长点涌现

全球独角兽公司行业分布涉及金融科技、互联网软件与服务、电子商务、人工智能、医疗健康、供应链物流、移动通信、汽车交通、网络安全、数据管理分析、硬件、教育、消费零售、旅游等众多领域。独角兽数量分布前五的行业为金融科技、互联网软件与服务、电子商务、人工智能和医疗健康。

在所有细分领域中，金融科技、人工智能和供应链物流类的独角兽增量最大，行业新增长点涌现。金融科技类独角兽公司占比从 2019 年的 11%上升到 2021 年的 18%以上，涉及移动支付、跨境支付、在线券商、数字银行、区块链技术和加密货币等众多领域。数字经济时代，人工智能类独角兽继续保持较高的年化复合增速。近年来，对新型物流建设和“最后一公里”用

户交付提出新需求，新型供应链物流类独角兽提供了更多解决方案。在提高供应链弹性的同时，满足了日益增长的线上订单需求，成为颇具潜力的新增长点之一。

4)全球独角兽的新科技前沿不断拓展，发展应用前景值得期待

农业类、能源类和宇宙探索类等新细分领域和新科技前沿独角兽的出现，既向内探索人类生存之根本，又向外探寻宇宙之奥义。

农业科技独角兽 Bowery Farming，致力于通过农业革命来种植农作物，使用人工智能的视觉系统，通过自动化技术和机器学习来监视和驱动植物生长，其在农药控制和水资源使用方面颇具优势，比传统农业的生产力高出 100 倍以上。

宇宙探索类独角兽蓬勃涌现，SpaceX 通过星链宽带、专网通信、卫星发射、卫星代工、商业载人航天和运载等多模块业务开展商业化，截止到 2021 年末，SpaceX 整体市值已超 1 000 亿美元。Relativity Space 和 ABL Space Systems 作为小型发射提供商，通过 3D 打印、人工智能和自主机器人技术完成火箭制造和发射运输服务。作为商业航天业全服务国际空间站任务供应商，Axiom Space 建造并运营了全世界第一个私人空间站。

更多新细分科技领域独角兽公司的出现，逐步开拓世界科技应用前沿，改写全球高科技市场格局。

4. 中国的独角兽企业

截至 2022 年 4 月，中国地区独角兽共 356 家、总估值高达 9.4 万亿元人民币。中国独角兽分为以下十一大类，分别是：高端硬件、新汽车、医疗健康、数字经济、企业服务、软件服务、供应链物流、电子商务、金融科技、新媒体、新消费，其中每一大类又包含多个细分领域。

1)独角兽企业行业数量分布

从行业数量分布来看，电子商务、医疗健康、高端硬件领域独角兽数量位列前三，企业数量分别为 46 家、46 家、43 家。

(1)电子商务领域代表独角兽企业有 SHEIN、车好多、美菜网，分别代表了服饰出海、汽车全周期交易、生鲜移动电商等领域，估值分别达 975 亿、650 亿和 450 亿元人民币。

(2)医疗健康领域代表独角兽企业有平安医保科技、微医和联影医疗等，估值分别达 580 亿、450 亿和 325 亿元人民币。平安医保科技基于大数据、云计算、人工智能等核心科技，为医保、商保及医院、医生、医药提供系统、服务和数据赋能，成为智慧城市建设、医疗生态圈的重要一环。微医通过数字医疗服务平台，为多省市地区医院提供医疗信息化智能云解决方案。联影医疗拥有高端医学影像诊断产品、精准放疗产品等，利用海量诊疗级大数据深度挖掘应用，提供医疗信息化、智能化解决方案。

(3)高端硬件领域代表独角兽企业有大疆、远景能源、柔宇科技、地平线机器人等，代表了无人机、绿色能源储能、电子柔性屏、机器人等高端智能制造高端硬件领域，代表了新经济、新基建先进发展方向，估值分别达 1 000 亿、650 亿、390 亿、320 亿元人民币。

2)独角兽企业行业估值分布

从行业估值分布来看，新媒体、金融科技、电子商务、新汽车领域独角兽估值位居前四，企业数量分别为 27 家、21 家、46 家、29 家，总估值分别达 26 596 亿、15 176 亿、7 478 亿、7 078 亿元人民币(如图 1-6 所示)。

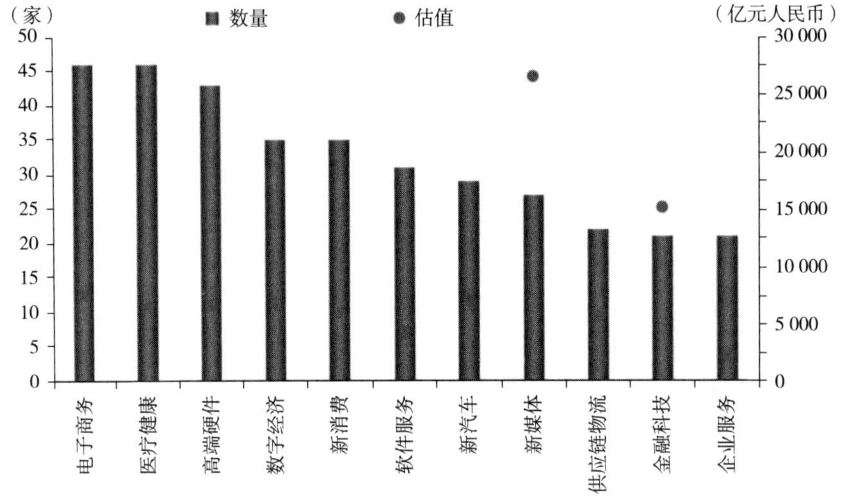

图 1-6　中国独角兽企业行业分布情况图（按行业总估值）

资料来源：泽平宏观

（1）新媒体领域以字节跳动、小红书等超大型独角兽为代表，是新型公域流量社交和内容传播载体，其中字节跳动估值达 22 500 亿元人民币，小红书估值达 1 300 亿元人民币，是独角兽企业中的"巨兽"，对新媒体领域整体估值形成支撑。

（2）金融科技领域独角兽有估值分别达 10 000 亿和 2 000 亿元人民币的蚂蚁集团、微众银行等"巨兽"，也有众多在其细分领域提供金融科技服务的新兴独角兽企业，如 PingPong 公司用金融结算为跨境贸易赋能，为中国跨境卖家提供了更快捷、更安全的跨境收款服务。

（3）新汽车领域估值较高的独角兽有纵目科技、中创新航、极氪汽车、蜂巢能源等。近年来在汽车电动化、智能化、网联化、共享化浪潮下，汽车行业创业与融资活跃度提升，独角兽企业广泛分布在电动汽车整车、电池、自动驾驶、车载操作系统等细分领域。

3）独角兽企业的地域分布

从地域分布来看，独角兽集中于北京、上海、深圳、杭州，2022 年这四城独角兽数量占整体比例达 73.3%、估值占比达 98.8%。其中，北京独角兽共 113 家，数量占比 31.7%，为全国第一；上海、深圳、杭州为第二、三、四名，企业数量依次为 88 家、34 家、26 家，数量占比分别为 24.7%、9.6%、7.3%。杭州独角兽平均估值最高，达到 581.31 亿元，主要是因为杭州拥有蚂蚁金服和菜鸟网络两大超级独角兽。北京、上海、深圳独角兽平均估值分别为 369.74 亿元、163.24 亿元、245.03 亿元。中国独角兽企业地域分布情况图（按省份）如图 1-7 所示。

独角兽企业已形成以区域中心城市为依托的产业集群。从分布来看，苏州、常州、上海等长三角区域城市已形成新能源、半导体产业集群，代表独角兽企业有阿特斯、中创新航、远景能源等；长沙、重庆、成都等西南区域城市，新消费、新零售和电子商务品牌等产业大力发展，代表独角兽企业有兴盛优选、江小白、1919 等；广州、深圳、香港等大湾区城市已形成金融科技、电子商务、高科技制造、医疗健康等产业集群，代表独角兽企业有 SHEIN、微众银行、柔宇科技、华大智造等。

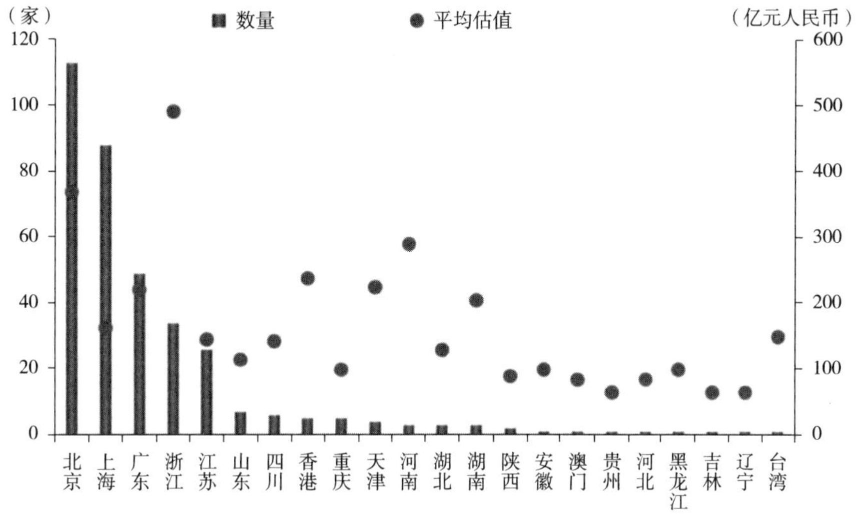

图 1-7 中国独角兽企业地域分布情况图(按省份)

资料来源:泽平宏观

从我国新汽车领域独角兽地区分布来看,常州在新汽车领域建树领先,企业平均估值超过400亿美元,其汽车独角兽企业估值总金额位列第二,数量上仅次于北京和上海。

在常州,新能源车企呈现多点开花、链式发展的特征,目前已形成整车、动力电池等配套齐全的新能源汽车产业布局。常州现拥有以蜂巢能源、中创新航、理想汽车常州制造基地、北汽新能源常州工厂等为代表的新能源汽车企业,宁德时代、比亚迪等动力电池企业也均在常州新增项目布局。仅金坛区,拥有产业链生产企业超 110 家,产值接近千亿元规模。2021 年,常州新能源汽车产业产值增幅超过 60%。2022 年 1—2 月,常州市高技术制造业规模以上企业产值同比增长 28.4%,拉动全市规模以上工业产值增长 4.5 个百分点。其中,锂离子电池制造业发展势头迅猛,1—2 月产值同比增长 58.3%。

案例汇编

人类历史上最伟大的一笔投资

2021 年 4 月 7 日,腾讯第一大股东 Prosus 宣布减持 1.92 亿股腾讯股份,约占总股本的2%,总代价约 1 141.75 亿港元。人们不免目瞪口呆,一是感慨于腾讯的市值之大,随便减少 2 个点,就是千亿级别的规模;二是忐忑于最大的股东减持股份,这是什么信号。然而, Prosus 减持 2 个点后,依然持有 28.86%股份,依然是腾讯最大的股东,并且承诺未来三年不会减持。显然,这不是什么不好的信号。其实真正让人目瞪口呆的不是 Prosus 的减持,而是它的减持为何来得这么晚。

2001 年,Naspers(Prosus 母公司)以 3 400 万美元投资腾讯,最高时一度持股 50%,2004 年腾讯上市,因 IPO 等原因稀释到 33.17%。直到 17 年后,2018 年 3 月 23 日才减持第一笔,减了2%,当时同样承诺未来三年内不会再减持。三年后, 2021 年 4 月 7 日才宣布第二笔减持。这

20 年里，多少惊涛骇浪，但它却不为所动，一直持有。那它的投资回报呢？

以收盘价 625 算，腾讯总市值 5.99 万亿港币，折合 7 553 亿美元，Prosus 持有部分市值约 2 180 亿美元，加上已经套现的 1 910 亿港元，折合 245 亿美元，Prosus 的总收益是 2 425 亿美元，累计收益回报率为 7 132 倍，年复合回报率达 55.83%。

这绝对是人类历史上最伟大的一笔投资，没有之一。为什么会有这样一笔投资，为什么腾讯的大股东居然是一个南非的公司？

一、缺少资金，山穷水尽

今天的腾讯如日中天，是中国市值最大的上市公司，但时间拨回到 2000 年，情况可不是这样。

每个创业公司都面临过危机，腾讯也不例外。OICQ（QQ 的前身）就像一个"饿死鬼投胎"的精灵，随着用户不断增长，对服务器和技术的要求越来越高，烧钱越来越多，让初创期的腾讯陷于缺少资金、山穷水尽的困窘之中。最绝望的时候，腾讯账上只剩 1 万元现金。开源无望的情况下，马化腾及其团队动了把腾讯卖掉的念头。他们开价 300 万元，四处寻找买主。然而，对于这个看上去增长很快的项目，"全世界没有一个人知道它怎么挣钱"。跑遍深圳、广州、北京的马化腾，没有找到愿意出钱的人。在现金几乎断绝的情况下，几个创始人不得不觍着脸四处借钱，"深圳城里稍稍认识的人都被他们借了一个遍"。有朋友愿意借钱，当马化腾提出能否用腾讯的股票来还债时，他们都委婉地表示了拒绝，有一位甚至慷慨地说，"你真的没钱了，不还也可以。不过我不要你的股票"。

绝望中的腾讯，终于辗转找到了一家风险投资公司。2000 年 4 月，腾讯与 IDG 及盈科敲定了关键的 220 万美元天使投资。而那时，腾讯账上已经是弹尽粮绝，甚至已经等不及漫长的手续，而找中间人垫资 450 万元救急，这才让濒临倒闭的腾讯，起死回生。

不过好景不长，融资刚刚结束，互联网泡沫破灭席卷全球股市。或许再晚几周，腾讯就彻底失去了融到钱的机会。从现在来看，如果不是 IDG 的冒险，如果不是恰好抓住了资本大门关闭前的一线生机，腾讯可能就像大多数公司一样，倒在了成立后的前两年里。在所有的商业故事里，甚至所有的故事里，可能运气是最神秘的那一部分。一半的创业者"死"在这件事上，另一半可能就活了下去，甚至活得很好。

然而，腾讯的危机并没有过去，商业模式不被看好，快速盈利无望，烧钱太快，以及全世界互联网泡沫的阴影，让投资人对腾讯渐渐失去了信心。2000 年底，腾讯再次出现财务危机，IDG 与盈科不愿再追加投资。为了生存下去，马化腾及其团队敲遍了当时互联网大亨们的门，新浪、搜狐、雅虎中国、金蝶、联想、TOM……却无一愿意接手。直到 MIH（Naspers 子公司）的出现。关于这段经历，吴晓波在《腾讯传》中有详细描述。

首先萌生退意的是 IDG。在 IDG 看来，腾讯的商业模式并不受主流资本市场的青睐，而且，它实在太烧钱了。

马化腾将融资所得的资金几乎全数用于服务器的添置，可是在用户急剧增加的同时，盈利仍然遥遥无期。到 2000 年底，腾讯再次出现资金危机，曾李青不断地约王树见面，希望能够追加投资。磋商几次陷入僵局，马化腾坚持创业团队必须保持控制权，而 IDG 和盈科不认为在当前的形势下，腾讯还有溢价增发的空间。

于是，王树提出了一个折中的方案，两家股东对腾讯提供 200 万美元的贷款，以可转换债券的方式执行。不过大家心里都清楚，如果这笔钱也花完了，就再也不会追加投资了。IDG 开始张罗着帮忙寻找新的买家。

“当时觉得，最可能的买家是已经上市的那几家门户网站。IDG 去找了搜狐的张朝阳，被拒绝了。我和张志东到北京，去找了新浪的王志东和汪延，也被拒绝了。在互联网业内的技术人员看来，腾讯的活，他们自己都能做，干吗要花几百万美元去买呢？而且当时纳斯达克的股价‘嗖嗖’地跌，大家谁也不敢轻举妄动。”马化腾说。

除了新浪和搜狐，IDG 还牵线找了雅虎中国，同样被拒绝。马化腾去拜访了同样在深圳，也是由 IDG 投资的金蝶，也同样被拒绝。曾李青还辗转找到了大名鼎鼎的联想集团，当时的联想正与美国在线合力推广门户网站 FM365，当然也拒绝了购买腾讯。

另一家投资人盈科也加入了拯救腾讯的行动中。他们与有国资背景的中公网谈判，试图投资中公网，并由其收购腾讯，实现业务整合，这个方案中途夭折。接着，盈科把腾讯推荐给自己控股的 TOM.com，但被管理层拒绝。盈科甚至还找来香港著名导演王晶，想把腾讯的用户与电影业结合，看看能否有盈利模式的创新，这一超前的构想当然也不了了之。

2000 年第四季度在四处碰壁之中一天一天地过去了，腾讯的用户数仍然在以惊人的速度猛增；注册用户很可能在半年内就可以突破 1 亿的惊人纪录，可是全中国却没有一个人愿意购买它的股份。眼看着到了山穷水尽的地步。就在这个时候，转机出现了。

二、转机出现

2001 年 1 月，一位美国人出现在赛格科技创业园的腾讯办公室里，他操着一口流利的汉语，自我介绍说叫网大为，是南非 MIH 中国业务部的副总裁。这是马化腾与曾李青第一次听到 MIH 这个名字。

MIH（Naspers 子公司）是一家总部设在南非的投资集团公司，是南非最大的付费电视运营商，当时是纳斯达克和阿姆斯特丹两地的上市公司。多年来，它持续在新兴国家投资新媒体，是“全球前五位的媒体投资集团之一”。1997 年，MIH 进入中国，参与投资了《北京青年报》、脉搏网、体坛传媒等。

网大为是在无意中发现腾讯的。他说：“我每到一个中国的城市，就去当地网吧逛，看看那里的年轻人在玩什么游戏。我惊奇地发现，几乎所有网吧的桌面上都挂着 OICQ 的程序，我想，这应该是一家伟大的互联网企业。在 2000 年底，我接触几家想接受投资的公司总经理，发现他们的名片上都印有自己的 OICQ 号码，这让我更激动，想要看看这是一家什么样的公司。”

就这样，网大为找到了赛格科技创业园的腾讯公司。

双方很快进入实质性谈判。网大为开出了两个条件：

（1）对腾讯的估价为 6 000 万美元，MIH 愿意用其在当时投资的世纪互联的股份来换；

（2）MIH 希望成为第一大股东。

对于这两个条件，腾讯的几位创始人当即表示不同意。在股份比例上，他们的底线是绝不放弃控制权。不过，让他们高兴的是，“至少第一次有这么高估值的价格出来了”，MIH 认可腾讯，并看好其未来。腾讯的估值比一年前整整高出了 11 倍。

两个月后，网大为做出让步，MIH 的投资将全部以现金支付。IDG 听到 MIH 的报价大喜过望，投资不到一年的项目，竟能得到 11 倍的退出溢价，这在互联网“大寒冬”中是不可思议的战果。IDG 北京总部同意出让所有 20%的股份，深圳的王树提出异议，在他的坚持下，最终 IDG 出让 12.8%，保留了 7.2%。盈科方面犹豫再三，在自身连续两个季度出现巨额亏损的情况下，最终同意将全数 20%股份售予 MIH，套现 1 260 万美元。

就这样，突然闯入的南非公司 MIH 以 32.8%的股份成为腾讯的第二大股东。获得投资的腾讯从此摆脱了资金短缺的困扰，在创业的第 20 个月，找到了愿意为它的未来买单的人。

此后，MIH 一路陪伴腾讯走了 17 年。在最高峰时，握有腾讯超过 45%的股份，是腾讯最大的单一股东。2018 年减持 2%后，仍然持有腾讯 31.17%股份，2021 年又减持了 2%，仍然持有 28.86%股份，仍是最大股东。

为什么这次减持的主体变成了 Prosus 呢？

Prosus 是 Naspers 拆分出来的。跟曾经的雅虎投资阿里巴巴类似，Napsers 持有的腾讯价值一直超过 Naspers 本身的价值，一是为了缩小价值差距，二是由于资本市场对腾讯的认可，腾讯的股价一路飙升，导致 Naspers 在约翰内斯堡股市所占权重上升到四分之一，超出了南非多数机构投资者的单一股票上限，导致许多投资者被迫出售 Naspers。所以 2019 年的时候，Naspers 将 Prosus 剥离出来了，专门持有 Naspersr 的国际互联网资产。

三、投资无人看好的公司，需要运气和信仰

入局时，就以溢价 10 倍的价格从盈科和 IDG 手中接过股权，而且上市后马化腾尚且时不时减持套现，缘何 MIH 能够岿然不动，近乎违背人性地忍住了套现的冲动，在别人的“后悔”和“心痛”中，成就投资史上的传奇呢？这也许可以从 MIH 母公司 Naspers 的灵魂人物库斯·贝克和安东尼·罗克斯身上找到答案。

很多人不解，为什么腾讯的大股东会是远在非洲大陆南端的 Naspers，还有人甚至认为这只是 Naspers 运气好抓到了一手好牌。

库斯·贝克，哥伦比亚大学商学院工商管理硕士毕业，在 1985 年进入 Naspers 后，主导付费电视业务 M-Net 的创办并大获成功，让 Naspers 走进了付费电视的新天地，一手推动了南非报业的数字化转型。

安东尼·罗克斯最初以一个天才少年（技术员）的身份进入南非报业。1982 年，他被提拔为南非报业信息技术处处长，与贝克一起推动付费电视业务。然后，罗克斯进入在全球范围内都十分著名（尤其在中国）的南非报业旗下的互联网投资机构 MIH，兼任技术主管。1997 年，在贝克出任南非报业首席执行官（CEO）的这一年，他领命创办 MWeb（南非第一家互联网接入服务商），并出任 CEO。

MWeb 推出了即时信息系统（那时世界人民在用 ICQ），博客平台（BOLG）、视频邮件，游戏平台等。不用说，这些东西在南非前无古人，在世界范围内，也不落伍。从某种意义上讲，这些项目都成功了，也全失败了，因为南非互联网人口实在是太少太少了！

不过重要的是，罗克斯团队在这个过程中深刻理解了互联网及其应用。

而且，有意思的是，罗克斯坚持认定中国，认定在中国的投资，以及在新兴经济体中的投资会有丰厚的回报。他们不愿去美国这样的成熟市场拼搏。在 1999 年的时候，MIH 在北京做了脉搏网，原本想打造门户网上市，不过遗憾的是速度慢了，新浪、网易、搜狐在纳斯达克上市而且表现不佳，于是 MIH 调整策略，将脉搏网压缩。在这个项目上，MIH 损失超过 8 000 万美元，甚至超过了后来给腾讯的钱。

所以，当 2001 年 5 月，因陷入并购泥潭的盈科想要脱手腾讯持股时，HIM 接盘真的只是运气吗？显然不是的，毕竟，机会只属于有准备的人。这是充分了解互联网的人的一次理所当然的选择。此时，QQ 在中国的用户数，已经远远超过了整个非洲的互联网接入人口。即使 QQ 还没有找到盈利点，但是他们坚信，在中国广袤的市场中，QQ 的前途是星辰大海。

同样,也是基于对新兴市场的看好，Naspers 大手笔进军印度、俄罗斯、波兰、巴西,并在那里找到了 Mail.Ru Group(俄罗斯互联网巨头)、MakeMyTrip(印度版携程)，Delivery Hero(德国,全球最大外卖公司),OLX(阿根廷,全球最大分类信息网站)……

MIH 进入腾讯后，17 年一股未卖,后面也只出售了两笔,一共 4%。不管腾讯经历过多少波折和下跌,这简直是让人匪夷所思。这 20 年间,腾讯经历了移动梦网整顿收入大降、被 MSN 和各大门户围剿、3Q 大战等一系列危机事件,其间股价多次出现大幅回撤。只能说:投资没有人看好的公司,除了眼光和运气,还需要信仰。比中国人更看好中国,比创始人更坚信公司的前景。这是 Naspers 的运气,也是腾讯的运气。当初,如果不是 Naspers 最终进来,也许腾讯真有可能熬不过 2001 年互联网泡沫的寒冬。

四、结语

2022 年春节结束后,一波狂风暴雨式的大跌,打了投资者一个措手不及。这样的波动,拉开 K 线图,历史上上演过许多次,很常见。然而,无论多年之后看到投资者们是多么的洞若观火般的清明,所有的此时此刻,却都是困惑和犹疑。暴跌的过程中,所有的负面消息如山洪般泄出。

这种情况下,要类似 Naspers 做好投资,需要做到以下两点:一需要对手上公司的深刻理解,没有这层理解,光口头喊“别人贪婪我恐惧,别人恐惧我贪婪”是压不住自己内心的恐慌的;二需要信仰,投资就是投未来,无论建立了多么深的理解,未来始终是不确定的,是会有各种负面消息出来影响决策的。大多数的投资者,既没有做好第一点,也没有做好第二点,从而只能成为一个交易型投资者,高抛低吸,随波逐流。但如 Naspers 投资腾讯,大钱从来不是来自交易。

案例思考题

(1)复盘 MIH 投资腾讯的整个过程,为什么说 MIH 投资腾讯是人类历史上最伟大的一笔投资?我们从这笔投资当中能学到哪些投资理念?

(2)为什么 MIH 对腾讯的投资没有采取风险投资常用的分阶段投资的策略?

扩展阅读

创业公司成功最重要的因素

导读: Bill Gross 是一位具有传奇色彩的商界精英,华尔街称他是“安静的巨鲨”。他从 12 岁便开始创业,在 20 年内,把一个小创业公司打造成由 100 多个公司组成的商业帝国,覆盖了各行各业。可以毫不夸张地说,他是历史上最成功的企业家之一。在他统计完 200 多家公司的成败后,到底得出了一个怎样的惊人结论?以下是 Bill Gross 在 TED 演讲 *The single biggest reason why startups succeed* 的精彩全文分享。

很高兴和大家分享一些着实让我惊讶的发现:有关企业成功最大化的因素,以及对成功创业来说最为关键的因素。我认为创业组织的存在,是让世界更加美好的一种形式。

如果你在创业时,利用适当的股权激励,带领并管理一批人,你就能用一种前所未有的方式激发他们的潜能，带领他们取得超乎想象的成就，但如果创业组织真那么厉害，为什么会有这么多的创业失败呢？

这正是我想探究的地方，我想知道成功创业最关键的因素是什么，并且想对它有一个系统化的了解，以避免一些多年来在对大量企业的观察过程中形成的先入为主的错误观念。之所以想探究这些，是因为我从 12 岁就开始创业，那时我在初中校园里的公交站牌下卖糖果；进入高中，我开始制作太阳能装置；来到大学，我开始制作扬声器；大学毕业后，我创立了软件公司。

而 20 年前，我创立了 Idealab，并在过去的 20 年间，创立了 100 余家公司，成功颇多，惨败也不少。在那些失败中也收获良多，于是我试着去总结，究竟是哪些因素决定了企业的成败，我总结出了以下五点（如图 1-8 所示）。

一、创意

有段时间，我认为创意是一切的基石，我将公司命名为 Idealab，因为我十分喜欢那个当你灵光乍现时，不觉“啊哈”出声的时刻。

二、团队合作、执行力

随着时间的流逝，我开始觉得也许团队合作、执行能力、适应能力，比创意更为重要，拳击手迈克·泰森曾说过：“挨打之前，人们都会有自己的计划。”我认为这句话在商业领域同样适用，一个团队的执行能力在很大程度上，体现为其在遭到顾客打击时的适应能力，顾客是实实在在的，这就是为什么我开始觉得团队合作才是最重要的因素。

三、商业模式

我开始关注商业模式，在探讨企业成功最关键的因素时，企业的营利途径是否明晰，成了我关注的重点。

四、资金

我还关注了资金，有时企业会得到巨额资金，或许那是最关键的因素？

五、时机

当然还有时机的选择，这样的创意理念是不是太超前了，这个世界有没有准备好接受它？是不是还为时尚早，我是说因为你很超前，所以还得先教育大众，时机是否恰当？还是为时已晚，已经有了太多竞争者？

图 1-8 创业成功的五大关键因素

我试着根据这五个因素，细致地考察多家公司，我总共研究了 Idealab 的 100 家公司和 100 家 Idealab 之外的公司，我想试着总结出一些科学的结论。

首先，在这些 Idealab 的公司里，最顶尖的五家是：Citysearch、CarsDirect、GoTo、Netzero、Tickets.com，它们都成了价值几十亿美元的成功企业。而表现最不济的五家公司是：Z.com、Insider Pages、MyLife、Desktop Factory、People Link，我们对这五家公司寄予厚望，但它们最终却都失败了。所以我试着为这些要素排序，拟出那些公司在每一项要素上的分数（如图 1-9

所示）。

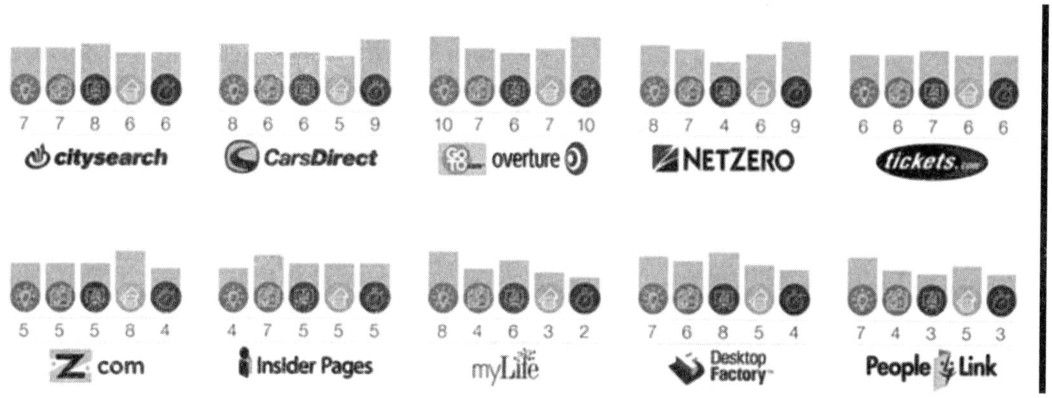

图 1-9　Idealab 的成功和失败公司五个因素的打分

我还研究了那些 Idealab 之外获得巨大成功的公司，例如 Airbnb、Instagram、Uber、YouTube、Linked in；还有一些失败的公司，例如 Webvan、Kozmo、Pets.com、Flooz、Friendster。这些垫底的公司资金充裕，有些甚至有自己的商业模式，但它们却失败了，我试着探究影响这些公司成败的最关键因素，结果真的很令我吃惊（如图 1-10 所示）。

首要因素竟然是时机，成功企业和失败企业存在的差异中，时机所占比例为 42%（如图 1-11 所示）。

团队与执行力是第二因素，然后才是创意，创意的差异性和独特性其实是排名第三的因素，然而我们不能下这样的定义，不能说创意不重要，但创意竟然不是决定成败的最关键因素，这一点着实让我很吃惊，当时机合适时，创意会产生更大的效用。

排在最后的两个因素是商业模式和资金，这我完全能理解，我觉得商业模式排在那么后是说得通的。因为没有商业模式也可以创业，等产品赢得客源的时候再设立模式也不迟。

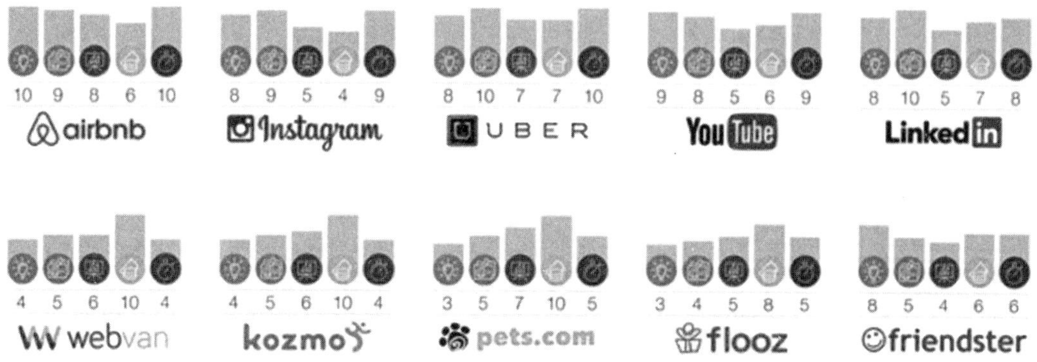

图 1-10　Idealab 之外成功和失败公司五个因素的打分

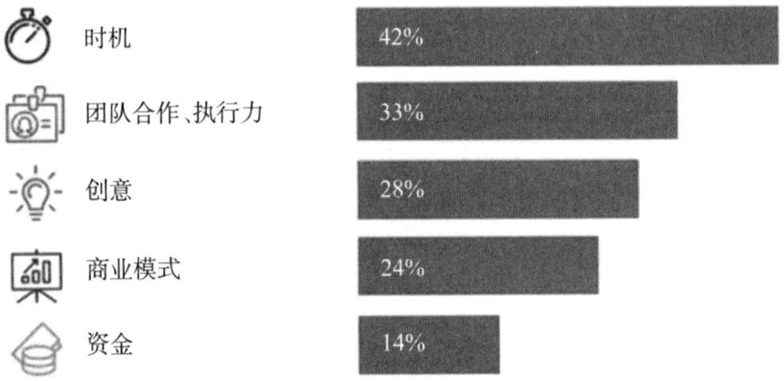

图 1-11　200 家公司五个成功因素的排名

这一点同样也适用于运转资金，就算一开始资金不足，但知名度会日益升高，特别是在当今时代，想要得到充裕的运转资金尤其容易。

现在让我来举几个有关这些因素的具体例子，就以取得巨大成功的 Airbnb 为例，这个故事尽人皆知，许多精明的投资者都忽略了这家公司，因为他们觉得，没有人会把家里的空间出租给一个陌生人，显然之后人们证明了这个想法是错的。不过它成功的原因之一，除了良好的商业模式、绝妙的创意、切实的执行，还有时机，这个公司出现得正合时宜，那时正处于经济衰退的巅峰，人们需要额外的钱，为此他们也许愿意克服心中的抗拒，从而把自己的房子租给陌生人。

Uber 同样如此，它拥有非凡的公司、极佳的商业模式以及可靠的执行力，关键是他们对司机加入系统的需求时机堪称完美，司机们都在寻求额外收入，这非常非常重要。

还有早期的一些成功范例，Citysearch 成立于人们需要网页的时候，还有我们在 1998 年实际发布于 TED 的 GoTo，它产生于公司寻求优廉交通方式的时候，我们认为创意十分重要，但实际上，时机也许更加重要。

同时，我们这里有些失败的例子，我们成立了一家叫作 Z.com 的公司，它是一个线上娱乐公司，它得以成立，我们都激动万分，筹集了足够的钱，有良好的商业模式，甚至请到了出类拔萃的好莱坞才俊加盟，但是宽带普及率在 1999—2000 年还太低，在网上观看视频十分困难，必须在浏览器里设置解码器，还要做一些其他事，公司最终在 2003 年倒闭了。

仅仅过了 2 年，Adobe Flash 解决了解码器的问题，宽带普及率在美国也超过了 50%，这时 YouTube 应运而生，绝妙的创意，加上难以置信的好时机，实际上，YouTube 初设时没有商业模式，甚至也不确定自己是否会成功，但是它的创立时机是绝佳的。

综上所述，执行力当然很重要，创意很重要，但时机更加重要。而评估时机的最好办法是，调查消费者们是否真的能够接受你所提供的东西。说真的，在这一点上，你必须务实，不要否认任何可能发生的结果。因为对于自己热爱的东西，你自然想去推广它，然而你一定要切实地去思考时机是否合适，就像我之前说的，我认为创业可以改变这个世界，并且把世界变得更好，我希望这些观点或许可以帮助你们将成功率提高一点，让那些原本不可能发生的创意点子，在现实世界里开花结果。

非常感谢，你们都是最好的听众！

2 风险投资的资金来源

2.1 风险资本的来源

2.1.1 风险资本的概念及特点

广义的风险资本是指所有投入具有创新性和广阔发展前景的创业企业的股权资本,而狭义的风险资本专指那些通过职业化和机构化的风险投资中介投入具有高成长性并伴随高风险的新企业的股权资本。风险资本具有高风险、流动性差和高收益的特点。

1. 高风险

风险投资的投资对象主要是处于早期阶段的高科技创业企业,这种类型的企业具有很高的不确定性和投资风险,即使经过严格的筛选和尽职调查,这些企业的失败率依然很高。这些被投资企业一旦失败,将会给风险投资基金和投资者造成重大的损失。因此,对于风险资本的提供者来说,虽然有可能从风险投资中获得高额回报,但也存在很高的投资风险。

2. 流动性差

风险资本主要以风险投资基金的形式存在。风险投资基金的存续期一般为 10 年,在基金存续期到期之前,投资者不能从风险投资基金撤出投资,而且由于不存在供有限合伙制基金流通的市场,投资者转让或出售所拥有的基金份额也面临很大的困难。因此,风险资本作为一个投资类别具有流动性差的特点。

在美国,早期风险资本市场的投资者主要是个人投资者,但后来这些个人投资者逐渐被机构投资者所取代,其中一个原因就是机构投资者比个人投资者更容易接受风险资本投资流动性差这个缺点。

3. 高收益

风险投资能够为投资者带来较高的投资收益。据有关统计, 20 世纪 90 年代初,美国风险投资基金的年回报率达到 28.4%。1996 年,美国风险投资基金的回报率达到 17.3%,而在互联网繁荣期,风险投资基金的回报率甚至达到了创纪录的 54.5%。从长期来看,风险投资基金的回报率远远高于同期银行存款利率水平。

2.1.2 风险资本的主要资金来源

风险投资市场中的投资主体按照资金来源可分为四类：独立风险投资（Independent Venture Capital，简称 IVC）、企业风险投资（Corporate Venture Capital，简称 CVC）、政府风险投资（Government Venture Capital，简称 GVC）和商业天使（Business Angel）。由于各国在政策环境、金融市场等方面存在着诸多差异，风险投资的资金来源也会有所不同。尽管如此，风险资本的资金来源从共性上看，主要有以下几种。

1. 政府

出于发展宏观经济的需要，政府会通过对风险投资的扶持政策，实现对新兴产业发展的助力，政府发展风险投资的形式主要有以下几种。

1）政府直接投资

政府直接投资以股权投资和债权投资（政府贷款）为主。如我国的政府引导基金（又称创业引导基金），指的是由政府出资，并吸引有关地方政府、金融、投资机构和社会资本，不以营利为目的，以股权或债权等方式投资于创业风险投资机构或新设创业风险投资基金，以支持创业企业发展的专项资金。

2）政府担保

政府担保包括贷款担保和股权担保两种方式。贷款担保是政府对银行向创业企业的贷款提供担保，如果项目成功了，则由创业企业偿还贷款；如果项目失败了，则由政府财政负责偿还一定比率的贷款。股权担保是政府对投资机构的股权投资回报没有达到目标收益率的一种补偿方式。

3）财政补贴

财政补贴主要是资助一些对国家经济建设有重要作用的科研投入和科技立项等项目，如国家自然科学基金、国家社会科学基金等。

在上面政府发展风险投资的三种形式中，政府直接投资是风险投资的一个重要来源，在风险投资发展的初期，投资风险程度最高，其他经济主体承担风险的能力较弱，此时政府的介入就显得必不可少。但是由于政府资金来源于财政资金，大量投资会增加政府赤字压力，所以政府直接投资的资本额度是有限的，同时还需要考虑国有资金保值增值的要求，因此政府直接投资不宜承担太大的风险，政府在风险投资中更主要的是起信用中介和信用担保作用，减少风险投资中的各类风险，减轻风险投资者由于担心投资失败而造成的恐惧心理，鼓励社会资金对风险投资的投入，并保证投资基金的投资方向不改初衷。

4）政府采购

政府采购是促进本国高科技产业和风险投资发展的重要措施。新技术、新产品在商品化的初期，由于用户和消费者需要一个认识过程，初期市场有限，这对创新者构成了风险。政府采购能够为创新产品和创新企业提供稳定、预期清晰的市场，从而降低技术创新过程中的诸多不确定性和企业创新过程中的诸多风险。政府采购作为一种采购行为，采购规模巨大，在为供应商带来大笔订单的同时，还为企业创新发展筑牢了资金基础。

高技术产业化是一个高投入、高风险的过程，市场风险是高技术产业化面临的重大风险，政府采购通过为高新技术产品提供初期市场，有助于减少高技术产品的市场风险，帮助高科技中小企业迅速拓展市场，切实保证降低风险投资公司投资回收的风险，对高科技产业和风险投资的发展都十分必要。外国高技术产业化的实践表明，“需求拉动”是推动高新技术产业发展的重要动力。

政府采购是推动高新技术产业发展、鼓励相关企业科技创新的重要手段，也是世界各经济体通行的措施。在国际上，政府采购已成为刺激企业技术进步较通行的做法。美国联邦政府每年要花几千亿美元采购国产高新技术产品。

2. 机构投资者

机构投资者包括养老基金、捐赠基金、保险公司、股权投资母基金、银行等金融机构等。机构投资者的资金实力非常雄厚，而且大多数都具有长期投资的意愿。所以，国外的机构投资者大多是风险资本的主要来源和提供者。

这些机构投资者进入风险投资领域的动机大致可以分为三种类型：一是获取高额的投资收益；二是分散投资风险；三是规避政策限制。

3. 企业

企业是风险投资的重要参与者。企业介入风险投资的目的，一是出于发展战略目标的考虑，即通过对创业企业的投资，一方面可能和自己经营的主业形成更强的协同效应，可以更好地发展自己的主营业务，另一方面可能在自己经营的主业之外，为自己寻找新的业务增长点，甚至实现第二次创业；二是企业利用在生产经营过程中产生的闲置资金进行投资，赚取投资收益，实现资金的保值增值。

企业涉足风险投资领域可以有多种形式。实力强的企业可以单独设立自己的风险投资公司，将其作为自己的子公司或者附属机构；实力比较弱的企业，可以采取企业联合出资的方式组建合资的风险投资公司。采取联合投资的方式，可以有效降低进入风险投资领域的门槛，让实力较差的企业也有机会能参与到风险投资领域中。在很多国家，来自实力较强的大型企业的风险投资，是除了政府，最为现实可行的风险资本来源。

4. 高净值个人和家族办公室

高净值是指个人或家庭拥有的资产超过一定数量的财富水平。根据不同国家和地区的标准，高净值的定义也会有所差异。高净值个人（High Net Worth Individual，简称 HNWI）指的是资产净值较高的人士，一般而言指中国内地个人持有可投资资产超过 1 000 万元人民币的人士。高净值个人主要包括企业家、商界领袖、投资者、明星名流等富有社会地位且经济实力雄厚的人物。他们往往具备较强的商业头脑和风险意识，并将自身财务规划与长期投资计划紧密结合起来，致力于更好地实现财富增长和保障。

股权投资有望成为未来最赚钱的方式之一，近年来愈发受到高净值人群的青睐，成为其资产配置的首选。风险投资的魅力就在于其巨大的财富创造效应。历史数据表明，过去 10 年，风险投资是表现最好的资产类别之一。根据全球另类资产的权威数据公司 Preqin 提供的数据，截至 2020 年中，评估过往 10 年的内部收益率（IRR），并购型基金约为 15%，成长型基金约为 18%，风险投资约为 12%。风险投资的年化回报率高于股票市场平均收益率。根据 Cambridge Associates 的数据显示，全球私募股权基金指数的十年期和二十年期的平均回报达到 12%和 15%，而同期全球的主要股票指数回报则仅为 6%和 7%，前者的投资回报率几乎是后者的两倍之多。主要投资于新经济的风险投资是高净值人群突破财富瓶颈、实现层级跃迁最好的途径之一。股权投资处于资产配置金字塔的顶端，对于高净值人群来说，如果想更好地守护财富、突破财富瓶颈，风险投资已经成为必不可少的重要途径。

家族办公室（Family Office）最早起源于古罗马时期的大“Domus”（家族主管）以及中世纪时期的大“Domo”（总管家）。现代意义上的家族办公室出现于19世纪中叶，一些抓住产业革命机会的大亨将金融专家、法律专家和财务专家集合起来，研究如何管理和保护自己家族的财富和广泛的商业利益。1882年，约翰·D.洛克菲勒建立了世界上第一个家族办公室。根据美国家族办公室协会（Family Office Association）的定义，家族办公室是“专为超级富有的家庭提供全方位财富管理和家族服务，以使其资产的长期发展，符合家族的预期和期望，并使其资产能够顺利地进行跨代传承和保值增值的机构”。家族办公室可以分为两大类：单一家族办公室（Single Family Office，简称为SFO）和联合家族办公室（Multi-Family Office，简称MFO）。单一家族办公室只为一个家族服务，联合家族办公室则同时为多个家族服务。

据福布斯2020年1月份数据显示，全球亿万富豪的9万亿美元资产，近一半由家族办公室管理。绝大部分富达多代的家庭或家族，往往都使用了家族办公室的服务。因此，也有人说，家族办公室是高净值个人和家族财富管理的顶层架构模式。家族办公室作为家族财富管理最高形态，是以长期财富的保值和资产的增值为目标的。

作为家族办公室参与风险投资有两种形式，一种是作为风险投资基金的有限合伙人（LP）参与风险投资；另一种就是家族办公室自己参与直接投资，以自身家族为策略去进行投资选择。

5. 外资风险投资者

随着经济全球化和金融市场全球化趋势的发展，风险投资也从一国范围逐渐转向新兴的市场，除了美国，风险投资在欧洲、亚洲等一些新兴市场国家生根发芽并茁壮成长，尤其是在中国。中国经济的快速发展吸引了越来越多的外资风险投资者。外资风险投资作为一种重要的融资方式，为中国的创新型企业提供了资金支持和战略指导，推动了中国经济的转型升级。同时，外资风险投资的进入有利于引进国外风险投资先进的管理办法和投资经验，加剧国内风险投资机构间的竞争，促进整个风险投资行业的良性发展。

2.1.3 国外风险资本的构成情况

相对而言，美国风险投资发展较早并且较为成熟。美国风险投资基金的资金来源主要为养老基金、保险公司、投资银行、商业银行、实业公司、政府等。在风险投资发展早期，富有个人和家庭占资金来源的比例较大。近些年来，个人和家庭资金所占比例越来越少，各类金融机构和实业公司资金所占比例越来越大。风险投资基金已经成为各类金融机构的必要资产配置。据统计，在1978年，个人与家庭为风险投资的主要供给者，所占比例为32%；保险公司、养老基金、公司企业、捐赠与公共资金、国外供给者所占的比例分别为16%、15%、10%、9%和18%。到20世纪80年代中后期，资本供应与来源已逐渐多元化，养老基金、大型企业、捐赠基金、保险公司及银行等私有基金和外国投资基金等都是创业风险投资基金的主要来源，其中养老基金比例超过了40%，成为风险资金最大来源。1988年，养老基金已经成为最主要的资金供给者，所占比例高达46%。个人与家庭、保险公司、公司企业、捐赠与公共基金、国外供给者所占的比例分别为8%、9%、11%、12%和14%。在2003年的风险投资资金来源中，养老基金占40%，保险公司约占25%，捐赠基金约占20%，这三个来源占据了资金来源的绝大部分。根据美国风险投资协会和加州公务员退休基金年度报告以及耶鲁大学捐赠报告透露：美国的股权投资资金主要来源于机构和非常富有的个人。机构包括公共养老基金、公司养老基金、保险公司、捐赠基金、基金会等，如哈佛大学和斯坦福大学的基金会就属于捐赠基金。报告数据显示：其中，美国养老基金占比约 42%，财务公司和保险公司占比约 24%，捐赠基金和基金会占比约 21%，非常富有的个人和家庭占比约 10%。近年来，美国风险资本结构已相对稳定，养老基金仍为最大的风险资本来源。

在过去十年中，美国养老基金的平均投资回报率一直低于预期回报率，其中最显著的是美国最大的养老基金加州公务员退休基金（CalPERS），已将 2022 年的预期收益率目标降至 6.8%。为了追求更高的收益率水平，近年来总体公务员养老基金系统的资产配置，已经从相对安全的固定收益投资转向风险更高的类别，资产配置继续转向风险更高并且非公开的替代投票方案，包括私募股权、对冲基金和房地产、大宗商品等另类投资领域，以寻求更高的投资回报。配置到对冲基金及 PE 基金的占比，已经从 2008 年的 8.6%增长至 2021 年的 13.2%，以提升回报率。

2023 年 5 月初，美国第二大公共养老基金加州教师退休基金（CalSTRS）董事会投票通过了新的目标配置策略，削减了股票的目标配置比例（从 42%降至 38%），而把私募股权的配置目标从 13%提高到 14%，私募基础设施投资的配置从 6%增加到 7%，并新增配置 2%的“私募信贷”领域。

在欧洲，风险投资资本来源排名靠前的分别为养老基金、保险公司、银行、政府、主权基金，以及母基金等。以 2012 年数据为例，其中养老基金占比最大，为 22.1%；其次分别为母基金占比 14.2%，主权基金占比 11.7%，保险公司占比 8.8%，银行占比 7.5%。2012 年，日本私募股权的资本来源基本上为银行、养老基金和保险公司，分别占比达 36.2%、18.3%和 16.1%。其他发达国家的情况大致相同，主要资本来源基本上为养老基金、保险公司和银行。

2.1.4 我国风险资本的资金来源

2023 年上半年，我国新募基金数量企稳，募资规模同比下滑。根据清科创业旗下清科研究中心的数据，我国股权投资市场共计 3 289 只基金完成新一轮募集，数量同比轻微下滑 0.3%；募资规模 7 341.45 亿元人民币，同比下降 23.5%。2023 年上半年募资规模在 50 亿元及以上的大额基金共计 16 只，约为去年同期的 64.0%，总募资规模约为去年同期的 55.7%。

在外部环境的持续变化下，2023 年上半年我国股权投资市场的外币基金募资步伐延续下降趋势，共计 23 只外币基金完成关账，同比下滑 54.9%；募资规模约 422.28 亿元人民币，同比下降 35.4%。而人民币基金的募资节奏则相对稳定，2023 年上半年共 3 266 只人民币基金完成新一轮募集，同比小幅上升 0.5%；募资规模达 6 919.17 亿元人民币，同比下降 22.7%，但其市场占比增长至 94.2%。

2023 年上半年，创业投资基金的数量依旧保持领先。据统计，上半年共 2 191 只创业投资基金完成新一轮募集，在全市场基金总数下滑的背景下同比增长了 7.8%，占比达到 66.6%；募资规模达 2 595.40 亿元人民币，占比 35.4%，占比与去年同期相比提高了 4.8%。成长基金的数量次之，募资规模占比仍然稳定在市场五成左右。2023 年上半年，共 991 只成长基金完成新一轮募集，募资总规模达到 3 649.98 亿元人民币，占比由去年同期的 44.7%提升至 49.7%（如图 2-1 所示）。

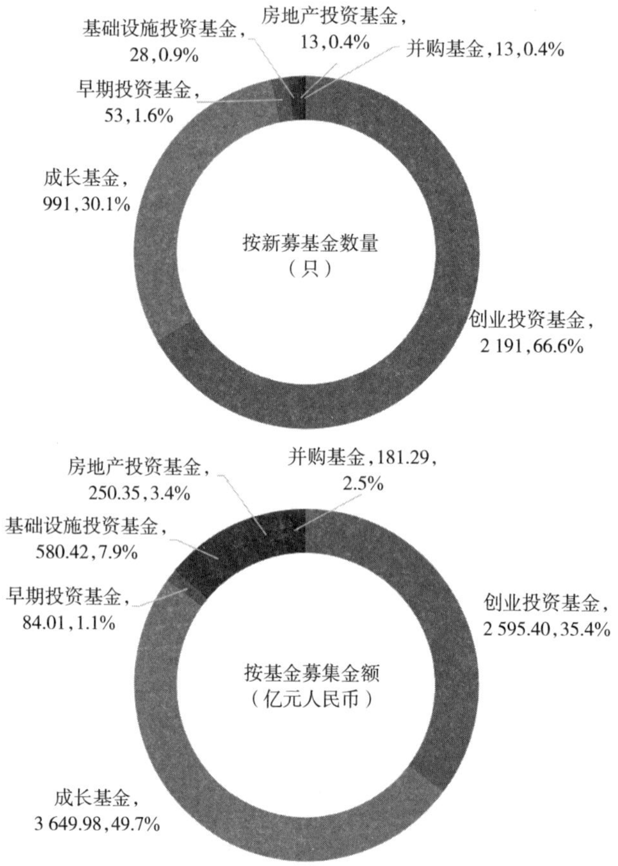

图 2-1　2023H1 中国股权投资市场基金类型分布图

从 LP 结构来看，政府机构/政府出资平台/政府引导基金、产业资本、富有家族及个人是我国股权投资市场新募人民币基金的前三大出资方（如图 2-2 所示）。据统计，三者的合计披露出资金额接近 5 000 亿元人民币，占比达到 LP 披露出资总金额的 80.1%。险资与金融机构的出资活力有待进一步释放，2023 年上半年合计披露出资 165 笔，认缴出资总金额近 500 亿元人民币。

从新募人民币基金的 LP 国资属性来看（如图 2-3 所示），以政府机构/政府出资平台、国企/央企、政府引导基金等为代表的国资背景 LP 依旧是我国募资市场的重要支撑，2023 年上半年，国有控股和国有参股 LP 的合计披露出资金额占比达 71.2%。

2.2　政府的风险投资

2.2.1　政府参与风险投资的形式

1. 直接投资

在政府的直接投资中，以股权投资和政府贷款为主。

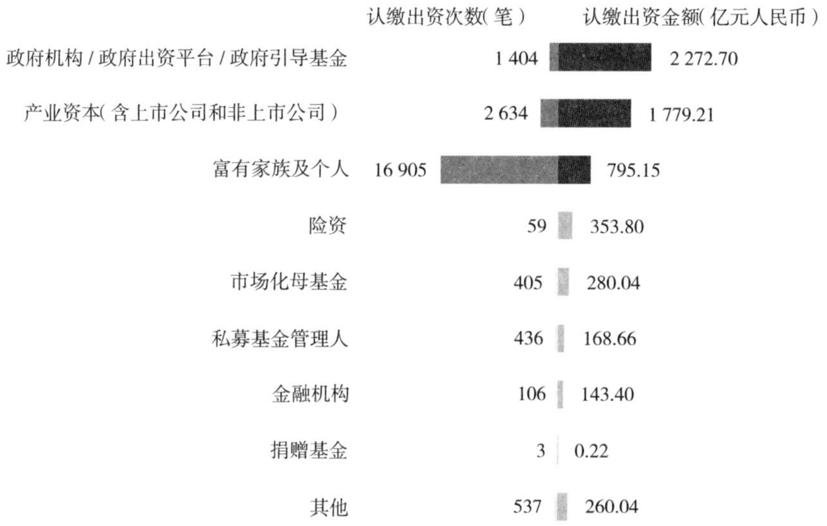

图 2-2 2023H1 中国股权投资市场人民币基金 LP 出资分布图

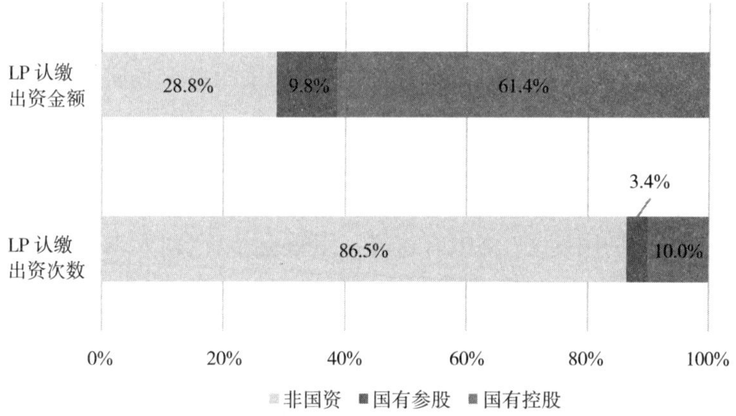

图 2-3 2023H1 中国股权投资市场人民币基金 LP 国资属性分布图

1)股权投资

股权投资是指政府直接设立自己的风险投资基金或控股、参股私有部门的风险投资基金，其中又以自己设立和控股为主，以达到自由行使支配权的目的。股权投资是一种向企业注入风险资本的最有效的方式，其主要目标是帮助因为风险大而不足以吸引私人资本的处于种子阶段和起步阶段的技术型小企业。此类股权投资也可以帮助以技术为基础的企业，因为私人部门往往对这类企业的长期潜力评估不足。股权投资可以采取的方式主要有三种：①由政府向私人部门的风险资本企业投资，而后由这个私人风险资本企业再向创新企业提供资本；②由政府设立自己的风险资本基金，之后由它直接向企业提供股权投资，这种方式风险性较高，政府往往不直接参与投资过程而委托专业的风险投资机构进行具体的投资活动；③有些政府创办的风险资本基金从私人部门接受部分资金，即“杂交资金”。

在以风险投资公司为支持对象的政府风险投资计划中，美国的小企业投资公司(SBIC)计划是最著名的。SBIC 计划是为了满足创业企业投资需求，尤其是为规模在 30 万~500 万美元之间的投资而设立的，这种规模超过了那些"天使投资者"的能力，又不足以引起那些由机构投资者建立的风险投资公司的兴趣。美国 SBIC 计划已经成长为美国经济增长的发动机。有数据显示，到 2003 年，SBIC 已经向 9 万家小企业提供了 270 亿美元的长期贷款和权益资本，创造了超过 110 万个就业机会，美国很多如今的行业领头羊，如英特尔、苹果、联邦快递等都是在该计划的支持下诞生和发展壮大的。

建立政府风险投资基金的主要目的是带动和促进整个国家的风险投资的发展，吸引更多的资金进入风险投资领域。如以色列的 Yozma 基金、欧盟的欧洲投资基金（EIF）、德国的高技术小企业风险投资（BTU）计划、澳大利亚组建的技术集团公司等。

1993 年，以色列政府为了进一步支持创新创业，促进风险投资事业的发展，设立了一亿美元的风投基金，这就是赫赫有名的 Yozma 基金。"Yozma"是希伯来语，代表"开启""首发"。Yozma 基金是以色列第一只政府创业引导基金，其目的是吸引国内外投资者共同扶持出口为主的高科技创业的发展，目前已经被公认为世界上最成功的政府主导型的创业投资引导基金计划之一。Yozma 基金的运作包括两部分：其一是直接投资，即以 2 000 万美元直接投资于中早期的创新型企业，从而引导民间资本投资"投早、投小"；其二是成立子基金，即以 8 000 万美元与国际知名的金融机构合作发起成立十个子基金，平均每只子基金投入 800 万美元，但是这 800 万美元撬动了 1 200 万美元的社会资金。通过有效的引导，Yozma 最初设立的 10 只风险投资基金全部获益。到 2000 年，Yozma 基金首期所参股的子基金均实现了政府资金的完全退出，而政府通过拍卖和转让股份的方式撤出全部国有资本，完成了 Yozma 风险投资基金的私有化改革。在政府引导基金的带动下，以色列成功打造了自己的"硅谷"，不仅有效地解决了创新企业的资金缺少问题，还带动了国内风险投资机构的设立。以色列风投机构如雨后春笋一般迅速增加。在《创业的国度》一书中有这样一组数据：以色列人均创业风险投资额世界最高，是美国的 2.5 倍，是中国的 80 倍，创业存活率高达 60%。在 2009 年之前，以色列一直是美国之外在纳斯达克拥有上市公司最多的国家。如今的纳斯达克交易所中，以色列贡献了 147 个上市公司，仅次于美国、加拿大和中国，超过欧洲所有公司的总和。

1994 年，欧盟建立了欧洲投资基金（EIF），首期注册资金 20 亿欧洲货币单位（ECU），其中欧洲委员会和欧洲发展银行分别出资 6 亿和 8 亿 ECU，其余部分由 76 家银行提供。该基金主要投资对象为 50 人以下，固定资产不超过 7 500 万 ECU 的高增长的创业企业。2000 年 6 月，EIF 正式成为欧洲投资银行集团的一部分。德国的高技术小企业风险投资（BTU）计划为拥有具明显创新特性的产品或服务的高技术小企业提供资金，政府投资最多不超过 300 万马克。政府投资的先决条件是必须有另外一个投资者提供相同数量的投资，政府的股权投资可以在任何时候按 30%的溢价被购买。同时，政府还为投资者提供股权担保，最高担保比例为 50%，期限可达 5 年。

在我国，政府参与股权投资的一条重要路径是各地政府通过设立政府引导基金，以基金投资者身份直接支持促成产业项目落地，并吸引更多社会资本共同投资。在投资方向上，主要投向一些战略性新兴产业，项目成功后，通过减持或股权交易等方式让更多民企接入，并坚持提高一级市场投资回报，以实现对地方产业以及企业的扶持。

政府投资基金分两大类，政府产业直投基金和政府引导基金（如图 2-4 所示）。政府引导基金又称创业引导基金，是指由政府出资，并吸引有关地方政府、金融、投资机构和社会资本，以股权或债权等方式投资于创业风险投资机构或新设创业风险投资基金，以支持创业企业发展的专项资金。作为国资 LP（有限合伙人）代表，政府引导基金基于自身的资金优势已成为股权投资基金的重要资金来源。

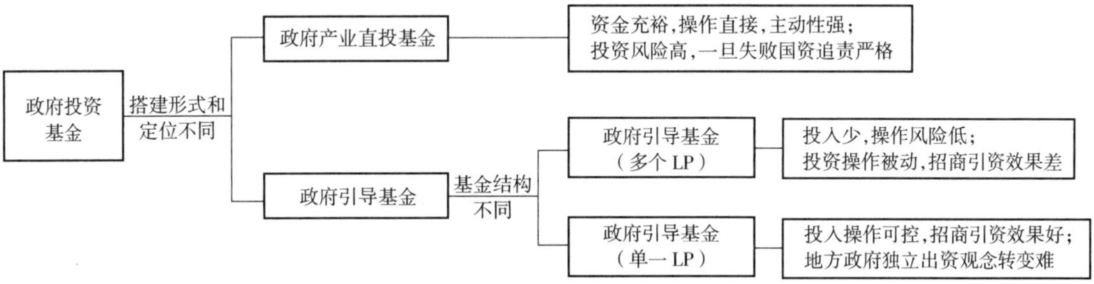

图 2-4　我国政府投资基金分类

我国的政府引导基金以 2002 年中关村创业投资引导资金的成立为开端。根据清科研究中心数据，截止到 2022 年底，我国累计设立 2 107 只政府引导基金，目标规模约 12.84 万亿元，已认缴规模约 6.51 万亿元。经过 20 多年的发展，政府引导基金在引导社会资本投入实体产业、助力招商引资模式转型升级、为招商引资项目信用背书等方面发挥重要作用的同时，也开辟了地方财政收入的新税源。据《银行家》杂志介绍，由于政府引导基金退出周期较长，年化复合收益率往往能达到 15%~20%，盈利水平高于一般金融市场投资和实体投资。同时，政府引导基金也能引导地方企业做大做强，帮助本地企业登陆资本市场，提高资产证券化水平，实现企业规模的扩张，有利于地方经济发展以及财政税收水平的提高。

多地政府产业引导基金通过弥补市场失灵、撬动社会资本投入，扶持了一大批创业初期的战略性新兴产业，孵化、造就了很多高科技公司和隐形冠军。各类基金设立也逐渐从发达地区、大城市，不断向中西部、区县拓展。近年来，各地政府积极探索政府引导基金，涌现出许多带有地方特色的运营模式，其中最成功的就是“合肥模式”。这一模式之所以受到广泛关注，是因为合肥国资在创投圈创造了不少高回报案例。2007 年，合肥拿出当时占比 1/3 的财力砸向面板产业，投资京东方，结果赚了 100 多亿元；2011 年，又拿出 100 多亿元砸向半导体产业，投资长鑫/兆易创新，上市浮盈超过 1 000 亿元；投资京东方 6 代线、8.5 代线，通过二级市场减持，实现资本退出，收益近 200 亿元。此外，合肥继续投资安世半导体、闻泰科技，收益及浮盈近 1 000 亿元；2019 年，又拿 100 亿投资蔚来汽车，已获得千亿元的账面回报。这种投资效率，即便在成熟的私募投资市场也鲜有所见。更为重要的是，在产业链带动方面，通过发挥国有资本的引领作用，合肥政府逐步构建起了以“芯屏汽合”“集终生智”为代表的几十条特色产业链，直接带动合肥市国内生产总值连续 3 年超万亿，2008—2022 年 15 年间，全市一般公共预算收入增长了 5.6 倍，实现了城市能级的巨大跃升。

政府引导基金的“火热”也给创投市场带来了一丝暖意。据不完全统计，2022 年全国有超 40 只财政出资规模百亿元以上的政府引导基金设立，涉及至少 19 个省（自治区、直辖市），政府引导基金已经成为中国创投领域最重要的出资群体。政府引导基金蓬勃发展的背后也在募资、筹资和绩效评价等方面存在一定缺陷，例如政府引导基金中社会资本的主要出资人为银行、保险等金融机构，在《资管新规》发布后银行、非银机构投资受限，出现了社会资本缺位的情况等。

2)政府贷款

政府贷款是指政府为风险投资公司或小企业提供债权投资计划,以满足其对资本的需求。在这方面,政府可以提供与其他金融机构完全不同的专项贷款,或者贷款条件更加优惠,如优惠的贷款利率,更长的贷款期限,向借款者提供一旦破产可以不偿还的债务等。

政府可以直接出资参加对处于研究开发阶段项目的基金的投入。由于此阶段只有投入,没有产出,一般民间资金很难冒如此大的风险进行投资。众所周知,在各国经济发展都呈现周期性变化的情况下,每一次促使生产从停滞、萧条阶段走向复苏阶段的重要因素是固定资产更新,而固定资产更新又是以新技术、新工具的出现为前提的,研发阶段正是许多技术由萌芽走向成熟并广泛运用的必经阶段。鉴于该阶段巨大的风险性以及对经济发展的重要性,在民间资本难以有效参与的情况下,许多国家的政府义无反顾地承担了投资责任。

利用贷款计划支持风险投资公司的例子如下。欧盟的欧洲种子资金资助计划(ESCF),由欧洲委员会负责管理。该计划是一个探索对种子基金管理费用提供资助的实验性计划,因为管理费用往往在种子基金的成本中占很高的比例。ESCF 为种子基金前 5 年管理费用的 50% 提供 10 年无息贷款,目的是在基金最艰难的阶段为它们提供资金支持。1988—1995 年,ESCF 利用 690 万 ECU 的资金支持了 23 只种子基金,融资总额达 5 200 万 ECU,而这些基金共投资了 285 家技术型初创企业。直接支持创业企业的贷款计划包括丹麦的企业发展资助计划、德国欧洲振兴创新计划以及日本对创业企业的贷款支持等。1992 年,丹麦工商部拨款 20 亿丹麦克朗创建了企业发展资助计划,其主要内容是为创业企业的研究开发、国际化及技能培养项目提供贷款,贷款额度最高可达 50%,贷款总数在 20 万~1 亿丹麦克朗之间,平均贷款量为 200 万丹麦克朗。日本政府一方面通过国民金融公库、中小企业金融公库和商工组合中央金库等政策性金融机构为创业型高科技创业企业提供优惠贷款;另一方面通过科学技术厅下设的新技术开发事业集团对持有新技术、风险较大、商品化困难的项目提供 5 年期无息贷款,成功者偿还,失败者可以不还。澳大利亚企业科技开发费的 60%由政府通过免税方式提供。

贷款计划的一大缺陷是其面临的借贷失败往往是不可预测的,这往往会给国家的财政预算带来负担。在设计面向创业企业的政府贷款计划时,大多数国家都对借款者的举债比例做了限制,这是为了让企业承担足够的风险以保证资金的有效利用。

2. 政府担保

由于银行在积聚社会闲散资金方面的独特地位,并鉴于银行对风险投资承受能力不足的现实,世界各国为了鼓励银行支持风险投资业的发展,普遍采取了政府担保的手段。政府担保是政府资本供给的又一方式。毫无疑问,政府是最具有信用能力的机构。在目前银行信用仍占主导地位且银行仍以“安全第一”为经营原则的情况下,由政府来为风险投资项目提供担保,是促使银行资金进入该领域的最为直接、有效的途径。

创业企业和风险投资公司难以获得商业银行贷款的重要原因是缺少足够的有形资产做抵押,因此利用政府资金为风险投资公司或创业企业提供担保,可以有效地降低贷款风险。政府担保包括贷款担保和股权担保两种方式。贷款担保是指政府为商业贷款进行担保,股权担保一般是以风险投资公司为服务对象。这是因为,风险投资者往往要求较高的投资回报率以补偿投资失败的损失。一般来说,风险投资公司对单项投资的投资回报率期望值在 30%~50%之间,计入投资损失后,其投资组合的总回报率目标是 20%~30%。有了政府的股权担保,部分投资损失就可以获得补偿,整个投资组合的回报率也相应得到提高,从而有助于风险投资的长期发展。

早在1953年,美国就成立了中小企业管理局,承担对高科技中小企业的银行贷款担保,贷款额在15.5万美元以下的,提供90%的担保,贷款在15.5万~25万美元的,提供85%的担保。1993年,美国国会又通过了一个法案,该法案规定,银行向创业企业贷款可占项目总投资的90%,如果创业企业破产,政府负责赔偿90%,并拍卖创业企业的资产。日本通产省于1975年设立了研究开发型企业培植中心,该中心的主要业务就是对于创业企业向金融机构贷款提供债务担保,担保比例为80%。英国于1981年开始实施信贷担保计划,该计划规定,银行向风险投资企业提供贷款,如果创业企业不能偿还债务,贸工部将以年息为2.5%的资金带动大量民间资本进入风险投资业。

由于风险资本固有的高风险、周期长的特点,许多国家为保护投资人的利益,建立了一套完整的信用担保体系。例如,美国在1992年实施的"证券参与计划",就是通过国会给投资者提供小额担保来鼓励他们参与风险投资。通过计划的支持,美国小企业投资公司(SBIC)获得了数倍的长期资金支持。而在整个计划中,美国国会仅仅只是提供了数量很少的担保费(如美国在1998财政年度国会担保费的支出仅为0.205亿美元,但是却引导了12亿美元的社会资金参与风险投资)。实践证明,美国的"证券参与计划"可以说是一本万利的引导社会资金参与风险投资的有效措施。

3. 财政补贴

在扶植科技创新企业方面,政府工作的重点在于,集中资源加大对科技项目的投入,采取增加科研院所投入、增加科技立项、建立和扩大国有科技公司等方式,对高科技企业进行直接的资金支持。通过财政预算的方式,扶植一批有雄厚科研能力的研发机构,推动它们将非民用成果转化为民用成果,并积极引导和支持一些有潜力的企业。此外,通过政府财政拨款兴建工业园区,也是对风险投资的有力支持。

为了支持小企业创新并为商业性风险投资创造潜在的投资对象,政府通过财政补贴实施相应的专项计划,利用政府资金直接支持小企业的研究开发和创新活动而不获得任何股权,其中较为成功的是美国的小企业创新研究(SBIR)计划和小企业技术转移研究(STTR)计划。美国小企业创新研究(SBIR)计划将一定比例的政府部门的研发经费专门用于支持小企业,为小企业提供了新的竞争机会,使其得以在同等水平上与大企业公平竞争。1982年,美国国会通过《小企业发展法》,明确规定年度研究开发经费超过1亿美元的联邦政府机构,必须依法实施小企业创新研究(SBIR)计划,每年拨出法定比例的研发经费(最大比例为25%)支持中小企业开展技术创新活动。参与SBIR资助的政府各部门分别确定研究题目并发布项目指南,受理项目申请,通过合同或赠款的方式为项目承担者提供资助。到1995年底,SBIR计划共接受了中小企业提出的215万个申请项目,其中择优支持了33万个项目,资助金额超过40亿美元。而小企业技术转移研究(STTR)计划支持的企业与SBIR类似,但并不要求项目的主要研究人员受雇于申报企业,而参与项目的非营利研究机构必须是位于其国境内的非营利性学院或大学、国内非营利性研究组织,抑或是联邦政府资助的研发中心。英国的创新资助计划规定,给投资额低于25万英镑的符合条件的小企业项目以1/3~1/2的经费补贴。德国政府于1984年实施了一项对创业企业进行资助的典型试验计划,到1985年底,向268家创业企业提供了1 087亿马克的资金资助。加拿大安大略省对高新技术创业企业投资的个人入股者给予投资总额30%的补助金。日本科学技术厅下设的新技术开发事业团,对开发风险较大的新技术企业提供 5 年内无息贷款，成功者偿还，失败者可不偿还。新加坡政府规定，凡投资于高技术企业的风险投资机构，连续亏损 3 年者，可获得 50%的投资补贴。通常财政补贴的数额并不是很高，而且对所资助的风险项目都要进行严格的评审，但是政府资金的导入，对于引导民间资本进入风险投资领域，有很强的示范和导向作用。

4. 政府采购

在促进高技术产业发展过程中，政府采购可以在以下两方面发挥作用。

1）通过政府采购扩大高技术产品的需求

政府采购作为政府需求管理政策，可以通过需求的拉动作用，促进全社会对高技术产业的研发投入，同时引导高技术产业发展的速度和方向。具体来说，主要包括以下四个方面。

（1）政府作为高技术产品的主要用户，为高技术产品提供稳定市场。高技术产品的研发具有很大的风险，研发费用高，市场预期也不明确。而政府可以通过明确的采购合同为企业提供一个稳定、可预期的市场，从而降低研发的风险。同时，政府可以与高技术企业共同承担研发的风险，与企业进行更加深入的交流沟通，使企业更加明确政府的需求，从而进一步降低研发风险。而且，由于政府的强大购买力，高技术产品的生产很容易达到规模经济，可以降低生产成本，增加企业利润。

（2）政府作为高技术产品的先行用户，可以反馈使用信息，促进高技术产品成熟。政府作为先行用户，为高技术产品创造试验性的市场，在高技术产品的生命周期早期就开始使用该产品，通过在使用过程中对产品使用情况的反馈，使企业在生产中学习，不断完善自己的产品，从而达到市场化的要求。为此，政府可以作为高技术产品的首先购买者，通过政府首购，促进私人市场对高技术产品的需求。

（3）政府可以在高技术产品的采购过程中，制定产品标准，引导企业自主创新的方向和速度。与企业相比，政府可以利用更多的社会资源，特别是与高技术相关的专家资源。因此，不论作为主要用户，还是作为先行用户，政府都可以利用专业知识，发挥前瞻性，在高技术产品生产的初期，就为其制定详细的产品标准，从而使产品的研发过程能够按照一定的方向和速度进行，最终研制出满足市场需求的产品。

（4）政府和私人开展“合作采购”。政府和私人共同出资购买，政府可以选择高技术产品的采购范围，而私人最终决定高技术产品的购买与否。这种“合作采购”的形式，比单纯的政府对购买高技术产品的补贴更有针对性。政府作为购买者，不仅可以利用财政资金撬动私人市场对高技术产品的需求，而且可以决定高技术产品的采购范围，并且通过采购合同，决定高技术产品的标准、质量、价格等因素，使其更符合国家的产业政策。

2）通过增加采购的附加条件，扩大高技术产品的供给

在政府采购过程中，增加一些附加条件，以此来促进高技术产品的供给。通常有以下几种做法：限制购买国外高技术产品，比如购买的高技术产品中，国内生产的产品必须达到一定的比例以上；限制购买国内传统产业产品，比如在购买国内产品时，高技术产品应该达到一定的比例以上；对高技术产品实行价格优惠政策，允许国内高技术产品与国外高技术产品或国内传统产业产品的价格有一定的差异，这个差额是政府为了支持高技术产业的发展额外支付的资金；通过购买合同的附加条款，间接促进高技术产业的发展，比如要求国外中标的高技术企业必须在国内建立生产线，通过技术外溢，促进国内相关技术的发展。这样既能保护国内高技术产业的市场份额，也能提高高技术企业自身的竞争力，有利于高技术企业通过参与激烈市场竞

争不断增强自身实力，实现优胜劣汰，从而从整体上提升本国高技术产业的竞争力。

美国是最早运用政府采购促进高技术产业发展的国家。早在1761年，美国就出台世界上第一部政府采购法《联邦采购法》，美国《联邦采购法》规定，通过优先采购和优惠价格对本国的供应商给予优惠待遇，对高科技产业及战略性产业进行扶持。美国政府利用优先采购政策给予高新技术产业第一推动力，航空、计算机和半导体等产业的发展都得益于政府采购政策的大力扶持。1960年，集成电路产品问世之初，几乎全部由联邦政府购买。同时，美国积极运用政府采购政策促进中小企业发展，建立了支持中小企业自主创新的政策法规体系，例如《小企业法》《加强小企业研发法案》《小企业竞争力示范计划法》等，采用价格优惠、预留采购份额、提供采购贷款担保等方式促进中小企业创新。美国著名的高技术公司，诸如IBM、惠普、得克萨斯仪器公司都在很大程度上受惠于政府采购政策。英国政府要求政府部门、政府实验室、国有公司在采购计算机和通信器材时，必须从本国公司购买。德国要求航空和铁路等部门购买本国产品。法国要求行政机构采购应给予创新型中小企业优惠待遇，三年内为创新型中小企业留出15%的技术合同份额。韩国政府推行了本国创新产品政府首购制度，对于国际竞争较为激烈的汽车、电子等创新产品，即使价格高于国际市场水平，政府也要首购。

中国每年有数万亿元规模的政府采购支出，在实行政府采购制度之初，我国并未过多关注政府采购对科技创新的促进作用，而是着眼于提高财政资金使用效益，促进廉政建设。随着国家实施创新驱动发展战略，不断强化企业在科技创新中的主体地位，我国对政府采购的创新激励功能提出了更高要求。

2022年1月1日起实施的《中华人民共和国科学技术进步法》第九十一条规定，对境内自然人、法人和非法人组织的科技创新产品、服务，在功能、质量等指标能够满足政府采购需求的条件下，政府采购应当购买；首次投放市场的，政府采购应当率先购买，不得以商业业绩为由予以限制。政府采购的产品尚待研究开发的，通过订购方式实施。采购人应当优先采用竞争性方式确定科学技术研究开发机构、高等学校或者企业进行研究开发，产品研发合格后按约定采购。

2014年8月31日起施行的《中华人民共和国政府采购法》（以下简称《政府采购法》），在总则中明确规定了政府采购的战略目标，包括实现国家的经济和社会发展政策目标，例如促进中小企业（创新的重要力量）发展等。《政府采购法》等法律对政府采购支持中小企业做了原则性的说明，明确了中小企业获得政府采购的合法性，同时政府还出台相关政策法规进一步支持政府采购中中小企业的所占比例。目前，全国31省（自治区、直辖市）已出台相应政府采购中小企业支持政策。随着各省政策的落地，将进一步利好所有中小企业的发展。2020年，四川全省政府采购规模约1 500亿元，其中87.5%授予中小企业。2021年1月1日起施行的《政府采购促进中小企业发展管理办法》中规定，采购限额标准以上，200万元以下的货物和服务采购项目、400万元以下的工程采购项目，适宜由中小企业提供的，采购人应当专门面向中小企业采购。超过200万元的货物和服务采购项目、超过400万元的工程采购项目中适宜由中小企业提供的，预留该部分采购项目预算总额的30%以上专门面向中小企业采购，其中预留给小微企业的比例不低于60%。2022年5月30日，财政部又下发《关于进一步加大政府采购支持中小企业力度的通知》，进一步调整对小微企业的价格评审优惠幅度，提高政府采购工程面向中小企业预留份额。这些相关政策的出台，细化了政府采购支持中小企业发展的相关规定，使政府采购不但成为增加社会有效需求的重要手段，而且成为推动中国高科技产业发展的“导向杆”和“助推器”。

2.2.2 政府对风险投资的政策支持

除了直接参与风险投资,政府还制定了相关政策,规范、扶持风险投资。如制定倾斜的税收、信贷等政策,扩大对风险投资的需求,通过政策倾斜,引导多种风险资本来源。由于政府兼有种种行政及社会职能,单靠政府基金的投入远远不够,故政府可出台一些相关的优惠政策,调动各方资本参与风险投资领域的积极性。

以美国为例。1958 年,美国颁布《小企业投资法案》,并据此建立了中小企业投资公司制度,即确立了风险投资基金的合法地位,鼓励风险投资基金对从事不同产业的公司提供初期融资,以增加中小企业的融资渠道,带动美国高科技产业的发展。1978 年,美国政府实行进一步的投资税收优惠政策,将资本利得税率从 49.5%降低到 28%,并采取了诸如放宽各类基金参与直接投资的限制等一系列扶持措施,极大地改善了创业环境。养老基金、保险基金等资金的加入,大大促进了高科技企业的成长。与此同时,美国还为银行向风险投资企业贷款提供政府担保。1993 年,美国国会又通过一项法案,法案规定银行向创业企业贷款可占项目投资的 90%,若创业企业破产,政府负责赔偿 90%,并拍卖创业企业的资产。这实际上是将投资风险向政府身上进行转移,从而降低了风险投资者自身的风险。美国政府还通过政府采购的方式,购买大量高科技企业的产品,促进科技成果的转化和产业化过程,进而使科技成果推广到国民经济各部门,形成了强大的高科技产业。

政府还需要正确界定高科技企业,规范风险投资主体行为。风险投资运作过程即资金、技术与管理相结合的过程,合理评估技术价值十分重要。故必须建立项目源,创造项目筛选的金字塔,从公司业务、经营目标、团队素质及管理者能力、技术项目商业化的可行性、技术运用及经营计划实施、风险因素及敏感性等方面做全面评估。同时,政府还必须完善技术价值评估机制,客观评价投资对象的研发风险、生产风险、管理风险、市场风险和成长风险,使风险资本找到真正能产生效益的用武之地。此外,加大宣传、支持力度,培育风险投资人才,加快专业人才队伍的建设也是政府的当务之急。

具体来说,政府可采取的支持风险投资的政策措施主要有以下三方面。

1. 税收政策

各国实践已证明,税收优惠是政府政策扶植中最重要的一部分,优惠的税收政策能够明显地增加风险资本的预期收益,降低成本,提高投资者的积极性。在风险资本市场上,只有当预期风险投资的收益大于风险的代价时风险投资者才会投资,而税收政策被证实是影响风险代价的重要政策措施。优惠的税收政策能刺激风险投资业的发展。政府提供税收优惠政策,包括减免风险投资收益的所得税,对风险投资公司给予适当的风险补偿等,其目的在于提高风险投资的回报率,以吸引风险投资向高科技产业倾斜。

美国的风险投资业之所以遥遥领先,其中一个重要原因是美国所得税制对长期投资的资本利得采取差距税制,允许公司资本所得与资本损失相冲抵。美国政府为了鼓励私人风险投资,将创业企业的所得税税率从 1970 年的 49%降至 1980 年的 20%,风险投资额的 60%免征所得税,其余的 40%仅征收 50%的所得税。在 1981 年通过了《经济复兴税法》,规定对研究开发投资税从 49%减至 25%。1986 年,国会又通过对该法的修正案,将投资税减至 20%,这些措施的实施,使得美国的风险投资在 20 世纪 80 年代初期大约以每年 46%的速度递增。

2. 法治建设

风险基金的发展同有关法律的健全与完善是分不开的。一方面,风险基金的经营与运作行为需要相关法律来对其进行规范;另一方面,风险基金的发展需要相关法律来支持。建立完善的有关风险基金的法律体系,有利于保障投资者的利益不受侵犯,同时也有利于风险基金本身的健康发展。

美国国会在 1984 年就通过了 200 多个有关高新技术的法令,其中相当大的一部分涉及风险投资行业。在风险投资发展的早期,美国国会就通过立法为风险投资创造环境,如《小型企业投资法》《雇员退休收入保障法》《股票选择权促进法》等。此外,美国为了保护高科技产业的发展,还先后对《专利法》《知识产权法》等法律做了修订,从而对风险投资的发展起到了保驾护航的作用。

3. 市场建设

能否成功退出是风险投资成败的关键。政府应该调整金融市场,为风险投资的退出创造条件。首先,在金融政策上创造重要条件,允许、鼓励二板市场的存在和发展。其次,要发展或调整其他金融市场。风险资本市场与其他金融市场不是隔绝的,在上游,风险资本市场主要是由传统金融机构资助;在下游,风险资本市场需要有一个活跃的股票市场,从而允许风险投资家退出并在新项目上再度注入资金。因此,在制定支持风险投资的国家计划的同时,也要发展或调整其他金融市场。最为重要的是设立并规范创业板的运作。为了促进高科技企业和风险投资的结合与发展,许多发达国家,甚至一些发展中国家,都根据本国实际情况建立了创业板市场。

虽然政府在风险投资的发展中起重要作用,但随着风险投资业的进一步发展和各类以营利为目的的民间资本的涌入,政府应该逐步退出风险投资领域。因为风险投资是资本密集、技术附加值高的行业,政府无力也不可能提供本国市场所需的巨额资金。政府要做的是开启民间资本进入风险投资领域的大门,倡导和发展民营风险投资。

2.2.3 我国政府引导基金

1. 我国政府引导基金概述

政府引导基金又称创业引导基金,是指由政府出资,并吸引有关地方政府、金融、投资机构和社会资本,以股权或债权等方式投资于创业风险投资机构或新设创业风险投资基金,以支持创业企业发展的专项资金。政府引导基金是由政府出资弥补资金缺口、市场化运作引导投资方向的政策性基金,兼具"政策导向"与"市场运作"双重属性。

政府引导基金宗旨是利用政府"有形之手"发挥财政资金的引导和聚集放大作用,引导民间投资等社会资本投入,增加创业投资资本的供给,克服单纯通过市场配置创业投资资本的市场失灵问题,特别是通过鼓励创业投资基金投资处于种子期、起步期等创业早期的企业,弥补一般创业投资基金主要投资于成长期、成熟期和重建期企业的不足,提高财政资金使用效益。

政府引导基金由各级政府通过预算安排,单独出资或与社会资本共同出资设立,由专业投资管理机构以股权投资等市场化方式,投资于经济社会发展的重点领域和薄弱环节,达到优化社会资本配置、发挥财务资金的杠杆效应、提高财政资金和社会资金的使用效率、协调区域经济发展、促进创新创业、促进产业结构优化升级的政策目的。

政府引导基金分中央、省、市、县四级,国家级政府引导基金主要由国家部级单位或者央企发起,分为三类:一是国资委发起基金;二是各部委主导基金;三是各央企主导发起基金。

1)设立初衷

政府引导基金不以营利为目的,成立初衷在于促进创新创业、支持相关产业发展。相比于其他类型的投资,创新创业、产业转型升级、基础设施和公共服务等领域的投资具有风险大、周期长、流动性差等特点,社会资本并不愿意涉足这些领域。政府引导基金的设立,充分发挥了财政资金的杠杆效应与政府的引导作用,撬动社会资本投资到相关领域,达到改善相关产业融资环境、促进产业结构优化升级的目的。

2)资金来源

政府引导基金中必须有政府出资,可以单独出资或与社会资本合资。政府出资来自财政部门通过一般公共预算、政府性基金预算、国有资本经营预算等安排的资金,并由财政部门根据本级政府授权或合同章程规定代行政府出资人职责。社会资本包括银行、非银机构以及民间资本等,目前以银行、保险资金为主。

3)基金运作

政府引导基金按照"政府引导、市场运作,科学决策、防范风险"的原则进行运作,政府一般不参与日常管理事务。财政部门仅指导投资基金建立科学的决策机制,确保投资基金政策性目标实现,一般不参与基金日常管理事务。政府引导基金的募资、投资、投后管理、清算、退出等均通过市场化方式运作。

4)投资方向

政府引导基金主要投向经济社会发展的重点领域和薄弱环节,目前有四大投资领域以及七类负面清单。财预 210 号文明确了四大重点领域:支持创新创业,支持中小企业发展,支持产业转型升级和发展,支持基础设施和公共服务领域。同时提出了七类负面清单,不得投资于以下业务:从事融资担保以外的担保、抵押、委托贷款等业务;投资二级市场股票、期货、房地产、证券投资基金、评级 AAA 以下的企业债、信托产品、非保本型理财产品、保险计划及其他金融衍生品;向任何第三方提供赞助、捐赠(经批准的公益性捐赠除外);吸收或变相吸收存款,或向第三方提供贷款和资金拆借;进行承担无限连带责任的对外投资;发行信托或集合理财产品募集资金以及其他国家法律法规禁止从事的业务。

5)利益与风险分配

政策明文规定出资方按照"利益共享、风险共担"的原则进行收益处理和亏损分担。归属于政府的投资收益和利息等,除明确约定继续用于投资基金滚动使用外,应及时足额上缴国库。基金投资的亏损由出资方共同承担,政府应以出资额为限承担有限责任。同时财预 210 号文明确规定,为了更好发挥政府出资的引导作用,政府可适当让利,但不得向其他出资人承诺资本金不受损失,不得承诺最低收益。但在实际操作中,为了吸引社会资本的进入,可能会形成政府隐性债务。

2. 我国政府引导基金三个发展阶段

1)2002—2007 年

初步探索阶段。进入 21 世纪后,政府希望解决创投企业股权融资市场失灵问题,又不希望以传统直接财政补贴的形式耗费大量财政资金,引导基金模式应运而生。这一时期政府积极推动设立引导基金,试点成立创业投资引导基金、科技型中小企业创业投资引导基金, 2002 年中关村创业引导基金成为我国第一只真正意义上的政府引导基金。但这一阶段的政策文件仅仅提出成立引导基金的设想，对于基金的组织架构、运作机制、风险控制等并未做出具体安排。

2)2008—2016年

规范发展阶段。引导基金以“小出资、大杠杆”的优点受到了各级政府的大力推崇，2015年1月和9月两次国务院常务会议分别提出设立总规模为400亿元的国家新兴创业投资引导基金和600亿元的国家中小企业发展基金。这一阶段关于政府引导基金的规范文件频出，从资金来源、投资领域、监督与指导、风险控制等方面全方位规范政府引导基金的设立与运作。在政策大力倡导下，2014—2016年各地政府引导基金设立呈井喷之势，新设基金目标总规模分别为3 271亿、1.64万亿和3.73万亿元，三年复合增速达到368.8%。

3)2017年至今

增量为负，存量精耕细作阶段。前期成立的政府引导基金出现资金闲置、政策目标重复、投资效率低下等问题，导致政府设立引导基金的意愿降低。2019年，国务院《政府投资条例》加强对政府资金的预算约束，并规定“不得违法违规举借债务筹措政策投资基金”，客观上，政府可投资于政府引导基金的财政资金减少。同时，央行于2018年发布《资管新规》消除多层嵌套和通道、禁止资金池业务，加大银行资金投资于引导基金的难度，社会资本缺位、募资难问题严重制约了引导基金的发展。这阶段政府引导基金的重点转向存量基金的精耕细作，不少基金通过修改出资比例、返投比例、返利政策等激活现有引导基金。2017—2020年，新设引导基金目标规模逐年减小，年复合增速为-39.0%。

3. 运作模式：政府引导，市场化运作

政府引导基金的组织形式包含有限合作制、公司制和契约制三种，其中以有限合作制为主。有限合作制属于非法人实体，由普通合伙人GP和有限合伙人LP组成，前者负责日常事务管理并承担无限连带责任；后者主要负责出资，不参与日常经营管理，并以出资额为限承担责任。

在运作结构上，现阶段政府引导基金以母基金（FOF）为主要表现形式，采用母子双层结构（如图2-5所示），子基金由母基金全额或部分出资，母子基金均可引入社会资本，最大限度地撬动社会资本。政府引导基金投资的主要对象是本地的风险投资机构，通过介入风险投资机构对地方的高科技企业进行间接扶持和孵化，类似于“孵化器”的功能，通过放大投资、引导合作基金的方式最终达到推动当地经济转型、促进创投企业发展的目的，具有明显的政治性、地域性和导向性。

在权益结构上，政府引导基金的LP又可分为优先级与劣后级，一般由社会资本认购优先级，享有固定收益，国企或政府指定主体认购劣后级，为优先级资金垫底。例如，山东省PPP发展基金，由政府引导基金、基金管理机构等主发起人出资作为劣后级，其他社会出资人作为优先级。子基金所得收益，首先用于分配与优先级出资人约定的固定收益；基金收益超过优先级出资人固定收益的剩余部分，在基金管理机构和其他劣后级出资人之间按20%：80%的比例进行分配。

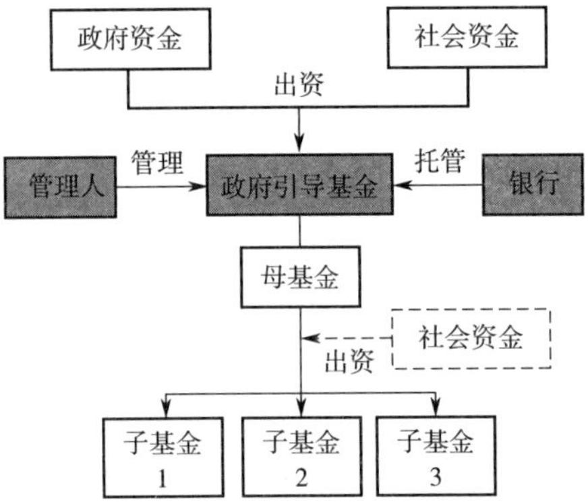

图 2-5 我国政府引导基金母基金运作模式

据《2022 年中国母基金全景报告》显示，截至 2022 年 12 月 31 日，中国母基金全名单共包括 350 只母基金，总管理规模达 45 681 亿元。其中，政府引导基金 258 只，管理规模达到 3.61 万亿元，占比 79%；市场化母基金 82 只，管理规模 0.95 万亿元，占比 21%。

政府引导基金的运作模式主要采用阶段参股、跟进投资、风险补助、投资保障和融资担保五种投资方式，以参股为主。参股模式下引导基金作为母基金仅仅充当出资占股的角色，吸引社会资本进入。

1）阶段参股

政府引导基金主要通过参股方式，引导基金向风险投资机构参股，并按事先约定的条件和规定的期限，吸引社会资本共同设立新的风险投资机构，扩大对科技型中小企业的投资总量。在这种模式下，政府引导基金作为母基金向子基金或具体企业或项目进行股权投资，不参与子基金的日常管理，仅仅充当出资占股角色。这种方式通过发起设立创业投资基金引导民间资本投资初创期企业，从而起政府资金的杠杆放大作用。

2）跟进投资

我国政府专项资金的联合投资在实践中一直被称为“跟进投资”，取专项资金以跟进投资方身份参与联合投资之意。跟进投资是指其他产业投资基金投资早期创业企业或政府重点扶持产业领域创业企业时，政府投资基金可按适当比例向该目标企业投资。政府引导基金与风险投资机构共同投资于初创期中小企业，以支持已经设立的风险投资机构，降低其投资风险。政府引导基金投资形成的股权与共同投资机构享有同等权益，并委托共同投资的创投机构进行管理，按投资收益一定比例向投资机构支付管理费和效益奖励。

3）风险补助

对已投资于初创期高科技中小企业的风险投资机构予以一定的补助，增强创业投资机构抵御风险的能力。

4）投资保障

创业引导基金对有投资价值，但有一定风险的初创期中小企业，在先期予以资助的同时，由风险投资机构向这些企业进行股权投资的基础上，引导基金给予第二次补助，以解决风险投资机构因担心风险想投而不敢投的问题，对于科技企业孵化器等中小企业服务机构尤其适用。

5）融资担保

融资担保模式，是指政府引导基金对历史信用记录良好的创业投资企业提供信用担保，提高其债券融资能力。在这种模式下，政府引导基金并不直接出资，不增加额外的财政负担。2018 年 3 月，国务院常务会议决定由中央财政及有意愿的金融机构发起设立国家融资担保基金，采取股权投资的形式支持各省区市开展融资担保业务。

4. 政府引导基金的分红机制

目前市场上政府引导基金的分红机制有三种：第一种不参与分红，只要保证本金和利息的安全；第二种承担风险，参与分红，在约定几年内享有回购权利，回购后政府相当于不参与分红；第三种承担风险，参与低比例分红。

创投机构与各地政府引导基金合作的分红模式，以深创投为例，主要有如下 4 种。

（1）优先股概念，在参与分红的基础上，保证政府引导基金的本金安全，有的是保证本息安全，比如说利息一般是按照同期国债利率或银行存款利息、贷款利息。

（2）政府的出资是可以承担风险和参与分红的，在规定时间（如 4~6 年）内深创投可以按照最早的出资额或者出资原值加上利息回购政府股份。

（3）如果没有回购，政府和深创投共担风险。既承担风险，也享受收益，把 50%收益分给深创投基金管理公司，而一般国际惯例收益提成比例为 20%。

（4）跟进投资，比如深创投在成都投资，成都的政府引导基金就按一定比例跟投。

2.3 机构投资者

2.3.1 机构投资者的概念及特征

1. 机构投资者的概念

广义的机构投资者是指用自有资金或者从分散的公众手中筹集的资金，专门进行投资活动的法人机构，主要包括投资银行、保险公司、养老基金及商业银行等。狭义的机构投资者可以定义为代表小投资者管理其储蓄，在可以接受的风险范围内使收益最大化的特殊的金融机构，主要包括养老基金、保险公司和共同基金等。机构投资者的产生是基于日趋细化的社会分工造成高度的专业化和成熟的市场信用体系，是市场经济发展的必然产物，形成了投资的专业化、组织化和社会化。机构投资者对于动员零星储蓄向投资转化有着举足轻重的影响，机构投资者的发展壮大为风险投资行业提供了重要的资金来源。

2. 机构投资者的特征

1）机构投资者在市场信息的收集、处理及反馈上存在相对优势

现实中存在的信息不对称是影响投资决策最大的障碍，所以任何投资行为首先都需要收集和获取信息，由于信息的收集和获取需要成本，这些成本具有固定成本的特点。机构投资者相对于个人投资者的最直接的优势就是资金数量巨大，收集信息的固定成本在单位资金成本上的分摊，会造成机构投资者单位资金的成本要远远低于个人投资者，从而大大增加了资金盈利的概率和可能性。同时，机构投资者都是专业化的金融机构，都是由具有相当投资经验和专业知识及技能的职业投资人负责决策，因此机构投资者相对于个人投资者，在市场信息的处理和反馈上，也具有明显的专业优势。

2）从运作模式上看，完整而系统的组织形式为机构投资者的决策科学化提供了保证

机构投资者是通过一系列契约组合成的法人实体，必须按照一系列的管理和规章制度进行日常活动。从内部的决策机制上看，一般法人组织都会有董事会、监事会和股东大会等组织

形式,都有一套完整的投资决策和风险控制程序和流程。这样的运作模式本质上都是帮助机构投资者避免一些缺陷,做出更加科学的决策。而个人投资者一般不具备组织形式上的风险控制和约束,决策的科学化方面就会远逊于机构投资者。

3)机构投资者推动资本品创新的压力和动力更大

从各国风险投资发展的历史可以看出,在风险投资发展的早期,资金主要来自个人投资者。随着风险投资市场的发展,机构投资者因为分工造成的专业化优势,体现出比个人投资者更强的优势,机构投资者成为风险投资市场中主要的资金来源。从某种意义上说,机构投资者在一定程度上是社会分工信用化的产物,本质上就是代人理财和投资,因此机构投资者推动资本品盈利的动力就会更大。同时,集个人资金而成规模资金,对赢利和抗风险能力的要求也会越高。随着行业竞争的加剧,机构投资者之间的竞争,使得在法律框架下的各种金融创新活动非常活跃。处于盈利和逃避监管双重的压力下,机构投资者往往成为资本品创新的先驱。随着风险投资行业的日益规范,受到风险投资高额回报的吸引,越来越多的机构投资者积极进入风险投资领域,为风险投资行业注入了大量资金,推动了风险投资的发展。

2.3.2 主要的机构投资者

对于机构投资者来说,进行风险投资经常有两种不同的方式,一种是对创业企业进行直接的投资,另一种是以普通合伙人或有限合伙人的形式通过风险投资基金进行投资。而在有限合伙人的主要投资者中,养老基金和捐赠基金是较大的共同投资者。由于直接投资具有较大的风险,与部分机构投资者追求资金的安全性的投资理念不相吻合,因此大多数机构投资者在风险投资市场的投资,一般是通过向风险投资公司或风险投资基金以有限合伙人投资的形式进行其在风险投资市场上的投资。参与风险投资的机构投资者主要有以下几种类型。

1. 养老基金

1994 年,世界银行出版《防止老龄危机——保护老年人及促进增长的政策》,首次提出建立养老金的“三支柱”模式:第一支柱是由政府管理的强制参与待遇确定型公共养老金制度,目的是有限度地解决老龄人口的贫困问题;第二支柱是雇主发起的职业养老金制度,核心是强制储蓄功能;第三支柱是个人自愿参加的养老储蓄计划。从 1935 年起,美国养老保障制度逐步建立,特别是 20 世纪 70 年代后随着法律完善逐步形成了养老金三支柱体系。

(1)第一支柱为美国社会保障计划,即老年、遗属和残疾人保险制度(OASDI)。由联邦政府主导,是建立最早、覆盖最广的公共养老金计划。第一支柱投资受限制, OASDI 由政府设立的独立专业机构统一管理,在投资上,基金采取保守策略,购买国家发行的特殊债券,不能投资于权益市场,以获得较为稳定的收益率。

(2)第二支柱为雇主养老金计划,按给付方式可分为待遇确定型(Defined Benefit,简称 DB)和缴费确定型(Defined Contribution,简称 DC)。DB 计划和 DC 计划按照参与者的不同,可继续进行细分。DB 计划可分为私营企业 DB,州政府 DB 和联邦政府 DB。例如,美国资产规模最大的公共退休基金加州公务员退休基金(CalPERS)、加州教师养老金(CalSTRS)和纽约州公共养老金(NYSCRF)就属于这种类型。DC 计划可分为服务公司雇员的 401K 计划,服务教育和非营利组织的 403B 计划,服务政府雇员的 457 和 TSP 计划。

截至 2020 年末,美国第二支柱 DC 计划和 DB 计划养老金资产合计约 20.13 万亿美元,占美国三支柱总养老金资产比重约为 53.4%,其中 DC 计划、DB 计划资产规模分别为 9.65 万亿美元、10.45 万亿美元，占总养老金资产比重分别为 25.6%、27.8%。20 世纪 70 年代以前，DB 计划的资金运作方式普遍为现收现付，其优点在于管理简便；但问题是由于是雇主计划，一旦企业出现亏损甚至破产，其资金来源就无法保证，容易引发纠纷。基于这一问题，美国政府在 1974 年出台了雇员退休安全法案，明确规定实施 DB 计划的雇主必须将现收现付制度改为基金制，即要形成雇员养老金基金。该法案同时规定，养老金基金必须与雇主的资产分开，且基金投资也必须与雇主业务完全分离。DB 计划的基金资产配置方向较多，包括股票、债券、不动产以及其他形式的金融产品。DC 计划资产投资方向也较多，包括共同基金、股票、债券等各种金融产品；其中，投向共同基金是 DC 计划养老金投资的主要方式，1989 年，企业 DC 型养老计划中最具代表性的 401K 计划参与者资产的 8%投资于共同基金，而到 2002 年这一比例就攀升至 45%。养老金也成为美国共同基金的主要来源。

（3）第三支柱为个人储蓄养老金计划，包括个人退休账户（Individual Retirement Account，IRA）和养老保险年金，其中最主要的是传统 IRA 账户。IRAs 计划的参与者直接负责个人退休金账户中资产的投资管理，不受雇主或任何机构控制。一般而言，IRAs 账户在美国银行、共同基金等金融机构开设并托管。IRAs 投资比例和资产限制宽松，资金可以用来购买除人寿保险合同和收藏品之外的大部分金融产品，包括股票、债券、共同基金、银行存款等，甚至包括期权和期货。IRAs 中近一半的资产用来购买共同基金。2000 年以后，随着银行利率的下滑、美国资本市场的发展和机构投资者的壮大，银行存款比例大幅下降，共同基金、股票、债券等其他资产比例上升，寿险资产比例较低且较为稳定。截至 2021 年一季度末，IRAs 配置于银行和储蓄存款的比例大幅下降至 5%，配置于共同基金的比例提升至 45%，配置于股票、债券等其他资产的比例提升至 46%，对寿险公司资产的投资比例为 4%。

一直以来，美国养老基金资产与美股深度绑定，伴随着美股的繁荣，美国养老基金中股票资产占比最高达到 62%。但过去十年，养老基金稳步转向风险更高的另类资产，挤占了股票的配置比例，2022 年美国养老基金对股票的配置比例降至 42.5%，为 2001 年以来的最低水平。同时债券等固定收益产品的配置也有所降低，从 2001 年的 33%降至 2022 年的 23%。

根据 Equable Institute 发布的《2023 年美国养老金年度报告》，2022 年超过 33%的公共养老金投资于私募股权、对冲基金、房地产和其他另类投资。养老基金对上述风险资产的配置比例升至 34%，规模达到 1.63 万亿美元，其中私募股权的配置比例升至 13%，房地产投资比例升至 9.5%，份额均为历史新高。

2. 捐赠基金

与养老基金一样，捐赠基金（Endowments）也是美国风险资本的一个重要来源。捐赠基金是指为了资助某个特定领域的公益事业和慈善活动，接受来自企业、家庭或个人的捐款成立的基金。在美国，大学、私立学校、医院、文化机构与宗教机构等非营利性机构经常会收到大量来自个人和企业的捐款，他们将收到的捐款存入专门的账户进行保管从而形成捐赠基金。捐赠基金一般以基金会的形式出现，这些基金一般委托专业的投资专家进行经营管理。

捐赠基金的一个重要类别是大学捐赠基金。目前，在世界较为知名的 50 所大学和学院中，几乎都设立了捐赠基金。这些捐赠基金的资本总额达到了 200 亿美元，其中相当大一部分被投入风险投资领域。

捐赠基金和其他基金都属于早期风险投资市场的投资者，其投资大多数都是通过有限合伙制进行的，但有些大学的捐赠基金也对某些项目进行直接投资，这些项目一般是本校的研究项目或是与其有联系的项目。早在20世纪60—70年代,这些捐赠基金就开始为有限合伙制基金提供资本。到目前为止,它们一直是风险投资基金的一个重要的资本来源。一般情况下,大学每年将捐赠基金的5%用于维持学校的日常运作,而剩下的大部分资金将被用于投资运作,其所产生的投资收益已经成为大学收入的一个主要来源。例如,在耶鲁大学的收入中,来自学费的收入只有10%,而来自捐赠基金的投资运作的收入占到了40%。

根据美国法律的规定,捐赠基金每年需要将其资产的5%用于无偿资助,而剩下的95%则可以用于投资运作。由于这些捐赠基金对其资产流动性的要求较低,而且与养老基金比较,捐赠基金所受到的政府监管也较少,因此它们更倾向于将其所管理的资产的较大比例用于对风险投资基金这类流动性较差的另类资产的投资。据有关统计,作为一个资产类别,风险投资占捐赠基金投资组合的比例远高于其在养老基金投资组合中所占的比例。例如,耶鲁基金(Yale Endowment)是第一家进入风险投资行业的大学捐赠基金,它在1976年投资了第一个风险投资基金。目前,耶鲁基金的另类资产配置比例从过去的30%增加到现在的53%,其中私募基金和风险投资占33%。但是与养老基金相比,捐赠基金的规模较小,而且仅有少数基金能为风险投资市场提供较大额的资金。在1991年全美50所最大的大学或学院的捐赠基金中,仅有9家基金的投资额超过了6 000万美元,但其中3家投资金额最大的基金,其投资在风险投资市场的总额达到了10亿美元。

在为风险投资基金提供大量资本的同时,大学捐赠基金也从风险投资基金的运作中获得了高额的投资回报。例如,耶鲁基金从其风险投资业务中获得的投资回报率(IRR)高达39.5%。风险投资是耶鲁基金高收益的主要来源。风险资本在过去20年的年均回报率达到了165.9%,远高于其他资产类别,这很大程度上是受到繁荣时期的互联网的影响。在20世纪90年代,耶鲁基金投资了Google和Amazon,后来又成为Facebook, LinkedIn和Airbnb的早期投资者,一连串的成功投资带来了令人瞩目的收益。作为全球运作最成功的学校捐赠基金,耶鲁基金的市值在30年里增长了11倍之多。根据中金统计的数据来看,在1998—2020年期间,耶鲁基金只在2009年出现了负收益,并且在管规模从50多亿美元高速增长至300亿美元。在过去30年中,耶鲁捐赠基金的投资表现十分亮眼,被称为全球运作最成功的学校捐赠基金。受到耶鲁基金参与风险投资所取得的成功的影响,其他大学的捐赠基金也纷纷进入风险投资领域。

从1995—2009年,大学捐赠基金对风险投资基金的投资占其所管理资产的比例显著增长。例如,1995年,捐赠基金投资风险投资基金的投资额占其管理的资产的比例为8%;到了2001年,这个比例已经上升为13.9%;到了2009年,这个比例甚至超过15%。

3. 保险公司

保险公司分为财产保险和人寿保险两个类别。其中,寿险公司具有超长的投资期限,是风险资本市场上一个重要的机构投资者。

与养老基金一样,保险公司拥有来自保费的大量现金收入。例如,人寿保险等保险计划的参加者会为他们自己所购买的保险产品每月或者每年向保险公司缴纳保费。从保险公司收到参保人所缴纳的保费到支付赔偿之间通常会有很长的一段时间间隔,在此期间,保险公司可以用这些保费来进行投资。

为了实现保险资产的保值增值,保险公司需要为其所管理的资产寻找能够带来长期和稳定投资收益的投资渠道。但是,保险公司有对其参保人未来可能发生的保险事故的损失进行赔偿的责任。如果保险公司因为投资高风险资产而遭受重大损失，从而影响其赔偿能力，将会对参保人的利益造成损害。为了保护参保人的利益，法律一般会对保险公司的投资行为进行严格的限制。例如，规定保险公司对外进行股权投资占用的资产不能超过其所管理的资产总额的一定比例。

另外，除了人寿保险公司以外，大多数保险公司对其投资组合的流动性具有较高的要求。为了应对可能发生的赔付需要，保险公司需要随时保持一定的赔偿能力。例如，保有一定数量的现金和流动性较好的资产，以应对发生灾难时需要进行赔偿的需求。因此，在配置资产时，大多数保险公司都不愿意投资流动性较差的另类资产，而更倾向于购买公开发行的债券等流动性较好的资产。由于这个原因，与其他机构投资者比较，风险投资在保险公司整体资产中所占的比例最小。

在美国，保险公司管理的资产总额约为 2.5 万亿美元。为了实现资产组合的多元化并获得高额的投资回报，一些大型保险公司通常将其管理的资产的 5%~10%用于各种股权投资活动，这些保险公司参与股权投资的主要方式是为上市前的企业和企业并购提供过桥融资业务。

在 20 世纪 60—70 年代，一些保险公司，例如美国的好事达（Allstate）保险公司曾经对创业企业进行直接投资，但是现在保险公司几乎不再对创业企业进行直接投资，而是更多通过为独立的风险投资基金或者母基金提供资金的方式进入风险投资领域。

4. 股权投资母基金

母基金（Fund of Funds，FOF）是一种专门投资于其他投资基金的基金，又被称为基金中的基金。FOF 是投资于基金组合的基金，与一般基金最大的区别在于 FOF 是以“基金”为投资对象，而基金多以股票、债券、期权、股权等金融产品为投资对象。

作为一种间接投资方式，FOF 广泛存在于共同基金（即国内的证券投资基金）、信托基金、对冲基金和私募股权投资基金等领域。因此，FOF 被相应地划分为共同基金的基金（Fund of Mutual Funds）、信托投资基金的基金（Fund of Investment Trust Funds）、对冲基金的基金（Fund of Hedge Funds，简称 FOHFs）和私募股权投资基金的基金（Private Equity Fund of Funds，简称 PE FOF）。

股权投资母基金是以股权投资基金为主要投资对象的基金，是母基金的一种，股权投资母基金已经成为股权投资基金最主要的投资者之一。这些母基金一般采用有限合伙制组织形式组建，并具有与其他股权投资基金相同的特征。通常情况下，这些母基金与普通风险投资基金的区别在于它们并不直接对创业企业进行投资，而是对风险投资基金进行投资（如图 2-6 所示）。作为一种集合投资工具，母基金具有与风险投资基金类似的作用，即在机构投资者与市场上那些独立的风险投资基金之间担任金融中介。这些母基金从一些个人或机构投资者那里筹集资金，并用这些资金建立规模较大的资金池，然后通过这个资金池对其他风险投资基金进行投资。

股权投资母基金和股权投资基金扮演的角色最大的不同在于，股权投资母基金同时扮演了普通合伙人（GP）和有限合伙人（LP）的双重角色：面对投资者时，FOF 充当 GP 角色，为投资者管理资金并选择 PE 基金进行投资；而当面对创投基金、并购基金和成长基金等 PE 基金时，FOF 又充当了 LP 的角色，成为各类 PE 基金的投资人。

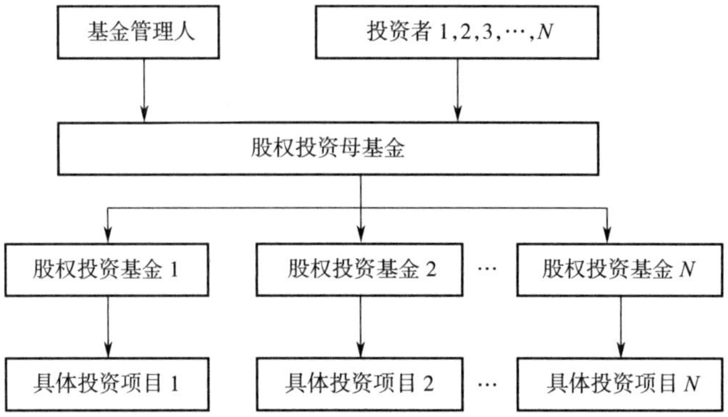

图 2-6　股权投资母基金的运作模式

在美国,风险投资基金的承诺资本中有 10%~20%来自母基金,母基金的资本来源包括机构投资者和个人投资者。在母基金发展的初期,它的主要资本来源是机构投资者,到 20 世纪 90 年代以后,有越来越多的个人投资者开始对母基金进行投资,并成为其重要的资本来源。原因可能是风险投资基金的承诺资本的规模变得越来越大,对投资者的最低投资额的要求也随之提高,并将很大一部分个人投资者排斥在外。作为一种替代,这些个人投资者只好选择投资母基金。据有关统计,1995—1998 年,母基金的资本中大约有 24%来自个人投资者。

虽然,大多数时候,母基金都将养老基金和捐赠基金这些机构投资者作为募资对象,但也有一些母基金开始面向高净值的个人募集资金。一些由投资银行发起设立的母基金,它们主要面向那些高净值的个人客户募集资金。母基金主要投资那些新成立的风险投资基金,但有时候它们也会直接投资创业企业。在进行直接投资时,大多数母基金都会采取跟投的方式进行投资,即与它们所投的风险投资基金一起对创业企业进行投资,而且主要投资于企业后期轮次的融资。

5. 投资银行

投资银行是从事证券发行承销和经纪业务的金融机构,它们通常以成立附属的风险投资机构的方式来进行风险投资。这些投资银行附属的风险投资机构的资本大部分来自它们所管理的客户资产。投资银行参与风险投资的方式主要有两种类型。一是以摩根士丹利为表的大型投资银行,这些投资银行一般从事偏后期阶段的投资业务,包括杠杆收购、过桥融资和上市前融资。上市前融资是指那些前期已经取得成功,正在准备公开上市的企业可能具有的暂时性的融资需求,这些投资银行一般会设立附属的风险投资机构,以夹层(又称为麦则恩)资本的形式对这些进行上市前融资的企业进行投资。二是以美国著名的汉鼎投资银行为代表的一些投资银行,它们创建了自己的风险投资基金来专门从事高科技初创企业的投资,并通过对这些创业企业的投资来承揽它们未来上市时的股票业务。在诸多投资银行中,大通曼哈顿银行是开展这一类风险投资业务的典型,它在 1999 年互联网的巅峰时期通过自己的风险投资基金向 100 多家互联网企业投入了 13 亿元的资金。

6. 商业银行

商业银行是指以吸收公众存款和发放贷款为主要业务的金融机构。在美国风险投资行业发展的早期阶段,银行是风险投资基金主要的机构投资者之一。1946 年成立的世界上第一家现代意义上的风险投资机构——美国研究与发展公司(ARD)就是由美国波士顿联邦储蓄银行参与创建的。

在德国、日本和英国等国家,来自银行的资本在风险资本市场中占有重要的地位,银行是这些国家风险资本的主要提供者。例如,德国和日本的风险投资体系基本上是以银行为主导的,这些国家的市场上大多数的风险投资机构都有银行和金融机构的背景。

商业银行主要通过下面三种途径为创业企业提供资本:一是设立附属的风险投资公司或基金来投资创业企业;二是为有限合伙制基金提供承诺资本,并通过这些基金对创业企业进行投资;三是为母基金提供承诺资本,并通过这些母基金对独立的风险投资基金进行投资。

一些在风险投资业务方面积累了丰富经验的商业银行可能会开展对创业企业的直接投资业务。英国 3i 集团附属的 3iVenture 在中国先后投资了分众传媒和中芯国际等企业。2001 年,花旗银行集团设立了花旗风险资本国际的附属机构,专注于投资包括中国和印度在内的新兴市场国家的创业企业。还有一些大型的商业银行,包括 UBS、巴黎银行、巴克莱银行和汇丰银行等也都设有自己的风险投资部门。

商业银行附属的风险投资机构在直接投资创业企业时一般会面临以下问题。首先,风险投资是一种股权投资,它与商业银行传统的贷款业务之间存在很大的差异,而且,投资创业企业还需要具备一些专门的知识和技巧,尤其是在项目评估和投资后管理方面的技巧和经验,而商业银行的投资管理人员所拥有的贷款业务方面的知识和经验往往不能满足其开展风险投资业务的需要。其次,银行传统的贷款业务还可能会与股权投资业务发生利益冲突。再次,股权投资业务具有一定的风险性,出于维护金融市场稳定的目的,大多数国家都会对商业银行开展股权投资业务做出严格的限制。由于受到有关政策法规的限制,在这些国家和地区,商业银行不能直接持有被投资企业的股权。

这些银行附属的风险投资机构更倾向于投资处于后期阶段的企业,尤其是参与并购投资和企业上市前融资,原因是商业银行对投资的安全性具有较高要求,而处于后期阶段的企业的投资风险较处于早期阶段的企业的投资风险低。同时,投资处于后期阶段的企业还可以发挥商业银行在贷款业务上拥有的优势,例如为那些进入扩张期的企业提供贷款,以支持其快速扩张。另外,出于安全方面的考虑,这些银行附属投资机构更倾向于建立多元化的投资组合,而且其投资组合的关联性更小,以更好地分散投资风险。

一些大型的商业银行还经常以有限合伙人的身份为独立的风险投资基金提供承诺资本。例如,英国 3i 集团对中国的鼎晖创投基金投资了 5 000 万美元。另外一些商业银行则会同时投资母基金。例如,瑞士银行不仅作为有限合伙人投资独立的风险投资基金,而且经常参与母基金的募资活动。

2.4 企业风险投资

2.4.1 CVC 概述

1. CVC 的定义

企业风险投资(Corporate Venture Capital,简称 CVC),又称公司风险投资、公司创业投资,是非金融机构为了财务和战略上的目的直接投资于初创企业的一种投资方式,是有明确的主营业务的非金融企业在其内部和外部所进行的风险投资。美国风险投资协会(NVCA)把企业风险投资定义为:非金融类公司的创业投资项目或附属投资部门对投资组合企业进行的直接投资。由于参与风险投资活动的公司一般都是成熟大企业,所以 CVC 也叫大企业风险投资。

与普通风险投资相比,公司参与风险投资有许多优势,因此公司附属风险投资机构不但成为世界风险资本市场的重要力量,而且是全球公司巨头保持竞争力的重要方式。CVC 之所以能成为创投行业一股强大的新生力量,一方面是因为它具有对所处行业的深刻理解,能够发现行业内的优秀企业和创业人才;另一方面是因为它具有全面的服务能力,能为这些企业提供从创业辅导、技术支持到供应链等全方位赋能,特别是很多创新想法由于缺乏资本投入得不到"概念验证",或是由于投资周期过长错失市场良机的处于初创期的中小微企业。CVC 机构可以通过赋能产业应用场景,为早期企业提供技术"试验田"、产业"练兵场",是初创企业的优质"天使投资人"。

2. CVC 与 IVC 的区别

CVC 与传统意义上的独立风险投资(Independent Venture Capital,即 IVC)存在显著差异,CVC 与传统的风险投资 IVC 相对,更多是围绕公司业务本身进行投资,以更加快速有效地实现战略目的。CVC 与 IVC 的区别见表 2-1。

表 2-1　CVC 和 IVC 的区别

	独立风险投资(IVC)	企业风险投资(CVC)
投资基础	成功投资的声誉; 投资团队教育水平、管理水平	公司商业、技术成功的声誉; 公司内部执行经验
出资者	LP(有限合伙人)出资, LP 通常是养老基金、捐赠基金、上市公司、高净值个人等	母公司自有资金通常是 CVC 的资本唯一来源,但也会允许少部分外部资金
组织架构	有限合伙制,LP(有限合伙人)出资,GP(一般合伙人)进行管理。采用精简的内部组织制度,便于快速决策	公司内部层级较为复杂,组织结构多样化;投资团队的权力结构服从母公司
活动	投资活动是 IVC 唯一的活动,所有的投资基金都是为了对创新企业进行投资	母公司拥有其他明确的主营业务,CVC 年度投资活动与母公司经营和战略发展有关
资源和优势	专业的投资团队、专业化的投资关系网络,LP(有限合伙人)提供财务资本	公司及行业的知识和经验:不仅拥有雄厚的资本,同时会向新创企业的研发、商业活动等提供支持
关注重点	确保投资进程按照时间表进行,不断实现一个个里程碑以保证投资收益的最大化	长期关注被投项目与母公司的战略匹配
激励机制	投资经理的薪酬与投资绩效紧密挂钩,灵活性高,在项目实现退出后,可以获得"分红"	投资经理的薪酬与母公司薪酬体系具有较高的一致性,灵活度低,大多采用固定工资加年终奖金的薪酬制度,并且受制于母公司当年的整体绩效水平
投后机制	增值服务、投后监督管理、信号传递	"两分"化:学习机制与协同机制,增值服务

1)投资基础

IVC 的投资基础是成功投资的声誉和投资团队教育水平、管理水平。CVC 的投资基础是公司商业、技术成功的声誉以及公司内部执行经验。

2)出资者

IVC 由 LP(有限合伙人)出资, LP 通常是养老基金、捐赠基金、上市公司、高净值个人等;母公司自有资金通常是 CVC 的资本唯一来源,但也会允许少部分外部资金。

3)组织架构

IVC 是有限合伙制, LP(有限合伙人)出资, GP(普通合伙人)进行管理,采用精简的内部组织制度,便于快速决策。CVC 公司内部层级较为复杂,组织结构多样化,投资团队的权力结构服从母公司。

4)活动

投资活动是 IVC 唯一的活动,所有的投资基金都是为了对创新企业进行投资。CVC 的母公司拥有其他明确的主营业务,CVC 年度投资活动与母公司经营和战略发展有关。

5)资源和优势

IVC 拥有专业的投资团队、专业化的投资关系网络, LP(有限合伙人)提供财务资本。CVC 拥有公司及行业的知识和经验:不仅拥有雄厚的资本,同时会向新创企业的研发、商业活动等提供支持。

6)关注重点

IVC 确保投资进程按照时间表进行,不断实现一个个里程碑以保证投资收益的最大化。CVC 长期关注被投项目与母公司的战略匹配。

7)激励机制

IVC 中投资经理的薪酬与投资绩效紧密挂钩,灵活性高,在项目实现退出后,可以获得"分红"。CVC 投资经理的薪酬与母公司薪酬体系具有较高的一致性,灵活度低,大多采用固定工资加年终奖金的薪酬制度,并且受制于母公司当年的整体绩效水平。

8)投后机制

IVC 的投后机制有增值服务、投后监督管理、信号传递。CVC 的投后机制有"两分"化(学习机制与协同机制)和增值服务。

2.4.2 CVC 的发展历程和现状

1. 海外 CVC 的发展历程

海外企业风险投资最早可追溯到 20 世纪初美国商业巨头们的股权投资行为。1914 年,杜邦对通用汽车的投资开创了 CVC 的先河,不仅获得了丰厚的财务报酬,也扩大了对其自身产品的需求。海外 CVC 的发展主要经历三个阶段。

1)萌芽期(1914—1977 年)

在工业巨头主导投资的多元化背景下, CVC 得到快速发展。25%以上的世界 500 强企业开展 CVC 项目。以通用电气为例,超过一半的利润都是投资创造的,投资领域包括飞机引擎、塑料、加农炮、计算机、核磁共振造影机器、电视节目、电影、信用卡和保险等。此阶段 CVC 的发展起于巨头企业的资金充裕,止于经济衰退和滞胀危机。然而, CVC 形式并不成熟,企业开展 CVC 活动的活跃度与《反垄断法》的监管密切相关。截至 1978 年,美国只有 20 家企业还在开展 CVC 投资活动。

2)发展期(1978—2002 年)

一方面,随着科技浪潮、互联网技术对商业模式的颠覆式改变, CVC 进入高速发展期。其间,CVC 组织形式逐渐成形,投资策略向专业化发展,CVC 成为 PE/VC 市场的主要力量之一,投资金额占到全部 VC 的 1/4。另一方面,企业面临过度金融化的风险。随着 2000 年互联网泡沫破裂,仅在 2001 年第二季度,美股上市公司就被迫减记了 95 亿美元的风险相关损失,CVC 投资非理性繁荣结束。

3)成熟期(2003 年至今)

第四次科技革命背景下,数字化、信息化、智能化正在改造每一个产业,科技企业必须及时了解颠覆技术的来源,并且具有将其商业化的能力。这一阶段,CVC 投资策略更加成熟,CVC 平均投资规模更大,互联网、科技头部、生物医药企业主导 CVC 投资,其中互联网和移动设备、医疗保健投资超过 CVC 投资金额的 60%。

目前,CVC 已经成为欧美大企业维持竞争优势、获取创新技术的重要手段,基本上所有国际知名企业都进行过 CVC 投资。根据硅谷数据研究机构 Pitch Book 的调查,2018 年美国 CVC 的投资数额更是首次超越了传统 VC。根据 CB Insights 发布的数据,2021 年全球参与投资的 CVC 机构共 221 家,参与了总计 4 661 笔投资交易,总金额达 1 693 亿美元,同比增长 142%。

2. 中国 CVC 发展现状和典型机构

1)中国 CVC 发展历程和现状

与欧美、日本等国家相比,中国 CVC 虽然起步较晚,但发展后劲十足。我国 CVC 发展最早可以追溯到 1998 年,世界知名 CVC 投资人英特尔开始在中国进行风险投资布局,其第一笔投资为对搜狐的 210 亿美元投资,在此之后国内 CVC 开始萌芽,纷纷展开投资活动。1998 年 6 月,实达集团向刚成立仅半年的北京铭泰科技发展公司投资了 1 200 万元,并成立实达铭泰公司,对汉化软件市场进行开发。这是我国第一个比较大规模的 CVC 投资,此次投资也助力实达软件一跃成为国内软件行业的四强。我国 CVC 发展历程大致可以分为四个阶段(如图 2-7 所示),伴随着股权投资市场的持续发展,CVC 也逐渐发展成熟,成为风险投资市场的中坚力量。近年来,中国 CVC 不论是投资规模,还是市场表现、影响力,丝毫不亚于传统风险投资。根据 IT 桔子官网的相关数据,从 2011—2021 年(截至 2021 年 8 月底),中国 CVC 对外投资总资金规模为 1.83 万亿人民币,其中 95%的资金投向了国内,约 5%投往海外市场。近 20 年来,中国 CVC 在国内的投资事件数量占国内总风险投资事件的比例最初只有 4%,2012 年增长到了 10%,2021 年达到了 19%。可以说,作为一种新型的创投组织形式,CVC 已经成为我国创投资本市场中一股不可忽视的力量。大量科技公司如联想、BAT(百度、阿里巴巴、腾讯)和传统行业如恒大、保利等都逐步建立了自己的企业投资部门或者投资子公司。

中国 CVC 的国内投资金额规模占据国内风险投资市场总金额规模的比例呈现了"大跃进式"的跨升。2013 年及其以前投资金额占比平均值为 5%,偶有波动;2014—2015 年增长极其显著,最高点达到了 34%;2016—2020 年增长幅度基本在 27%上下波动,到 2021 年 8 月 30 日有所下降,投资金额占比和投资事件占比相重合,均处于 19%的水平。2019 年,由于经济下行压力及包括《资管新规》在内的相关政策发布,创投市场的募资、投资都受到了较大影响,以大企业主导的 CVC 投资数量和规模双双下降。CB Insight 的数据显示,2020 年,中国 CVC 投资案例数环比增长 12%,达 390 例,投资金额上升 68%,达 115 亿美元。目前,越来越多的 CVC 建立了包括企业战略投资部门直接投资、自行组建 GP 做投资以及联合其他产业资本作为 LP 进行投资在内的多元投资方式。

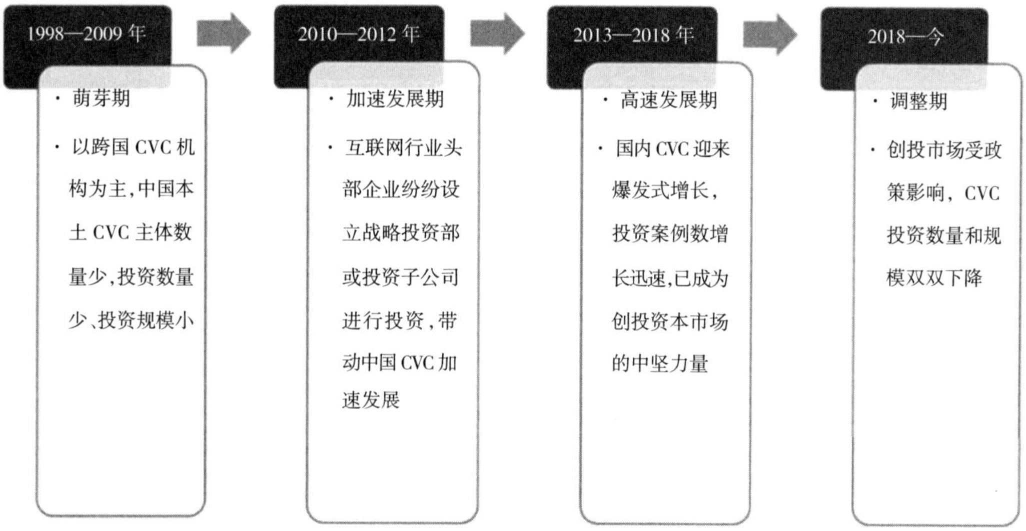

图 2-7　我国 CVC 的发展历程

目前我国国内市场上的 CVC 大致分为两类：一类是互联网 CVC，另一类是产业 CVC。其中，互联网 CVC 有腾讯、百度、京东、阿里、哔哩哔哩为代表的互联网企业，它们运用投资的方式寻找新的业务增长点以及创新机会。产业 CVC 又大致可以分为两类：一类是以联想集团、碧桂园、海尔集团、保利地产为代表的传统企业 CVC；另一类是以小米、蔚来汽车、宁德时代为代表的新制造企业"后浪"。

2）我国 CVC 典型机构

从机构类型来看，CVC 机构主要分为上市公司、非上市公司和其他类别，截至 2021 年 8 月底，国内 CVC 机构数量为 770 家，其中以腾讯投资、小米、哔哩哔哩等为代表的上市公司投资机构数量为 563 个，占比为 73.12%；以字节跳动、哈勃投资、OPPO 等为代表的非上市公司投资机构数量为 199 个，占比为 25.84%。由此可以看出，目前我国 CVC 投资机构以上市公司为主。

（1）腾讯投资。腾讯投资成立于 2008 年，是腾讯集团的投资部门与核心战略部门之一，主导集团投资相关业务。腾讯投资长期专注于全球范围内消费互联网和产业互联网相关投资，聚焦文娱传媒、消费零售、民生教育、金融科技、企业服务及海外投资等领域，探索前沿创新与未来更多可能性。2011 年，腾讯宣布投资规模为 50 亿元的产业共赢基金，后来追加到 100 亿元。2014—2022 年，近九年国内所有企业风险投资中，腾讯的投资数量都位于榜首。2020 年，腾讯投资了 163 家初创公司，金额超过 120 亿美元。截至 2022 年 4 月末，腾讯在投企业近 520 家，其中独角兽企业 90 余家。截至目前，公司投资最广的领域是游戏、企业服务、文娱传媒三个领域。

（2）小米。小米是一家以手机、智能硬件和物联网（IoT）平台为载体，提供互联网服务的公司。公司正式成立于 2010 年 4 月，于 2018 年 7 月在港交所主板挂牌上市，经过了 10 余年的发展，公司成为综合性互联网+智能消费电子品牌公司。截至 2021 年 8 月底，小米累计投资事件总量达 415 笔，在 CVC 投资机构中排名第二。2021 年以来，小米在智能硬件、集成电路半导体和先进制造三个细分领域投资笔数最多。在智能硬件领域，小米围绕小米生态链企业积极布局。在集成电路领域,小米近两年也频繁展开投资活动,重点投资芯片研发企业和半导体设备提供商。2021 年以来,小米不仅陆续投资了天易合芯、晶视智能、长晶科技聚芯微电子、威兆半导体等芯片研发企业,也投资了加速科技、景焱智能等半导体设备提供商,通过投资来补足自身在芯片研发领域的不足。同时,在造车新潮流的影响下,小米也开启了在汽车交通领域的投资,根据所投企业的核心业务来看,小米在该领域的投资行为旨在提前布局自动驾驶汽车领域,并将小米生态系列产品与智能汽车应用场景相结合,延伸小米核心产品应用生态业务。此外,小米也在游戏、金融、体育运动和文娱传媒等领域纷纷进行投资探索,借此来实现业务多元化。

(3)字节跳动。字节跳动成立于 2012 年 3 月,是最早将人工智能应用于移动互联网场景的科技企业之一,其旗下产品有今日头条、西瓜视频、抖音、皮皮虾、懂车帝、悟空问答等。截至 2021 年 8 月底,字节跳动累计投资事件总量达 166 笔,在 CVC 投资机构中排名第三。2021 年以来,字节跳动重点关注企业服务、本地生活等领域的投资。从投资事件数量分布来看,字节跳动在企业服务领域的投资最多;本地生活次之,排名第二;游戏、智能硬件、文娱传媒三大领域投资排名第三。

(4)哈勃投资。哈勃投资成立于 2019 年 4 月,注册资本 30 亿元人民币,是华为投资控股有限公司全资控股子公司。哈勃投资的团队以华为内部的人员为主,多数为财务背景出身,兼具通信产业从业经历,在投资方面具备较强的专业知识和财务知识。哈勃投资重点关注集成电路半导体产业链上下游,包括芯片设计、半导体材料、半导体设备等各个环节。哈勃投资以服务华为作为出发点,纵向健全集成电路半导体供应链,从半导体原材料、零部件,到芯片设计、软件服务、封装测试等一应俱全,争取摆脱国内芯片受制于人的困境。

(5)其他企业。

①比亚迪:2018 年,比亚迪启动了新能源领域的相关投资,主要方向包括充电电池业务、手机及电脑零部件及装配服务以及汽车业务等。截至 2022 年 4 月末,涉及的投资企业数量达 20 余家,投资规模超过 70 亿元。

②富士康:2008 年,富士康开始布局相关 CVC 领域的投资,主要涉及 3C 产品及半导体设备等与企业有关联的领域。截至 2022 年 4 月末,富士康在投企业近 50 家,投资规模超过 520 亿元。

③华大基因:2014 年,华大基因通过科学技术服务和精准医疗服务,全面布局生命科学和医疗大健康发展行业。截至 2022 年 4 月末,华大基因在投企业近 25 家,投资规模超过 5 亿元。

④碧桂园:2019 年,碧桂园成立了深圳市碧桂园创新投资有限公司,公司成立后,持续关注地产上下游产业链、大健康、大消费、物流供应链、先进制造、新基建等投资领域。截至 2022 年 4 月末,碧桂园创投涉及的在投企业超过 80 家,投资规模超过 300 亿元。

除上述企业外,国内目前还涌现出了以中集集团、顺丰速运、TCL 集团、汇川技术、星河控股、广汽资本、万科等为代表的一大批涉及 CVC 投资领域的优质企业,CVC 行业呈现出百花齐放的态势。

2.4.3 CVC 的动机

现有的文献对大企业开展风险投资的动机进行了较多的研究,学者们普遍认为大企业的风险投资活动存在战略收益和财务收益上的双重动机。财务收益动机应是大企业风险投资较低层次的动机,追求战略收益是大企业风险投资的最主要原因,也被认为是大企业取得风险投资成功的关键要素。

1. 财务收益动机

1)打造利益共同体,削减企业支出

CVC 投资能通过股权关系将上下游企业紧密联系起来,打造利益共同体进而削减研发、生产等成本。实业企业通过投资与上游供方、下游销方建立起合作甚至是控制关系,既可保障供应链安全,又能控制价值流转,通过订单将利润留存在生态圈层内部。

2)提升资金或运作效率,增厚企业收益

一方面,股权投资为企业尤其是储备一定现金的产业资本提供投资渠道,增加能够对冲行业风险的收入来源。另一方面,股权投资可以帮助企业配置或优化效率工具,通过数字化技术获知生产及管理中的各个关键数据,优化各项办公流程,帮助企业开源节流,增厚收益。

2. 战略收益动机

与企业并购类似,产业资本开展股权投资也可大致分为横向的产业扩张与纵向的产业延伸两个方向。横向的产业扩张是企业通过投资来扩大市场影响力,拓宽获客渠道,发展潜在客户,培育新市场的有力手段;其也会间接降低生产成本,帮助企业抢占市场份额甚至于消除竞争对手。纵向的产业延伸是指产业资本通过投资产业链上下游企业建立紧密的联动性,加深产业链布局、延伸客户需求,从而整合更多产业链资源,建立起服务主业增长的生态圈层。在科技浪潮的冲击下,面临着转型升级的传统实业企业基于对产业运作规律的深度了解,选择通过股权投资进行前瞻性、战略性布局,以解决企业发展后劲不足、面临周期性风险的问题,再造自身增长引擎。通过股权投资,产业资本既可以对企业内部的研发创新进行良好补充,也可以押注非关联性产业,以在主业受到周期性风险时实现对冲。

具体而言, CVC 的战略动机主要包括技术创新、并购期权、资源共享、资金利用、战略联盟、创造机会和企业文化七个方面的战略收益动机。

1)技术创新

CVC 能推动企业技术创新模式从内部向外部转移。通过外部研究与试验发展(R&D)获得资源是大企业最激进的战略目的。对新创业企业的权益投资,被认为是大企业通过企业风险投资的方式提高技术创新水平的一种颇有效率的方式。如思科公司,为了维持网络技术的优势,从 1993 年开始就不断地进行风险投资,截至 2000 年 8 月,该公司风险投资总规模达 130 亿美元(投资、市值和现金)。

2)并购期权

"识别收购机会"是大企业开展风险投资的重要动机。一些公司投资高成长的公司,并希望在将来对其进行并购。CVC 不仅可以为母公司提供潜在的关键技术、技术许可,甚至可为后期并购做好准备,包括股权准备、技术准备、管理准备乃至企业文化的协调,使并购后的协同与整合高效顺利。许多企业把企业风险投资看作是实现多元化战略的恰当方式, CVC 能为企业提供收购新的、有巨大潜力的业务的机会。甚至一些公司视风险投资为购买一种长期期权。如腾讯公司的风险投资部门就投资了大量不涉及公司主业但有潜在重大技术突破和崭新市场前景的初创公司。

3)资源共享

初创企业可以增强母公司现有资源以及未被充分利用的资源的利用。大企业研发能力很强,但很多研究成果与主营业务关系不密切,没有被充分利用。CVC 可以通过创业投资将这些研究成果推向市场、最后通过创业投资的退出而获取财务上的收益。如朗讯公司评估了 400 个项目,建立了 35 个创业企业,吸引了外部 3.5 亿美元的创业投资;英国电信在 2001 年评估了 330 个项目,完成了 4 个项目,收获了 3 000 万美元。

4)资金利用

大企业开展风险投资的原因还包括其可以解决资金投向问题。尽管风险投资存在较高的风险和不确定性,但总体上看,风险投资还是可以获得满意的资本回报率的。一些现金流充足的大企业把风险投资作为资金有效利用的一种渠道。

5)战略联盟

企业风险投资能加强战略联盟关系,稳固价值链上下游关系,培育合作伙伴,促进公司自身的发展。如戴尔投资韩国的三星以确保自身所需元器件供应,旗下的戴尔基金不仅可以强化公司产品和服务也能提升其直销模式。

6)创造机会

通过风险投资,公司可以扩展寻找机会的空间并建立能更好适应于环境变化的认知框架,以前被忽略或过滤掉的信息和机会将会被重新审视,新的业务模式对传统核心业务将产生冲击。即使大企业不能从新兴企业中进行技术转移或者获取其创新成果,大企业创业投资也将通过刺激其对母公司产品的需求,从而获得增长的机会。

7)企业文化

与小公司相比,大企业员工的创新意识较为薄弱,大公司可以借助 CVC 刺激并注入创新意识和企业家精神,从而企业风险投资可以改善母公司研发效率,促进母公司的技术创新。在研发机构内部采取创业投资形式来管理研发项目可以保留创新人才,激励创新。如壳牌公司的创业投资机构,使用壳牌公司技术部门预算中的 10%(即选取技术部门中的一部分项目)以创业投资形式运作,极大地改善了公司的研发效率。AT&T 则希望通过创业投资解决日益严重的人才流失和机制老化问题。

综上所述,获得投资回报是公司参与风险投资的最主要、最终的目标。安永公司(2002)通过对全球 CVC 项目的调查发现,56%的 CVC 投资者声称只追求战略收益目标,33%只追求财务收益目标,11%既追求战略收益目标又追求财务收益目标。大多数战略投资者还认为,好的战略投资有利于产生好的财务回报。

2.4.4 CVC 的投资策略

CVC 投资是产业集团战略的一部分。同时,开展 CVC 也需要依据 CVC 投资目的选择合适的投资模式,进行明确定位。从而明确投资范围和边界,保持硅谷式的理性克制,自我定义投资格局。纵观多个行业重点 CVC 投资机构的投资模式,CVC 投资主要有以下五种投资策略。

1. 前瞻性投资

投资于未来发展趋势、重点研发领域,如汽车 CVC 投资于新能源科技、自动驾驶技术研究。

2. 互补型投资

与母公司产业形成优势互补，如专业培训机构投资于 K12 教育企业。

3. 圈层投资/生态投资

以母公司产业为中心，拓展外延，形成产业生态，如小米在智能硬件领域投资。

4. 全产业链投资

同一行业的上下游之间进行投资，拉长产业链，如地产 CVC 投资于物业管理公司。

5. 多元化投资

分散母公司行业风险，进行多领域、多样化投资。

2.4.5 我国 CVC 的投资模式

近年来，产业资本对股权投资市场的参与度逐渐提升，并在长期的股权投资实践中演化出了不同的投资模式及路径。若从产业资本参与股权投资运作与集团母公司的独立度以及投资布局与主业的关联度两个层面来研究，当前国内 CVC 的投资模式已历经了从 1.0 到 3.0 三个阶段的发展。

（1）CVC1.0 模式：资金全部来源于企业；投向与主业紧密关联；多由企业或出资平台直接出资；多以企业内部战略投资部形式运作。

（2）CVC2.0 模式：资金主要来源于企业；投向逐渐发散，服务于主业或企业发展战略；设立基金管理人，通过自管基金出资；多以企业控股投资机构形式运作。

（3）CVC3.0 模式：资金部分来源于企业，同时进行市场化募资；投向遵循基金募集约定，与主业有一定关联；形成独立品牌，通过出资所管的市场化基金出资；多以独立投资机构的形式运作。

三种模式在同一机构或不同机构运营的同一时点并非互斥的，不同投资模式之间也并非单纯的递进关系，企业可以根据自身偏好与预期效果同时布局一种或多种投资模式，分配资金通过不同路径投向标的项目/子基金。

1. CVC1.0 模式：产业资本直接进行股权投资

由实业企业直接投资企业股权或通过子公司/自有出资平台投资企业股权，是 CVC 最传统的方式（如图 2-8 所示）。该路径下，实业企业内部通常会设立战略投资部专职投资，所投项目多数服务于主业发展，既包含战略型控股项目也包含财务型小股权项目。目前，多数产业资本均通过该模式试水股权投资，如比亚迪、OPPO 等。

2. CVC1.0 模式：产业资本直接出资股权投资基金

实业企业通过直接/间接出资股权投资基金，以 LP 的形式进入股权投资市场，已愈发成为一种通用方式（如图 2-9 所示）。该路径下，实业企业通过与专业投资机构合作更广泛地布局各个领域，在获得相对稳定的投资收益的情况下，也能逐渐建立对股权投资市场的认知，以及投资策略的沉淀。因此，对实业企业来说，该模式是其初步开展股权投资时一个相对稳妥的选择。近年来实业企业作为 LP 出资股权投资基金已成为一个小热潮。

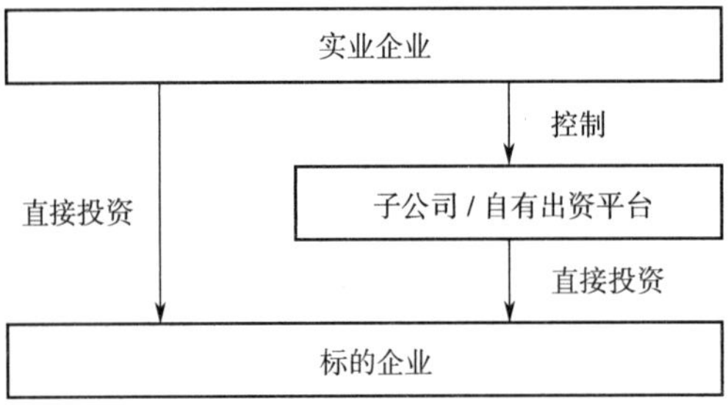

图 2-8　产业资本直接进行股权投资模式图

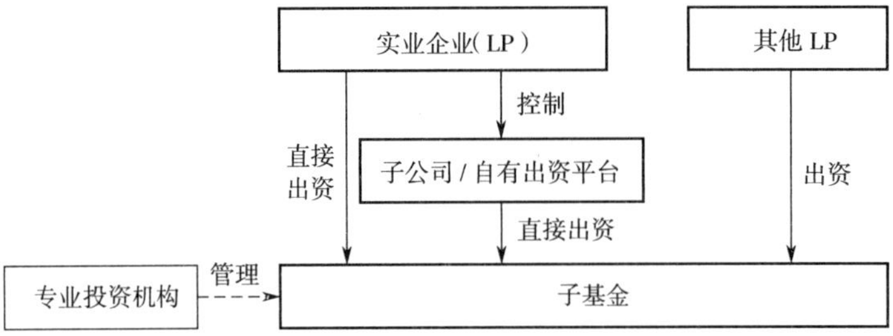

图 2-9　产业资本直接出资股权投资基金模式图

3. CVC2.0 模式:产业资本独资设立并管理直投基金

随着实业企业参与股权投资程度加深,部分选择设立直投基金来对外进行股权投资(如图 2-10 所示)。尽管在该路径下,基金的主要资金来源仍为实业企业,投资运作也多由战略投资部开展。但相对由企业直接出资来说,设立基金进行投资不但能够隔离风险,也使得产业资本的独立度显著提升,其投资的专业性与规范性向着专业股权投资机构靠拢。近年来实业企业通过设立直投基金参与股权投资的现象愈发普遍,如小米旗下天津金米投资基金、恒瑞医药旗下盛迪生物医药私募投资基金。

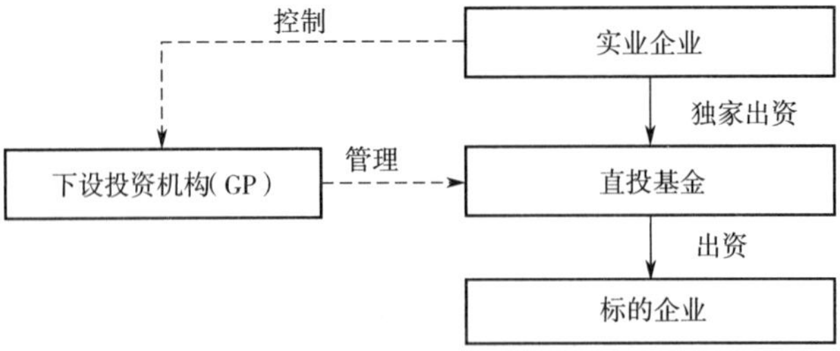

图 2-10　产业资本独资设立并管理直投基金模式图

4. CVC2.0 模式:产业资本独资设立并管理母基金

与设立直投基金来对外进行股权投资类似,部分实业企业通过设立市场化母基金进行子基金投资(如图 2-11 所示)。对实业企业来说,以市场化母基金的方式开展投资运作,一方面,可以在控制风险的前提下获取投资收益,丰富企业的资产配置组合;另一方面,实业企业尤其是传统产业的实业企业可以借助专业投资机构的力量,通过子基金投资来扩大投资布局以跟踪多元企业成长,为长期的业务发展或转型升级提前进行铺垫。由产业资本设立的市场化母基金近年来逐渐在股权投资市场崭露头角,活跃出资为股权投资市场提供了具有产业属性的资金。例如,伊利设立了健瓴母基金,世纪金源设立了腾云源晟母基金。

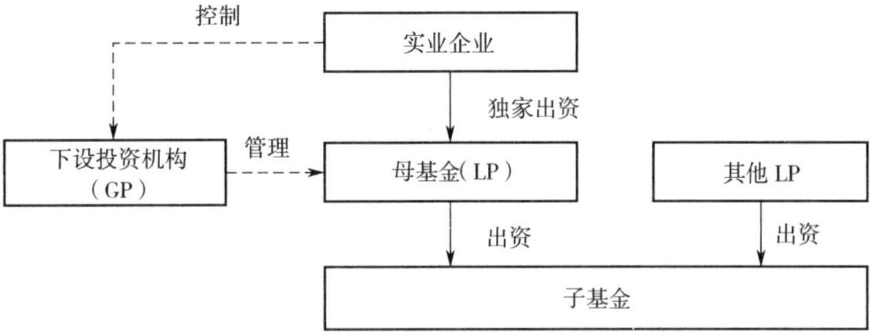

图 2-11　产业资本独资设立并管理母基金模式图

5.CVC2.0 模式:产业资本与专业第三方机构合作专项基金开展股权投资

自建投资团队开展股权投资需要投入大量时间与资金成本,同时也面临着一定的投资风险,对于多数实业企业来说是一笔不小的支出。产业资本在项目估值、投资谈判等具体事务及环节的经验或技巧不足,加上同业投资时尽职调查可能遇到阻碍,开展股权投资时面临不小的挑战。此背景下,部分实业企业选择与专业投资机构或是选择“风投即服务”(VCaaS)的服务商合作,独资设立专项基金从事产业投资(如图 2-12 所示)。借助第三方机构的力量,实业企业得以高效地开展股权投资,实现自身的战略布局。

与第三方机构合作设立专项基金的方式在我国股权投资市场并不少见。例如, 2022 年资生堂与博裕资本联合设立专项投资基金、2023 年兆易创新与中金资本共同发起设立中金启兆睿泓基金。相对来说,提供“风投即服务”(VCaaS)的服务机构在境外成熟市场比较多见,包括贝恩资本、天马科创投(Pegasus Tech Ventures)等。而在我国市场股权投资市场中,金鼎资本是一家提供 VCaaS 服务的机构。

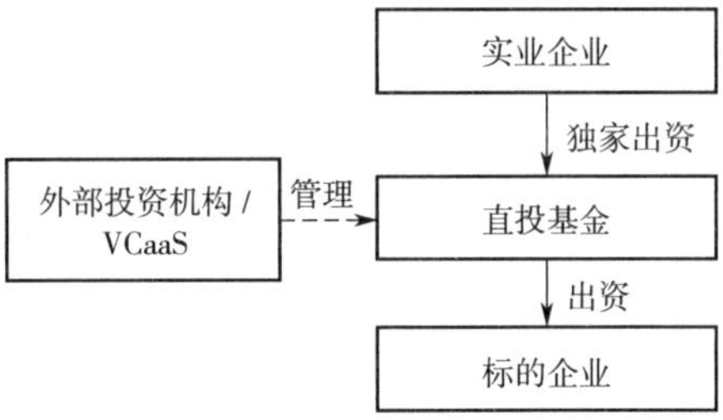

图 2-12　产业资本与专业第三方机构合作专项基金开展股权投资模式图

6.CVC3.0 模式:产业资本打造独立品牌开展子基金/项目投资

随着实业企业参与股权投资经验的累积,其投资运营专业度逐渐提升,运作也更加独立,已与专业投资机构相差无几。此时,部分实业企业将投资职能剥离,成立独立投资机构并由其自主发起设立直投基金或母基金。其中,实业企业作为基金投资者参与基金的设立,同时投资机构自主开展市场化募资(如图 2-13 所示)。

实业企业打造独立品牌并募集基金开展股权投资的模式目前已发展得相对成熟,部分较早开展投资业务或具备较强投资实力的实业企业已设立了独立品牌开展股权投资,并在股权投资市场中取得了不俗的成绩。例如,北汽、上汽、蔚来等整车厂商均下设了独立的投资机构,开展泛汽车与大出行领域的投资;首钢集团、海尔集团均设立了母基金管理平台,募集并管理市场化母基金,为集团业务转型或是生态圈的构建打造坚实基础。

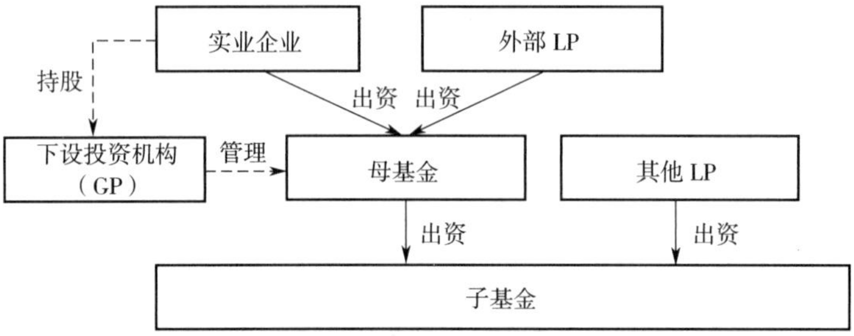

图 2-13　产业资本打造独立品牌开展子基金投资模式图

2.4.6　创业企业接受 CVC 投资的优劣势

1. 创业企业接受 CVC 投资的优势

1）CVC 资金期限更长

不同于 IVC 资金一般投资周期 5~7 年,长的 7~10 年;CVC 资金一般由母公司直接提供,理论上存续时长可与母公司存续时长相等。

2）CVC 可以为被投资企业提供更多增值服务

与 IVC 相比,CVC 不仅可以给到初创企业资金支持,更多时候可以提供市场、业务、人才、运营等增值服务。

3）CVC 有更丰富的经营实战经验及管理体系分享给被投企业

除了资金和资源给到初创企业的帮助, CVC 有更丰富的经营实战经验及管理体系传授给被投企业,这是较少 IVC 能做到的。

4）CVC 可以提高被投资公司的价值

因为接受 CVC 的投资,被投企业往往可以获得很多像市场、业务、产业链上下游等的资源支持,更有机会以 IPO 方式或以更高估值被并购退出,从而直接或间接提高其价值。

5）CVC 对风险把控能力更强,且给出估值更高

由于 CVC 投资除了获取财务增值回报,还看重战略价值,对初创企业的风险把控能力更强,给出的估值往往比 IVC 投资更高。

6）CVC 能够创造更多的社会价值

从促进社会创新角度而言,由于风险承担意愿更高, CVC 能够为不容易获得 IVC 投资的、更年轻的、更有风险的、涉及前沿科技的初创企业提供资金,从而为社会创造更大的价值。

2. 创业企业接受 CVC 投资的劣势

1）CVC 可能与被投资企业存在竞争关系

若 CVC 母公司生产与创业公司相似的竞争性产品时,二者存在直接的竞争关系,这时 CVC 投资对创业企业来说会有更多的束缚。

2）CVC 可能会“剥削”而非“培育”被投资企业的技术创新

由于 CVC 的投资服务于母公司的发展战略,为母公司获取新技术,那么此时被投公司会

面临核心技术或商业模式泄露或被 CVC 母公司"剥夺"的可能性。

3)限制被投资企业的可用市场资源

市场上其他 CVC 母公司的竞争者,可能会因创业企业接受了 CVC 母公司的投资而不再与创业公司开展合作。

4)相较 IVC,CVC 缺乏初创企业的体系管理等相关经验

IVC 相较 CVC 一般有更专业的管理及资本运作等帮助。

5)CVC 投资可能面临代理问题,给被投资企业带来不确定性

若 CVC 母公司存在严重的代理问题,则被投资企业,尤其业务与 CVC 母公司无关的创业企业,未来被削减投资的风险较高。

2.5 私人投资者和国外投资者

2.5.1 私人投资者概述

在美国,个人资金有向亲戚朋友借贷而来的资金,也有来自一些热心于风险投资事业的富翁的资金,这部分资金 2001 年约为 200 亿美元,其中相当大一部分已投入到早期创业企业。他们对新企业的投资从不足 1 000 美元到超过 100 万美元。个体投资者可能只投资于一个企业,也可能同时投资于几个不同企业。这些企业可能与投资者有某种关系,如是投资者熟悉的领域或对投资者的业务有所帮助。

由富有家族和个人投资者所构成的私人风险资本是美国风险资本的重要来源。美国的风险投资就是以私人资本为起点发展起来的,因而私人投资者是美国风险资本市场的最早投资者。私人投资者一般分为两类:一类是一般投资者,这类投资者资金充足,具有冒险精神,对风险投资情有独钟,但没有风险投资经验,一般只作为风险投资机构或创业企业的股东,而不参与经营管理;另一类是天使投资者(Angel Investor),与一般投资者不同的是,天使投资者集资本和能力于一身,他们既是风险投资者,又是投资管理者,这些人不仅富有,而且有着较丰富的投资经验,他们一般由各大公司的高级管理人员、退休的企业家、专业投资家等构成。

和其他投资者群体一样,富有家族和个人这一投资者群体也被风险投资的高额回报所吸引。富有家族和个人所要求的投资回报期通常比其他类型投资者所要求的投资回报期要长。因此,他们相对更适合投资于流动性较小的资产,如风险投资。市场参与者们也注意到了这一群体可能更乐意为初始合伙人提供资金,参与风险投资的早期投资。他们主要投资于非常年轻的新兴企业,以帮助这些企业迅速启动和发展。从投资额度上看,每笔投资大都在几万美元到几百万美元不等,远小于机构投资者。

进入 20 世纪 80 年代,由于风险投资的回报极其惊人,使得风险投资基金的规模急剧扩大。虽然富有家族和个人在风险投资市场上继续投入了大量的资金,但由于退休基金和保险资金等机构投资者对风险投资的投资额大幅增长,富有家族和个人在风险投资市场上所占的比重逐渐减小。尽管如此,富有家族和个人的资本仍然是美国风险资本的主要来源之一。

风险投资为什么适合富有家族,可以用以下两个理由加以说明。

(1)对风险资本合伙公司投资可以享受到税收优惠的好处。

这一点与许多机构投资者不同,例如养老基金,其投资收益是免税的。更为特殊的是,1993 年美国税制改革后,资本收益与普通收入的税率差别已变得非常大,最高收入类的边际

税率为 39%,而长期资本收益的税率为 28%。此外,1993 年税制改革的一条特别条款规定,持有 5 年或更长期的某些小型企业的股份,其资本利得仅课税 14%。

在美国,占主导地位的私人投资者是私人风险投资公司,它们一般采取有限合伙制的方式进行经营。合伙人分为普通合伙人和有限合伙人两部分。普通合伙人通常有 3~5 人,属于投资家(基金管理人),其出资额最多也不超过基金规模的 1%,负责整个基金的具体运作;有限合伙人出资一般要占到 99%以上,但不参与管理,只对该合伙法人所负债务承担有限责任,与股份有限公司普通股东的身份相似。普通合伙人投入资金额虽然很小,但他们最大的“资本”是他们的信誉和管理才能,并要在法律上承担债务的连带责任,这对其作为基金管理人起到了自我约束的作用。美国的风险投资基金之所以普遍选择合伙制而非公司制,主要是与其税收政策有关。合伙制不具有独立法人资格,是一级税负,仅个人所得纳税;而公司制是二级税负,即公司赢利要纳税,分给个人后,个人所得仍要纳税。

(2)私人资本还对家族财产计划目标有重大好处。美国富有家族经常规避联邦遗产税。

1976 年,美国国会通过了《1976 税收改革法案》,对遗产税和赠与税进行了实质性改革,创建了统一的联邦遗产税和赠与税制度。1976 年改革法案统一了联邦遗产税和赠与税的税率,新的税率表第一档税率提高到 18%,最高税率降为 70%。1976 年构建的遗产税框架延续至今,形成了现代联邦遗产税制度的基本框架。

先课税再分配,是美国遗产税制度最显著的特点。美国遗产税制度有规定,在继承遗产前,必须先用现金缴纳遗产税,才能办理遗产手续。假如要继承的财产扣除免税额后有 100 亿美元,如果遗产税率为 49%,则需要先缴纳 49 亿美元现金,然后才能继承这笔巨额遗产。法律规定,遗产管理人或遗嘱执行人必须在原财产所有者死亡后 9 个月内,以现金方式缴清税款,然后才可以进行遗产分配。如果税款无法按时缴纳,可以申请延期缴付,但是也不得超过 6 个月。如果遗产继承人超过规定期限还没有缴纳遗产税,视作自动放弃。

美国遗产税的征收制度在客观上促进了慈善业和风险投资的发展。在美国不同的历史时期,遗产税征收比例高达 40%~70%,无论生前赠予还是死后继承都要征税。但美国国税局(IRS)规定,对慈善捐款不征收任何税费,每年只需使用慈善捐款的 5%,剩余的 95%捐款可以用来投资,投资盈利也不征税,而且无须对外公布具体的运作明细。因此,许多超级富豪选择成立一个慈善信托基金,把自己的财产捐献给基金会。这种私人性质的基金会既非上市公司,又非营利机构,因此不需要向外界披露财务信息,基金会实际控制人的任命程序也不对外公开。事实上,基金会一般由富豪子女掌管,以此来避免高额的遗产税。

按照法律规定,基金会每年必须用掉资产的 5%,这 5%的资金即使不作慈善用途,全部用在基金的管理上也没有任何问题。剩下 95%的资金,没有任何使用限制,可以拿去投资,而投资赚取的收益只需纳税 1%,并且还能算入成本。由于早期的风险投资投资的都是企业初创阶段,因为所投资产的流动性往往较差,其资本收益的计算通常非常保守,其价值可以适当低估,所以这种投资方式非常有利于代与代之间转移财产。在规避遗产税的过程中,大大促进了风险投资行业的发展,同时形成了一批优秀的风险投资家,并在美国风险投资的发展中起到了举足轻重的作用。

2.5.2 私人投资者的组织模式

私人投资者的资金进入风险投资领域,一般来说有两种方式:一是以天使投资方式投资创业企业；二是以有限合伙人的身份加入一个有限合伙风险基金，由基金进行投资。关于有限合伙制，在第 3 章中会有详细介绍，这里先对天使投资做简单介绍。

1. 天使投资的定义及特征

天使投资（Angel Investment）最早起源于 19 世纪的美国，是权益资本投资的一种形式，通常是指自由投资者或非正式风险投资机构，对具有专门技术或独特概念，且具有巨大发展潜力的原创项目或小型初创企业进行的一次性的前期投资。它是风险投资的一种形式，可以是资金投资，也可以用被投资企业需要的综合资源来实现投资，属于一种自发而又分散的民间投资方式。

天使投资一词起源于纽约百老汇的演出捐助。“天使”这个词是由百老汇的内部人员创造出来的，用来形容百老汇演出的富有资助者，他们为创作演出进行了高风险的投资。对于那些充满理想的演员来说，这些赞助者就像天使一样从天而降，使他们的美好理想变为现实。后来，天使投资被引申为一种对高风险、高收益的新兴企业的早期投资。相应地，这些进行投资的富人就被称为投资天使、商业天使、天使投资人、天使投资者或天使投资家，那些用于投资的资本就叫天使资本。

天使投资在美国还有个别称叫“3F”投资，即 Family, Friends, Fools（家人、好友、傻瓜），意思就是，要支持创业，首先要靠一群家人、好友和傻瓜！也就是圈子内基于信任、成败并不太重要的投资。

天使投资人通常是创业企业家的朋友、亲戚或商业伙伴，由于他们对该企业家的能力和创意深信不疑，因而愿意在业务尚未开展之时就向该企业家投入资金、资源，一笔典型的天使投资往往只是几万、几十万美元，是风险投资家随后可能投入资金的零头。

天使投资的门槛较低，有时即便是一个创业构思，只要有发展潜力，就能获得资金，而风险投资一般对这些尚未诞生或嗷嗷待哺的“婴儿”兴趣不大。对刚刚起步的创业者来说，既吃不了银行贷款的“大米饭”，又沾不了风险投资“维生素”的光，在这种情况下，只能靠天使投资的“婴儿奶粉”来获取营养并茁壮成长。

天使投资也是风险投资的一种特殊形式，是风险投资的先锋，是对于高风险、高收益的初创企业的第一笔投资。当创业设想还停留在创业者的笔记本上或脑海中时，风险投资很难眷顾它们。此时，一些个体投资人如同双肩插上翅膀的天使，飞来飞去为这些企业“接生”。以 Google（谷歌）为例，当谢尔盖布林和拉里佩奇仅有 Google（谷歌）企业创意，还没有成立公司的时候，就得到了天使投资人安迪·贝赫托尔舍姆提供的 10 万美元的支票。当今很多商业巨头，如贝尔电话公司、福特汽车等，也都曾从天使投资那里获得了启动的资金。1874 年，贝尔作为天使投资者投资并创建了贝尔科技，造就了如今庞大的电信帝国；1903 年，5 个天使投资者给亨利·福特投资了 4 万美元，造就了一个庞大的汽车王国。天使投资以其独特的优势成为创业企业资金供应链上最基础、最重要的环节，对创业企业起积极的孵化作用。因此，人们常把天使投资比喻为创业企业的摇篮。

一般来说，一个公司从初创到稳定成长，需要三轮投资。第一轮投资大多是来自个人的天使投资，作为公司的启动资金；第二轮投资往往会有风险投资机构进入，为产品的市场化注入资金；而最后一轮则基本是上市前的融资，来自大型风险投资机构或私募基金。对此，投资专家有一个比喻：如果对一个学生投资，私募股权投资着眼于大学生，风险投资机构青睐中学生，而天使投资则培育萌芽阶段的小学生。

通常天使投资对回报的期望值并不是很高,如果说有,也只有10~20倍的回报才足够吸引他们,这是因为,他们决定出手投资时,往往在一个行业同时投资10个项目,最终只有一两个项目可能获得成功,只有用这种方式,天使投资人才能分散风险。其特征如下。

(1)天使投资的金额一般较小,而且是一次性投入,对风险企业的审查也并不严格,更多的是基于投资人的主观判断或者是由个人的好恶所决定的。通常天使投资是由一个人或单个团体组织投资,并且是见好就收,是个体或者小型的商业行为。

(2)很多天使投资人本身是企业家,了解创业者面对的难处,投资带有感情色彩。天使投资人是起步公司的最佳融资对象。

(3)天使投资人不一定是百万富翁或高收入人士。天使投资人可能是您的邻居、家庭成员、朋友、公司伙伴、供货商或任何愿意投资公司的人士或他们组成的团体组织。

(4)天使投资人不但可以带来资金,同时也带来联系网络、经验、物资、场地、人工等。如果他们是知名人士,也可提高公司的信誉。

天使投资往往是一种参与性投资,也被称为增值型投资。投资后,天使投资家往往积极参与被投企业战略决策和战略设计;为被投企业提供咨询服务;帮助被投企业招聘管理人员;协助公关;设计推出渠道和组织企业推出;等等。然而,不同的天使投资家对投资后管理的态度不同。一些天使投资家积极参与投资后管理,而另一些天使投资家则不然。

2. 天使投资的资本来源

1)传统意义上的富翁

如有大笔闲置资金的前企业家、矿主、拆迁户等,也包括一些曾经的创业者,现在是成功的企业家的群体。这些创业者曾经有过创业成功的经历,但如今由于年龄等各方面的原因不能再亲自创业了。于是,他们通过投资的方式去扶持别的创业者创业。

2)高级白领、金领的群体

他们通常是非常富有的律师、会计师或者医生,是大型高科技公司或跨国公司的高级管理者,即事业有成生活富裕的白领、金领群体。他们收入稳定、发展趋势良好,基本生活居住已解决,未来自己和家人生活保障也已经安排好,有更多闲置资金用于创新、开拓。虽然有个人独立创业的念头,却难以割舍待遇优厚的职位,也希望能够在工作之余将自己的积蓄进行创业投资,一方面体验冒险激情,另一方面间接体验创业者的乐趣。

3)艺术家、表演家、作家群体

有些事业有成且生活稳定的、具有创作能力的艺术家、表演家、作家,个人和作品有不断创造价值的能力需要机会实现,同时也需要创新个人价值实现的方式和模式,让个人财富增值速度加倍,进一步提高自己的社会地位、作品价值、行业威望。现在还在创新一种采用他们的创作作品开展天使投资的文化艺术与创新科技结合的天使投资基金模式,发起人利用各方的资源,照顾各方的切身利益,实现资源整合利用,合作互助,共赢发展。

4)退休赋闲的社会群体

他们衣食无忧,拥有丰富的历史阅历经验、广泛的人脉、大量的时间、一定量的闲置积蓄资金,通过天使投资,可以满足他们实现自己的人生价值,发挥余热,丰富人生的需求。他们可以用“天使投资家”这个身份,有效利用自身多年积累的经验和资源,寻找新的挑战,拓宽自己的领域,做出更大的成绩,获得更多的社会回报。

5)政府资金

在部分经济发展良好的国家中,政府也扮演了天使投资人的角色。企业在天使阶段尤其集中在孵化和初创期的,面对这么高的投资风险,单纯依靠市场行为很难维系这个阶段投资的良性循环。这个时候,政府可以设立早期投资引导基金,引导社会资本参与,加大力度扶持初创企业的发展。如我国深圳市 2018 年设立的天使投资引导基金(简称深圳天使母基金),是目前国内规模最大的天使投资类政府引导基金,是深圳市政府对标国际一流,补齐创业投资短板,助力种子期、初创期企业发展的政策举措。

6)众筹资金

众筹,翻译自国外“Crowdfunding”一词,即大众筹资或群众筹资,香港译作“群众集资”,台湾译作“群众募资”。众筹是互联网金融的一种模式,起源于美国,由创业者或者创意人把自己的产品原型或创意提交到平台,发起募集资金的活动,感兴趣的人可以捐献指定数目的资金,然后在项目完成后,得到一定的回馈。众筹利用互联网和社交网站传播的特性,让小企业、艺术家或个人对公众展示他们的创意,获得大家的关注和支持,进而获得所需要的资金援助。

现代众筹指通过互联网方式发布筹款项目并募集资金。相对于传统的融资方式,众筹更为开放,能否获得资金也不再由项目的商业价值作为唯一标准。只要是网友喜欢的项目,都可以通过众筹方式获得项目启动的第一笔资金,为更多小本经营或创作的人提供了无限的可能。

虽然众筹资金具有天使投资的率性、金额可大可小、资金来自闲钱、对风险承受能力强等几乎所有特点,但是天使投资的本质是基于信任,那种面向不确定公众的“众筹”募资方式,非常容易变化为国家明令禁止的非法集资行为,未来发展会受到严格监管。或许会以特许授权的方式加以规范,未来可能只有少数有规模、有信誉,受到分散的小投资人信任的大型众筹平台保留下来。

3. 天使投资的投资模式

根据天使投资的不同方式及特点,可分为五种模式。第一种是以个人为主体进行投资的“天使投资人”;第二种是以天使投资俱乐部、天使投资联盟为主要形式的天使投资团队,其克服了个人天使投资所具有的项目渠道窄、资金规模小、投资时间少、经验不足等缺点;第三种为机构化的天使投资模式,即天使投资基金,其改变了天使投资原有的分散、零星、个体的性质,是天使投资未来发展的潮流;第四种为孵化器形式的天使投资,该模式的天使投资能够为企业提供更为系统与全面的场地、资金、管理等服务,备受政府与企业推崇;第五种是投资平台形式的天使投资,随着网络技术的发展,投资平台形式的天使投资逐步诞生,推动了一批依附技术平台而生的创业企业的发展。

1)天使投资人

天使投资人多指富裕的、拥有一定的资本金、投资于创业企业的专业投资家。在美国,《证券交易委员会 501 号条例》和《1933 年证券法》条例中明确了可以成为天使投资人的“经鉴定合格投资者”的标准:投资者必须有 100 万美元的净资产,至少 20 万美元的年收入,或者在交易中至少投入 15 万美元,且这项投资在投资者的财产占比不得超过 20%。

目前我国天使投资人主要有两大类,一类是以成功企业家、成功创业者、VC 等为主的个人天使投资人,他们了解企业的难处,并能给予创业企业帮助,往往积极为公司提供一些增值服务,比如战略规划、人才引进、公关、人脉资源、后续融资等,在带来资金的同时也带来联系网络,是早期创业和创新的重要支柱;另一类是专业人士,比如律师、会计师、大型企业的高管以及一些行业专家，他们虽然没有太多创业经验和投资经验，但拥有闲置的可投资金，以及相关的行业资源。

随着我国天使投资的发展，朱敏、薛蛮子、李开复、雷军、周鸿祎等近年来耳熟能详的天使投资人逐渐增多，在新东方徐小平、腾讯曾李青等的带动下，目前国内成功的民营企业家正逐渐成为天使投资的主力军，一批活跃在南方几省的“富二代”投资人也构成了我国天使投资人群体。

2)天使投资团队

对于个体天使投资人来说，由于很多人除投资人的身份外还有自己的本职工作，他们会遇到以下几个问题：项目来源渠道少，项目数量有限；个人资金实力有限，难以分散投资；时间有限，难以承担尽职调查等烦琐的工作；投资经验和知识缺乏，投资失败率高。于是，一些天使投资人组织起来，成立天使俱乐部、天使联盟或天使投资协会，各团队有几十位天使投资人，可以汇集项目来源，定期交流和评估，成员之间可以分享行业经验和投资经验。对于合适的项目，有兴趣的成员可以按照各自的时间和经验，分配尽职调查工作，并可以多人联合投资，以提高投资额度和承担风险。

美国的天使团队非常发达，有超过300家天使团队遍布各州，其中有半数以上的天使团体联合起来，成立了天使投资协会，来促进相互之间的信息交换，也促进天使投资相关政策的发展。中国也有不少类似的天使投资俱乐部和天使联盟，比较典型的是上海天使投资俱乐部、深圳天使投资人俱乐部、亚杰商会天使团、K4论坛北京分会、中关村企业家天使投资联盟等。

3)天使投资基金

以个人为投资主体的天使投资模式，无论是对初创企业的帮助还是自身的投资能力，都有很大的局限性，但由于天使投资人各具自己的优势，如专业知识、人际关系等，大家联合起来以团队或者基金的形式投资，能够优势互补，发挥更大的作用。于是，随着天使投资更进一步的发展，产生了天使基金和平台基金等形式的机构化天使投资。

机构化天使投资发展大约分为三个阶段。第一个阶段是松散式的会员管理式的天使投资机构，这种天使投资机构采用会员自愿参与、分工负责的管理办法，如会员分工进行项目初步筛选、尽职调查等。第二个阶段是密切合作式的经理人管理式的天使投资机构，这种天使投资机构利用天使投资家的会员费或其他资源雇用专门的职业经理人进行管理。第三个阶段是管理天使投资基金的天使投资机构，同投资于早期的创业投资基金相似，是正规的、有组织的、有基金管理人的非公开权益资本基金，天使投资基金作为一个独立的合法实体，负责管理机会寻找、项目估值、尽职调查和投资的全过程。

天使投资基金的出现使得天使投资从根本上改变了它原有的分散、零星、个体、非正规的性质，是天使投资趋于正规化的关键一步。投资基金形式的天使投资能够让更多没有时间和经验选择公司或管理投资的被动投资者参与到天使投资中来，这种形式将会是天使投资发展的趋势。

在美国和欧洲，天使投资基金已得到比较充分的发展，其财力、资源、团队能将一个初创阶段的公司带到很高的发展阶段，投资成功率要比个人天使投资高很多。在我国，随着2009年创业板的推出以及之后整个VC/PE投资市场的活跃，出现了VC投资PE化现象，因此也为早期投资预留了更多的投资空间。在此背景下，天使投资人得以活跃，弥补了早期投资的不足，而这些天使本身也产生一定的VC化趋势，VC化的突出表现就是天使投资的基金化。一些投资活跃、资金量充足的天使投资人，设立了天使投资基金，进行更为专业化的运作。

根据基金发起方的不同，天使投资基金可分为以下四种类型：一是由著名天使投资人发起的基金，如泰山天使创业基金、顺为基金等；二是由风险投资机构成立的天使投资基金，如云天使投资基金、创东方富星基金等；三是政府主导的天使投资基金，如成都高新区创业天使投资基金、重庆市青年创新创业天使基金等；四是新型孵化器成立的天使基金，如联想之星天使基金、天使湾、创业接力天使等。

4）孵化器形式的天使投资

孵化器，有广义与狭义之分。广义的孵化器主要指有大量高科技企业集聚的科技园区，如深圳南山高科技创业园区、陕西杨陵高科技农业园区、深圳盐田生物高科技园区等。狭义的孵化器是指一个机构围绕着一个或几个项目对其孵化以使其能产品化。

孵化器20世纪50年代起源于美国，伴随着新技术产业革命的兴起而逐渐发展起来。企业孵化器在推动高新技术产业的发展、孵化和培育中小科技型企业、振兴区域经济、培养新的经济增长点等方面发挥了巨大作用，引起了世界各国政府的高度重视，孵化器也因此在全世界范围内得到了较快的发展。在欧洲，企业孵化器也被称为“创新中心”。在我国，孵化器的主要功能是以科技型创业企业为服务对象，通过开展创业培训、辅导、咨询，提供研发、试制、经营的场地和共享设施，以及政策、法律、财务、投融资、企业管理、人力资源、市场推广和加速成长等方面的服务，以降低创业风险和创业成本，提高企业的成活率和成长性，培养成功的科技企业和创业家。创业孵化器多设立在各地的科技园区，为初创的科技企业提供最基本的启动资金、便利的配套措施、廉价的办公场地甚至人力资源服务等，同时在企业经营层面，给予被投资的公司各种帮助。

全世界最为知名的孵化器为美国硅谷的Y Combinator，它不仅吸引了很多知名的天使投资人加入，而且其孵化出的初创公司基本被超级天使或VC大力追捧和争相投资。Y Combinator一个项目只投2万~3万美元，占5%左右股份，会安排“教练”给每个创业者，并且有创业课程等的辅助，但是不提供创业场地。除此之外，还有纽约市的高科技孵化器Betaworks，横跨欧美的Seed Camp等。国内的孵化器在现阶段有一定的发展，典型代表是李开复成立的创新工场、北京中关村国际孵化器有限公司、中国加速（Chinaccelerator）、联想之星孵化器等。

我国孵化器可分为高新区系列、科技系统系列、大学科技园系列、民营孵化器系列、留学生创业园系列。目前孵化器与天使投资融合发展主要有两种模式。

（1）政府主导的孵化器与天使投资融合发展模式。

政府主导的孵化器是非营利性的社会公益组织，组织形式大多为政府科技管理部门或高新技术开发区管辖下的一个事业单位，孵化器的管理人员由政府派遣，运作经费由政府全部或部分拨款。在这种模式下，孵化器以优惠价格吸引天使投资机构入场，充当天使投资与创业企业之间的媒介。

（2）企业型孵化器与天使投资融合发展模式。

企业型孵化器为市场化方式运作孵化器，以保值增值为经营目标，自负盈亏。这种类型的孵化器，多采用自己做天使投资的运作模式，使得孵化、投资、管理实现一体化，减少投资成本的同时也减少了投资风险，其运作过程充分地利用了资源配置，提高了资本效率。这种模式成功案例较多，但是限于资金规模、各自分散、技术判断能力限制，也未形成大的发展规模。

5）投资平台形式的天使投资

随着互联网和移动互联网的发展，越来越多的应用终端和平台开始对外部开放接口，使得很多创业团队和创业公司可以基于这些应用平台进行创业。比如围绕苹果“App Store”的平台，就产生了很多应用、游戏等，让许多创业团队趋之若鹜。

很多平台为了吸引更多的创业者在其平台上开发产品，提升其平台的价值，设立了平台型投资基金，给其平台上有潜力的创业公司进行投资。这些平台基金不但可以给予创业公司资金上的支持，而且可以给他们带去平台上丰富的资源。

平台创业基金是由实力较为雄厚的企业发起的，为专门领域创业提供资金帮助的基金，特别是在 TMT 领域，平台创业基金较为活跃。目前国内平台创业基金主要有：腾讯安全创业基金、联想乐基金、阿里云基金、新浪微博创新基金等。这些基金多数是由实力较为雄厚的企业或者政府机构发起，基金规模基本上都在 1 亿元人民币以上。目前由大型互联网公司成立的进行初创期及早期投资的基金，其模式主要分为独立投资和联合专业化创投机构两种。腾讯是独立投资模式的典型，在成立安全基金之前，腾讯已于 2011 年初成立 50 亿元产业共赢基金，后将规模扩充至 100 亿元，并投资艺龙、华谊兄弟、好乐买、高朋网等。部分战略投资者采取联合专业化创投机构的方式，比如新浪旗下中国微博创新基金，由新浪联合红杉资本、IDG 资本、创新工场、云锋基金、德丰杰五家投资机构成立，基金一期规模为 2 亿元，其中新浪出资 1 亿元，其余五家机构分别出资 2 000 万元。战略投资者旗下基金的投资主要服务于母公司战略布局，因此更多关注新兴创业领域，战略投资者投资阶段偏向早期甚至孵化期，与目前加强早期投资布局的 VC 机构形成直接竞争关系，同时其买方角色又使得其有望成为 VC 机构投资项目的接盘者。

2.5.3 国外投资者概述

1. 国外投资者在中国的发展历程

中国市场的发展潜力巨大。作为世界上最大的发展中国家，中国市场的发展潜力不容忽视。根据统计数据，中国的国内生产总值增速在过去 40 年中一直保持在较高的水平，未来也有望持续增长，中国的改革开放释放出巨大的生产力。中国在市场经济体系、外汇管理、资本市场等经济制度建设不断完善的大环境下，逐步推进市场化和国际化进程，当下也已融入世界经济体系和经济全球化浪潮之中，这都为外资风险投资机构提供了丰厚的回报机会。在中国 PE/VC 发展史上，外资机构堪称领航人，而作为增速遥遥领先的新兴市场，中国经济的增长红利也为众多先知先觉的美元基金所分享。

1991 年，熊晓鸽以 IDG（International Digital Group）董事长亚洲业务开发助理的身份回国。1993 年 6 月，IDG 下属的太平洋风险投资基金和上海市科学技术委员会，创立了中国第一家中美混合基因的风险投资公司——太平洋技术风险投资（中国）基金（PTV-China）。成为 VC 进驻中国的第一梯队。随后华登国际、汉鼎亚太等也进入中国，大批外资 VC 纷纷涌入中国，逐步开启了中国 PE 市场的发展。而到了 20 世纪 90 年代互联网泡沫时期，大量境外创投基金就开始投资我国互联网公司，三大门户网站新浪、搜狐和网易背后都有境外创投基金的影子。

2000 年，新浪首创 VIE 架构赴美上市，打通了美元基金海外退出通道，“本土投资—海外退出”的运作模式成型。此后，盛大、腾讯、百度等公司纷纷赴境外上市。2002 年 11 月，鼎晖投资联合摩根士丹利、英联投资向蒙牛投入约 5 亿元，短短 3 年内获得 26 亿港元的回报，投资回报增长了近 5 倍。

"随手就是一个好故事"刺激美元基金吹响进军中国的号角。2004 年 6 月，红杉资本、凯鹏华盈（KPCB）等境外创投组团前来考察中国市场并设立基金。北极光、赛伯乐、NEA、SVB 等一批外资机构相继落子中国。全球 PE 八大家——KKR、凯雷（Carlyle Group）、黑石（Black Stone）、华平、橡树、3i、德州太平洋集团（TPG）以及阿波罗都设立了针对中国市场的办公室；甚至像 D-E-Shaw、Al Salam Bank-Bahrain 这样的对冲基金也针对亚太地区做私募股权和房地产投资——中国是其首选。管理着 250 亿美元资产的索罗斯基金管理公司也于 2010 年在香港成立办事处，并在北京设立代表处。黑石与上海大型国企的合作也已成功募集了 50 亿元的人民币基金。

与 VC 投资 TMT、生物医药、半导体等新兴科技不同，PE 多投资于传统行业的成熟企业。英国最大的私募股权基金公司 3i 集团于 2001 年进入中国，在中国内地市场亦曾创造小肥羊、分众传媒等著名的投资案例，但是在 2008 年底因金融危机下集团财务压力缩减了在中国的运营，撤离了其在上海和香港的办公室，不过如今公司在净债务仅 5.31 亿英镑、现金 17 亿英镑的雄厚资产负债表的支持下已重新回归中国市场。2004 年，美国华平投资集团联合中信资本等机构，联手收购哈药集团 55%股权，创下第一宗国际并购基金收购大型国企案例。凯雷斥资 4.1 亿美元的太保寿险在 2005 年登陆资本市场，总计套现约 51 亿美元，获利高达 43 亿美元。外资 PE 机构在中国内地市场四面出击，并购事件层出不穷，最初进入中国的几年间，在其所擅长的房地产领域就发生了花旗旗下的白虎基金投资合生创展、霸菱亚洲投资万科、JP 摩根投资大连正地产、美国 EI 基金和 3i 投资河南鑫苑、淡马锡花旗投资龙湖地产，以及雅居乐、合景泰富、佳兆业、天骏、富力、碧桂园等国内房地产公司与大型外资 PE 的合资案例。2007 年，KKR 完成第一只亚洲基金的 40 亿美元募集，其投资项目涵盖平安保险、蒙牛乳业、南孚电池、恒安国际、百丽鞋业等。在中国四处出手的外资 PE/VC，资金已广泛渗透各大行业。

随着中国市场的开放，外资 PE/VC 向国企领域的扩张也达到前所未有的尺度。如黑石注资蓝星集团 7 亿美元；高盛集团参与双汇发展股份（000895）投资；外资 PE 还参与工商银行、建设银行、中国银行等国有金融机构改革。国企改制上市中，亦活跃着外资 PE 的身影。如 1998 年，AIG 基金以 2.8 亿美元投资了中海油，2000 年后者于纽交所上市，AIG 从中获得了 3 倍的投资回报。

巨型 PE 基金投资中国企业为企业带来的不仅是资金，更重要的是其丰富的行业经验和全球资源可以改善被投资企业的组织架构，提高企业运营，帮助中国企业创造更多的企业价值。起初，外资 PE 主要投资的领域集中在 IT 互联网、通信领域。但随着对国内环境的熟悉，投资行业的开放，外资 PE 逐步进入了我国的金融、地产、传媒、新能源、生物技术、电子制造、化工、食品等多个行业。从投资区域来看，不再限于北京、上海等大城市，而是铺向全国各地，包括山西、四川、陕西、新疆等地区。

2006 年 9 月 8 日，商务部、国资委、国家税务总局、国家工商总局、证监会、外管局六个部委联合出台的《关于外国投资者并购境内企业的规定》（2006 年第 10 号）生效，这就是此后对外资并购和红筹上市产生重大影响的"10 号文"。"10 号文"实施之后，"小红筹"道路受阻，PE 两头在外的运作模式受到影响。再加之此后 2008 年金融危机席卷全球，美元基金募资受到影响，外资 PE 的投资节奏放缓。2009 年创业板设立之后，人民币基金退出渠道打通，本土

PE/VC 成为 A 股上市公司成长的主要陪伴者。科创板上市公司背后同样鲜有外资 PE/VC 的身影，活跃于中国的美元基金呈现下滑趋势。

近年来，国家强化网络安全审查，对涉及数据和信息安全的企业境外上市进行严格监管，美国证券交易委员会（SEC）也强化了中国概念股（简称中概股）的信息披露监管，这也导致中概股在美国上市未必能获得好的估值，美元基金的资金募集和退出面临新的压力。

事实上，中国的商业环境越来越跟国际接轨。外资 PE/VC 想要在中国长远布局，人民币基金必不可少。随着近年来国内政府引导基金的兴起，如何与其实现全方位的投资合作，也成为美元基金的着眼点。现在，可以通过设立人民币基金，支持本地金融服务和 PE 产业的发展，从而得到政府和产业的支持；同时，人民币基金可以让外资管理进入更广泛的投资领域，增强其投资能力和力度；当然，人民币基金还可以帮助其建立更加广泛的关系网络，这对外资投资界及内资投资界来说，也是很重要的。红杉、IDG、软银、赛富、启明这些管理美元基金崛起的机构，都在"双币并行"。而鼎晖创投、弘毅投资、中信产业、中信资本等国内头部机构则均成功募集美元基金。伴随国内创业机遇的持续增长和本土 PE 的发展，"双币并行"的现象将更为普遍。早在 2010 年 1 月，凯雷、黑石、摩根士丹利等机构已与北京、上海、杭州等地方政府合作，一是通过合作设立人民币基金，投资一些限制外资的领域；二是获得当地政府引导基金注资。

2. 国外投资者进入中国风险投资领域的方式

VC/PE 基金运作的四个主要环节为：融资、投资、投资后管理和退出。外资 PE 进入中国的方式主要有两种：一是外国投资者先在境外设立 VC/PE 基金，再以境外投资者法人身份并购境内企业；二是外国投资者设立外商投资创业投资企业或一般外商投资企业，再通过该外商投资创业投资企业或一般外商投资企业并购境内企业，被并购企业一般按内资企业进行管理。简而言之，外资 VC/PE 现在多为三头在外：资金来源在外、管理公司在外、退出在外（红筹境外上市）。随着我国资本市场的逐步开放，在退出方面，我国创业板、科创板和北交所的开启，为 VC/PE 的境内退出开辟了新的通道。在此影响之下，人民币基金成为行业的最大热点，外资机构在人民币基金市场愈加活跃。

2.5.4 VIE 架构

1.VIE 架构概述

VIE 架构即可变利益实体（Variable Interest Entities），也称为协议控制，其本质是境内主体为实现在境外上市采取的一种方式，是指境外上市实体与境内运营实体相分离，境外上市实体在境内设立全资子公司（Wholly Foreign Owned Enterprise，WFOE），该全资子公司并不开展实际主营业务，而是通过协议的方式控制境内运营实体的业务和财务，使该运营实体成为上市实体的可变利益实体。VIE 架构的核心在于通过"协议"达到实质性的控制。通过该"协议"中投票权的签订，境内业务经营实体的投资人不能实际控制该实体，控制权已转移至境内外资公司。由境内外资公司承担经营业务相关的风险并享有相应的收益。同时，由于境内外资公司已实质控制该境内经营实体，所以该实体的财务数据被全部纳入境外集团的合并财务报表中。2000 年，新浪首次采用协议控制架构在美国纳斯达克上市，该模式也被称为"新浪模式"。2003 年，美国财务会计准则委员会颁布第 46 号解释函"可变利益实体合并"，对美国会计程序委员会的第 51 号"合并财务报表"重新做出解释，第一次提出 VIE 概念，并为此专门创立了

“VIE 会计准则”，之后这一模式便被赴境外上市的中国公司广泛借鉴。

中国企业搭建 VIE 架构是因为其赴境外上市融资受到了限制，简要来说，VIE 要绕开两个限制。

第一个限制，直接以注册在中国的公司去境外上市存在障碍。这里存在两种原因，一种原因是境外交易所如纽交所、港交所所接受的注册地不包括中国；另一种原因是即使境外交易所接受注册在中国的公司，但中国公司赴境外上市必须得到中国证券监管部门的审批同意，而中国监管部门审批较为严格。为规避这个限制，就需要上市主体公司在境外注册，而之所以选择开曼（Cayman）等地，主要是因为这些地方是避税天堂且监管宽松。

第二个限制，中国大陆对包括 TMT 在内的一些行业存在外资进入限制。理论上来说，在境外注册公司后，可以直接选择外资入股的方式来控制在中国境内的经营实体，即 WFOE 直接股权投资中国大陆的内资公司，但由于内资公司所处行业存在外资进入限制，譬如拥有 ICP 证的 TMT 公司都是限制外资进入的，因此公司选择通过一系列的协议，即 VIE 协议，来锁定 WFOE 及其境外的一系列股东们对境内公司经营权的控制，而这种设计又是符合境外交易所上市要求的。

近年来，由于国外浑水研究公司做空中国海外上市公司，以及一些海外上市公司确实存在财务欺诈等行为，国际资本市场出现了对中国海外上市公司的信任问题。与此同时，美国出台了《外国公司问责法》（HFCAA）的最终修正案及配套细则，要求外国上市公司必须经过美国上市公司会计监管委员会的审计，国际资本市场监管也变得更加严格。VIE 结构模式成为美国监管者的一个重要目标，他们认为这种公司结构在中国并没有得到法律上的认可。2023 年 2 月 17 日，证监会发布《境内企业境外发行证券和上市管理试行办法》，并同步发布了相关配套监管指引。对于 VIE 架构企业境外上市，备案管理将坚持市场化、法治化原则，加强监管协同。证监会将征求有关主管部门意见，对满足合规要求的 VIE 架构企业境外上市予以备案，支持企业利用两个市场、两种资源发展壮大。首次有条件地承认了 VIE 架构企业的合法性，明确允许企业采用 VIE 架构企业。

2. 红筹架构与 VIE 架构

红筹的概念最初是因为内资企业在港股上市而得来的，因为中国在国际上有红色中国之称，所以在香港上市的内资企业就有“红筹股”（Red Chip）之称。每次说到红筹，又不得不说蓝筹。首先要明确，红筹和蓝筹并不是直接相对的概念，红筹是按照来源地命名的，而蓝筹是根据业绩来划分的。赌场的筹码中蓝筹是最值钱的，所以业绩优良的股票被称为“蓝筹股”，蓝筹股还有一个名字就是“绩优股”。

红筹这个概念的范围逐渐扩大，除了在香港上市的内资企业，后来在新加坡上市、在美国上市的内资企业都被冠以了“红筹”的概念，当然，他们都有一个共同点，那就是上市主体的注册地是在中国境外。另外，西方人还给红筹股取了另外一个名字，那就是“中国概念股”，简称“中概股”。

因此，目前所谓的“红筹架构”，是指境内公司将境内资产、权益与股权通过并购、股权置换、协议等形式转移至在境外注册的离岸公司，而后通过境外离岸公司来持有境内资产或股权，然后以境外注册的离岸公司的名义申请在境外交易所挂牌交易的上市模式。

根据境外公司控制境内公司的形式，红筹架构又分为大红筹架构（股权控制模式）和小红筹架构（协议控制模式，即 VIE 架构）两种形式。大红筹架构主要适用于大型国有企业，而小红筹架构主要适用于民营企业。大红筹架构下，股权直接投资是通过投资到被投公司，投资人成为股东后，行使股东的各项权利，进而控制被投公司；而VIE架构模式主要依靠层层设立的境外公司，通过在境内的WFOE，与被投公司及其股东签署一系列协议（包括独家业务经营与咨询协议、股权购买期权协议、授权委托协议、股权质押协议等）的方式，控制被投公司的经营利润，在境外最顶层公司（一般是开曼公司）层面实现财务报表的合并，从而控制被投公司。可以看出，大红筹架构直接投资控制模式依赖的是股东权利，而VIE架构模式依赖的是协议。一般情况下，VIE架构模式下的控制权稳定性较差。

3. VIE架构的搭建

具体来说，VIE架构的搭建一般分为以下五个步骤。

1）设立BVI公司

构建VIE架构的开始，就是公司（境内权益公司）的实际控制人（创始人股东）在英属维尔京群岛（The British Virgin Islands）等地设离岸公司，这里将其称之为BVI公司。根据该岛法律，除了每年的管理费，其他收入和盈余无需再交税费。而且这里几乎无外汇管制，对隐私高度保护，金融服务发达，多种原因共同产生了这个离岸公司注册的天堂。在这里设立公司既方便便宜，保密性又高。但遗憾的是，因为这里的信息不公开，法律制度也并未那么完善，世界上主要的交易所并不认同注册在这里的企业上市。那么就要开展下一步。

2）设立开曼公司

以风投、其他公众股东和BVI公司为股东，设立一家注册在开曼群岛（The Cayman Islands）的公司，作为上市主体。

开曼群岛法律属于英美体系，开曼群岛1961年颁布的《公司法》脱胎于英国旧版的《公司法》，其政策适合企业上市运作，美国、新加坡等各地证券交易所都可以上市，也更容易获得西方投资者的信任，有助于公司发行的股票被投资者接受。

另外，开曼群岛具严格的制度，严格的客户资金保护条例、严格的净资产规定、严格的企业管理要求、严格的监控和可疑报告要求等条例及规定，无论是国际经济合作组织（OECD）还是国际金融行动特别工作组（FATF），对开曼群岛的经济运作都比较认同。

通常，一个开曼公司上面必然有一个BVI公司，实际控制人（创始人股东）之所以要通过BVI公司控股开曼上市主体，而不是直接作为开曼上市公司股东，主要原因在于BVI公司可以起到以下作用。

（1）可以使实际控制人（创始人股东）绕开直接持股禁售期的限制。开曼公司上市之后，一般交易所会要求其股东在1年或更长时间内禁止出售所持有的股票，用设立BVI间接持股方式，实际控制人（创始人股东）可以免受禁售期限制，处置股权更为便利。

（2）可享受BVI公司所得税低税率的待遇。无论是收取股利，还是出售BVI公司股权放弃原有业务，均可享受税收优惠。

（3）可以绕开国家外汇管理限制。如果实际控制人（创始人股东）直接持有上市主体股权，那么实际控制人的分红就必须按照《国家外汇管理局关于境内居民通过特殊目的公司境外投融资及返程投资外汇管理有关问题的通知》（汇发〔2014〕37号）规定在指定日期内汇入境内，如果有BVI公司，则收益归属BVI公司，无需汇入境内。

需要注意的是，当境内运营实体存在多个创始人（境内居民）时，通常每个创始人都需要单独设立一家BVI公司，以避免因任何一个创始人持股发生变化，而导致所有创始人均需办理变更登记手续的麻烦。

3)设立香港公司

特别目的公司 SPV(Special Purpose Vehicle)一般可选择注册在香港。香港作为知名的国际金融中心,有着便利的融资和金融服务体系,适合 SPV 的生存和成长。可以基于境内外第三方的担保直接向境外机构进行债务融资,在境外筹措资金。同时,基于内地与香港的税收安排,香港公司正常所得税为 10%,但是对于来自我国境内符合相关规定的股息按 5%征收预提所得税,所以 VIE 架构企业一般选择在香港成立 SPV 公司。

4)设立 WOFE

由 SPV(香港公司)设立境内外商独资公司,即 WFOE 公司(Wholly Foreign Owned Enterprise)。这是境外上市主体伸向境内的一只爪子,虽不能有实际经营,但它控制了有实际经营的公司。

5)协议签署,利润转移

WFOE 签署一系列协议控制 VIE 公司(境内权益公司,即境内的实际经营主体),而这个 VIE 公司作为境内的经营实体,它的股东全是国内的自然人或机构。这些协议包括但不限于:《借款协议》《股权质押协议》《股东委托投票代理协议》《独家咨询和服务协议》《业务经营协议》《委托管理协议》《独家选择权协议》等。签署这一系列的控制协议后,按照美国的会计准则,作为经营实体的 VIE 公司实质上已经等同于 WFOE 的"全资子公司"。

从 VIE 架构的搭建步骤(如图 2-14 所示)可以看出, VIE 架构由多个层级构成,涉及多个避税地主体和可利用的双边税收协定安排,具有避税的特性。首先,在维尔京群岛(BVI)、开曼群岛成立不同层级的公司,其主要目的并非产品研发、生产经营、扩大市场规模等,而是出于 VIE 架构搭建中的税负考量, BVI 和开曼群岛的公司都能享受优惠的税收政策、无外汇管制,同时全球主要的交易市场均接受开曼群岛的公司公开上市。因此,在避税地成立不同层级的公司,除了能隔离风险、规避监管还有重要的避税作用。其次, VIE 架构中存在可利用的双边税收协定。VIE 架构下在香港成立特殊目的公司的一个重要原因在于这种安排有利于整体上的税收利益最大化。因为内地和香港之间签订了税收安排,对利息、股息、特许权使用费等有税收优惠的规定。

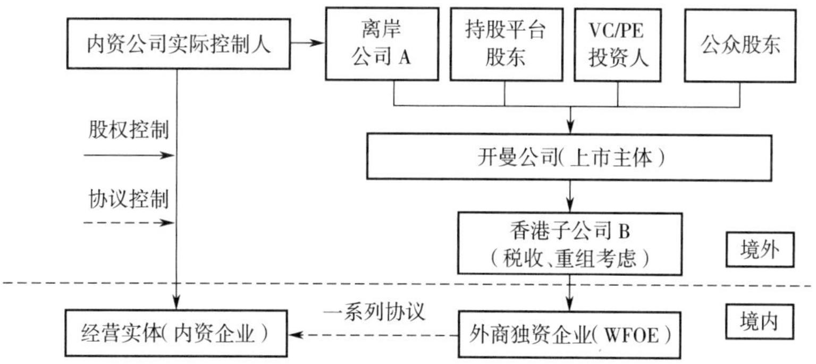

一系列协议主要包括:《委托管理协议》《股东委托投票代理协议》《独家选择权协议》《股权质押协议》等

图 2-14 VIE 架构的搭建

新浪在2000年为了绕开限制或禁止规则登陆美国纳斯达克，发明了VIE架构（如图2-15所示），后来去境外上市的互联网公司都采用VIE架构。

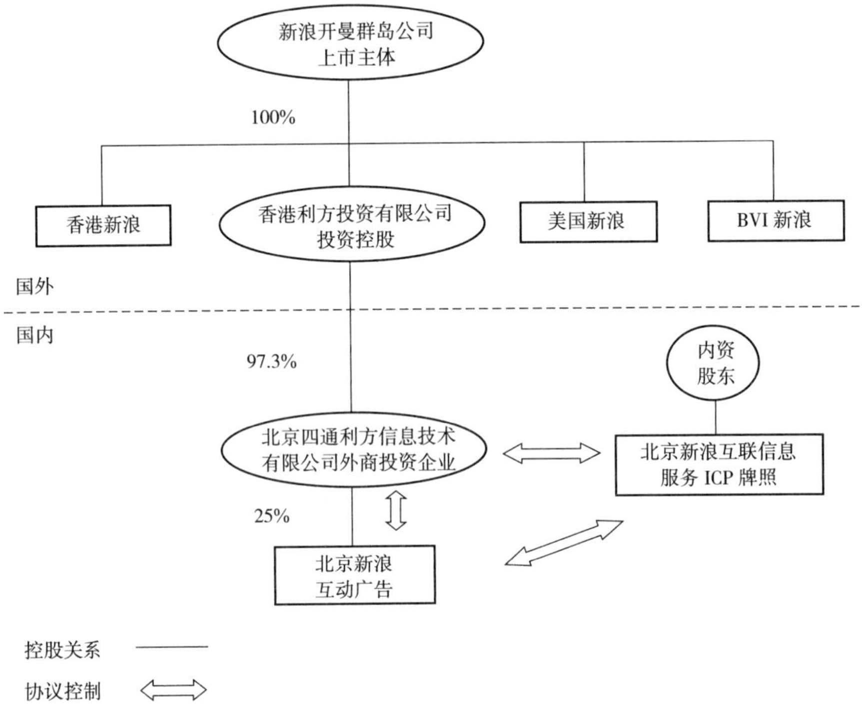

图2-15 新浪的VIE架构

如图2-15所示，新浪上市主体为开曼群岛注册的新浪开曼群岛公司，新浪开曼群岛公司控制香港利方投资有限公司，香港利方投资有限公司再控制在境内的北京四通利方信息技术有限公司（后更名为北京新浪信息技术有限公司，已于2008年6月12日注销），而北京四通利方信息技术有限公司通过协议形式控制境内实际经营主体北京新浪互联信息服务有限公司和北京新浪互动广告有限公司（已于2007年7月6日注销），利润也以咨询费等形式转移至新浪开曼群岛公司。

从图2-15可见，拥有ICP牌照的北京新浪互联信息服务有限公司和北京新浪互动广告有限公司才是真正的经营实体公司，但外资因为我国政策不能成为它们的股东，所以它们通过与境内外商独资公司WFOE签署一系列协议，接受WFOE的控制，并将利润以咨询费等方式支付给WFOE，最终通过合并报表的方式将利润归属到境外的新浪开曼群岛公司。需要说明的是，新浪在美国上市之后，由于经历王志东被驱逐、盛大恶意收购等事件，股权结构有了很大的变化，上述陈述的仅是新浪当时上市的股权架构。

中国领先的私营互联网公司赴美上市在2014年掀起一股热潮。2014年4月，新浪微博在纳斯达克上市。5月，京东也在纳斯达克成功上市。9月19日，阿里巴巴在美国纽交所上市，成为美国历史上最大规模的一次IPO。而所有位列美国交易市场的中国互联网公司，包括百度、京东、奇虎、网易、携程、微博、优酷、搜狐、畅游、人人等，均用VIE架构作为绕过中国限制获得外国资本的方法。

4. VIE 架构的协议类型

1)借款协议

大陆公司的股东以股权质押为凭据,以个人名义向境内外资公司提出贷款申请,双方签订借款协议,股东通过增资的名义或者其他合法方式将资金输送到境内实体公司。其中借款协议是 VIE 架构的基本协议和关键内容,目的在于将外商资本合法地引入内地。

2)股权质押协议

作为内资公司股权的合法持有者,股东将自己拥有的股权质押给境内外资公司,待其成为质权人之后享有优先求偿权,未经许可,内资公司的高管无法随意处置已质押的股权。本质上,股权质押协议属于担保性协议,它以借款协议为基准,其时效性取决于借款协议的具体规定。

3)股东委托股票代理协议

受大陆运营实体公司股东的委托,境内外资公司拥有股东大会的表决权,这样一来境内外资公司在缺乏境内运营实体股权的情况下,仍然能控制大陆运营实体的股东会和董事会,拥有重大事项决策权,有权向管理层派送人员,实现实质上支配中国大陆公司资产和管理权的意愿。

4)独家认股权协议

在准许外商资金进入的领域,WFOE 在购买境内运营实体股权的过程中,享有境内法律规定的最低价格,以较低成本晋升持股股东,也可以自行或指定任意第三方购买部分或全部的公司股权。

5)独家服务、技术咨询和许可协议

对内资公司来说,它享有来自境内外资公司的独家业务咨询、知识产权和信息技术服务。同时,后者向前者收取一定数量的特许权使用费和服务费。服务费一般是境内运营实体年收入的部分或全部金额,借此实现境内利润向海外投资人的转移。

5. VIE 架构的拆除

VIE 架构在被众多企业应用的同时,也逐渐暴露出一些问题。阿里巴巴、京东等互联网巨头企业通过 IPO 获得了大量的资金,受到资本市场的追捧,但是并不是所有的在境外上市的中国企业都能有此实力和前景。一些 VIE 架构企业因财务和内控制度不规范等原因,容易被海外做空机构操纵,再加上有些企业对海外的法律法规不甚了解,受经济下行压力和国际贸易争端等影响,国外证监会、交易所对 VIE 架构企业的严格监管导致其上市成本和存续期间的诉讼费用等成本非常高,而 VIE 架构企业在境内的运营状况并不能为海外市场的股民所了解,甚至有些企业的经营状况本身就不具备很大的吸引力,公司的股票估值低、流动性差,企业并不能取得如期的融资效果。与之截然不同的是,随着中国经济的发展,中国境内资本市场的规则越来越完善,且中国境内的市盈率相较海外资本市场而言要明显偏高,中国改革开放的不断深入,一方面放松了对民营资本和外国资本经营范围的限制,另一方面也在不断完善境内证券发行和交易的规则。除此之外,随着中国大陆居民的收入水平不断提升,人民的需求为企业创造了大量的市场空间,国内企业的本土化也更有利于企业知名度的提升。受国内外双重因素的影响,越来越多的企业选择回归 A 股上市,并且就暴风科技、分众传媒等企业回归国内后在资本市场的表现而言,这样的选择可以为公司带来可观的收益。

VIE 架构企业拆除 VIE 架构多数情况下是为了回归国内资本市场以获得更好的市场估

值，所以通常企业拆除VIE架构步骤与重组上市相结合，当然也并不排除像诺亚舟、弘成教育等单纯的因企业自身原因仅完成私有化退市的情况。VIE架构企业拆除回归的过程基本就是搭建VIE架构的逆向活动，一般分为三步。

1)境外上市主体私有化

企业计划拆除VIE架构或者收到其他企业的私有化要约后会请专业的财务和法律顾问对其私有化方案进行评估并做出相应的尽职调查，董事会可以根据评估结果向上市地点的证券部门提交退市申请。

2)解除VIE协议

通常境内运营主体与境外上市主体的大部分股权都掌握在同一批股东手中，解除VIE协议的决定也是这些股东的共同决策，所以解除VIE协议的过程比较顺利，通常只需要境内运营主体方向外国全资公司偿还VIE借款协议规定的金额。

3)回归境内上市

VIE架构拆除回归以境内运营实体为上市主体。上市的方式可以分为三类：一是以暴风科技为代表，直接采用IPO方式上市；二是以分众传媒为代表，通过收购上市壳公司重组，实现借壳上市；三是以学大教育为代表，直接被境内上市企业收购，并入境内上市企业。VIE架构拆除步骤主要涉及的税种是企业所得税，其中包括在私有化退市过程中我国境内的自然人股东可能需要就股权转让的财产所得缴纳个人所得税；在回归境内上市的过程中，若采用通过企业兼并重组的方式上市则需要就重组业务的资产转让资产置换等行为缴纳企业所得税。

境内实体采取VIE的方式在境外上市，主要目的是规避境内法律法规对特定行业的外资比例限制，能够最大限度地融资，另外境内主体到境外上市也存在各种限制。2015年6月20日，工信部发布公告，宣布在上海自贸区开展试点基础上，在全国范围内放开经营类电子商务（在线数据处理与交易处理业务）外资股权比例限制，外资持股比例可至100%。这意味着，电子商务外资股权比例的要求彻底取消，在境外上市的中国电商类企业可以不必拆除VIE架构直接回归，在中国境内上市。

6. VIE架构的监管制度

产生于特定背景的VIE架构曾为我国企业走出去、外资引进来做出了很大贡献，尤其对互联网、教育、信息等行业的发展提供了融资帮助。目前，《中华人民共和国外商投资法》并没有明确把VIE架构协议控制作为外商投资方式之一。2023年2月17日，证监会发布了《境内企业境外发行证券和上市管理试行办法》（以下简称《境外上市新规》）和5项配套指引等境外上市备案管理相关制度规则，自2023年3月31日起实施。在《境外上市新规》和相关的配套指引中，均对VIE架构做出了相关监管规定。新法出台以前，我国对VIE架构的法律规章制度总体是比较克制的，但“滴滴事件”后网络安全、数据安全成了关注重点。

1)《境外上市新规》的适用范围和主要内容

根据《境外上市新规》，我国境内直接或者间接到境外发行证券或者将其证券在境外上市交易的相关活动，均需接受《境外上市新规》的规范。其中境内企业间接境外发行上市，是指主要经营活动在境内的企业，以在境外注册的企业的名义，基于境内企业的股权、资产、收益或其他类似权益境外发行上市。此外，对于认定境内企业是否构成间接境外上市，要遵循实质重于形式的原则。

《境外上市新规》共六章三十五条，其统一将境内企业直接和间接境外发行上市活动纳入管理，明确了境内企业直接和间接境外发行上市证券的适用情形；同时建立了负面清单制度，明确禁止上市融资的情形，对于需要进行安全审查的企业，其应在向境外提交上市申请前完成安全审查程序。

2)《境外上市新规》对 VIE 架构的影响

从《境外上市新规》实施前的监管政策来看，我国监管层面对于 VIE 架构的态度是接受且逐渐规范的。目前我国监管层面对于 VIE 架构企业境外上市，备案管理将坚持市场化、法治化原则，加强监管协同。证监会也会对符合规范要求的 VIE 架构企业境外上市予以备案，支持企业利用两个市场、两种资源发展壮大。很明显，在《境外上市新规》实施后，VIE 架构企业正式进入了上市监管的视野，但是对于其更详细的监管尺度，还需要通过更多的上市案例来细化和落实。

7. VIE 架构的风险

1)法律风险

这种风险主要来源于中国法律即政府监管政策的变化。所有采用合同控制模式的境外间接上市，其所涉及的行业根据中国法律都限制和禁止外资进入，作为变通做法的 VIE 架构的合法性，完全取决于中国政府的立场和态度。一旦国家相关部委出台相应的规定，可能会对采取 VIE 架构的公司造成影响。

境外资本采用 VIE 架构投资的项目在投资方和创始人发生分歧或争议时，法律救济手段受限，由于中国法律法规中没有 VIE 的法律概念和相关司法解释，又涉及外资为规避我国监管的行为，VIE 协议的合法性和可执行性如何认定存在问题。比如，投资协议条款和投资结构违反中国法律，或者在中国司法实践中不被认可无法执行。

2)创始人道德风险

协议控制的效力毕竟不如简单粗暴的直接股权控制，VIE 架构中并不存在类似股权退出机制和股东保护的完善体系，面临着创始人的道德风险。俗话说，没有永恒的朋友，只有永恒的利益。VIE 架构中，境外公司与境内实体公司的股权结构不同，这使得不同股东间的利益可能存在冲突。创始人一般既是境内实体公司的股东也是境外公司的股东，当创始人与境外投资者利益冲突时，其可能会利用股东身份做出损害境外投资人利益的行为。在采用 VIE 架构的企业中，理论上都存在创始人单方面终止 VIE 协议，然后转移运营公司经营牌照或重要资产的可能性。投资方只能追究其违约责任，但是境外公司的价值却会因此受到很大的影响。

如之前受到广泛关注的支付宝剥离事件。由于央行不允许“支付牌照”由外资通过 VIE 投资，也不允许阿里巴巴这家央行眼里的“外国公司”投资，为了规避申请牌照失败的风险，支付宝分两次将原属于阿里巴巴集团的股权转让给浙江阿里巴巴电子商务有限公司（即蚂蚁金服）。2009 年 6 月，浙江阿里巴巴电子商务有限公司以 1.67 亿元向 Alipay E-commerce Corp 收购支付宝的 70%股权。在 2010 年 6 月，央行发布了《非金融机构支付管理办法》，文件强调：外资的支付业务范围，境外出资人的资格条件和出资比例，由中国人民银行另行规定，报国务院批准。为了符合全内资资格，同年 8 月，浙江阿里巴巴电子商务有限公司又以 1.65 亿元收购了支付宝剩下的 30%股权。此时虽然浙江阿里巴巴电子商务有限公司持有支付宝全部股权，但阿里巴巴集团通过其下 WOFE 之一阿里巴巴（中国）网络技术有限公司与浙江阿里巴巴电子商务有限公司签订控制协议，仍能对其实施实际控制。

但 2011 年一季度，央行发函要求支付宝做出关于“协议控制”的书面声明。为了顺利取得第三方支付牌照,马云决定终止协议控制,使支付宝脱离阿里巴巴的财务报表合并,向央行声明“浙江阿里巴巴电子商务有限公司是支付宝唯一的实际控制权人,没有境外投资人通过协议安排”,这也就意味着浙江阿里巴巴电子商务有限公司单方面终止了其与阿里巴巴集团的VIE架构。阿里巴巴集团因此获得了蚂蚁金服的高额分红权作为补偿。但是在2019年,蚂蚁金服33%的股份转让给阿里巴巴集团旗下的中国子公司后,阿里巴巴集团的分红权也降低至相应持股水平。蚂蚁金服剩余的67%还是纯内资控制。目前阿里巴巴集团对支付宝和其母公司蚂蚁金服均无控制权,蚂蚁金服不在阿里巴巴集团合并报表范围内。

3)创始人离婚的风险

由于在VIE架构下,创始人通常既是境外上市主体的股东,也是境内运营实体的股东,所以在创始人离婚的情况下,可能会导致出现境外与境内的股权同时面临被分割的风险,如土豆网创始人离婚事件和赶集网创始人离婚事件等。根据相关媒体报道, 2010年11月初,土豆网向美国证监会提交IPO申请。随后,上海徐汇区人民法院就土豆网创始人的前妻之前提出的离婚财产分割诉讼采取行动,冻结了土豆网创始人名下三家公司的股权,其中包括境内主要运营实体上海全土豆科技有限公司95%的股份。土豆网原本于2010年就有望赴美上市,但由于创始人陷入离婚财产诉讼,上市受阻,结果其最大的竞争对手优酷抢先登陆纽交所。待土豆网创始人解决完离婚官司再准备上市时,市场行情已经急转而下。

4)控制风险

因为协议控制关系,上市公司对VIE制度下的企业没有控股权,可能存在经营商无法参与或公司控制经营管理的问题。有协议而形成的债权在法律效力上只具有一般的对抗效力,远不及所有权的排他效力。

5)外汇风险

控制的VIE架构形成后,不管是境内企业利润转出给外资企业,还是外资由境内企业输入资金,都需要国际外汇管理部门审批,否则可能面临外汇管制的风险。例如, 2009年世纪佳缘境外上市案例中,其在中国境内开展实体业务的两大子公司未能如期取得国家外汇管理局审批的外汇登记证,由此导致外商投资企业批准证书也失效,这就使投资者对世纪佳缘的投资具有不确定性,为公司的发展蒙上了一层阴影。

6)税务风险

VIE模式下,会发生复杂的关联交易,会引起税务机关的注意。而且VIE模式横跨多个国家和地区。由于税制不同,企业可能会将利润转移到税收较低的国家,并可能面临转让定价和股利分配方面的税收风险。上市壳公司在中国内地没有任何业务,一旦需要现金只能依赖于VIE向其协议控制方及境内注册公司分配的股息。

案例汇编

阿里巴巴美国上市

阿里巴巴的迅速崛起和发展以及成功上市,是一种市场现象。它为中国企业以及投资者提供的参考价值是多方面的,其所涉及的诸多问题,对于中国市场化建设,尤其是资本市场的进一步发展都具有深远的意义。

2014 年 9 月 19 日，全球最大的电子商务企业阿里巴巴在美国上市，刷新了史上最大的 IPO 交易纪录。按照第一天收盘价计算，阿里巴巴的市值超出 2 300 亿美元（约合 1.4 万亿人民币），甚至超过了中国最大的银行——中国工商银行的总市值（约 1.3 万亿人民币）。马云在记者会上说："今天如果是成功的话，那么，它是小企业的成功，是中国经济的成功，是互联网的成功，是那些小客户们的成功。"可是，阿里巴巴和马云却因此有了很多争议。有人埋怨阿里巴巴没有在中国国内 A 股上市，让中国国内投资者失去一个投资的机会。甚至有人把马云说成"汉奸"，帮助孙正义等外国人赚了中国人的钱。事实上，阿里巴巴在美国股市上市，是一个很典型的市场现象，其成功给各方投资者、数以千万的中小企业、数以亿计的投资者带来了好处。

一、阿里巴巴的崛起

1999 年，阿里巴巴由马云与 17 位合伙人在中国杭州创立，是一家企业对企业（B2B）在线进行商品贸易交易的平台公司。创立仅三年，其国际交易市场业务就实现了盈利。2003 年，马云投资 1 亿元人民币，成立个人网上贸易市场平台——淘宝网；次年发布为交易安全做保障的在线支付系统——支付宝。2005 年，集团与雅虎美国建立战略合作伙伴关系，同时收购雅虎中国。2008 年 9 月，阿里巴巴与淘宝合并。2011 年 6 月，为更精准有效地服务客户，阿里巴巴集团将淘宝网分拆为三个独立公司：淘宝网、淘宝商城和一淘。2013 年 1 月，阿里巴巴集团对现有业务架构组织进行相应调整，重组为 25 个事业部。

以"让天下没有难做的生意"为目标，秉持"客户第一、团队合作、拥抱变化、激情、诚信、敬业"的企业文化，阿里巴巴集团不断发展壮大，于 2014 年 5 月 7 日向美国证券交易委员会提交了 IPO 招股说明书。根据披露的招股说明书，阿里巴巴集团上市范围内的主要业务如下：淘宝和天猫及聚划算（中国国内网上零售平台）、1688.com 和 Alibaba.com（国内外贸易 B2B 的网上交易平台）、Aliexpress（国际零售业务）、阿里云计算（以数据为中心的云计算服务），其他（主要为小卖家提供的微金融服务）等。最引人注目的是，仅在 2013 年 11 月 11 日一天内，淘宝网和天猫销售总额就达到 350.18 亿元，其全年销售额更是高达 1.1 万亿人民币。

二、阿里巴巴为何选择赴美上市

阿里巴巴放弃在境内 A 股市场上市，很大原因在于其主要架构为 VIE 模式。VIE 模式，即通常所说协议控制模式，主要涉及两个实体：相分离的境外离岸控股公司与境内的业务运营实体，境外控股公司通过协议来对境内实体进行控制，成为境内实体公司的资产控制人和实际收益人。现在上市的阿里巴巴就是这样一家在开曼群岛注册的离岸公司，并不是设立在中国的实体公司。根据招股说明书披露的阿里巴巴集团的 VIE 架构非常复杂，大量业务的 VIE 架构多达四层。以淘宝为例，在开曼群岛注册的离岸公司阿里巴巴集团，100%控股在开曼群岛注册的淘宝控股有限公司，后者又 100%控股在香港注册的淘宝中国控股有限公司，香港淘宝 100%控股在中国境内注册的淘宝（中国）软件有限公司，以上都是股东为纯外资的控股公司。而在中国境内，真正负责淘宝业务运营的实体公司为浙江淘宝网络有限公司，这是由马云、谢世煌持股的内资公司，和淘宝（中国）软件有限公司签订了协议控制合同。在这样的 VIE 架构下，如果要在 A 股上市，阿里巴巴就必须将境外权益转到境内，涉及一系列协议的终止、废除等诸多法律问题，持有离岸公司大量股份的软银、雅虎也需要付出相应的对价，成本极高，且手续复杂以至于几乎没有操作可能。

此外，阿里巴巴早在 2012 年就与雅虎达成协议，它必须在 2015 年 12 月前上市，才有权回购雅虎所持部分剩余股份。但 A 股市场上市手续烦琐，审核进程缓慢，很可能会减慢阿里巴巴上市的速度使其不能在2015年12月前上市。加之A股市场仍不是一个完全国际化的市场，对外资交易有诸多限制，不利于阿里巴巴未来向国际公司发展的趋势。另外，中国股市从2007年底以来就持续低迷，整体市场的估值水平偏低；与之相对的，美国股市走出次贷危机后一直维持强势表现，而且从互联网业务上市公司的整体估值水平来看，美国市场也比较高，这反映出在对于新经济的理解方面，美国投资者与内地投资者之间存在差异。正是由于这些因素，A股市场才没有留住阿里巴巴等优秀企业。

那么，阿里巴巴为什么放弃在香港上市呢？这和阿里巴巴特殊的合伙人制度有关。通常意义上的合伙人是指以其资产进行合伙投资，参与合伙经营，共享企业经营所得，并对企业债务承担无限或有限责任的自然人或法人。而阿里巴巴的合伙人制度，本质是大股东为防止控制权旁落而设置的有关董事提名权的特殊条款，即成为阿里巴巴集团的董事必须经过合伙人的提名前置程序，这保证了合伙人可以控制董事会，集团的董事必须是合伙人所认可的人，同时也使得普通持股人对公司的影响力非常微弱。在阿里巴巴披露的招股说明书中，软银持股比例达34.4%，雅虎持股比例为22.6%，马云持股比例仅为8.9%，董事局执行副主席蔡崇信持股比例为3.6%，其余阿里高管个人持股均未超过1%。正是其特有的合伙人制度，使得马云及其合伙人在持股比例有限的情况下，仍然能保证公司的控制权。因此，虽然日本和美国两家公司拥有阿里巴巴大部分股权，但它们并没有享有与其股份相称的权益，阿里巴巴的决策权还是被马云所控制。而香港联交所坚持现有规定，不允许同股不同权，在前期咨询中两次拒绝批准这样由少数股东保留公司控制权的股权结构，使得阿里巴巴最终只好放弃香港，选择在没有这个限制的纽约上市。关于这个问题，有人批评香港联交所缺乏灵活性，失去了一个重要企业在港挂牌的机会。不过，香港联交所强调的是坚持原则，并且对于所有上市企业一视同仁的要求。因此，对于香港股市来说，现在来判断其得失未免太早了。

阿里巴巴选择到美国而不是在中国上市，让一些所谓爱国人士颇为不快。他们认为肥水流入外人田，国人就此少了一个投资的机会，况且中国国内现在已经"不缺钱"。对于中国企业来说，选择上市地点是资本市场融资的重大决策之一。从以上对于阿里巴巴上市地点选择的考量看，在经济国际一体化的情况下，阿里巴巴实际上是在进行一种市场化的选择。资产和资产在国内外市场的自由流动，可以推动中国经济和金融市场的市场化进程。

从阿里巴巴公司目前的股权结构看，境外的投资者确实占绝大多数的比例。挂牌价高高在上，获得好处的主要是外国人。但这个问题需要从一个国家的角度来考虑得失。首先，软银和雅虎在阿里巴巴创业初期投入资金，进行了风险投资。当初的决策是需要眼光和承担巨大风险的。可以说他们作为初始投资者获得的巨额回报是对其超人眼光和冒险精神的补偿。事实上，按照美国风险投资协会的统计数据，风险投资的总体平均回报率虽然比较高，但是单个投资项目的失败率也很高：成功项目通常只有20%，完全失败的项目超过50%，其他则是业绩平平的项目。其次，如果没有软银和雅虎的支持，中国是否还能有阿里巴巴这么成功的电商企业呢，中国电商行业能够在这么短时间内迅速发展吗，那么多的中小企业和消费者能够像今天这样获得互联网带来的各种好处吗。当然，肯定有声音反驳说阿里巴巴冲击了传统的商业模式，砸烂了许多传统企业的饭碗，因此阿里巴巴的成功也是有社会代价的。但是互联网在商务活动的广泛使用是一个趋势，代表着一种进步的经营方式和生活方式。因此，阿里巴巴的成功给中国经济带来的好处远超其负面影响。另外，在中国的经济发展中，让国外投资者赚到钱，本身是一件极具正面意义的事情。中国经济过去30多年的高速发展得益于与国际社会的合作,共利共赢是一个良性的循环。如果国外投资者到中国来没机会赚到大钱,那才是中国的悲哀。

三、赴美上市对阿里巴巴的意义

成功赴美上市对于阿里巴巴而言,既是机遇,也是挑战。

通过上市,阿里巴巴实现了企业资产的证券化,其资产流动性大大增强,不仅为公司股东提供出售股权获得巨额收益的渠道,未来还可以利用股票期权作为对人才的中长期激励手段,保证企业人力资本的相对稳定。此外,在美国纽交所实现有史以来规模最大的 IPO,市值超越 Facebook 成为仅次于 Google 的第二大互联网公司,这给阿里巴巴带来极大的关注效应,提高其在海外的声誉,提升品牌价值,积累无形资产,给其进一步开拓国际市场创造了有利条件。

与机遇相伴随的是成功上市后阿里巴巴将面临的诸多挑战。

首先,阿里巴巴的主要业务淘宝、天猫和聚划算,都存在严重的出售假货的问题。据凤凰网消息,直到 2012 年底,美国政府才宣布将淘宝网从年度"恶名市场"名单中删除。该名单一年发布一次,汇集了全世界最严重的侵权和假冒伪劣产品销售渠道。在注重知识产权保护的美国,售假这样的负面新闻会严重影响阿里巴巴的市场形象,进而造成股价下跌。所以,解决网络商城存在的假货问题是阿里巴巴的当务之急。

其次,阿里巴巴的 VIE 模式也暗藏风险。2011 年,因为中国人民银行对于第三方支付企业外资设限,为使支付宝以 100%内资申请并顺利获得牌照,马云于递交申请的前一日,未经软银和雅虎董事代表许可,单方面终止浙江阿里巴巴与雅虎、软银控股的阿里巴巴(中国)的控制协议,第二天才将此事告知软银和雅虎等股东。软银和雅虎就这样失去了支付宝这样重要的一项资产,之后雅虎更是因此股价大跌在美国被股东集体诉讼。虽然最后三方达成协议,支付宝的控股公司承诺在上市时给予阿里巴巴集团合理回报,但这轰动一时的支付宝事件还是暴露出 VIE 模式的脆弱,境外投资者在投资中国公司时,应有的股东权益很难得到保证。因为中国目前没有专门针对 VIE 模式的法律,所以支付宝事件马云在国内不会受到诉讼,受影响的反而是遭到集体诉讼,股价暴跌的雅虎。随着越来越多的中国企业采取 VIE 模式在境外上市,其安全性和稳定性必将受到当地监管机构和投资者更严格的审视。如果支付宝事件重演,对于阿里巴巴的声誉将造成严重打击,也会损害投资者的利益。所以,当未来出现与支付宝事件相似的情况,马云将如何应对,国际投资者又将作何反应,对双方都是考验。阿里巴巴如何在现有 VIE 模式不变的前提下,防范政策风险,对其也是一大挑战。

美国在十几年前出台《萨班斯法案》以后,业界普遍认为对于上市公司的监管过严,导致上市公司的运作成本过高,出现了较多上市公司私有化(即撤牌)的案例,监管过严也导致美国作为上市地点的吸引力降低,一些企业选择到其他国家的市场挂牌上市。在美国挂牌的中国企业,所面对的监管很严格,各类型的投资者一旦发现公司有不规矩的行为,往往采取集体诉讼的办法。而上市公司因此需要承担额外的监管风险,在每天的经营和管理中同样面临很大的压力。因此,阿里巴巴务必要做好上市后的各方面管理工作,以应对严格监管。

四、阿里巴巴赴美上市对中国企业的启示

首先,企业务必要做好充分准备再谋求境外上市。很多企业谋求境外上市时还处于起步阶段,对资金的需求非常强烈,这时境外资本市场相对较低的门槛使得这些企业能够更快地实现上市融资,所以很多企业把境外上市等同于企业快速融资的渠道,忽略了境外资本市场同时有着更为严格的监管和信息披露制度。此外,美国资本市场还存在大量做空机构,它们致力于寻找上市企业信息披露欠规范或财务指标存在瑕疵的上市公司，借此发布看空企业股价的报告，以实现打压企业股票的目的。如果企业只看重上市前的准备工作，忽略了上市后的信息披露义务，会造成股价大跌甚至被迫退市的严重后果。所以，企业在谋求海外上市之前一定要做好充分准备，不要仓促地为了上市而上市；上市后务必避免财务造假及虚假披露，一定要维持企业在资本市场的信誉。

其次，必须选择合适的上市时机。资本市场行情依赖于宏观经济形势，逆势 IPO 会严重影响企业股票的发行价格及后续表现。同是互联网视频企业，且主要财务数据非常相似的优酷和土豆网，因为选择的上市背景时间不同，股票发行当日表现差异极大。优酷于 2010 年 12 月 8 日在纽交所挂牌上市，当日股票大涨 187.34%；而土豆网于 2011 年 8 月 17 日在纳斯达克上市，时值中概股危机爆发，土豆网上市当日开盘即破发，收盘时较发行价下跌了 11.86%。可见宏观经济和资本市场整体行情对个股发行的影响之大。2014 年 9 月 19 日，阿里巴巴在纽交所挂牌上市，发行价每股 68 美元，开盘即上涨为 92.7 美元，较发行价上涨 36.3%。这完美开局和美股当时整体的强势表现也密不可分，美股市场已经连续 34 个月都没有出现 10%或者以上的盘整，持续着 1929 年大萧条之后时间最长的牛市，而在阿里巴巴 IPO 当日，纳斯达克综合指数更是达到了 14 年来的最高点。因此，对于企业来说，选择一个合适的上市时机非常重要，在市场整体表现良好的时候，企业在股票发行价格的确定上能掌握更多主动权，股票的后市表现也更加优异。

最后，也是最重要的，企业必须确立自身持续稳定且长久的盈利模式。阿里巴巴在美国成功上市最重要的原因，是其亮眼的财务业绩。在截至 3 月 31 日的上一财年当中，阿里巴巴的营业收入总额增长了 52%，达到了 525.04 亿元人民币。更重要的是其利润增长速度更快，上一财年的运营利润总额达到 248.01 亿元，增速高达 136%，是销售额增长率的 2.6 倍。根据财经撰稿人穆兰尼的研究，在美国，消费支出的 82%是通过互联网完成的，而在中国只有 46%。此外，中国消费支出占国内生产总值比重为 41%，而在美国这一比例长年接近 70%。这说明未来中国的电子商务市场仍有很大的发展空间，而阿里巴巴的主要业务淘宝、天猫及聚划算必将随之持续稳定发展。正是这优异的业绩和未来的发展潜力吸引了投资者。与此相反，阿里巴巴集团的子公司阿里巴巴 B2B 曾于 2007 年在香港联交所上市，发行价为 13.5 港元，曾一度超过 40 港元，之后一路下滑，在 2012 年宣布拟私有化退市公告的前一天，其股价只有 9.25 港元。其股价不尽如人意的表现和公司业绩关系密切。阿里巴巴 B2B2010 年同比营业收入增长率为 43%，2011 年就下降到 15.5%，也显著低于 2011 年国内 B2B 电子商务市场总营业收入同比增长率 35.1%。这显示其 B2B 盈利模式的发展遭遇瓶颈，最终阿里巴巴选择退市以进行集团的重构整合。从阿里巴巴前后两次上市的表现不难看出，对于成功上市，确立企业自身持续稳定的盈利模式非常重要。特别是在有着更严格监管的境外资本市场，唯有良好的业绩才能支撑上市公司的股票。

案例思考题

（1）阿里巴巴的发展和上市历程，对中国未来发展多层次的资本市场有什么样的启示？

（2）我国资本市场和美国资本市场的差距在哪里？

（3）你认为未来中国赶超美国，应该在资本市场建设的哪些方面来实现赶超和突破？

扩展阅读

有一种商业模式叫：不上市、不融资

2017 年 2 月 24 日，顺丰在深交所敲钟上市，股价便封死涨停 55.21 元，大涨 6.59%，市值达到了 2 310 亿元，超万科、美的，成深市第一大市值公司。由此，关于顺丰上市的消息立马火遍了互联网。

前有顺丰再来 5 个涨停，王卫的身价就将超过王健林（当然只是名义上的），成为中国首富的消息传得沸沸扬扬。

后有霸道总裁一掷千金给顺丰 40 万员工发红包，最少的 1 888 元，最多的上万元，引得员工纷纷晒红包刷屏。

有赞扬也有质疑，心细的人不会忘记王卫曾经说过，“上市就是为了圈钱，顺丰短期内不会上市”的豪言壮语，可惜如今顺丰连 IPO 都等不及选择了借壳上市。于是一向低调的王卫在现场对于上市发声：

（1）事业初心不变，上市并不代表上岸；

（2）对员工关爱不变；

（3）对客户服务质量有变，上市的最大目的是能融更多资金，提高服务水平。

他甚至还特别强调：“有的话我不能随便说，有些地方我不能随便去，所以以后大家有的问题也不要随便问。因为我不能随便答复大家，我会害了大家，可能很快把你关联起来。”他也提醒员工：“有些事，我不说不做，你们也不能说不能做，否则我们都可能一起受到法规的制裁。这不是开玩笑。”

有的人会好奇，他为何如此郑重地强调一番呢？因为，在今天有个怪象：外行人评价一个公司是不是大公司，是不是比较成功的公司有一个简单粗暴的标准——就是看这家公司有没有上市。“上市”就像是一个成功公司的标签，不仅表明这家公司的资产达到了一定的规模，经营状况良好等现状，更意味着公司可以通过融资发展，有着远阔的前景。现在的创业圈，仿佛公司上市是一件极其荣耀的事情，无数的公司和企业努力想要上市，仿佛获得大额的融资就预示着前途一片光明，于是上市企业虚报融资数额的把戏变多。

最后顺丰不得不向资本市场低头，虽然此次上市能带给顺丰更好的发展机遇，但是王卫害怕这种思想腐蚀了顺丰员工的意识，害怕外界也以同样的眼光来看待顺丰。但是不上市的公司真的不牛吗，不靠融资、烧钱的商业模式就很难成功吗。不是的，在中国还有这样一些公司，他们靠着踏踏实实做事，在自己的行业里独立发展并且成为国内行业的翘楚！

一、华为

华为是全球领先的信息与通信技术（ICT）解决方案供应商，业务遍及全球 170 多个国家和地区，服务全世界三分之一以上的人口，在移动设备市场领域排名全球第三。如果没有华为，西伯利亚的居民就收不到信号，非洲乞力马扎罗火山的登山客无法找人求救。就连到巴黎、伦敦、悉尼等地，下飞机后接通的信号，都是华为的基站在背后提供服务。8 千米以上喜马拉雅山的珠峰，零下 40 ℃的北极、南极以及穷苦的非洲大地，都见得到华为的足迹。《经济学人》称它是：“欧美跨国公司的灾难”，《时代》杂志称它是“所有电信产业巨头最危险的竞争对手”。

要知道在世界500强中，华为是唯一一个没有上市的公司。华为的创始人任正非曾有一句名言：“猪养得太肥了，连哼哼声都没了。科技企业是靠人才推动的，公司过早上市，就会有一批人变成百万富翁、千万富翁，他们的工作激情就会衰退，这对华为不是好事……员工年纪轻轻太有钱了，会变得懒惰，对他们个人的成长也不会有利。”

在华为，他的员工就是他的股东，大部分员工都有公司的分红，华为希望通过正确的激励机制，如公司员工利益共享，风险共担，来刺激企业员工的拼搏、创造，来吸引人才和留住人才。任正非担心大量资本进入华为后，必定导致多元化，从而丧失华为的狼性管理文化和史无前例的员工持股制度。华为今天的成功，离不开国家的支持，当然更离不开公司上下一心、17万奋斗员工的支持。一旦上市这种状况可能就会有所改变，任正非当然不愿意看到，华为可以通过自身的努力走得更远、发展得更好，那又何必去上市担这个风险呢。

对于华为坚持不上市，任正非说：“华为真正需要的，不是技术，也不是资本，唯有客户才是华为持续走向成功的根本。”

二、娃哈哈

作为曾经的中国首富，宗庆后所领导的娃哈哈集团却是一家没有上市的企业。其实娃哈哈没有上市的原因和华为有几分相似。

一方面，宗庆后透露上市困难的主要原因是娃哈哈股东数量有15 000个，根据国家法律规定，企业上市之前股东数量不允许超过200个。“全部整合上市将是一项浩大的工程”。并且娃哈哈在2013年已实现全体员工持股，如果上市，员工将与股民共同分享企业利润，员工的回报将变少，宗庆后好像并不打算这么做。

而另一方面，宗庆后以及娃哈哈都不差钱，没有通过上市融资的需要。“我们有100亿元的现金”，“上市企业造假多的去了”，宗庆后觉得目前娃哈哈虽然没有上市，但公司治理水平远高于一些上市企业。宗庆后认为，用资本的钱，他心里没底。“人家说我们比较傻，不会用银行的钱。我想还是稳定点好，娃哈哈是小步快跑，我们坚决不做心里没底的事。”

三、老干妈

8块钱一瓶的辣酱，每天卖出130万瓶，一年用1.3万吨辣椒，1.7万吨大豆，一瓶小小的辣椒酱就这样成就了中国商业史上的一个传奇。它不仅在国内市场独领风骚，还走出了国门，美国奢侈品电商Gift把老干妈奉为尊贵调味品，限时抢购价11.95美元两瓶（约7.74英镑，折合人民币约79.1元）。美国“老干妈”绝对算得上是“来自中国的进口奢侈品”，在大多数国外购物网站上老干妈都直接译成“Lao GanMa”，也有译成“The godmother”。

但是比起15年间产值增长74倍的神话，老干妈更让人乐道的是其创始人陶华碧“不上市、不贷款和不融资”的经营原则。陶华碧认为有多大能耐就做多大事业，一上市，就可能倾家荡产。“上市那是欺骗人家的钱，有钱你就拿，把钱圈了，喊他来入股，到时候把钱吸走了，我来还债，我才不干呢。我打下的江山，我就把它做好做专做精，我自己有多大能力就做多少事情。凭自己真本事做些事情，这样活得才有意义。自己打下一片天，我觉得才是真本事，才有意义。”

2014年，陶华碧退出了老干妈的实际管理层，将企业交给两个儿子打理。企查查显示，目前贵阳南明老干妈风味食品有限责任公司的股权结构中，她的两个儿子李妙行和李贵山分别占股51%和49%。陶华碧把不上市作为训诫传给她的儿子，并认为只有不入股、不控股、不上市、不贷款，才能“保证子子孙孙做下去”。

当然老干妈也有不需要上市融资的资本——老干妈没有库存，也没有应收账款和应付账款，只有高达数十亿元的现金流。大概这也和陶华碧奉行的“我从不欠别人一分钱，别人也不能欠我一分钱”的原则有很大的关系，上市融资就相当于拿着别人的钱在做生意，从不欠别人一分钱的陶华碧怎么会心安呢。那个声称“有多大本事做多大事，我打下的江山，我就把它做好做精”的陶华碧，用自己的坚持把小生意做成了大买卖！

四、方太

方太集团创建于1996年，方太始终坚持“专业、高端、负责”的战略性定位，品牌实力不断提升。除雄厚的本土设计实力，方太还拥有来自韩国、日本等地的设计力量以及高端厨房生产设备及国际工业制造先进技术。方太坚持每年将不少于销售收入的5%投入研发，拥有包含厨房电器领域专家在内近900人的研发人才团队，以及国家认定的企业技术中心和中国合格评定国家认可委员会认可的实验室，同时在德国、日本等地设有研究院。

方太创始人茅忠群一直很清楚自己的目标，那就是把方太做成一个真正的高端品牌，所以茅忠群一直在强调他的“三不原则”：不上市、不打价格战、不欺骗。茅忠群说：“有些上市企业走进了单纯追求利润的不良怪圈，上市反倒会被股东施加压力，首要任务变成了一味追求利润规模，这与方太做高端品牌的梦想会有冲突。一个真正的高端品牌应该是经得起时间考验的，而不是用规模利润来决定的。”

3 风险投资机构的组织形式

由于风险投资机构在风险投资体系中的核心地位,怎样将风险投资家和创业企业更好地结合起来就显得尤为重要,这就涉及风险投资机构的组织形式。合理的组织形式可以有效激励风险投资家最大化其努力程度,使其得到合理的回报并承担相应的风险。

风险投资机构主要采用基金的组织形式进行风险投资,风险投资基金按照所采取的组织形式可以分为公司制、有限合伙制和信托制三种类型。在美国,大部分的风险投资基金采用有限合伙制组建。在中国,风险投资基金主要采用公司制和有限合伙制组建。本章将介绍风险投资基金的三种组织形式及其相互的比较,其中重点介绍有限合伙制。

3.1 有限合伙制

3.1.1 有限合伙制的起源

1. 有限合伙的萌芽:与普通合伙的分离——适应高风险投资的需要

合伙也许是人类群体本能最古老的表现形式。这种经营方式早在公元前 18 世纪古巴比伦的《汉穆拉比法典》中已有规定。我国在春秋时期,就有了合伙制度的雏形,《史记》中所载的"管鲍之交"即为其例。到古罗马时代,合伙已成为一种制度成熟、形式多样的个人联合体。不过,早期的合伙主要是一种契约关系。其一般而言为"二人以上相约出资,经营共同事业,共享利益,共担风险的合同"。随着社会经济的发展尤其是海陆贸易的需要,一种新型的商业经营方式——康孟达(Commenda)于 11 世纪晚期在意大利、英格兰和欧洲的一些地方逐渐被使用。康孟达又译"康曼达"或"康枚达",含有信用和委托的意思。这种经营方式调动的资金一般用于长距离的海上贸易,不常用于陆上贸易。该契约最早的前身可能是穆斯林的一种商业习惯,其产生的原因有两点:一是为了规避教会借贷生息的法令;二是希望通过契约的约定将投资风险限定于特定财产。根据这种康孟达契约,一方合伙人(通常被称为 stans 坐商)将商品、金钱、船舶等转交于另一方合伙人(通常被称为 tractor 行商)经营。冒资金风险的合伙人通常获得 3/4 的利润,且仅以其投资为限承担风险责任。从事航行的企业家则以双方投入的全部财产独立从事航海交易，获得 1/4 的利润，并对外承担经营的无限责任。有些海上合伙规定，从事航行的合伙人提供 1/3 的资金，不从事航行的合伙人提供 2/3 的资金，最后双方平分利润。这种经营方式好像是不公平的，但在当时，生命是廉价的，资金则非常短缺。所以，该契约一般为特定航行而设，航行完成即终止。可见，这时的康孟达契约，与普通合伙相比，已经具有如下的特点。

1）适应海上贸易中高风险的投资需要

由于中世纪的海上贸易尤其是远洋贸易是当时风险最大但同时也是利润较丰厚的贸易，有足够资本的投资者希望进行投资来获取高额利润，但是他们不愿意承担高风险带来的无限责任，船主往往苦于缺乏足够的资金来造船、购货，于是产生了船主企业家和银行投资家之间的新式联合——康孟达契约。康孟达和海上合伙所具有的极大好处是投资者的责任被限于他们最初投资的数额，在这方面很像近代的股份公司，而且投资者还可以把他们的钱分散在几个不同的康孟达之中以减少风险，而船方承担无限责任，获取资金，双方各自得到了经济上的满足。而同时代的陆上合伙，往往是由同一个家庭成员组成的联合体，最终被外人加入，因此陆上合伙人都负无限责任，其中最根本的原因应当是相对于海上贸易来说，陆上贸易的风险因素要小得多。

2）康孟达的短期性为投资者的退出提供了便捷通道

康孟达一般是一种短期联营，在完成了其为此建立的特定航行之后就解除了，它是在一个短暂的期限里为了一个特定的目的而建立的，完全是一个时间意义的东西。而与此同时代的陆上合伙，则在持续多年的一段时间里从事多种多样的贸易活动，它常常具有规模庞大、持久存在和行动灵活的属性，足以使它在不同的城市建立自己的分支。从两者的时间性可以看出，康孟达的短期性可以使投资者在获得利润之后迅速地退出以回收投资，而陆上合伙（或称普通合伙）则更倾向于营业的持久性，投资者的投资较为稳固。

3）管理结构的不同需求

由于当时的教会法禁止利息，因此采用投资的方式进行收益成为许多具有资本的人的选择，但与普通合伙人相比，有限合伙人（投资者）可能并没有决愿参与经营，只单纯地希望从投资中获得利润。而普通合伙人则往往是对经营较为精通的人士，希望通过经营管理获得更大的利润。双方对管理结构的不同需求在有限合伙中都能得到确实的满足。

航海借贷这一旨在规避教会禁令的商业实践促成了康孟达这种独特的合伙形态，而这也同样撼动了商业领域中已经根深蒂固的合伙人应承担连带责任的债权理念。康孟达不以成员之间的亲近关系为要件，它使拥有资本却无心管理的投资者，可以因有限责任而大胆投资；它首次实现了资本所有权与经营权的适当分离，那些资金相对微薄之人，甚至下层教士们也能够参加到海外贸易中；它能在广泛的领域内聚集资本，从而推动了早期资本与实干管理者的有机结合。

事实上，11 世纪晚期和 12 世纪，新的法学为按照秩序和正义的新概念把各种商业关系制度化和系统化提供了一种构架。假如没有诸如流通汇票和有限责任合伙这些新的法律设计，没有对已经陈旧过时的商业习惯的改造，要求变化的其他经济社会压力就找不到出路。有限合伙的出现显然是当时投资需要和经济发展的双重产物。

世界上最早载入史册的风险投资成功案例应该是哥伦布发现新大陆，“哥伦布新大陆探险基金”采取的就是康孟达的形式。1492 年 4 月 17 日，哥伦布和西班牙女王伊莎贝拉签订了正式的“投资协议”——《圣塔菲协议》,该协议规定:行政上,女王封哥伦布为海军元帅,在探险中发现和占领的岛屿和陆地上,他将担任当地的总督;经济上,哥伦布可以从这些领地经营的黄金、珠宝、香料以及其他商品的收益中获取十分之一,并一概免税,还有权对一切开往那些占领地的船只收取八分之一的股份。另外,哥伦布所有的爵位、职位和权利都可由他的继承人世袭。风险投资家哥伦布从伊莎贝拉女王处获得了其允诺的所有物质和精神奖励。同时,作为风险投资家背后的投资者——女王及西班牙依靠这项成功的长期投资,收获更大。据统计,1502—1660 年,西班牙从美洲得到了 18 600 吨白银和 200 吨黄金。到 16 世纪末,世界金银总产量的 83%被西班牙占有,并且更为重要的是,伊莎贝拉女王的投资得到了一个新大陆——美洲大陆。

2. 有限合伙的发展——多种法律和经济因素的综合选择

之后,这种康孟达契约经营方式开始向两方面分化,一种发展为隐名合伙,即企业家对外承担权利义务,资本家则不显名,仅与企业保持内部契约的关系;另一种则演变为法国的两合公司,即资本家与企业家均显名,与企业家一同对外承担权利义务,但一方责任是无限的,另一方则是有限的。这种两合公司的形式随同法国探险者和殖民者传入美国,逐渐形成英美法上的有限合伙制度。有限合伙不仅设立简单(比如美国的《统一有限合伙法》规定:建立有限合伙只需要向州的相关机构递交相关的文件,取得证书即可,且该法 1985 年的修订版要求提交的文件更少),且其运作一般按照合伙协议进行,灵活性也很强。更为关键的是,由于人们向企业资本投资的决定在很大程度上取决于税收,而有限合伙恰恰具有公司所不能比拟的纳税方面的优势。如,根据德国的法律,普通商事合伙和有限合伙的合伙人,就其基于合伙份额获取的利润收入缴纳税金,合伙本身不需要缴纳所得税,但是合伙财务报告中所显示的年度赢利,必须包括在合伙人的报税单中;而在美国,对大多数投资者来说,最理想的商业组织形式是合伙的纳税优势和公司企业的有限责任特色的结合,有限合伙正是兼具了这两方面的优势。

3. 有限合伙的新生——多样化商业组织形态的需求

合伙虽然是一种古老的形式,但是它始终随着时代的步伐前进,从普通合伙到有限合伙,合伙跨越了从合伙人无限责任到有限责任的屏障;从民事合伙至商事合伙,合伙更适应交易主体稳定性的需要。而在当今时代,随着经济和科技的发展,为了最大限度地降低商业成本,合伙更是呈现出多样的形态,以适应人们多样化的商业需求。这一点尤其体现在有限合伙发达的美国。在颁布了《统一有限合伙法》之后,为了适应合伙人内部的不同责任要求,出现了有限责任合伙(LLP)。到 1997 年,美国几乎所有的州都颁布了有限责任合伙法。LLP 最主要的优势在于,它允许合伙仍然作为税收的“传导体”。但是,作为普通合伙形式存在的这种合伙又限制了合伙人无限责任的范围,尤其是在合伙制律师、会计师事务所中,采用这种方式,可以避免某一合伙人因为其他合伙人的过失以及不法行为承担连带责任,比如在得克萨斯州、北卡罗林那州等地区,法律免除无过失的合伙人对于合伙中因其他合伙人的过失、恶意等行为产生的侵权责任所应承担的连带赔偿义务。由于 LLP 的基本结构仍然是普通合伙,因此将普通合伙转换成 LLP 也是相当简单的。同时,在实践中还产生了有限责任有限合伙(LLLP),使有限合伙中的普通合伙人也可以承担有限责任。另外,在传统的公司形式之外,美国又在 1996 年通过了《有限责任公司法》。这种有限责任公司同样可以让股东承担有限责任,但是又可以以合伙方式纳税。可见,合伙内部责任的多样化需求使合伙的形态也丰富了起来,合伙在新需求的作用下得到了新生。

3.1.2 有限合伙制基金的特点

1. 有限合伙制基金的制度特征

有限合伙制风险投资基金是指按照有限合伙制组织形式设立的风险投资基金。有限合伙制是合伙企业的一种特殊形式,有限合伙企业是一个由普通合伙人和各种有限合伙人组成的法律实体。有限合伙制运作框架如图 3-1 所示。

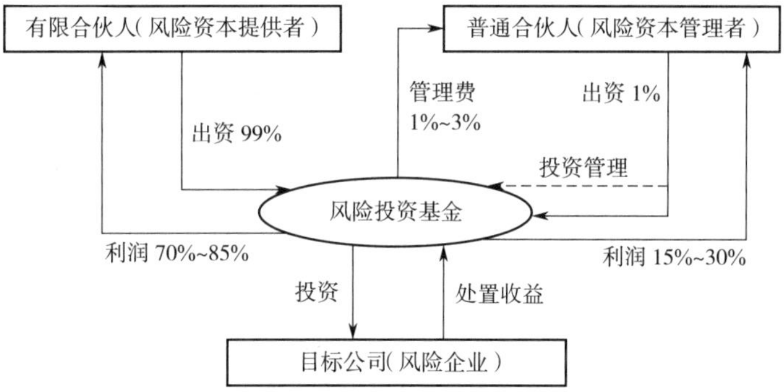

图 3-1 有限合伙制运作框架

一般情况下,有限合伙制基金由基金管理公司作为普通合伙人发起并管理,基金的其他投资者作为有限合伙人向基金投入资本。在基金成立后,由普通合伙人负责基金的运作和管理,并对基金承担无限责任。基金的其他投资者作为有限合伙人不能参与风险投资基金的投资运作和日常经营,同时,对基金承担有限责任。

1)有限合伙人与出资额

有限合伙人是有限合伙制风险投资基金的投资者,通常不需要承担合伙企业运作的法律责任,并且以自己的出资额对基金的损失承担连带责任。有限合伙人获得投资收益和税收优惠。

风险投资基金的有限合伙人一般是管理着大量资本的机构投资者或者是高净值的富裕家庭和个人。机构投资者主要包括公共或者私人养老基金、大学捐赠基金、保险公司和基金的基金等。每只基金拥有的有限合伙人的数量可能会有所差异。大多数风险投资基金有 10~30 个有限合伙人,但有些基金可能只有 1 个有限合伙人,也有些基金拥有多达 50 个有限合伙人。在我国,根据 2007 年 6 月 1 日修订的《中华人民共和国合伙企业法》,有限合伙企业由 2 个以上 50 个以下合伙人设立,至少有 1 个普通合伙人。

那些主要针对机构投资者而且规模较大的基金可能会将最小出资额定为 1 000 万~2 000 万美元,而一些针对富裕个人投资者的基金可能会设置一个较小的最低出资额,例如规定个人投资者对基金的最小出资额为 100 万美元。

2)出资比例

按照行业惯例,在有限合伙制下,通常有限合伙人负责提供风险投资所需要的主要资金,一般提供风险基金中的 99%,以实际出资额或者承诺出资额为上限承担有限责任。普通合伙人的投资承诺为基金募集资本的 1%,并对企业的运营风险承担无限责任。例如,对于一只资本规模为 1 亿美元的基金,普通合伙人的出资额为 100 万美元。为了证明自己对所建立的基金的信心,一些基金的普通合伙人可能会向基金投入更大份额的资金。例如, Chamath Palihapitiya 在募集一个规模为 3 亿美元的基金时，以普通合伙人的身份向其投入了 6 000 万美元，达到基金承诺资本的 20%。

3）管理费

普通合伙人通常会按照所管理基金的承诺资本的一定比例来提取基金管理费，这个比例一般为基金承诺资本的 2%~3%。基金日常运营的员工工资、房租与差旅开支都由管理费解决。

4）固定存续期

有限合伙制基金的基本特征是有固定的存续期，这也是它与公司制组织形式的最大差别。有限合伙企业的运营期限一般为 10 年，但不是固定的。根据有关调查，72%的有限合伙制基金的存续期是 10 年。另外，大多数有限合伙协议都带有延长存续期的条款。如果普通合伙人无法在存续期内完成全部投资项目的退出，那么经有限合伙人同意，可以在基金的存续期届满后再延长 3 个 1 年，从而使普通合伙人可以继续安排基金投资组合中的项目退出。

在一个典型的有限合伙制基金的存续期内，通常要经历基金募集、投资、投资后管理以及退出 4 个发展阶段，这 4 个阶段在时间上可能会有重叠。例如，在基金的投资阶段结束之前，可能已经有首批投资的项目开始退出。

（1）基金募集期。基金募集期是指从基金的发起人开始向投资者募集资金到基金封闭之间的过程。这个过程一般会持续 3~18 个月。在美国，募集规模为 5 000 万~2 亿美元的基金的平均募集期为 6~9 个月。

（2）投资期。在投资者完成对基金的首次出资后，普通合伙人就可以开始寻找符合基金投资策略的项目并对其进行投资。基金的投资期一般是基金成立后的 3~5 年。在投资期内，基金每年都会投资 2~15 个项目，并在 3~5 年内将基金的承诺资本全部投出去，从而建立起基金的投资组合。

（3）投资后管理期。在对一个项目进行投资后，普通合伙人会持续关注被投资企业的经营和发展状况，并为它们提供增值服务，包括帮助企业制定发展战略、提供指导和建议、帮助企业招募核心管理团队的成员、介绍顾客和商业合作伙伴、安排后续融资以及设计退出方案等。这个阶段通常会持续 3~7 年。

（4）退出期。退出期一般是指基金的存续期满前的 2~3 年。在这个阶段，普通合伙人将会积极着手引导基金投资组合中的项目采取上市和并购等方式退出。随着基金投资组合中的项目开始退出，基金的现金流和投资收益将会逐步转正。最后，普通合伙人将组织对基金的清算，并将资本及其投资收益返还给投资者。

5）分期出资

有限合伙制基金采取承诺资本制度。承诺资本是在基金封闭时投资者所承诺的对基金的全部出资额。在承诺资本出资制度下，投资者在基金封闭之前将承诺为基金提供一定数量的资本，但他们并不需要在基金设立时就将自己承诺提供的出资全部到位，而是可以在基金成立后再将自己承诺的出资分期到位。

投资者的分期出资过程一般可以分为首次出资和后续出资。在基金封闭时，投资者将投入自己的首次出资额，它通常为承诺资本的 10%~30%，其余的出资额需要在投资协议所约定的某个期限内到位，或者是根据普通合伙人寻找投资机会的进展情况及其催款通知分期到位。基金的全部承诺资本一般在基金成立后 3~5 年全部到位。

6)管理模式

根据有关法律规定,有限合伙企业由普通合伙人执行合伙事务,有限合伙人不参与管理合伙事务。一般来说,有限合伙制基金由普通合伙人全面负责基金的运作管理及投资业务。在有限合伙制基金中,投资者担任有限合伙人,他们不参与基金的投资运作和管理,并按他们持有的基金所有权承担有限责任。虽然有限合伙人不参与企业的经营管理和投资决策,但他们可以对普通合伙人的行为进行监督。

有限合伙制基金的普通合伙人一般由基金管理公司担任,它们将全面负责基金的投资运作和管理,并对合伙企业的债务承担无限连带责任。在基金成立后,普通合伙人将负责组建基金的投资管理团队。投资管理团队一般由拥有行业背景和丰富投资经验的风险投资家或其他专业投资人士组成,他们负责寻找投资机会,对投资项目进行筛选和尽职调查,做出投资决策,并在投资后对项目进行监控和管理,为其提供增值服务,直到退出。

7)投资收益分成

按照行业惯例,在将所有的原始投资归还投资者,并且在投资者分得优先回报之后,有限合伙制基金的投资收益将按照80/20的比例在投资者和风险投资家之间进行分配,即风险投资家分得20%的投资利润,投资者分得80%的投资利润。普通合伙人所获得的投资收益分成一般是基金投资利润的20%,又称为附带权益。根据有关统计,目前有95%的基金给予普通合伙人20%的投资收益,其余的基金中,普通合伙人获取的投资收益占比为15%~30%。

普通合伙人的报酬,除了上述20%投资收益的变动报酬部分,还有固定报酬部分。固定报酬可按照风险资本总额的2%收取管理费("东海岸交易"),也可以是已投出资金的一个百分比("西海岸交易")。也就是说,普通合伙人虽然只投入了资金的1%,却享有15%~30%的投资收益提成。普通合伙人相当于用1%的资金投入换取了可高达30%的企业股权,这主要是因为普通合伙人付出了艰辛的劳动,可认为是普通合伙人知识资本(专业特长、经验和业绩)的注入,从而要求相应的资本权力(剩余索取权)。这种分配形式,使普通合伙人有从事能增加其利润提成价值活动的动力,这种行为的预期效果是能为有限合伙人带来更多的财富,从而普通合伙人的利益与有限合伙人的利益相互一致起来。

有限合伙制基金投资收益分配的步骤如下。

(1)将投资者的全部投资返还投资者。

(2)投资者获得门槛收益,门槛收益又称为优先回报。按照事先确定的门槛收益率计算,风险投资基金的门槛收益率一般为6%~12%。

(3)基金投资收益的剩余部分按照80/20的比例在投资者和风险投资家之间进行。

有限合伙制基金除了在税制上避免了双重征税,主要是设计出了一套精巧的"同股不同权"的分配制度,实现了出钱与出力的和谐统一,极大地促进了风险投资基金的发展。

2. 有限合伙制成为风险投资主流组织形式的原因

1)混合责任与风险隔离

从法律层面看,有限合伙的架构下同时存在有限责任和无限责任,混合的责任制度是其最大的特征。有限合伙集有限责任与无限责任于一身,具有普通合伙与公司法人所不能同时拥有的特殊优势,这就决定了有限合伙是如今现有的所有企业组织形式中最有利于高风险投资的组织形式。其原因有如下两点。第一,有限合伙的二元责任制度迎合了不同投资主体的需求。在有限合伙中,风险投资家往往个人财产不多,无限责任对他们的影响不大。他们作为普通合伙人参加合伙，对合伙的出资一般在1%左右，而一旦投资成功，他们可以获得20%的利润，有时甚至可以得到他们投资的几十倍甚至几百倍回报，因此他们投资的积极性一般较高。加之无限责任存在的风险，使得风险投资家必定会尽力尽责地去从事合伙企业的经营和管理。资金的拥有者作为有限合伙人参加合伙，对合伙的债务以其出资为限承担有限责任，与个人的其他财产无关，这使得投资者可以将其风险控制在可预期的范围内，从而起到风险隔离的作用。同时对普通合伙人又比较放心，因此乐意采用有限合伙的组织形式。第二，有限合伙的管理结构适应了风险投资的需要。在有限合伙中，有限合伙人不参加合伙事务的经营和管理，而由普通合伙人从事合伙事务的经营和管理，因此有限合伙的经营管理权相对集中，并且专业化程度比较高。同时，有限合伙的组织结构也较简单，不像公司那样需要股东会、董事会、监事会等组织机构，因此合伙事务的决策程序也简单、灵活。正是因为有限合伙的经营管理权相对集中、灵活、高效，适应了瞬息万变的市场和高新技术产业发展的要求，才使得有限合伙这一企业组织形式充满了活力与生机。

有限合伙所包含的人资两合的特点与有限责任和无限责任的结合，使其能满足不同投资者的不同需求，因此自其创设起便受到了投资家们的青睐。

2）管理权与控制权的稳定

普通合伙人在有限合伙关系中有着稳定的管理权与控制权。

（1）有限合伙人所持有的财产份额如果发生转让，并不意味着企业资产控制权的变更。在这一点上，有限合伙和公司有着巨大的区别。有限合伙的一个重大特征就是普通合伙人对企业资产进行管理，因此有限合伙制度将企业的管理问题和控制问题彻底分开。所谓管理权主要包括制定企业发展计划和处置企业资产的权力。除非有限合伙人能够免除掉普通合伙人，否则有限合伙人的权益就必然直接受到普通合伙人所做出的经营决策的影响。

（2）普通合伙人在有限合伙关系中既是出资人也是管理人。因为普通合伙人所签订的投资协议包含着管理权，而管理权条款通常会规定：如果普通合伙人的管理权被剥夺，那么他所拥有的全部财产性权益应当被全部收购或者由企业给予相当的赔偿。

（3）因为普通合伙人对企业债务负有个人责任，这种个人责任蕴含着对企业债务的担保，所以如果发生免除普通合伙人职务的问题，其他问题也将被牵动出来。如果免除普通合伙人的管理地位，普通合伙人必然坚持合伙协议要豁免他的责任，或者要求新的普通合伙人替代他的责任。普通合伙人的免职必然会引起所担保债务的损失，因为债务担保是有限合伙关系的基础，所以如果发生免职的情况，合伙关系必须更换担保。合伙企业必须继续拥有至少一名普通合伙人，如果被免职的合伙人是唯一的普通合伙人，那么有限合伙的基础也就不复存在了。

3）税收优惠

有限合伙企业不具备独立的法人资格，它的兴起受益于政府支持。这主要体现在税收优惠上，政府对有限合伙的收益不征收企业所得税，因而能避免双重纳税，具有税负优势。有限责任公司的经营利润需缴纳企业所得税，分红时自然人股东取得的收益还应缴纳个人所得税，双重征税使得投资人到手的收益缴纳了两次税。有限合伙企业不作为纳税主体，遵从“先分后税”的原则，投资收益分配至投资人，而后按投资人的身份收个人所得税或企业所得税。有限合伙企业只对从企业分得收益的合伙人征税，企业自身不用缴纳企业所得税。因此从税负的角度考虑，投资人通过合伙企业对外投资时能获取更多收益。另外，若有限合伙企业将所投资企业的证券分配给合伙人时，合伙人不必立刻缴纳所得税，而是等该证券最后出售时才会发生税收,从而起到递延纳税的作用。

对于以股权增值产生资本利得为主要收入来源的风险投资企业,采用有限合伙制的税收优势更加明显。持有的股份增值后,有限责任公司在对外转让时应按照转让股权的差价计入投资收益缴纳企业所得税,其投资人(自然人)取得分红后仍需缴纳个人所得税。而有限合伙企业的投资人只需缴纳个人所得税,从而避免了重复征税。

4)便捷的退出通道

根据有限合伙的法律规定,有限合伙人可以将合伙权利转让,这比普通合伙中合伙权益转让方便得多,尤其是各国的有限合伙立法都规定有限合伙不因为其中一名有限合伙人的死亡或终止而终止,保证了有限合伙的持续性。而作为风险投资的一个重要特征是不以追求产品的利润实现回报而是以股利转让一次性退出获得高额利润。风险资本在持有创业股权的同时,就要考虑如何退出投资企业,取得高额回报后,再进行新的投资活动。因此,无论是风险投资机构还是风险资本投资者都要考虑一个便捷的退出通道,使资金安全的退出。如果采用有限合伙形式,风险投资者可以根据企业的发展情况随时将合伙权益售出,这就为合伙人认为需要撤出其投资时提供一条方便的道路,而合伙权利的转让也可以不影响有限合伙的继续存在。

理想的投资人结构组合、顺畅的投资退出渠道和机制、合理的单层税收原则、最开放的投资人范围以及无需繁复的行政审批,使得有限合伙企业在风险投资领域得到了广泛认可和应用。

3.1.3 有限合伙制协议

有限合伙协议(Limited Partnership Agreement, LPA)是风险投资基金重要的法律文书,它直接确定了 GP 与 LP 的权利与义务,以及 LP 如何保护自己的权益,GP 如何承担自己的责任。有限合伙协议内容主要包括明确 GP 与 LP 的权利与义务的各类合同条款。对于 LP 来说,一些条款如 GP 出资比例、管理费、投资收益分成、关键人、基金的“三会”、限制性合同等条款都是涉及 LP 与 GP 利益分配及约束的关键条款,这里主要对有限合伙协议中这些关键条款进行介绍。

1.GP 出资比例条款

在一份标准的有限合伙协议(LPA)中,通常会有关于认缴出资的条款,约定普通合伙人(GP)认缴有限合伙基金总认缴出资额的百分比。在美元等外资有限合伙制基金协议中, GP 出资比例通常为 1%。

1)GP 出资的原因

VC/PE 业界常说的有限合伙制的股权基金“标准的、通常的”GP 出资比例是 1%,是来自美国早期的《合伙企业法》中的一个规定,要求 GP 的承诺出资额占基金总额的 1%甚至更多。但现在,美国各州《合伙企业法》已经对 GP 的最低出资比例没有强制性要求了。GP 的承诺出资仅在现行美国税法下有一定的要求,即 GP 在基金中有“一定的”出资,其收益分成才能获得长期资本利得的税收待遇。

GP 在有限合伙制基金中的承诺出资是确保 GP 与 LP 之间利益一致性的重要手段。主要考虑因素包括如下两点。

(1)GP 的承诺出资额体现了 GP 的资金实力(间接体现 GP 的赚钱能力、基金运营能力)、偿债能力甚至是募集基金的诚意。

(2)股权投资是高风险的投资活动,整个基金运作都由GP来操作,为防止GP损害LP的权益,从事轻率的投资, GP投入1%的资金,可以从某种程度上起到一定的钳制作用。在GP出资后,一旦因基金投资失败导致LP的出资无法收回时, GP的出资也同样会遭受损失,甚至损失更大。另外,根据有限合伙的特性, GP还要对基金的债务承担无限责任。通过出资和无限责任,使得GP的利益与他们的责任紧密结合。尽管从比例上看, 1%是很小的比例,但GP要管理的资金通常比较庞大,因此对应的金额也会很可观。GP努力工作的热情会被这个机制有效地激发出来,同时也会兼顾审慎经营、控制风险。GP在最大化自身收益的同时,最大化LP的利益也得以实现,委托人(LP)和代理人(GP)之间的道德风险问题得到了有效防范。

对于新成立的基金,或者是实力和资历较弱的GP,有时因出资比较困难,会放弃收取其部分或全部管理费,以此来充抵GP的出资。但通常LP对GP完全以管理费充抵出资的方式比较抵制,因为这种情况下, GP或GP中的关键人物并未将其自身财产投入基金中,而且用管理费充抵GP出资也可能与LP的出资不同步,影响GP与LP利益的一致性。

2)人民币基金的GP出资

对于有限合伙制的人民币基金来说,国际通行的GP出资承诺理由同样适用于人民币基金的GP,但国际惯例中并没有一个固定的比例标准,而且即便有固定的标准,也未必完全适用于人民币基金的情况。尽管1%这个比例是个行业"标准",但也有一些业绩很好的GP愿意承担更高的出资比例。由于国内的信用体系尚不完善,人民币基金的LP(尤其是政府背景的LP)通常希望GP有更多的出资。全国社保基金有关负责人就曾表示,他们希望与其合作的GP,能够兑现一个高于1%的出资比例。在人民币基金的实际募集过程中,有部分GP的出资比例高于1%,比如2%、5%甚至10%。

人民币基金GP出资比例的提高,蕴含了至少两层含义:其一,表明GP负责任的态度,自己愿意多出资,与LP共同分担可能的风险;其二,表明GP对自己投资能力有信心,如果将来基金获得收益,自己可以获得更多收益(GP出资额超过1%时,利润分成比例可能超过20%)。

总之, GP的承诺出资,归根结底是保持GP与LP的利益一致性,是降低风险的手段。国内LP可以在实践中探索比较合适的GP出资比例,在对GP的业绩记录、投资管理能力等方面综合衡量后做出审慎判断。在判断GP出资的多少时,既要衡量GP出资的绝对值,也要考察GP出资占基金总额的比例,以及GP中关键人物个人财产的出资情况。同时,还应当配合使用管理费、投资人顾问委员会等其他关键条款。

2. 管理费条款

管理费是GP收入的一项重要组成部分,由GP按照LP对基金承诺资本的比例向后者收取,用来支付GP在基金运营中产生的费用和成本。

GP与LP在确定管理费的收费标准时,主要的考虑因素包括: GP的既往业绩、基金规模、计算基金管理费的基数、是否约定在基金存续期的不同阶段返还基金管理费、给予LP优先回报的标准、给予GP业绩奖励的标准等。

1)管理费的比例

就管理费的比例来说,国际上每年一般在1.5%~2.0%之间(在每季度或每年开始时提前支取)。通常新设立基金的收取比例会相对低一些,而一些既往业绩较好的基金则会高一些,可达2.5%。

2)管理费的收取方式

就管理费的收取方式来说,目前国际上比较常用的有如下三种方式。

(1)收取固定比例管理费。即在 VC/PE 基金的整个生命周期,每年/季按 LP 实际或者承诺出资额收取固定比例的费用。如果按照实际出资额收取固定比例的费用,则在初期资金尚未完全到位时, GP 收取的管理费偏少;而在投资期之后, GP 收取的管理费则偏高。如果按照承诺出资额收取固定比例管理费的话,则 GP 收取的管理费总体数额偏高,因此它是 LP 最为不满的管理费支付方式,采用该种方式的基金越来越少。

(2)管理费比例随基金生命周期递减。在基金存续期间,随着 LP 最初的承诺资本逐渐以投资回报的方式收回, GP 管理的资本量也随之减少;此外,与基金投资阶段相比,在基金收益分配和管理期阶段 GP 的工作量是不同的,因此 GP 收取的管理费按比例减少,但在降低到某个比例后不再减少。例如,在某个实例中,从基金存续的第五年开始,管理费按原始收取比例逐年递减 0.2%,但在降低到 1.0%后则不再减少。也就是说,如果管理费的原始收取比例是每年 2.0%,那么自第五年开始每年递减 0.2%,到第十年降低到总承诺资本的 1.0%,之后将不再减少。如果 GP 在募集新基金,他们也可能在现有基金存续期的最后几年免收管理费。

(3)在基金的不同阶段收取不同比例的管理费。基金的生命周期大致可分为两个阶段:投资期和管理期。投资期通常为 3~5 年,之后即为管理期(一般会在协议条款中注明)。在投资期内, GP 按承诺出资额收取固定比例的管理费;投资期结束后, GP 按未退出项目的投资额收取固定比例的管理费。这种方式根据基金管理人管理和运作基金的效率,计算相应的管理费,可提高 GP 的投资效率。

3. 投资收益分成条款

GP 的报酬主要由两部分构成:一部分是上面介绍的管理费;另外一部分是投资收益分成,即 GP 可以获得基金收益一定比例的业绩报酬。

1)收益分成比例

国际上, GP 享有的收益分成比例通常为基金净收益的 20%。顶级 GP 可能获得更高的分成比例,最高可达 30%。这种与业绩挂钩的机制能够有效激励 GP 争取基金收益的最大化。通常,只有当基金达到事先约定的门槛收益率时,GP 才能参与收益分成。

门槛收益率又称优先回报率,根据以往的经验总结发现,不同 LPA 的门槛收益率基本在 5%~10%之间,其中母基金的门槛收益率在 9%左右。基金的实际收益率低于门槛收益率时, GP 无权提取业绩提成,当基金取得并实现了超过门槛收益率的投资收益,GP 才可分配业绩提成。门槛收益率是 LPA 中的重要条款,可以更好地激发 GP 的投资动力,保证 LP 的投资收益。门槛收益率具体设置为多少比较合适尚没有定论,行业通则门槛收益率是 8%。通常门槛收益率高于 8%,可从侧面评价出 GP 的投资实力。

2)收益分配方式

收益分配方式上,VC 基金和 PE 基金存在着差别,主要有如下两种分配方式。

(1)按基金整体收益分配。

按基金整体收益分配是指按照基金整体的退出情况来进行收益的计算,又称之为欧洲模式、本金优先返还模式。

VC 基金更倾向于这种分配方式。VC 基金的规模相对较小,一般向高风险、高回报的企业进行投资,并且投资项目也较多。这种方式不但可以平衡各个投资项目的业绩,而且也便于管理。采用这种分配方式的基金一般约定，必须先回收投资本金，产生净盈利且基金业绩达到门槛收益率的情况下，GP 才能参与收益分成。

（2）按单个投资项目收益分配。

按单个投资项目收益分配是指按照单一投资项目的退出情况来进行收益的计算，又称之为美国模式，按项目分配模式。

与 VC 基金相比，PE 基金的投资规模大，投资项目数量却少得多，更倾向于按单个投资项目收益进行分成的方式。采用这种分配方式，管理团队成员在基金结束之前就能够获得项目的收益分成。

但这种分配方式也存在着基金管理上的不便之处。一是虽然这种方式按单个项目进行收益分成，但通常还是要扣除基金运营本身的成本，如管理费和其他费用等，如果基金整体亏损的话，也同样要从收益分成中进行相应的扣除，以补偿给 LP；二是仍然要根据全部投资项目情况计算基金整体业绩，有时候甚至会触发回拨机制。

回拨机制（Claw backs），也被称为抓回条款，“Claw back”就是描述熊爪往回拨拢的那个动作姿态，衍生后常用于证券、金融等领域，逐步成为一个专用术语，特指“取回已经支付的金钱”。当按照单个投资项目进行收益分配时，很容易遇上的一种情况是：基金头几年的项目退出状况比较好，GP 按照好的业绩已经提取了业绩报酬，但后几年的项目产生了亏损，导致基金清算时发现实际上基金无法满足门槛收益率的要求，甚或基金整体不存在任何收益，这时便意味着 GP 之前已经计提并提取的业绩报酬的行为是“错误的”。因此，为了纠正这一“错误”，通过“回拨机制”，要求 GP 将多收取的业绩报酬向基金予以退还。

因此，在设计分配结构时，一些基金会采用预留保证金的方式。即按单个投资项目分配收益分成，同时 GP 将预留部分收益分成作为保证金，在其他项目亏损时用于补亏。这是一种比较常见的分配结构，预留的保证金一般占项目收益分成的 40%~50%。

此外，某些有限合伙协议会对收益分成做一些特殊规定，以确保 LP 的利益，如：

①要求 GP 先返回 LP 的原始出资和之前收取的管理费后，才能参与收益分成；

②要求 GP 先返回 LP 的原始出资、管理费，并且达到门槛收益率后，才能参与收益分成；

③要求 GP 先返回 LP 的原始出资和管理费并且扣除优先回报后，才计算收益分成。

4. 关键人条款

在 LP 选择基金时，往往选择的是值得信赖的投资团队。在该团队发生重大变化时，LP 可能就要考虑是否还要继续投资这只基金。针对这一问题，LPA 中通常会设置一个“关键人”条款，使得 LP 在关键人事件触发时，有机会重新考虑他们的认购决定。关键人条款通常会约定关键人的范围、关键人的要求和关键人事件等。

关键人物的退出、离开或者更换，可能会对基金运作产生重大影响。关键人一般是指在基金募集、项目获取、投资决策、增值服务、投资退出等重要环节发挥关键性作用的团队核心成员。因此，关键人条款通常是风险投资基金有限合伙协议的必备条款。不同协议对关键人条款的规定有所不同，一般而言是指关键人在整个基金存续期间不得离开，否则 LP 有权要求中止对基金的出资承诺和进行后续投资，若未能在规定期限内就替代人选达成协议，基金将解散并进行清算。关键人可以有一名或多名，人数不同也会影响协议的具体规定；若有多名关键人，即便其中一人离职，也不一定会对基金运作产生很大影响。然而也有例外的情况，如果遇到同一人在多只、多地基金申报同时作为基金关键人的现象，就会出现关键人精力分散的问题，给基金的运营带来一定风险。

5. 基金“三会”条款

在风险投资基金的管理中，普通合伙人 GP 负责日常经营管理事务，基金事务中还有其他一些不太适合由 GP 单独决定的事项，或根据《中华人民共和国合伙企业法》《合伙协议》等约定应当由 LP 决定的事项。因此，根据国内外风险投资的经验和实践，逐渐形成了基金治理中的“三会”机制——投资决策委员会、咨询（顾问）委员会和合伙人会议。

投资决策委员会，顾名思义，指负责基金投资决策事项的议事机构，通常包括对投资事项的决策，也包括对退出事项的决策，部分 LPA 中还会赋予投资决策委员会一些经营管理的权限。

咨询委员会，又称顾问委员会、投资咨询委员会等，通常由多名 LP，或 GP 和 LP 共同组成，主要负责一些不适宜由 GP 单独决定的事项，如利益冲突事项等。

合伙人会议，由合伙企业全体合伙人共同组成，主要依照《中华人民共和国合伙企业法》规定及《合伙协议》约定对特定事项进行决策。

6. 限制性合同条款

风险投资合伙协议中，每一种限制性条款都同普通合伙人可能进行的机会主义行为相联系，并且限制性条款的数目会随基金潜在代理问题和风险投资服务供求的变化而变化。也就是说限制性合同设计的目的就是为了解决不同类型的潜在代理问题。一般来讲，风险投资合伙协议中的限制条款可以分成三大类：与全面基金管理有关的限制性合同条款，与普通合伙人行为有关的限制性合同条款和对投资类型加以限制的限制性合同条款。这三大类条款又可细分为 14 类主要的限制性条款。

1）与全面基金管理有关的限制性合同条款

与全面基金管理有关的限制性合同条款可分以下四类。

（1）限定对单一创业企业的投资额。这一限制性条款通常都会规定一个“集中度限额”，限制基金投资于单一公司的资金比例，即单一创业企业的投资额占基金承付资本的最高百分比。另外一种表述方法是基金资产当前价值的一定百分比。这种限制可以防止基金对一家企业已经投入了大量资金后，还在这家公司花费过多的时间和资金。另外一个担忧在于普通合伙人可能会追求高风险策略，将大量资金投资于陷入困境的公司。从 GP 的角度来看，这种行为是合理的。因为在一般情况下，只有在 LP 完全收回其初始投资后，GP 才能得到收益分成。因此，可以将 GP 的收益分成视为一个买入期权，即有权但无义务在未来按照设定的价格买入一项金融资产。在这种情况下，这项资产为投资组合的未来价值。如果投资组合出现亏损，GP 的收益分成没有任何价值，但他们也不会为损失承担责任。而如果投资组合价值上升，他们可以获得 20%的资本利得。因此，随着投资组合风险的增加，收益分成期权的价值可能会增加。实现这种可能的一种方式是投资于风险更高的公司；另一种方式是集中投资于单一一家公司。当然对于 GP 来说，如果把所有的资金都投资于某家高风险公司而损失了整只基金，那这位 GP 将很难再次募集另一只基金，这在一定程度上限制了上述行为的发生。有限合伙企业通常会采取两种方式来提高“集中度限额”的规定比例，一种是征得 LP 顾问委员会的批准，另一种是允许 LP 对交易进行联合投资。

（2）限制债务的用途。由于 GP 的收益分成可以被视为一种期权，因此 GP 作为期权持有人可能会试图通过杠杆来增加其投资组合回报的变化。增大投资组合的风险将会增加他们所持有的看涨期权的价值,但这可能会损害投资者的利益,因此合伙协议往往会限制风险投资家擅自举债或为所投资企业的债务提供担保(可以等同于直接借贷)。如果允许借债,合伙协议把债务限制在承付资本或资产的一定百分比之内,在某些情况下还会限制债务的期限,以保证所借债务是短期的。

(3)限制风险投资机构对筹集时间不同的基金进行共同投资。许多风险投资机构管理着数只成立时间相隔数年的基金,这有可能导致机会主义行为。例如,一家风险投资机构的第一只基金投资于一个遇到困难的创业企业,普通合伙人可能会将第二只基金的资金也投到这个企业,企图挽救其先前的投资。为了筹集第三只基金,风险投资家可能会歪曲第一只基金的回报以吸引投资者。许多风险投资基金都会抬高它们上一轮所投资的企业相对于所投资资本的价值。通过将第二只基金的资金投入到第一只基金所投资的、夸大价值的企业中,风险投资家就可以(暂时)夸大第一只基金的报告业绩。所以第二只基金或其后基金的风险投资合伙协议要求基金顾问委员会对这类投资进行评审,或者规定这类投资必须征得大多数有限合伙人的同意。还有一种做法是,只有当一个或多个非附属风险投资机构对这一估价进行评估时,该项投资才可进行。

(4)限制用利润进行再投资。对于将利润进行再投资,而不是向 LP 分配,GP 可能有这么几个理由。首先,很多 GP 收取管理费是基于管理资产的价值或调整后的承诺资本(资本扣除分配的利润)进行的。利润的分配将会减少管理费。其次,资本利得再投资会为 GP 和 LP 创造更多的利润。所以 GP 可能将资本利得进行再投资,而不是将其分配给 LP。一种方法是,利润再投资需征得顾问委员会或有限合伙人的同意。另一种方法是,在一定日期之后或投资额超过承付资本的一定百分比之后,利润将被禁止用于再投资。

2)与普通合伙人行为有关的限制性合同条款

与普通合伙人行为有关的限制性合同条款分为如下五类。

(1)限制普通合伙人将个人资金投入创业企业。

如果合伙人对筛选出的创业企业进行个人投资,那么他们就会把过多的时间花在这些企业上,一旦这些企业陷入困境,他们也不会及时终止投资。

(2)限制普通合伙人合伙股权的出售。

为了不承担所选择投资项目的风险,普通合伙人可能将他们占有的基金权益份额转售给其他投资人。有限合伙人担心这样会减少普通合伙人监控投资项目的激励因素,因此合伙协议会明确禁止普通合伙人转售权益,或者要求这种转售必须征得大多数有限合伙人的同意。

(3)限制筹集新基金。

筹集新的基金会增加风险投资家的管理费用收入,但会减少风险投资家对原有基金的关注。风险投资合伙协议可以规定在现有基金资本的一定百分比(例如 50%)被投出之前或在一定日期之前,禁止普通合伙人筹集新的基金或限定筹集基金的规模和用途。

(4)限制普通合伙人的外部活动。

因为外部活动有可能会分散普通合伙人对投资项目的注意力,所以风险投资家会被要求将其大部分时间用于有限合伙的投资事业,或被限制参与不属于风险投资基金所投资的企业。

(5)限制增加新的普通合伙人。

吸引一些经验不够丰富的普通合伙人加入,创业企业家的压力将会减轻,但管理质量可能会下降,所以许多基金规定新的普通合伙人的加入必须经过顾问委员会或一定比例的有限合伙人的同意。

3)对投资类型加以限制的限制性合同条款

对投资类型加以限制的限制性合同条款可分为如下五类。

(1)对向其他风险投资基金投资的限制。

(2)对公共证券投资的限制。

(3)对杠杆收购投资的限制。

(4)对外国证券投资的限制。

(5)对其他资产投资的限制。

这类限制性条款的构成一般比较相似,即基金对某一类资产的投资不能超过资本或资产价值的一定比例,如有例外也须先征得顾问委员会或一定比例的有限合伙人的同意。对投资的这些限制是出于如下两种担忧。

(1)与其他类资产的其他投资者相比,普通合伙人所得回报可能过高。例如,投资于公共证券的普通基金经理收取的年费用为资产的 0.5%;而风险投资家所得为利润的 10%~30%,再加上相当于资本额 2.5%的年费用。所以,有限合伙人试图限制风险投资家投资于公共证券。类似的,典型的投资经理(投资顾问)一般收取相当于资本额 1%的一次性费用,作为将机构资金投资于风险投资基金的回报,因而合伙协议条款通常还限制普通合伙人将资本投入其他风险投资基金。

(2)普通合伙人会选择他们所不熟悉的资产类型进行投资以获取经验。

3.2 有限合伙制在我国的发展

3.2.1 我国对有限合伙制的法律规定

我国于 2007 年 6 月 1 日实施了新的《中华人民共和国合伙企业法》,对有限合伙企业进行了界定,确定了"有限合伙"这一组织形式在我国的合法地位。

有限合伙企业是指由一个以上的普通合伙人和一个以上的有限合伙人共同设立的合伙企业。换言之,有限合伙企业中至少有一个普通合伙人和至少有一个有限合伙人,否则就不能成为有限合伙。

1. 有限合伙企业的设立

根据《中华人民共和国合伙企业法》的规定,国有独资公司、国有企业、上市公司以及公益性的事业单位、社会团体不得成为普通合伙人。

有限合伙企业由二个以上五十个以下合伙人设立;但是,法律另有规定的除外。有限合伙企业至少应当有一个普通合伙人。

有限合伙企业的名称中应当标明"有限合伙"字样,普通合伙企业名称中应当标明"普通合伙"字样,两者以示区别。

有限合伙企业的合伙协议除需要记载普通合伙企业协议应当载明的事项,还需要载明以下特殊事项:

(1)执行事务合伙人应具备的条件和选择程序;

(2)执行事务合伙人的权限与违约处理办法;

(3)执行事务合伙人的除名条件和更换程序;

（4）有限合伙人入伙、退伙的条件、程序以及相关责任；

（5）有限合伙人和普通合伙人相互转变程序。

有限合伙人可以用货币、实物、知识产权、土地使用权或者其他财产权利作价出资，有限合伙人不得以劳务出资。这是有限合伙人与普通合伙人在出资方式上的唯一差别。

有限合伙企业登记事项中应当载明有限合伙人的姓名或者名称及认缴的出资数额。

2. 有限合伙企业的事务执行

有限合伙企业由普通合伙人执行合伙事务。执行事务合伙人可以要求在合伙协议中确定执行事务的报酬及报酬提取方式。有限合伙人不执行合伙事务，也不得对外代表有限合伙企业。这是有限合伙企业与普通合伙企业的重大区别。在普通合伙企业中，任何一个合伙人都有权执行合伙事务，都有权对外代表合伙企业，其地位是完全平等的。

有限合伙人的下列行为不视为执行合伙事务：

（1）参与决定普通合伙人入伙、退伙；

（2）对企业的经营管理提出建议；

（3）参与选择承办有限合伙企业审计业务的会计师事务所；

（4）获取经审计的有限合伙企业财务会计报告；

（5）对涉及自身利益的情况，查阅有限合伙企业财务会计账簿等财务资料；

（6）在有限合伙企业中的利益受到侵害时，向有责任的合伙人主张权利或者提起诉讼；

（7）执行事务合伙人怠于行使权利时，督促其行使权利或者为了本企业的利益以自己的名义提起诉讼；

（8）依法为本企业提供担保。

“安全港”规则对有限合伙人在合伙企业中可以从事或参与的合伙企业事务进行了界定和明确，即有限合伙人在从事或参与“安全港”范围之内的事项不会被视为参与合伙企业的经营管理或对合伙企业进行控制，进而导致其丧失有限责任的保护。因此，“安全港”规则为有限合伙人承担有限责任与享有管理权限的边界划分提供了明确指引。上述的八类事项可以视为有限合伙人的“安全港”条款。

3. 有限合伙人的特殊权利

（1）有限合伙人仅以其认缴的出资额为限对合伙企业的债务承担责任，而普通合伙人需要对合伙企业债务承担无限连带责任。新入伙的有限合伙人对入伙前合伙企业的债务也是以其认缴的出资额为限承担责任。

（2）除非合伙协议另有约定，有限合伙企业不得将全部利润分配给部分合伙人。

（3）除非合伙协议另有约定，有限合伙人可以同本有限合伙企业进行交易，而普通合伙人通常是不可以的，除非合伙协议另有约定或者经过全体合伙人的同意。

（4）除非合伙协议另有约定，有限合伙人可以自营或者同他人合作经营与本有限合伙企业相竞争的业务，而普通合伙人是不可以的。

（5）除非合伙协议另有约定，有限合伙人可以将其在有限合伙企业中的财产份额出质，而普通合伙人须经其他合伙人一致同意方可将其在合伙企业中的财产份额出质。

（6）有限合伙人可以按照合伙协议的约定向合伙人以外的人转让其在合伙企业中的财产份额，但应当提前三十日通知其他合伙人。而普通合伙人对外转让财产份额时须经其他合伙人一致同意，除非合伙协议另有约定。

（7）有限合伙人的自有财产不足清偿其与合伙企业无关的债务的，该合伙人可以以其从有限合伙企业中分取的收益用于清偿；债权人也可以依法请求人民法院强制执行该合伙人在有限合伙企业中的财产份额用于清偿。人民法院强制执行有限合伙人的财产份额时，应当通知全体合伙人。在同等条件下，其他合伙人有优先购买权。

（8）作为有限合伙人的自然人在有限合伙企业存续期间丧失民事行为能力的，其他合伙人不得因此要求其退伙。而普通合伙人若丧失民事行为能力，除非经得全体合伙人一致同意，否则只能做退伙处理。

4. 表见普通合伙

表见普通合伙是指有限合伙人仅以其认缴的出资额为限对合伙企业债务承担责任。但是，如果有限合伙人的行为足以使得第三人合理信赖其为普通合伙人时，则有限合伙人得承担普通合伙人的责任，即承担无限连带责任。《中华人民共和国合伙企业法》规定：第三人有理由相信有限合伙人为普通合伙人并与其交易的，该有限合伙人对该笔交易承担与普通合伙人同样的责任。但这一规定明确表见普通合伙仅适用于该笔特定的情形，而非从合伙人地位上完全否认有限合伙人的身份，对其他不构成表见普通合伙的情形，有限合伙人仍旧承担有限责任。

5. 有限合伙与普通合伙的转换

（1）当有限合伙企业仅剩普通合伙人时，有限合伙企业转为普通合伙企业，并应当进行相应的变更登记。

（2）当有限合伙企业仅剩有限合伙人时，则该企业不再是合伙企业，故应解散。

（3）经全体合伙人一致同意，普通合伙人可以转变为有限合伙人，有限合伙人可以转变为普通合伙人。有限合伙人转变为普通合伙人的，对其作为有限合伙人期间合伙企业发生的债务承担无限连带责任；普通合伙人转变为有限合伙人的，对其作为普通合伙人期间合伙企业发生的债务承担无限连带责任。

3.2.2 我国对有限合伙创投企业的税收政策

1. 注册有限合伙创投企业的税收优惠政策

根据《财政部税务总局关于创业投资企业和天使投资个人有关税收政策的通知》（财税〔2018〕55 号）中规定，有限合伙制创业投资企业（以下简称合伙创投企业）采取股权投资方式直接投资于初创科技型企业满 2 年的，该合伙创投企业的合伙人分别按以下方式处理。

（1）法人合伙人可以按照对初创科技型企业投资额的 70%抵扣法人合伙人从合伙创投企业分得的所得；当年不足抵扣的，可以在以后纳税年度结转抵扣。

（2）个人合伙人可以按照对初创科技型企业投资额的 70%抵扣个人合伙人从合伙创投企业分得的经营所得；当年不足抵扣的，可以在以后纳税年度结转抵扣。

2. 有限合伙创投企业投资所得的税收优惠政策

合伙企业是个“透明体”，本身没有纳税义务。根据《关于合伙企业合伙人所得税问题的通知》（财税〔2008〕159 号）规定，合伙企业以每一个合伙人为纳税义务人。合伙企业合伙人是自然人的，缴纳个人所得税；合伙人是法人和其他组织的，缴纳企业所得税。同时，在履行纳税义务中，合伙企业生产经营所得和其他所得，采取“先分后税”的原则，对包括合伙企业分配给所有合伙人的所得和企业当年留存的所得（利润）进行完税。

合伙企业“先分后税”，分的不是账上的利润和分红，而是应纳税所得额。也就是说，合伙企业有利润或收到分红后，先分别计算每位合伙人的份额，当月就产生纳税义务。“先分后税”不是“有利润时未分配时暂不征税，分配后再产生纳税义务”，正确的理解是“有利润后，先分别计算每位合伙人的份额，当月就产生纳税义务”。对有限合伙企业来说，由于自己并不是所得税的纳税主体，因此无须缴纳所得税。但是，有限合伙企业的合伙人，需要根据其属于自然人或是法人，分别缴纳个人所得税或企业所得税。

对于有限合伙企业中的个人合伙人的纳税问题，按照财政部、税务总局、国家发展改革委、中国证监会 2023 年 8 月 21 颁布的《关于延续实施创业投资企业个人合伙人所得税政策的公告》（2023 年第 24 号）的规定，创业投资企业（含创投基金，以下统称创投企业）可以选择按单一投资基金核算或者按创投企业年度所得整体核算两种方式之一，对其个人合伙人来源于创投企业的所得计算个人所得税应纳税额。单一投资基金核算，是指单一投资基金（包括不以基金名义设立的创投企业）在一个纳税年度内从不同创业投资项目取得的股权转让所得和股息红利所得。创投企业选择按单一投资基金核算的，其个人合伙人从该基金应分得的股权转让所得和股息红利所得，按照 20%税率计算缴纳个人所得税。创投企业选择按年度所得整体核算的，其个人合伙人应从创投企业取得的所得，按照“经营所得”项目、5%~35%的超额累进税率计算缴纳个人所得税。创投企业年度所得整体核算，是指将创投企业以每一纳税年度的收入总额减除成本、费用以及损失后，计算应分配给个人合伙人的所得。创投企业选择按单一投资基金核算或按创投企业年度所得整体核算后，3 年内不能变更。公告执行至 2027 年 12 月 31 日。

这里有一点需要注意，这里对于创投企业是有要求的，必须是指符合《创业投资企业管理暂行办法》（发展改革委等 10 部门令第 39 号）或者《私募投资基金监督管理暂行办法》（证监会令第 105 号）关于创业投资企业（基金）的有关规定，并按照上述规定完成备案且规范运作的合伙制创业投资企业（基金）。如果是未经备案的创业投资基金，不能享受此政策。

在我国目前各城市执行的有限合伙企业税收政策中，多采用的都是如下规定：执行有限合伙企业合伙事务的自然人普通合伙人，按照《中华人民共和国个人所得税法》及其实施条例的规定，按“个体工商户的生产经营所得”应税项目，适用 5%~35%的五级超额累进税率，计算征收个人所得税。不执行有限合伙企业合伙事务的自然人有限合伙人，其从有限合伙企业取得的股权投资收益，按照《中华人民共和国个人所得税法》及其实施条例的规定，按“利息、股息、红利所得”应税项目，依 20%税率计算缴纳个人所得税。

在我国的很多地区，还有合伙企业税收返还的优惠政策，因此从目前来看，按照现行税收政策，办理有限合伙企业的税要比成立有限责任公司的税要少一些。

3.2.3 有限合伙制用于股权架构设计

有限合伙制除了作为风险投资的重要组织形式之一，在我国的发展实践中，还产生了新的应用模式——有限合伙用于股权架构设计。

股权布局和架构的设计，事关企业组织健康、利益分配、控制和运营等重大问题。不论是上市公司，还是中小微企业，一个合理的股权架构是公司实现百年老店梦想的基石。股权架构是公司内部治理的基础，同时亦对外部治理机制产生作用。它通过调整公司内部股东的构成、股权的集中程度以及各股东身份的配置，来引导股东行使权力的方式和效果，进而对公司治理模式的形成、运作、绩效产生影响。因此,如果不把股权架构的设置进行明晰,创始人辛苦设立并运营的公司以及公司的经营成果,最终很可能会拱手让人。实务中这样的案例并不少见,著名的“万科控制权之争”“雷士照明”等都是由股权架构失衡所导致的股权分配不均,创始人的经营成果反为他人作嫁衣的经典案例。

在公司的发展进程中,为追求公司版图的进一步扩张,企业创始人希望过股权架构设计分享股权的方式来做大做强企业,但是在股权融资过程中,企业创始人又害怕控股权被稀释造成控制权丧失,在分股和不分股之间徘徊与纠结。正所谓“鱼与熊掌不可兼得”,在这种情况下,陷入了无尽的纠结和徘徊中,错失了股权分配的最佳时机。因此,对于企业创始人来说,如何在全新的股权架构中仍保持自己对公司的有效控制,是不得不予以考虑的现实问题。

其实分股并不等于分掉话语权,因为股权里面包含两种权:财产权(钱)和话语权(权)。钱与权既可以合二为一,也可以分而治之。如何做到分股不分权,把股权分给管理层以及核心骨干又或者利益相关者,让其只有分红权而没有话语权。实务中,对公司的股权架构进行法律架构设计以达到保证创始人实现“钱”“权”分而治之状态的常用架构模式之一就是“有限合伙架构”。有限合伙企业因此被越来越多的企业创始人所运用,在公司股权架构设计中发挥着日益重要的作用。

现今,为了优化股权架构、吸引人才提高企业竞争力、提高员工归属感,大量企业采用股权激励计划。目前,企业股权激励计划的员工持股方式主要分为三种:员工直接持股、持股平台间接持股、代持。相较于代持而言,设立持股平台可以保证权属更加清晰简单,避免了产生股权归属争议的可能。相较于员工直接持股而言,设立持股平台可以避免目标公司股东增减导致的工商登记频繁变动以及股东众多导致的议决程序低效,维持目标公司股东的相对稳定和股东会决策的相对高效。目前持股平台模式主要有公司制、有限合伙、信托计划、资管计划等。

1. 有限合伙持股平台的优势

相较于其他类型的持股平台而言,有限合伙的持股平台具备以下优势。

1)税收优势

有限合伙企业和一般合伙企业一样,采取“先分后税”的方式,由合伙人直接纳税,避免了企业所得税和个人所得税的双重纳税。有限责任公司需先就公司所得缴纳企业所得税(25%税率),股东需就其个人所得缴纳个人所得税(20%税率),税负比例合计为所得 40%。而通过有限合伙企业间接持股,通过有限合伙企业间接持股的自然人或公司仅需负担 20%的个人所得税或 25%的企业所得税。

如果将合伙企业注册于税收洼地,享受低税率或税收返还,可以充分利用地方税收优惠政策。很多公司在搭建持股平台时,往往将合伙企业注册在有税收优惠政策的地区,如西藏、新疆、海南等地区,从而可以享受当地特殊的税收优惠政策,实现整个企业集团内综合税收负担的合理优化。计划在境外上市的公司,通常会将合伙企业注册在境外常见的避税地,例如英属维尔京群岛、开曼群岛等,也是基于同样的考虑。因此,有限合伙作为持股平台具有天然的税收优势。

2)节省成本、高效决策

相比于公司型员工持股平台,以有限合伙作为间接员工持股平台,无需设立股东大会、董事会、监事会等完备复杂的公司治理结构,节省了持股平台管理成本。企业员工作为有限合伙人,不享有执行合伙事务的权利,企业高管或其他投资管理公司作为普通合伙人能够以较少的出资决定持股平台的投资决策事项，可以有效地维护创始人对目标公司的控制权，并实现经营过程中的高效决策。

3)便于进行大规模股权激励

一个公司进行大规模的股权激励后，如果使用直接持股的形式，召开股东大会或者工商变更登记都是很麻烦的，这样的公司决策很难有效率，作为投资机构也不愿意对其投资。

根据《中华人民共和国公司法》的规定，有限责任公司的股东不能超过 50 人，股份有限公司（不上市）的股东不能超过 200 人。有的公司做股权激励，有时候股东会有上百人，这时通过员工支持持股就不现实，连工商登记都无法完成。而有限合伙持股平台可以承载 50 个以下合伙人，当股东超过 50 人时，通过持股平台就可以解决这个问题。公司要避免限制，可以通过多个有限合伙企业相互嵌套，大大增加激励人数。

该持股平台设立后，并不经营实际业务，而是认购目标公司发行的新股即目标公司通过增资方式实行股权激励；或创始股东受让部分股权给该持股平台即通过股权转让方式实行股权激励。

4)放大创始人自身的控制权

公司员工与公司的创始人共同出资组成有限合伙企业，该合伙企业通常由创始人担任普通合伙人，被激励的员工为有限合伙人。这样安排一是可以保证创始人的决策权，创始股东不愿意被其他利益相关者影响其对公司的控制权，达到用较少的出资控制合伙企业的目的；二是被激励对象主要关注企业的成长及分红收益，对公司的管理权并不看重。

在有限合伙企业中，GP 一般由创始人或其他大股东担任，可以通过较少的出资控制有限合伙企业。被激励的员工作为持股平台的 LP，不能直接参加母公司的股东大会。被激励的员工们需要行使股东权利时，通常是由持股平台选出几名代表参加。这个合伙企业仅仅就是员工的持股平台，对外不会开展任何业务，对于 GP 来说是不会有风险的。

由于有限合伙企业天然的性质，所以无论普通合伙人出资多少，都能掌握有限合伙企业的控制权。这意味着，当普通合伙人出资越少，有限合伙人出资越多，控制权的放大效果越明显。

所以说，将有限合伙企业作为员工的持股平台，大股东只需要在持股平台持有少量的财产份额就能牢牢掌握其控制权。公司的控制权不会因股权激励而受到任何影响。另外，员工持股数量的变化只在持股平台里变更就可以，而不用改变公司的股权结构和工商登记信息，减少了很多麻烦。

5)普通合伙人可以隔离风险

作为普通合伙人，对有限合伙企业的债务承担无限责任，这个风险在员工持股平台模式下几乎没有。实务中，创始人或者高管为规避有限合伙持股平台中 GP 的风险会另行设立有限责任公司担任 GP，用有限公司作为普通合伙人而自然人控股该壳公司的方式操作，这就隔离了自然人作为普通合伙人的风险。在这种情况下，还可以约定普通合伙人以劳务出资，不享受或享受很少收益（普通合伙人的税率可能接近 35%），这样合伙企业的所有收益还能享受最优惠的税率。

6)保持主体公司股权的稳定性

在主体公司股东人数较多的情况下，将部分股东放置到持股平台，当未来股东股权发生变动时，仅变更持股平台的股东即可，主体公司的股权结构不受影响，从而避免主体公司股东频繁变动对企业经营造成的不利影响，有利于保持主体公司股权结构的稳定性。当有限合伙人与主体公司产生纠纷时，由于有限合伙人与主体公司隔了一层有限合伙企业，所以有限合伙人只能找合伙企业协调沟通，不能找主体公司。不管有限合伙人怎么折腾，都不会影响到主体公司的股权稳定性。

7）投资回收便捷

在投资回收方面，有限合伙的分配顺序优先保障有限合伙人的投资本金及回报，及时分配以及到期清算的原则也能满足有限合伙人及时获得投资本金和回报的要求。

有限合伙制无论是追加资本还是减少资本（可以退伙，也可以向其他投资者或第三方转让），操作性相对比较容易，即合伙人根据合伙协议的约定可以直接提取权益账户的资金、退伙。对于有限合伙人而言，减资方面的程序也相对简单灵活。

8）可以规避"高管股份"转让的监管限制

《中华人民共和国公司法》一百四十一条规定，股份公司的董事、监事、高级管理人员任职期间，每年转让股份不得超过其持有股份总数的25%。这个"25%"的额度在计算时是否包含间接持股数量，没有明确的规定，公司上市前可以从有利于自身的角度解释。特别的，公司上市后，这种董事、监事、高级管理人员的持股叫做"高管股份"，深交所和登记结算公司对于"高管股份"的特别锁定，并不包括其间接持股的部分。因此，上市后持股平台如需转让股份，在实际操作中不受"高管股份"的监管限制。

9）便于法定公积金提取进行利润分配

根据《中华人民共和国公司法》规定，公司分配当年税后利润时，应当提取利润的百分之十列入公司法定公积金。公司法定公积金累计额为公司注册资本的百分之五十以上的，可以不再提取。合伙企业无该强制性要求。因此，同等条件下，合伙企业可分配利润大于有限责任公司。

2. 员工享受有限合伙持股平台收益的方式

设立有限合伙持股平台间接持股时，员工在限售期满后减持时需要通过持股平台有限合伙企业来完成，被激励的员工享受收益（或获利退出）有四种方式。

（1）分享企业收益：按照份额享有有限合伙企业为主体的收益。

（2）转让财产份额：按照协议约定将属于自己的财产份额转让他人。

（3）退伙结算：根据合伙协议约定条件退伙，并获得自身财产。

（4）散伙清算：有限合伙企业解散，个人按照合伙协议约定获得清算后的财产。

3. 有限合伙持股平台的股权架构设计

通过有限合伙持股平台持有核心公司的股权架构，公司的股东并不直接持有核心公司股权，而是通过有限合伙企业间接持有（如图3-2所示）。在这个股权架构中，创始人设立有限公司作为普通合伙人，高管员工、资源方等作为有限合伙人，共同设立有限合伙企业，有限合伙企业持股核心公司。

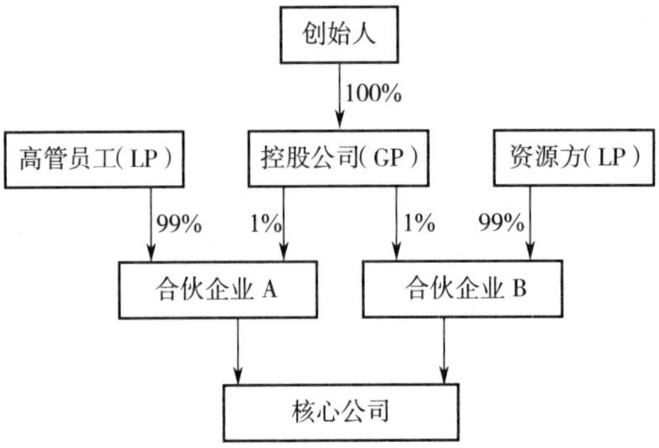

图 3-2 有限合伙持股平台股权架构

股权里包含两种权,财产权(钱)和话语权(权)。钱与权可以合二为一,也可以分而治之。对企业家而言,拥有股权中的话语权往往重要于股权中的财产权。有限合伙企业恰好可以实现企业家心中"钱权分离"的理想。《中华人民共和国合伙企业法》与《中华人民共和国公司法》相比较,赋予了合伙人设计机制极大的灵活性,无论是利益分配机制还是合伙人的权力分配机制,都可以在合伙协议中自由约定。合伙企业中的有限合伙企业,更是依据合伙人对外承担责任的类型,分成普通合伙人和有限合伙人。普通合伙人可为创始人大股东,承担合伙企业的无限连带责任,享有合伙企业决议的全部表决权,但不分配财产,即只要"权"不要"钱";有限合伙人为高管员工,不享有合伙企业的表决权,但未来可以享受合伙企业对外投资的财产收益权,即只要"钱"不要"权",这样的治理结构为在乎"权"者与在意"钱"者之间的合作提供了浑然天成的平台。

1)绿地控股集团有限公司的有限合伙持股平台

绿地控股集团有限公司(下称绿地集团)在 2015 年 8 月 18 日通过借壳上市公司上海金丰投资股份有限公司(下称金丰投资)成功登陆 A 股。

绿地集团是一家房地产企业,创始人叫张玉良(绿地集团董事长兼总经理)。1992 年,张玉良拿着上海农委和建委下属企业的 2 000 万元,带着几个干部成立了绿地开发总公司。后来业务越做越好,1997 年 3 月,绿地集团进行了改制,设立了职工持股会,职工持股会成为公司股东,出资 3 020.43 万元,持股比例 18.88%。其间,经过了各种的配股、增资以及股权转让。最终在 2014 年,职工持股会人数达到了 982 人,合计出资 376 655.21 万元,持股比例 29.09%,成为绿地集团最大的股东。职工持股会不是一个企业,不是法人团体,而是一个社会团体,是一个可以去民政局注册的组织。

在绿地集团登陆 A 股期间,需要按照证监会的规定解决好职工持股的问题。证监会明确规定,"职工持股会不具法人资格,不能成为公司股东",在处理方法上,"对已上市公司而言,在受理其再融资申请时,应要求发行人的股东不存在职工持股会及工会;对拟上市公司而言,在受理其发行申请时,应要求发行人的股东不属于职工持股会及工会持股;同时,应要求发行人的实际控制人不属于职工持股会及工会持股"。而这种问题是最不好解决的,以前很多国企都有这种形式的问题。解决的方式往往是强制性的清退,处理不好会造成很大的纠纷。

绿地集团在做股权激励时采用了有限合伙的方式,其主要是为了解决职工持股会不能作为股东的问题。职工持股会属于单位内部团体,不具有法人资格,在此种情况改变之前,职工持股会不能成为公司的股东。

为了规范绿地集团职工持股会，利益相关方成立了一家名为上海格林兰投资企业（下称上海格林兰）的有限合伙企业。上海格林兰通过与绿地集团职工持股会签署《吸收合并协议》，接收了职工持股会的全部资产及债权债务等，从而代表员工持股会扮演绿地集团第一大股东的角色。

具体操作方式为如下。

（1）绿地集团的管理层，共计 43 人，一共出资 10 万元，共同设立了一家管理公司，叫上海格林兰投资管理有限公司，简称格林兰投资（如图 3-3 所示）。

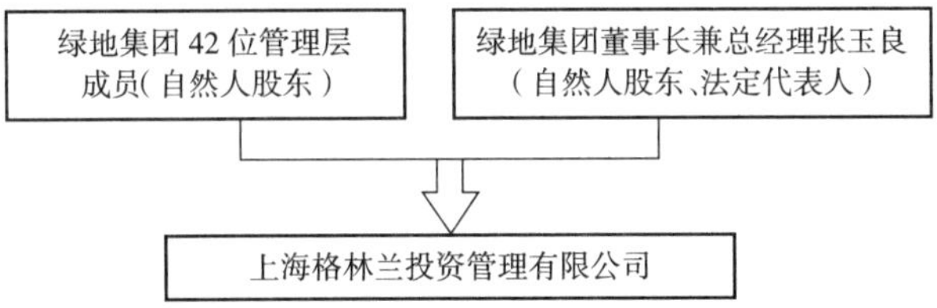

图 3-3　共同设立管理公司格林兰投资

（2）持股会全体成员与格林兰投资成立 32 家有限合伙企业，其中格林兰投资作为小合伙企业的普通合伙人，持股会全体会员作为小合伙企业的有限合伙人。名字从上海格林兰壹投资管理中心，一直排到叁拾贰投资管理中心。每个合伙企业可以承载不超过 49 名 LP，也就是把原来的 900 多名持股职工全都装进去，而格林兰投资是这 32 家合伙企业的 GP，执行合伙事务，掌握话语权（如图 3-4 所示）。

序号	小合伙企业	普通合伙人	GP 出资额（万元）	合伙人出资总额（万元）
30	上海格林兰叁拾投资管理中心（有限合伙）	格林兰投资	0.1	238.58
31	上海格林兰叁拾壹投资管理中心（有限合伙）	格林兰投资	0.1	72.51
32	上海格林兰叁拾贰投资管理中心（有限合伙）	格林兰投资	0.1	221.59
	合计	—	3.2	3 759.74

图 3-4　成立 32 家有限合伙企业

（3）格林兰投资以及 32 家小合伙企业共同出资再组建设立一家有限合伙企业（以下简称大合伙企业）上海格林兰。同样，还是格林兰投资作为 GP，其他 32 家合伙企业作为 LP（如图 3-5 所示）。

（4）上海格林兰设立完成后，与职工持股会签署《吸收合并协议》。通过吸收合并的方式，上海格林兰继承了职工持股会的全部资产、负债以及其他一切权利义务，持有绿地集团 28.83%的股权。到此为止，职工持股会彻底变成了员工持股平台，绿地集团扫清了上市的最后障碍。

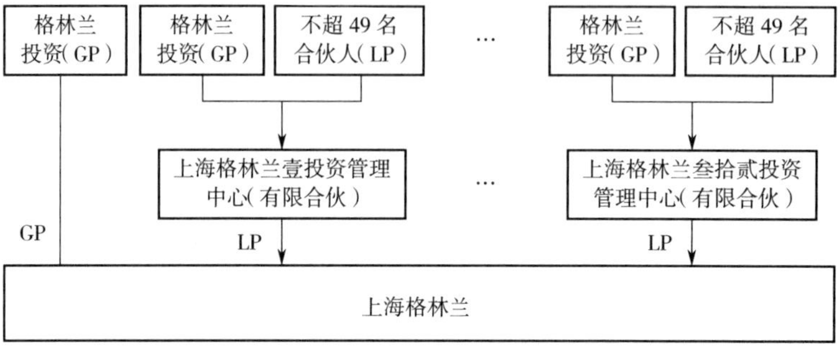

图 3-5　32 家小合伙企业共同出资上海格林兰

这样,上海格林兰就成为绿地集团的合法股东,职工持股会也被顺利地清洗掉,员工的股份也还在。这就是通过把 900 多名职工作为 LP 装进 32 个小有限合伙企业,再把 32 个小有限合伙企业作为 LP 装进大有限合伙企业,把职工持股会清洗掉的嵌套模式。绿地集团通过架设有限合伙持股平台的方式,用注册资本仅为 10 万元的格林兰投资,轻松控制了接近 190 亿元的庞大资产,堪称股权架构的经典案例。

绿地集团在 2015 年 8 月 18 日通过借壳上市公司金丰投资成功登陆 A 股,从股东的信息来看,上海格林兰是最大的股东(如图 3-6 所示)。

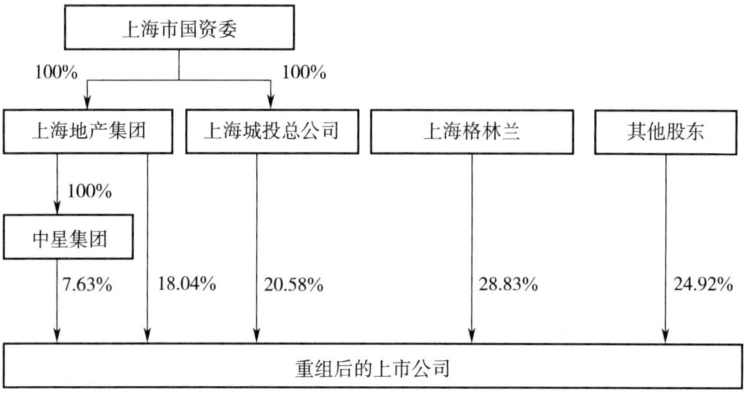

图 3-6　绿地集团重组后的上市公司股权结构

2)蚂蚁金服的有限合伙持股平台

蚂蚁金服起步于 2004 年成立的支付宝。2013 年 3 月,支付宝的母公司宣布将以其为主体筹建小微金融服务集团。2014 年 10 月,蚂蚁金服成立,全称为浙江蚂蚁小微金融服务集团股份有限公司。蚂蚁金服的家族成员包括支付宝、余额宝、蚂蚁花呗、蚂蚁借呗、蚂蚁森林、网商银行、芝麻信用,简单来说,一切跟钱相关的,花钱、赚钱、借钱、省钱都与蚂蚁金服相关。

截至 2018 年底,蚂蚁金服共有 23 名股东,这 23 名股东可以简单分为 3 类:阿里系高管持股平台、国字头资本、私募股权基金。第一类,阿里系高管持股平台,占比约 76%,包括君瀚合伙和君澳合伙。第二类,国字头资本,占比约 13%,包括社保基金、中建投、中国人寿等。第三类,私募股权基金,占比约 11%,包括郭广昌旗下的基金、马云和好友虞锋一起成立的云锋资本、胡祖六博士创立的春华资本等。马云的企业家朋友,如巨人集团史玉柱、华谊兄弟王中军、九阳集团王旭宁、鱼跃医疗吴光明等均通过云锋资本间接持有蚂蚁金服股权。

在蚂蚁金服的23名股东里，并没有马云的名字。在蚂蚁金服股东君瀚合伙的股东里有马云的身影，他出资2 000万元，成为君瀚合伙的有限合伙人，出资比例为1.88%（如图3-7所示）。

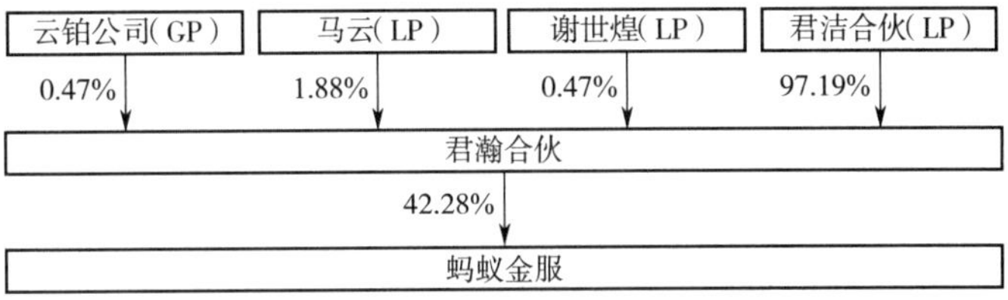

图3-7 蚂蚁金服股权架构图1（局部）

也就是说，马云通过君瀚合伙间接持股蚂蚁金服，算下来马云间接持有蚂蚁金服股权比例约0.79%。君瀚合伙的普通合伙人（GP）云铂公司的注册资本是1 010万元，唯一的股东是马云。另外，蚂蚁金服另外一个股东君澳合伙的GP也是云铂公司。从图3-8可以看清马云的股权布局。

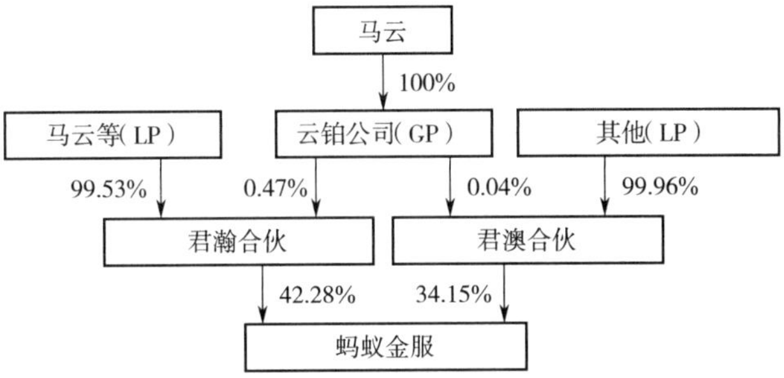

图3-8 蚂蚁金服股权架构图2（局部）

马云的全资子公司云铂公司做GP，其他阿里系高管做LP。有限合伙架构可以实现钱权分离，GP出资很少，但可在合伙协议中约定享受全部话语权；LP虽然没有话语权，但未来可享受投资收益财产权。马云控制云铂公司→云铂公司控制君瀚、君澳合伙→君瀚、君澳合伙控制蚂蚁金服，马云轻轻松松用1 070万元资金，就撬动了一个万亿市值的金融帝国。

值得注意的是，马云并没有直接成为两家合伙企业的普通合伙人（GP），而是先注册成立了云铂公司，让云铂公司成为普通合伙人（GP）。原因可能有二。

（1）风险隔离。按《中华人民共和国合伙企业法》的规定，普通合伙人要对合伙企业的债务承担无限连带责任。马云设置了云铂公司作为GP，如此两个合伙企业的债务均由云铂公司承担无限连带责任，好似一道防火墙，隔离了马云对君瀚合伙和君澳合伙的连带责任。

（2）调整灵活。如果马云作为有限合伙企业的GP，则不能再作为有限合伙企业的LP。但通过云铂公司做GP，马云既可以行使GP的权力，又可以再做合伙企业的LP。除此之外，如果未来更换GP，也不必修改君瀚合伙和君澳合伙的合伙协议，仅在云铂公司层面更换股东即可。

对蚂蚁金服股权结构继续追踪就会发现，云铂公司做GP的合伙企业可不止君瀚合伙和君澳合伙两个，还有君洁合伙、君济合伙（如图3-9所示）。

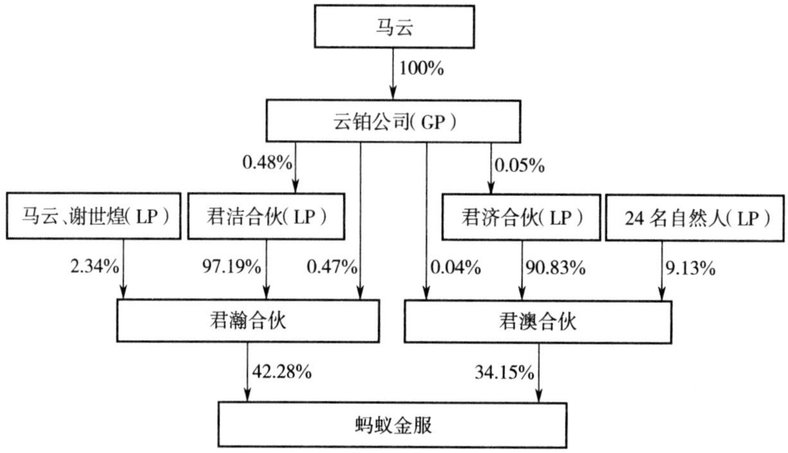

图 3-9 蚂蚁金服股权架构图 3(局部)

马云为什么要设立这么多合伙企业,还要合伙企业嵌套合伙企业?答案是,方便进入和退出。股权一经工商登记便具有公示效力,但经营并非一成不变,在漫长的上市等待期,不排除有新的合伙人进入和老的合伙人退出。新人的入股价格和持股条件可能与老人不同,退出机制也可能有差异。但不管新人、老人持股,均需通过合伙协议约定进退规则。如果把所有的合伙人放在一个合伙企业的池子里,势必增加合伙协议的复杂程度和难度系数,很容易发生法律纠纷。所以,将股东分类装入不同的合伙企业,不仅方便管理,还便于约定退出机制。

3.3 风险投资的其他组织形式及比较

从当前各国法律规定及操作实践来看,风险投资基金主要采取三种组织形式:公司制、有限合伙制和信托制(契约制)。由于各国法律法规存在一定差异性,以下根据我国现行的相关法律法规,对公司制、有限合伙制和信托制三种风险投资基金的组织形式进行简要介绍和比较。

3.3.1 公司制基金

公司制风险投资机构是指依照《中华人民共和国公司法》组建的股份有限公司或有限责任公司,投资者出资或认购股份成为公司股东,公司设立董事会对公司资产的保值增值负责。风险投资公司可以采取公募或者私募的方式筹集资本进行组建,也可以由大公司或金融机构出资建立子公司。

风险投资公司最早采用的是公司制的形式,美国最早的风险投资公司——美国研究与发展公司(ARD)就是采取股份公司制的形式,而美国历史上名噪一时的小企业投资公司则是采用有限责任公司形式的公司制风险投资机构。但随着风险资本行业的发展,公司制暴露出许多弊端,比如公司制风险投资机构公开募资比较困难。由于风险投资的方向是高风险的新兴行业,面临着巨大的技术风险、经营风险、市场风险等。投资不确定性带来的高风险很难吸引个人投资者。公司制风险投资机构无法形成有效的声誉机制。由于公司制风险投资机构永久存续,投资者与风险投资经理不能形成重复博弈,一旦投资者投入资金,只能收取股利收益,公司制风险投资机构的股权也没有很好的流动性市场。由于缺乏声誉机制,风险投资行业特有的高度信息不对称使得投资者无法挑选优秀的投资公司和筛选出好的投资经理。公司制存在双重征税的问题。公司制风险投资机构是具有独立主体资格的法人组织，是所得税的纳税主体，而风险投资公司将收益分配给其股东时又要缴纳个人所得税（自然人股东）或企业所得税（法人股东），双重纳税使公司制形式的风险投资的税收成本很高。因此，公司制风险投资机构多以风险投资基金的形式存在。

公司制风险投资基金是指用公司的形式来组织和运作而形成的投资基金。管理者以基金公司名义对外投资，承担风险和责任。投资者购买一定的基金份额成为公司股东，有权出席股东大会，选举董事，参与公司重大决策。

1. 公司制基金的结构

公司制基金依据《中华人民共和国公司法》成立，投资者作为股东参与投资，依法享有股东权利，并以其出资额为限对基金债务承担有限责任，通常由董事会选择并监督基金管理公司，由基金管理公司负责基金的投资管理。公司制风险投资基金有完整的公司架构，运作比较正式和规范。目前公司制风险投资基金（如“某某投资公司”）能够比较方便地成立。半开放式风险投资基金也能够以某种变通的方式比较方便地进行运作，不必接受严格的审批和监管，投资策略也就可以更加灵活。

（1）设立某“投资公司”，该“投资公司”的业务范围包括有价证券投资。

（2）“投资公司”的股东数目不多，出资额要比较大，既保证私募性质，又要有较大的资金规模。

（3）“投资公司”的资金交由资金管理人管理，按国际惯例，管理人收取资金管理费与效益激励费，并打入“投资公司”的运营成本。

（4）“投资公司”的注册资本需要每年在某个特定的时点重新登记一次，进行名义上的增资扩股或减资缩股，如有需要，出资人每年可在某一特定的时点将其出资赎回一次，在其他时间投资者之间可以进行股权协议转让或上柜交易。该“投资公司”实质上就是一种随时扩募，但每年只赎回一次的公司制风险投资基金。

2. 公司制基金的特点

公司制基金的特点主要表现在以下三个方面（图 3-10 所示）。

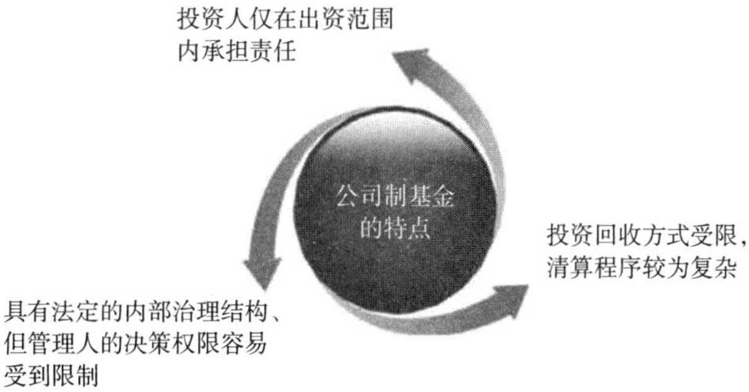

图 3-10　公司制基金的特点

1）投资人仅在出资范围内承担责任

根据《中华人民共和国公司法》第三条规定，公司是企业法人，有独立的法人财产，享有法人财产权，公司以其全部财产对公司的债务承担责任；有限责任公司的股东以其认缴的出资额为限对公司承担责任。对于投资者而言，公司制基金是一个防范法律风险与责任的有效组织形式。

2）具有法定的内部治理结构，但管理人的决策权限容易受到限制

根据《中华人民共和国公司法》的规定，通常情况下公司的组织机构包括股东会、董事会、监事会和管理层，股东会是公司的最高权力机构，董事会是公司的执行机构，监事会是公司的监督机构，管理层主要负责公司的日常经营活动，执行董事会的决策，各机构应依照《中华人民共和国公司法》的规定行使各自的职权。由于公司制基金具有法定的内部治理结构，对投资者保障比较完善，因而易于被各类机构投资者接受。

对于管理公司而言，由于公司制基金的投资者可以通过股东会、董事会行使法定的职权，参与特定事项的投票表决，可能使得大股东干涉经营决策，导致决策效率低下。公司制基金虽然可以通过分级授权解决部分问题，例如将部分投资决策授权管理层或外部管理公司，但始终存在股东会和董事会对公司的控制问题。在实务中，公司制基金管理人的投资决策权限也通常受到大股东的制约。

3）投资回收方式受限，清算程序较为复杂

公司制基金的股东如果需要退出，可以通过减资或者股权转让的方式退出，但公司减资需要根据法定程序进行，需要花费较长时间。相比之下，通过转让其所持有的公司股权给其他股东或者第三方更为可行。

此外，公司股东不得抽逃出资，否则将面临补缴责任甚至行政、刑事责任。根据《中华人民共和国公司法》第二百条规定，公司的发起人、股东在公司成立后，抽逃其出资的，由公司登记机关责令改正，处以所抽逃出资金额5%以上15%以下的罚款。

公司制基金的清算需要遵守《中华人民共和国公司法》的相关规定，根据特定的解散事由成立清算组，制定清算方案并通知债权人、刊登公告，经债权人申报债权等流程后，对剩余财产按照法定的程序进行分配。公司清算结束后，清算组应当制作清算报告，申请注销登记，并公告公司终止。

3.3.2 信托制基金

信托制基金是当事人之间以专门的信托契约明确各自的权利与义务而形成的风险投资基金。由基金管理人以自己的名义对其进行经营管理，投资者仅作为受益人分享利益，无权参与基金运作的重大决策。

1. 信托制基金的结构

信托是一种以信任为基础的法律关系。信托委托人将信托财产转移给受托人，受托人作为财产所有人管理或处分信托财产，但这种管理或处分所产生的利益归属于受益人。信托制基金正是采取这种特殊的模式来对基金进行管理、处分，分配收益。信托投资人是信托制基金的委托人，受托管理基金资产的专业机构为基金的受托人，即信托公司或其他有相关资质的金融机构。

在信托关系中，受托人即信托公司是核心的法律主体，信托公司与委托人、咨询顾问、托管银行以及被投资企业等其他各方签署合同，共同构成信托的合同框架。

在管理报酬上，信托产品的受托人与有限合伙制的普通合伙人的报酬设计类似，都有一定

的激励机制。投资管理人作为受托人一般可收取固定的管理费。通常在信托合同中明确不同的优先级、普通级投资者的投资回报方式,这种设计同样使受托人与委托人的利益紧密挂钩,提高了受托人管理信托资金的积极性。从激励机制的角度看,对于普通合伙人而言,信托制和有限合伙制类似,都优于公司制。

2. 信托制基金的特点

信托制基金具有以下特点(如图 3-11 所示)。

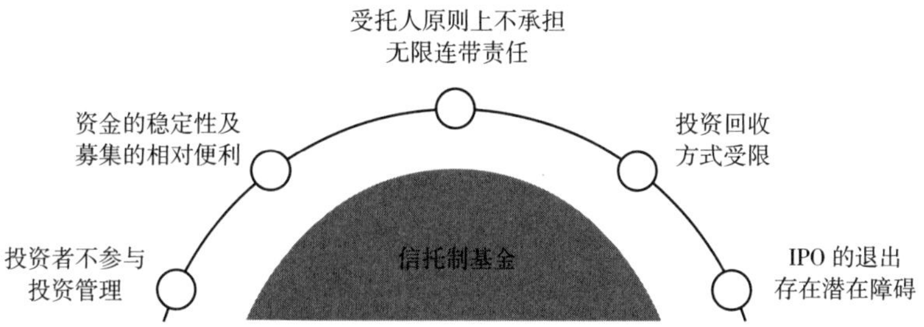

图 3-11 信托制基金的特点

1)投资者不参与投资管理

在信托制基金中,受托人是投资管理人。根据《信托公司私人股权投资信托业务操作指引》(以下简称《操作指引》)第二十一条规定,私人股权投资信托计划设立后,信托公司应亲自处理信托事务,独立自主进行投资决策和风险控制。信托文件事先有约定的,信托公司可以聘请第三方提供投资顾问服务,但投资顾问不得代为实施投资决策。信托公司应对投资顾问的管理团队基本情况和过往业绩等开展尽职调查,并在信托文件中载明。

上述规定赋予信托计划的受托人自主的投资管理权限,虽然信托公司可以聘请第三方作为投资顾问,但该投资顾问不得代为实施投资管理。

信托制基金设立受益人大会制度,受益人大会由全体信托基金的受益人组成。但根据《信托公司集合资金信托计划管理办法》第四十二条对受益人大会审议事项的规定,受益人大会并不能就涉及项目筛选和投资决策的问题行使权利,仅就变更全体受益人的事件有权行使表决权。对于信托基金的日常运作是由受托人确定的。

2)资金的稳定性及募集的相对便利

信托制基金通常是封闭运作的,要求资金在信托计划成立时一次性到位,与公司制基金、有限合伙制基金相比要求更加严格,因而在实务中通常根据项目投资进度的需要,采用分期募集的方式。

信托计划通常规定委托人在信托计划封闭期内不得赎回信托份额,只可以有条件转让信托份额,因此信托资金规模相对稳定。而且信托制基金通过专业信托公司推介和募集,其募集渠道比较成熟,且由于投资者对信托公司相对信任,信托公司募集资金的能力较强。

3)受托人原则上不承担无限连带责任

有限合伙制基金中的普通合伙人对合伙企业的债务承担的无限连带责任不以其是否有过错为前提,但根据《中华人民共和国信托法》第三十七条的规定,受托人违背管理职责或者处理信托事务不当对第三人所负债务或者自己所受到的损失,以其固有财产承担。也就是说,在信托制基金中只有在受托人违背受托义务或法律法规的情况下才对资金亏损承担责任,而对于一般情况下基金投资的亏损无需承担责任。

4)投资回收方式受限

信托制基金要求委托人的资金根据募集文件的规定一次性到位,在基金清算之前没有资本金返还的问题,因此委托人在封闭期内不能随意赎回。

通常信托计划也约定封闭期内可以通过转让的方式退出信托计划,甚至约定在信托计划设立满一定期限后,委托人可委托受托人进行转让,但上述转让一般要收取一定费用,与有限合伙的退伙相比流动性较差。

5)IPO 的退出存在潜在障碍

根据证监会发审委对部分信托制基金所投资企业的反馈,证监会在发行审核时的态度是"以委托、信托方式持股的,为做到股权明晰,原则上不予允许,需要直接量化到实际持有人,量化后不能出现股东人数超过 200 人"。因此,信托制基金所投资的企业在 IPO 审核中存在潜在的障碍。

在实务中,部分企业在引入财务投资者时,对股东的资格也可能有特定要求,信托制基金在进行投资时也可能存在一定的障碍。

3.3.3 三种基金组织形式的比较

风险投资基金采取怎样的组织形式,要以法律的安排为前提。原则上只要不违反社会公共利益及道德和秩序就都应得到法律的尊重,受到法律的保护。

此外,风险投资基金高风险与高收益并存的特征直接影响了风险投资基金组织形式的选择,采用何种组织形式组建风险投资基金是当事人之间基于投资的高风险高收益做出的利益的均衡与协调,同时由于投资人是资金的主要提供者和风险的主要承担者,基金组织形式的选择更多是投资人对收益、成本与风险因素权衡的结果。

从比较法的角度观察,欧盟国家和亚洲国家多采用治理结构完整、便于监管的公司制,美国则采用成本低、效率高的有限合伙制。由于不同国家的法律制度和商业环境影响着本国的经济模式,可以从税收政策、投资收益、投资成本和投资风险这四个方面对我国风险投资基金的组织形式选择进行比较探讨。

1. 税收政策

公司制基金、有限合伙制基金、信托制基金所适用的税收政策各有不同,下面将分别对其进行介绍。

1)公司制基金的税收政策

公司制基金具有独立的法人地位,是纳税主体,故需要就所得利润缴纳企业所得税。而有限合伙制基金和信托制基金不是所得税的纳税主体,所得税由合伙人或委托人缴纳。

(1)在基金层面,基金对外投资所得主要包括从被投资企业分得的股息、红利等权益性投资收益和基金退出时通过股权转让抵减投资成本后的所得。

根据《中华人民共和国企业所得税法》第二十六条和《中华人民共和国企业所得税法实施条例》第八十三条的规定,居民企业直接投资于其他居民企业取得的股息、红利等权益性投资收益为免税收入。因此,公司制基金从被投资企业分得的股息、红利等权益性投资收益无需缴纳企业所得税。基金退出时通过股权转让抵减投资成本后的所得,一般应按照基准税率即25%缴纳企业所得税。

(2)在基金投资者层面,因投资者性质不同纳税方式也不同。如果投资者是企业,从基金分得的股息、红利等权益性投资收益属于居民企业之间的直接投资,免交所得税。企业投资者通过转让其所持有的公司制基金的股权而退出基金的,转让股权抵扣投资成本后所得应缴纳25%的企业所得税。

公司制私募股权投资基金在税收方面存在双重税收的情况。所谓双重税收,是指一方面公司制私募股权投资基金作为法人主体,需要依法缴纳企业所得税;另一方面投资人作为公司股东在分红后还要缴纳个人所得税。双重税收对私募股权投资基金来说是一个较重的负担。应对双重税收的方法如下:

①将风险投资基金注册于可避税的地区,如开曼群岛、百慕大群岛等地;

②将公司式风险投资基金注册为高科技企业(可享受诸多优惠),并注册于税收比较优惠的地方;

③借壳,即在基金的设立运作中联合或收购一家可以享受税收优惠的企业(最好是非上市公司),并把它作为载体。

2)有限合伙制基金的税收政策

有限合伙制基金的税收政策可以从基金层面和投资者层面两个角度来理解。

(1)在基金层面,根据《关于合伙企业合伙人所得税问题的通知》(财税〔2008〕159号)文件,合伙企业采取"先分后税"的原则,以每一个合伙人为纳税义务人,合伙企业合伙人是自然人的,缴纳个人所得税;合伙企业是法人和其他组织的,缴纳企业所得税。因此,在基金层面,有限合伙制基金无需缴纳企业所得税。

(2)在投资者层面,投资者从合伙制基金分得的收入包括两类:合伙制基金从被投资企业分得的股息、红利等投资收益和基金退出时合伙制基金通过股权转让抵减投资成本后的所得。

对于我国有限合伙制基金的具体税收政策,在上一节中已经有具体介绍。

3)信托制基金的税收政策

由于对风险投资基金尚缺乏统一的税收政策,而且信托方面对此也没有明确的规定,因此按照通常理解,投资人为企业的,则按照《中华人民共和国企业所得税法》缴纳所得税,通常按照25%的税率执行。值得注意的是,对于风险投资基金的税收问题,目前国内尚无统一、明确的规范。

但有些地方政府(例如上海、天津、北京、深圳等)为吸引风险投资基金的投资,已经相继出台了一定的税收优惠政策,因此可以看到各地政府税收优惠存在一定的差异,在具体操作时还应向当地政府部门落实。另外需要明确的是,中国目前的税收体制中,不管是中央税收、地方税收还是中央地方共享税收,税收政策的立法权限都在中央,从理论上讲,地方政府没有权力给予风险投资基金国家层面税收法律法规明确规定以外的税收优惠政策。

2. 投资收益

收益的实现在某种程度上可以说是激励与约束效率的博弈,因此激励与约束效率就成为影响投资收益进而影响组织形式的重要因素。

从激励效率上来说,公司制基金管理人可参与基金利润分成或分得公司股份,但是分成比例一般没有固定模式,而且要由董事会提出并经股东大会通过才可实施。有限合伙制基金管理人可直接参与基金利润分成,其分成比例可高达20%。信托制私募股权投资基金管理人一般不参与基金的利润分成,只收取基金管理费用。因此从激励机制的效率看,公司制与有限合伙制私募股权投资基金将管理人的收益与资金运用效率挂钩,能给予基金管理人更大的激励,效率更高;信托制基金效率相对较低。公司制、信托制、有限合伙制三种风险投资基金不同组织形式的激励机制对比详见表 3-1。

表 3-1 三种形式的风险投资基金激励机制对比表

激励机制		公司制	信托制	有限合伙制
责任与控制权	投资人	以股金为限承担有限责任,作为股东甄选管理人并进行监督,但对管理人的管理独立性和稳定性构成威胁	以其投入的资金为限承担有限责任	有限合伙人,仅以出资额为限承担有限责任。履行“安全港”规则。通过约定保留一定的权利对管理人进行监督
	管理人	如不持有公司股份,除重大失误外对公司不承担责任。负责基金的管理和运行	作为基金资产的所有人,负责基金的管理和运行。由基金保管人对其进行制约	普通合伙人对合伙企业负有无限责任,可以灵活自主进行经营活动,经营权不受干涉
报酬	投资人	投资利润	投资利润	有限合伙人以约 99%的投入取得近 80%的利润
	管理人	工资+绩效。可以参与投资利润分成	原则上仅收取固定管理费,也不排除按照约定获取一定比例的收益提成	普通合伙人以约 1%的投入,取得包括管理费和附带利润,一般为 2%和 20%

从约束效率上来说,公司制基金的投资人作为股东,有权参与基金的经营管理,干预管理人的投资行为,约束效率较高,但过多的约束又会限制管理人的投资行为。有限合伙制基金的投资人作为有限合伙人一般不参与经营管理活动,普通合伙人要对基金债务承担无限责任。信托制基金的投资人一般无权干预管理人的投资行为。

因此,从激励效率考虑,有限合伙制基金比公司制和信托制更高;从约束效率看,有限合伙制基金也更高。

3. 投资成本

投资成本作为投资人和管理人共同的考量因素也影响着组织形式的选择。投资成本对组织形式的影响主要包括两个方面。

1)基金设立的条件、程序和法律规制的完善程度

无论采取何种组织形式设立风险投资基金,通常都要具备法定的条件。这种条件是严格还是宽松、设立程序是简便还是复杂、设立费用是高还是低,直接影响着风险投资基金的组织形式。

相较有限合伙制基金,公司制基金设立要求较高、程序较复杂,但有限合伙制基金和公司制基金的规制较信托制基金更完善。鉴于信托制度在我国发展尚不成熟的状况和曲折经历,信托制基金受到银保监会等部门的严格监管,需要进行有关审批或备案手续。

2)税收负担

设立基金的目的就是要盈利,基金和投资者税负的轻重对获利的高低有重大影响。

公司制基金存在双重征税的问题,当公司取得投资收益时必须缴纳企业所得税,基金投资人从基金中分得的利润要再缴纳所得税,因此税负成本较高。有限合伙制基金则避免了双重征税,基金本身不是纳税主体,只有投资者从基金取得的收益才纳所得税。我国的信托制基金面临重复征税、税负不公、纳税义务人及税目税率不明确等问题。

从理论上讲公司制存在双重征税的问题,但由于我国公司制基金可以获得税收优惠政策,实践中公司制基金的税负未必高于信托制基金和有限合伙制基金。

4. 投资风险

投资者追求收益,但同时也会考虑投资失败的风险。有限合伙制基金的管理人要对合伙企业的债务承担无限责任,这样管理人的风险与基金的命运紧密相连,管理人出于自身的风险考虑也会努力经营以降低投资失败的风险。而公司制基金的管理人如果不是公司的股东,如果没有建立科学合理的管理人员的激励约束制度,公司制基金避免投资失败风险的积极性比有限合伙制基金要低,信托制基金的管理人一般不参与基金的利润分成,只收取基金管理费用,其降低投资失败风险的诉求会更低一些。

附录　有限合伙协议样本

××投资基金(有限合伙)合伙协议书

第一章　总则

第一条　根据《中华人民共和国合伙企业法》(以下简称《合伙企业法》)及有关法律、行政法规、规章的有关规定,经协商一致订立本协议。

第二条　本合伙企业为有限合伙企业,是根据协议自愿组成的共同经管体。全体合伙人愿意遵守中国国家有关的法律、行政法规、规章。依法纳税,守法经营。

第三条　本协议条款与法律、行政法规、规章不符的,以法律、行政法规、规章的规定为准。

第四条　本协议经全体合伙人签名、盖章后生效。合伙人按照本协议享有权利,履行义务。

第二章　合伙企业的名称和主要经营场所的地点

第五条　合伙企业名称:天津××基金合伙企业(有限合伙)。

第六条　企业经营场所:天津市滨海新区________________。

第三章　合伙目的和合伙经营范围及合伙期限

第七条　合伙目的:保护全体合伙人的合伙权益,通过直接股权投资等经营手段获取投资收益。

第八条　合伙经营范围:从事对未上市公司的股权投资。

第九条　合伙期限:自成立之日起三年。上述期限自合伙企业的营业执照签发之日起计算。全体合伙人一致同意后,可以延长或缩短上述合伙期限。

第四章　合伙人的姓名或名称、住所

第十条　本合伙企业的合伙人共____人,其中普通合伙人为1人,有限合伙人为____人。未经全体合伙人一致同意,不得增加普通合伙人的数量。各合伙人名称及其住所等基本情况如下。

(一)普通合伙人

北京××投资基金管理有限公司

住所:__________________________;

证件名称:营业执照;

证件号码:________________________。

(二)有限合伙人

1. 公司

住所(址):________________________;

证件名称:________________________;

证件号码:________________________。

2. 公司

略。

3. 个人

住所(址):________________________;

证件名称:________________________;

证件号码:________________________。

第十一条 经全体合伙人一致同意,普通合伙人可以转变为有限合伙人,或者有限合伙人可以转变为普通合伙人,但须保证合伙企业至少有一名普通合伙人。

有限合伙人转变为普通合伙人的,对其作为有限合伙人期间合伙企业发生的债务承担无限连带责任。普通合伙人转变为有限合伙人的,对其作为普通合伙人期间合伙企业发生的债务承担无限连带责任。

第五章 合伙人的出资方式、数额和缴付期限

第十二条 本合伙企业总出资额为人民币 50 000 万元。

第十三条 合伙人的出资方式、数额和缴付期限。

(一)普通合伙人的出资情况

北京 ×× 投资基金管理有限公司:

以货币方式认缴出资人民币 500 万元,占合伙企业总出资额的 1%。首期出资额为人民币 100 万元(占其全部认缴出资额的 20%),首期出资应当自本协议签订后 7 个工作日内缴纳;认缴的其余出资应在本合伙企业营业执照签发之日起一年内缴足。

(二)有限合伙人的出资情况

1. 公司

以货币方式认缴出资人民币________万元,占合伙企业总出资额的____%。首期出资额为人民币________元(占其全部认缴出资额的 20%),首期出资应当自本协议签订后 7 个工作日内缴纳;认缴的其余出资应在本合伙企业营业执照签发之日起______年内缴足。

2. 公司

略。

3. 个人

略。

第六章 利润分配、亏损分担方式

第十四条 合伙企业的利润分配,由合伙人按如下方式分配。

(一)合伙企业利润分配

合伙企业利润分配是指将合伙企业的净收益根据各合伙人的出资比例进行分配。本合伙企业的净收益是合伙企业收益扣除按本协议规定和全体合伙人一致同意支付或提取的费用后

得出的余额。合伙企业的利润归全体合伙人享有，由全体合伙人按照利润分配时各合伙人实缴的出资比例分配。

（二）利润分配时间

本合伙企业对年度已实现的利润（包括相应的投资成本）全部进行分配，每年度分配一次利润；如果2/3以上合伙人表决通过后，可以在其他时间进行分配。合伙企业对上述投资成本进行分配时，由于会导致合伙人对合伙企业出资数额的减少，应当在分配后30日内依法申办工商变更登记。

（三）利润分配转增出资

普通合伙人只能直接接受本合伙企业向其分配的利润，不得将本合伙企业向其分配的利润转增为对本合伙企业的出资，除非全体合伙人一致同意；有限合伙人可以直接接受本合伙企业向其分配的利润或者经过2/3以上的合伙人同意将本合伙企业向其分配的利润转增为对本合伙企业的出资。有限合伙人将其税后利润转增为出资的，应当在合伙企业利润分配结束之日起15日内办理工商变更登记，其对本合伙企业的出资自工商变更登记完成之日相应增加。

（四）合伙人违反本协议的约定未按期缴纳出资

合伙企业在向其分配利润和投资成本时，有权扣除其逾期交付的出资、违约金等费用。如果其应分配的利润和投资成本不足以补足上述款项，应当补缴出资并补交上述费用。

第十五条　合伙企业每年度初提取全体合伙人已经实缴出资总额的2%用于支付资产管理公司的员工工资、办公室租金、差旅费、律师费、会计服务费等各项费用（以下简称管理费）。管理费在每年度初的最初30日内向资产管理公司支付。如果全体合伙人实缴的出资总额在年度中期增加，则按新增出资的2%补充提取管理费。补充提取的管理费在实缴出资增加后30日内向资产管理公司支付。

第十六条　本合伙企业的亏损由全体合伙人（包括普通合伙人与有限合伙人）按照合伙人认缴的出资比例分担。

第七章　合伙事务的执行

第十七条　本合伙企业由普通合伙人执行合伙事务。执行合伙事务的合伙人（以下简称执行合伙人）对外代表合伙企业。

第十八条　全体合伙人对本合伙企业事务的执行以及执行合伙人的选择方式等事项约定如下。

1. 由普通合伙人北京××投资基金管理有限公司担任执行合伙人，代表本合伙企业执行合伙事务。合伙企业向普通合伙人支付投资收益分成，其标准为合伙企业年度可分配利润的20%。投资收益分成在合伙企业向各合伙人分配利润时支付。

2. 有限合伙人有权对合伙企业的经营管理提出建议。执行合伙人执行事务必须按照如下方式处理。

①对于拟投资的项目，必须经全体合伙人一致批准成立的投资决策委员会（投资决策委员会的组成、职权等遵照本协议第二十九条）表决通过后，执行合伙人方可进行投资。

②除法律、法规和本协议另有规定外，合伙企业进行与投资项目相关的对外划款、转账均应按照投资决策委员会的决定办理。

3. 不参加执行合伙事务的合伙人有权监督执行合伙人执行合伙事务，检查其执行合伙企业事务的情况。

4. 执行合伙人不按照本协议或者全体合伙人的决定执行合伙事务的，其他合伙人有权督促执行合伙人更正。

5. 执行合伙人北京 ×× 投资基金管理有限公司委派担任执行合伙事务的代表为______，身份证号码为__________________；住址为____________________。执行合伙人有权变更委派代表。执行合伙人变更委派代表后，应当在变更后 15 日内通知其他合伙人。

第十九条　执行合伙人的权限。

1. 执行合伙企业日常事务，办理合伙企业经营过程中的相关审批手续。

2. 代表合伙企业与资产管理公司签订资产管理协议，由资产管理公司对合伙企业的财产进行管理。

3. 代表合伙企业与资金托管银行签署资金托管协议。

4. 代表合伙企业签订其他合作协议，负责协议的履行。

5. 代表合伙企业对各类股权投资项目进行管理，包括但不限于负责合伙企业的投资项目筛选、调查及项目管理等事务。

6. 代表合伙企业处理、解决合伙企业涉及的各种争议和纠纷。

7. 其他。

第二十条　全体合伙人一致通过，可以变更执行合伙人，但新任执行合伙人必须是普通合伙人。

第二十一条　不执行合伙事务的合伙人有权监督执行合伙人执行合伙事务的情况，有权监督合伙企业的资金及账户，包括有权聘请外部审计单位对合伙企业的财务状况和经营成果进行审计，相关费用由该不执行合伙事务的合伙人自行承担。

执行合伙人应当按季度向其他合伙人报告事务执行情况以及合伙企业的财务状况和经营成果，其执行合伙事务所产生的收益归全体合伙人，所产生的费用和亏损由全体合伙人共同承担。

第二十二条　合伙人按照合伙人会议的有关规定对合伙企业有关事项做出决议，实行合伙人一人一票并经全体合伙人过半数则通过的表决办法，但法律另有规定或本协议另有约定的除外。

第二十三条　合伙企业事项的处理方式。

1. 除本协议另有规定外，合伙企业的下列事项应当经合伙人会议中全体合伙人一致同意：

①改变合伙企业的名称；

②改变合伙企业的经营范围、主要经营场所的地点；

③决定和聘任投资决策委员会的成员，决定投资决策委员会成员的报酬，修改投资决策委员会的职权和工作程序；

④增加或减少合伙企业的合伙人；

⑤以合伙企业名义为他人提供担保；

⑥合伙人增加或者减少对合伙企业的出资；

⑦修订本协议；

⑧更换执行合伙人。

2. 本合伙企业的下列事项无须经合伙人会议中全体合伙人一致同意，该类事项按照本协议第二十九条的规定办理：

①处分合伙企业的不动产；

②转让或者处分合伙企业的知识产权和其他财产权利；

③聘任合伙人以外的人担任合伙企业的经营管理人员。

3. 合伙企业的下列事项应当经合伙人会议中三分之二以上合伙人表决同意：

①超出合伙企业投资预定计划投资的；

②其他。

第二十四条　有限合伙人不执行合伙事务，但法律有规定不属于执行合伙事务的行为除外，有限合伙人不得对外代表合伙企业。

第二十五条　普通合伙人不得自营或者同他人合作经营与本合伙企业相竞争的业务；有限合伙人可以自营或者同他人合作经营与本合伙企业相竞争的业务。

除非经全体合伙人一致同意，否则普通合伙人不得同本合伙企业进行交易。有限合伙人可以同本合伙企业进行交易。

第二十六条　执行合伙人、执行合伙人关联企业不得对本合伙企业的投资项目或投资企业进行直接投资，亦不得通过其他变通方式对该等项目进行投资。

第二十七条　本合伙企业设立合伙人会议，合伙人会议按照相关法律法规规定和本协议约定行使权利和履行义务。合伙人会议由全体合伙人组成。合伙人会议根据相关法律、法规的规定和本协议约定对本合伙企业事项做出决议。

第二十八条　合伙人会议分为定期会议和临时会议，由执行合伙人负责召集和主持。召开合伙人会议，应当提前 7 日通知全体合伙人。定期会议每季度召开一次。执行合伙人、投资决策委员会、三分之一以上合伙人可以提议召开临时会议。

第二十九条　本合伙企业设立投资决策委员会，投资决策委员会按照本协议约定行使权利和履行义务。投资决策委员会由 7 名委员组成，其中由有限合伙人选举 3 名委员，由资产管理公司委派 2 名委员，其余 2 名委员由合伙企业选聘外聘投资专家担任（外聘投资专家应具备会计专业或法律专业的知识背景）。投资决策委员会的委员应由全体合伙人一致同意后决定和聘任。

投资决策委员会的决议职权范围包括：

1. 处分合伙企业的不动产；

2. 转让或者处分合伙企业的知识产权和其他财产权利；

3. 聘任合伙人以外的人担任合伙企业的经营管理人员；

4. 制定合伙企业利润分配方案；

5. 决定合伙企业资金的划转；

6. 选择确定投资的项目，对资产管理公司提交的投资方案进行表决；

7. 其他。

投资决策委员会的工作程序如下。

1. 投资决策委员会按照一人一票的方式对合伙企业的事项做出决议。除本协议另有约定外，投资决策委员会做出决议应取得超过半数的委员通过。

2. 投资决策委员会每季度召开一次会议，由执行合伙人负责召集和主持。执行合伙人可以提议召开临时会议。

3. 投资决策委员会对合伙企业的事项做出决议后，由执行合伙人负责执行，包括由执行合伙人向资产管理公司、托管银行等单位传送投资决策委员会的决议。

4. 其他。

第八章 资金托管

第三十条 合伙企业成立后，委托托管银行进行资金托管，由托管银行根据合伙企业的决定划转合伙企业资金，通过托管银行对资金的管理以确保合伙企业资金的安全。合伙企业向托管银行支付托管费用。托管银行由执行合伙人选择确定。具体的托管办法和条件以合伙企业成立后与托管银行签订的资金托管协议为准。

第三十一条 全体合伙人应将其对合伙企业的出资转入本合伙企业在托管银行开立的账户。合伙人将其资金转入上述账户后，视为其已缴纳对本合伙企业认缴的该部分出资。

第三十二条 资金托管的具体规定。

第九章 入伙与退伙

第三十三条 新合伙人入伙，应依法订立书面入伙协议。订立入伙协议时，原合伙人应当向新合伙人如实告知原合伙企业的财务状况和经营成果。入伙的新合伙人与原合伙人享有同等权利，承担同等责任。新入伙的有限合伙人对入伙前合伙企业的债务以其认缴的出资额为限承担责任。新入伙的普通合伙人对入伙前合伙企业的债务承担无限连带责任。

第三十四条 有下列情形之一的，合伙人可以退伙：

1. 本协议约定的退伙事由出现；

2. 经全体合伙人一致同意；

3. 发生合伙人难以继续参加合伙的事由；

4. 其他合伙人严重违反本协议约定的义务；

5. 合伙企业累计亏损超过总出资额 50%时，有限合伙人可以退伙。

有限合伙人退伙应当提前 30 日通知其他合伙人。擅自退伙的，应当赔偿由此给其他合伙人造成的损失。

除非发生不可抗力原因或进入解散、清算程序，否则普通合伙人不得退伙。

第三十五条 合伙人有下列情形之一的，经其他合伙人一致同意，可以决议将其除名：

1. 未按照本协议履行出资义务；

2. 因故意或者重大过失给合伙企业造成重大损失；

3. 执行合伙事务时有不正当行为；

4. 发生本协议约定的事由。

合伙人存在上述情形的，还应当赔偿由此给其他合伙人造成的损失。

对合伙人的除名决议应当书面通知被除名人。被除名人对除名决议有异议的，可以自接到除名通知之日起 30 日内，根据本协议有关争议解决的规定解决。

第三十六条 普通合伙人退伙后，对基于其退伙前的原因发生的本合伙企业债务，承担无限连带责任；退伙时，合伙企业财产少于合伙企业债务的，该退伙人应当依照本协议第十六条的规定分担亏损。有限合伙人退伙后，对基于其退伙前的原因发生的本合伙企业债务，以其退伙时从本合伙企业中取回的财产承担责任。

第三十七条 作为有限合伙人的自然人死亡、被依法宣告死亡或者作为有原合伙人的法人及其他组织终止时，其继承人或者权利承受人可以依法取得该有限合伙人在有限合伙企业中的资格。

合伙人向本合伙企业的其他合伙人转让出资份额,应当在30日内通知其他全部合伙人,并在30内办理工商变更登记。合伙人向本合伙企业以外的人转让出资份额,应当经其他合伙人过半数同意。经合伙人同意转让的出资份额,在同条件下,其他合伙人有优先购买权。

第三十八条　合伙人退伙或被除名的,由会计师事务所对该名合伙人退伙或被除名时合伙企业的净资产进行评估。对于评估后的合伙企业的净资产按照该名合伙人在合伙企业的出资比例予以退还。承担资产评估工作的会计师事务所由执行合伙人与其签订评估协议。评估费用由退伙或被除名的合伙人承担。合伙人退伙时其在合伙企业中的财产份额以货币方式退还,但全体合伙人一致同意的除外。合伙人退伙或者被除名时,对其他合伙人负有赔偿责任的,其他合伙人有权在向其退还财产之前扣除相应的应赔偿的款项。

第十章　保密规定

第三十九条　本合伙企业相关的所有文件,包括但不限于合伙企业与他人签订的协议、合伙企业的项目投资计划、财务会计报告等,均属于合伙企业的机密资料。任何人不得对外公开,或者基于与执行合伙企业相关事务无关的目的使用该等文件。

第四十条　除依法应当公开的信息或者根据司法程序的规定应当向有关机构提供的信息之外,任何人均不得通过正式和非正式的途径向外披露合伙企业相关信息、合伙企业投资的项目情况等任何信息。拟公开披露的信息在公开披露之前应予以保密,不得向他人泄露。

第十一章　争议解决办法

第四十一条　各合伙人履行本协议发生的争议,应通过协商或者调解解决。合伙人不愿通过协商、调解解决或者协商、调解不成的,按照如下规定处理:因本协议引起的或与本协议有关的任何争议,均提请北京仲裁委员会按照该会仲裁规则进行仲裁。仲裁裁决是终局的,对本协议各方均有约束力。

第十二章　合伙企业的解散与清算

第四十二条　合伙企业有下列情形之一的,应当解散:

1. 合伙期限届满,合伙人决定不再经营;
2. 本协议约定的解散事由出现;
3. 全体合伙人决定解散;
4. 合伙人已不具备法定人数满三十天;
5. 本协议约定的合伙目的已经实现或者无法实现;
6. 依法被吊销营业执照、责令关闭或者被撤销;
7. 法律、行政法规规定的其他原因。

第四十三条　合伙企业清算办法应当按《合伙企业法》的规定进行清算。

企业解散后,由清算人对合伙企业的财产债权债务进行清理和结算,处理所有尚未了结的事务,还应当通知和公告债权人。清算人由全体合伙人担任;经全体合伙人过半数同意,可以自合伙企业解散事由出现后十五日内指定一个或者数个合伙人,或者委托第三人,担任清算人。

清算人主要职责如下:

1. 清理合伙企业财产,分别编制资产负债表和财产清单;
2. 处理与清算有关的合伙企业未了结的事务;
3. 清缴所欠税款;

4. 清理债权、债务；

5. 处理合伙企业清偿债务后的剩余财产；

6. 代表企业参加诉讼或者仲裁活动。

清算期间，合伙企业存续，不得开展与清算无关的经营活动。

合伙企业财产在支付清算费用和职工工资、社会保险费用、法定补偿金以缴纳所欠税款、清偿债务后的剩余财产，按照各合伙人的出资比例进行分配。

第四十四条　清算结束后，清算人应当编制清算报告，经全体合伙人签名、盖章后，在 15 日内向企业登记机关报送清算报告，申请办理合伙企业注销登记。

第十三章　通知

第四十五条　通知及通知的送达。

1. 本协议履行过程中，所有相关的通知都要通过传真、特快专递进行传送。各合伙人之间、本合伙企业与各合伙人之间的通知和通信应当被送往详细注明的地址和传真号码。

本合伙企业和各合伙人的联系方式如下：

（1）天津 ×× 投资基金（有限合伙）

地址：________________；

邮编：________________；

收件人：______________；

传真号码：____________。

（2）北京 ×× 投资基金管理有限公司

地址：________________；

收件人：______________；

邮编：________________；

传真号码：____________。

（3）其他合伙人的联系方式

略。

2. 为了确保能够随时顺利通信，任何一方可以以传真发送，或者以特快专递的方式，将其地址、传真号码的任何变化通报合伙企业和全体合伙人。

3. 任何一份通知或者通信在如下情况下应当被视为已经送达：在发送传真的情况下，在传送当日视为已经送达（如果传送的日期在收件的地区不是营业日，应当视为在下一个开始营业日送达，送达的证据应当是收到的传真确认单）；如果传送特快专递邮件，当邮政特快专递的送信人亲自将邮件传送给收件人时视为送达。

第十四章　不可抗力

第四十六条　不可抗力。

1. 如果本协议任何一方因受不可抗力事件影响而未能履行其在本协议下的全部或部分义务，该义务的履行在不可抗力事件妨碍其履行期间应予中止。

2. 声称受到不可抗力事件影响的一方应尽可能在最短的时间内通过书面形式将不可抗力事件发生后 15 日内向其他合伙人提供关于此种不可抗力事件及其持续时间的适当证据及协议不能履行或者需要延期履行的书面资料。声称不可抗力事件导致其对本协议的履行在客观上成为不可能或不实际的一方，有责任尽一切合理的努力消除或减轻不可抗力事件的影响。

3. 不可抗力事件发生时，各合伙人应立即通过友好协商决定如何执行本协议。不可抗力事件或其影响终止或消除后，全体合伙人须立即恢复履行各自在本协议项下的各项义务。如不可抗力及其影响无法终止或消除而致使协议任何一方丧失继续履行协议的能力，则全体合伙人可协商解除协议或暂时延迟协议的履行，且遭遇不可抗力一方无须为此承担责任。当事人延迟履行后发生不可抗力的，不能免除责任。

4. 本协议所称“不可抗力”是指受影响一方不能合理控制的，无法预料或即使可预料也不可避免且无法克服，并于本协议签订日之后出现的，使该方对本协议全部或部分的履行在客观上成为不可能或不实际的任何事件。此等事件包括但不限于自然灾害如水灾、火灾、旱灾、台风、地震，以及社会事件如战争（不论曾是否宣战）、动乱、罢工，政府行为或法律规定等。

第十五章　违约责任

第四十七条　合伙人违反本协议的，应当依法承担违约责任。

第四十八条　执行合伙人违反本协议的规定，给其他合伙人造成损失的，应当赔偿其他合伙人的损失。

第四十九条　合伙人逾期缴纳其认缴的出资，每逾期 1 日，应当向其他合伙人支付千分之四的违约金，并承担补缴义务；逾期超过 180 日的，其他合伙人有权将其除名。

第十六章　其他事项

第五十条　本合伙企业的投资项目限制：

1. 本合伙企业不得投资本协议约定的经营范围之外的投资项目；

2. 本合伙企业不得投资于承担无限责任的企业；

3. 本合伙企业不得进行中国境内外的二级证券市场投资；

4. 本合伙企业不得投资其他风险投资基金；

5. 本合伙企业对一个项目的投资总额不得超过人民币______元，但全体合伙人一致同意的除外。

第五十一条　本合伙企业中的外商出资比例不得超过 25%。

第五十二条　执行合伙人不得将其对合伙企业的出资和财产份额出质或转让。

第五十三条　未经其他合伙人过半数同意，有限合伙人不得将其在合伙企业中的财产份额出质。

第五十四条　本协议一式____份，合伙人各持一份，并报合伙企业登记机关一份。每份具有同等法律效力。

第五十五条　本协议附件为本协议不可分割的组成部分，与本协议具有同等法律效力。

第五十六条　本协议未约定或者约定不明确的事项，由合伙人协商决定；合伙人协商后，可以签订补充协议，补充协议与本协议具有同等法律效力。协商不成的，依照法律、行政法规的规定处理。

第五十七条　本协议履行过程中，如果国家或地方颁布新的有关法律法规或修订相关规定，本协议按照新的法律法规的规定进行修订。如果出现冲突、争议或者分歧，应当按照公平原则处理。

全体合伙人签名、盖章：

日期：　　　年　月　日

案例汇编

英国的风险投资

英国是欧洲风险投资的发源地。20 世纪 70 年代后半期,风险投资在英国出现,但 1979 年英国风险投资协会成员的风险投资额仅为 2 000 万英镑。经过 20 年的运作,英国的风险投资业已当之无愧地位居欧洲首位,在世界上也仅次于美国,排名第二, 1995 年海内外投资额达到 185.28 亿英镑。目前,其投资额占整个欧洲的 40%以上。自 1983 年以来,共有 230 亿英镑投入 1.6 万家以上的新创企业中。1996 年,英国的风险投资收益率为 42.9%,三年平均为 26.6%,五年平均为 25.7%,十年平均为 15.7%。总体而言,和美国一样,英国也有活跃的证券市场,活跃的创业精种,在养老机构投资方面也没有限制,因此风险投资的运作和美国有很大的相似性。

一、英国风险资金来源

英国风险投资的资金来源在不同时期有不同的特点。20 世纪 60 年代以前,资金主要来源于银行及其附属机构的信托投资及权益投资。60 年代以后逐渐出现了独立的私人风险投资公司,以及政府创办的风险投资公司。随后,保险公司、养老基金等多种机构投资者也不断加入进来。

目前,根据所有权或资金来源,英国风险资本的来源大致可分为四类。

(1)清算银行设立的风险投资基金。只要银行继续从事风险投资,该类基金就会继续运营。它的投资组合中往往具有较高的债权成分,更强调使用能带来利息收益的金融工具。

(2)投资机构支持的基金。该基金又分为两类。其一是受控型机构基金,如附属于养老基金、保险公司等,它们大多采取封闭式的基金形式。其二是独立风险基金,该基金在广泛的范围内筹集资金,包括保险公司、养老基金、工业公司、银行和外国机构等。在 20 世纪 80 年代,独立风险基金迅速发展,目前是最大的风险投资基金。1988 年,英国超过半数的风险投资由该基金完成,其投资额占全部投资额的 2/3 以上。

(3)来自政府部门的风险投资,如苏格兰与威尔士发展基金,各种地方政府风险投资基金及企业扩张计划(BES)基金等。企业扩张计划基金与贷款担保计划(LGS)基金以及此前曾设立的企业开业计划(BSS)基金都属于英国政府通过立法专门为扶助小企业发展而设立的基金。立法规定了这些基金的投资范围,税收优惠措施等内容。1975 年,设立全国企业委员会(NEB),其主要目的是资助高风险的权益性企业——高新技术的起步企业、转型企业以及拯救传统产业中危急的公司。1981 年成立的英国技术集团(BTG)是英国官办的最大的风险投资公司。它主要以低息贷款的形式进行投资,贷款期限可达 20 年,主要帮助公营部门取得专利和产品许可证,同时也为大学、中小型高技术企业的技术开发和工艺创新活动提供支持。

(4)公司及其他私人部门基金。与美国不同,英国此类基金很少。在 1988 年只有 2 家私人部门基金,这与英国富人比较保守有关。20 世纪 80 年代,英国的风险资本出现了集中的趋势。据一项调查显示,在 1987 年, 25%的风险投资机构掌握了 70%的风险资本。并且这些大型风险投资机构中的绝大部分是受控型基金,而只有 1/4 的大型机构是真正独立的风险投资公司。

二、英国风险投资机构的组织形式

1. 有限合伙制的运作

英国最大的民间风险投资公司——工业投资者公司(Investment In Industry,简称 3I),是由英格兰银行(掌握 3I 公司 15%的股权)及其他一些主要清算银行于 1945 年共同创立的,其目的是为新兴企业提供长期财务支持(不一定通过股权交易形式)。3I 公司的运作模式与美国的有限合伙制基本一致,但其赢利方式却有所不同。3I 公司不同于纯粹的风险投资企业,它不是通过公开上市时将手中掌握的投资对象的股票抛售给第三者获利,它主要靠收取投资对象上缴的利息或股票红利赚取利润。其原因在于,3I 公司的基金本身大部分来自借款,其净资金中大约有一半是通过银行借款及发行债券募集的,这些借款及债券的利息靠投资对象缴纳的费用、红利及利息来偿还。1984—1985 年, 3I 公司向外贷款的平均回报率为 13%,股票平均回报率为 10.5%,而自身欠款所需偿还利息的利率为 10.5%。

有时 3I 公司也会采用"纯粹"风险投资机构的获利方式——投资股票,获取资本收益。据 BVCA1994 年的报告, 3I 公司手中掌握着大约 20 亿英镑资金,投资了近 4 000 家企业。除 3I 公司外,还有产业权益资本(Equity Capital for Industry,简称 ECI),它是由 350 家金融机构(包括 3I 公司)为响应当时工党政府的建议而于 1976 年成立的。1980 年以前,该公司坚持投资上市公司,此后也陆续为 35 家未上市企业提供了资金。与 3I 公司相比, ECI 规模要小得多,其管理的资金只有 5 000 万英镑。

2. 信托基金制

与美国不同的是,信托基金这一传统的投资方式被英国广泛用于风险投资。这和英国特殊的历史文化背景有很大的关系。

良好的基础。信托基金主要通过《公司法》或契约的形式对投资进行约束,因此法律制度的安排对信托基金的发展有至关重要的作用。英国是投资信托基金的创始国,早在 1900 年英国已有 100 家投资信托基金。投资基金在英国的运作十分规范,各种法律法规很健全。风险投资借助于这种规范的组织形式,可以很快地为中小企业提供服务。

保守的文化。从美国风险资本发展的历史来看,在风险资本的起始阶段,天使资本起了很大的作用。所谓天使资本是指那些由个人直接投向企业最初阶段的风险资本,它是由个人分散地而不是有组织地进行的投资,这要求投资者有较高的风险承受能力。而英国文化偏稳重、保守,天使投资并没有很好的发展空间,因此造成大量富余资金的闲置。借助风险投资信托基金这样一种方式,可以使这些资金投向高科技企业。同时,风险投资信托基金作为一种公开上市的投资工具,其目的在于鼓励个人投资于规模较小的非上市公司。如果符合一定条件,个人投资者就能够获得资本利得税等税收豁免。

《风险投资信托法案》。1995 年,英国通过了《风险投资信托法案》,对向风险投资信托基金投资的个人实行信托优惠,旨在鼓励个人通过风险投资信托基金对创新企业进行间接投资,以便有效地降低投资风险。对于每个风险投资信托基金,该法案要求:基金必须上市以方便投资者退出;基金资产的 80%以上应投资于未上市企业。投资通过股权方式和债权方式均可,但股权投资比例应在 50%以上(基金投资的企业上市后转让的份额以及增资扩股部分均可计入股权); 70%的基金资金应在 3 年内投出;所投资的未上市企业净资产应低于 1 000 万英镑;对单个企业,每只基金的投入不应超过 100 万英镑或总资产的 15%。个人投资者可享受的税收优惠包括:对持有 5 年以上的风险投资信托基金股份,可按其投资额的 20%抵减个人所得税;

对风险投资信托基金的分红不征税；对风险投资信托基金股份的出售所得免征资本所得税。此外，还规定个人对每只风险投资信托基金的投资限额为每年 10 万英镑。

英国第一个风险投资信托基金成立于 1995 年，到 1997 年中期，风险投资信托基金共募集了 3.5 亿英镑。1997 年的调查表明，由 12 个最初的风险投资信托基金支持的企业一半以上是早期和扩展期企业，其余主要用于内部并购（管理层并购，又称 MBO）和外部并购，平均的投资额是 50 万英镑。

三、英国风险投资的退出

1980 年 11 月，英国建立了未上市证券交易市场（USM），为风险投资提供退出通道。重新修改后的《公司法》允许企业主回购股份，由此可实现对企业的控制，也为外部持股人提供了退出的机会。伦敦证券交易所于 1995 年中期还设立了 AIM 市场，作为主板市场的补充。它主要面向成长的高新技术中小企业。英国的创业企业还可以到 EASDAQ 市场上市。EASDAQ 是根据 1996 年 6 月 10 日的比利时皇家法令建立的，是一个独立的小盘股市场，其服务对象是高成长性的小型企业，总部设在布鲁塞尔，业务面向全欧洲。EASDAQ 是由来自 12 个国家（其中有 9 个欧共体成员国）的 90 多个金融机构所拥有。它于 1996 年 9 月 30 日正式开始交易。EASDAQ 的交易规则与交易系统是 NASDAQ 的欧洲版本。

四、英国的风险投资计划（Venture Capital Scheme，VCS）

VCS 为符合条件的风险投资者提供税收优惠，鼓励其对小企业股权投资。该计划又包括若干子计划，最主要为：企业投资计划（Enterprise Investment Scheme，EIS）、种子企业投资计划（Seed Enterprise Investment Scheme，SEIS）和风险投资信托计划（Venture Capital Trust Scheme，VCT）。

英国政府从 1994 年开始实施 EIS，对购买符合条件的小企业新发行股票的合格个人投资者给予个人所得税收优惠。英国政府于 2012 年出台了 SEIS，为购买小型初创企业股票的个人投资者提供税收优惠，缓解小型初创企业特有的融资困难。与 EIS 相比，SEIS 所针对的企业规模更小，提供的税收优惠力度更大。英国政府从 1995 年开始实施 VCT，对合格风险投资公司及其个人投资者提供税收优惠，鼓励个人投资者购买合格风险投资公司的普通股票，间接投资于众多的非上市小企业。其中，合格风险投资公司是经过英国税务与海关总署（简称 HMRC）批准的风险投资信托公司（简称 VCTs），主要业务为向未上市小企业进行股权投资或提供信贷资金。VCTs 投资合格公司所获资本利得免公司所得税。

HMRC 每年都发布 VCS 主要子计划的执行情况报告，据 2014 年 12 月英国税务与海关总署发布的《EIS 和 SEIS 计划统计报告》，EIS 计划实施以来，截至 2012—2013 年纳税年度，共有 2 万多家小企业通过其进行股权融资，融资总额达 100 多亿英镑，58 万人次享受了相关税收优惠；SEIS 计划实施的第一个纳税年度，共有 1 120 家小型初创企业通过其进行股权融资，融资规模达 8 370 万英镑，7 515 人享受了相关优惠。据 2014 年 9 月 HMRC 发布的《VCT 计划统计报告》，VCT 计划实施以来，截至 2013—2014 年纳税年度，共有 843 家 VCTs 通过该计划进行融资，融资总额约 55 亿英镑；据 2014 年 12 月的《VCT 计划统计报告》，在 2012—2013 年纳税年度，共有 1.554 万人认购了经批准的 65 家 VCTs 共值 3.775 亿英镑的股票，并享受了有关优惠，其认购总额占 VCTs 当年股票融资总额的 94.4%。

案例思考题

（1）3I 公司股票的平均回报率为 10.5%，贷款的回报率为 13%，其自身欠款所需偿还利息的利率为 10.5%，股票收益率和其贷款成本持平，没有任何利润空间，为什么还会选择投资股票？

（2）英国文化偏稳重、保守，天使投资并没有很好的发展空间。但是在此背景下产生的信托基金所投资的企业一半以上是早期和扩展期的企业，这是如何做到的？

（3）英国的信托基金制把投资中风险最高的领域——初创的中小企业中蕴含的巨大风险，转化为参与各方投资者能够承受的很小的风险，弥补了传统融资市场的空白，丰富了投资者的投资品种，扶持了中小企业的发展，是一举三得的好事，这对今后的制度设计工作有什么样的启示？如何进一步理解政府与市场间的关系？

扩展阅读 1

一部教科书式和史诗级的交易架构设计：格力还是她的……

混改结束后，董明珠领导的管理层通过极其精妙的交易架构和杠杆设计，以极少的实际出资额和持股比例，实现了对格力电器上市公司全方位的强力控制，今后的格力内外，再无力量可以制衡这位素以强硬著称、说一不二的铁娘子。

为什么称格力"混改"的交易架构设计堪称"教科书式"和"史诗级"？它的交易架构和资本杠杆到底具体是如何设计的？董明珠是怎么通过这些精妙的交易设计，实现少数派当家作主的？本文将根据格力披露的公开资料，详细还原和分解整个格力混改的基本构架设计，希望能够解答大家的疑问。

一、基础架构解析："合伙制"给格力管理层控制"留后门"

对于多数读者而言，要想真正看懂此次格力混改的交易架构，必须首先搞清楚公司制和合伙制这两种现代企业制度之间的差异，因此在落笔之前，有必要先普及一下与本起交易有关的上述知识点。

合伙制与公司制（亦称"股份制"）之间很大的一个不同在于，两种不同类型的企业对于经营权和财产权的分配和认定上存在巨大差异：一般情况下，在公司制企业（有限责任公司）中，股东按持有的股份比例享受相对应权重的经营权（如股东大会的投票表决权、董事提名权等）和财产权（如股票分红、企业清算后剩余价值分配等），这两种权利天然一体一般不可分割。

然而，在合伙制企业（有限合伙）中，经营权与财产权通常是分家的，普通合伙人（GP）和有限合伙人（LP）在合伙企业中所享有的经营权比例与其享受的财产份额比例可能并不一致。在这样的"双轨制"下，合伙企业极可能出现这种情况：GP 在合伙企业中只享有 1%甚至更少的财产份额，但却拥有合伙企业的核心经营决策权和执行权；LP 在合伙企业中享有 99%的财产份额，但却无权参与合伙企业的经营决策和执行，他们的身份只是纯财务投资者。原因很简单，因为在合伙企业中，GP 对合伙企业拥有执行管理权，LP 则只有财产权，几乎没有经营管理权，这就是合伙企业的一大特点。

总之,公司制像一种标准权益框架,而合伙制则更像一种协议权益框架。有限合伙企业常见于专业技术(或市场资源)创业领域。例如:如果你有专业技术(或市场资源)但无启动资金,你可以拉上几个投资人发起成立一家有限合伙企业,你以专业技术(或市场资源)入伙并担任 GP,以 GP 身份执行合伙企业事务并承担无限连带责任;你拉来的投资人以现金投资入伙并担任 LP,他们无权参与合伙企业的经营且只需承担出资额度内的有限责任,但有权按照约定的财产份额享有合伙企业的经营收益和其他财产权益(这个财产份额比例由各合伙人事先约定好,在合伙协议或章程中确认)。

很多非公开募集的产业甚至是证券投资基金也以有限合伙企业的形式发起,在这样的私募合伙基金中, GP 往往充当基金管理人的角色,基于自己的专业能力和市场资源执行合伙事务(一般是产业或证券投资),而 LP 的角色往往是背后的基金持有人。LP 享有基金财产份额约定的投资收益和本金, GP 享有合伙协议或章程所规定的执行报酬和管理费,以及约定的收益分成等。注意,本文下面将讨论的格力混改后的第一大股东珠海明骏即属于这种类型。

总体上来讲,董明珠领导的格力管理层正是充分利用了公司制企业和合伙制企业在经营权和财产权方面的差异特点,以较少的财产份额(意味着较少的资金投入),实现对格力电器上市公司较强的最终经营控制权。以下,我们将从控制(对应经营权)架构和资金(对应财产权)架构这两个维度来详细分解格力混改交易架构的顶层设计。

需要特别指出的是,由于合伙制企业的利益结构和协议极其复杂和个性化,且格力对其上层架构披露的资料也较为有限,因此在本文中,我们只能基于有限的公开材料和公共知识做基本推断,不能确保结论 100%正确,只能是大致“模糊正确”,希望大家知悉这一点并自做判断。

二、控制(经营权)架构解析:“公司制+合伙制”双剑合璧,台前木偶台后庄

在本次格力混改交易中,承担具体股权收购义务的实体为珠海明骏,珠海明骏出资 416.62 亿元从格力集团手中接盘格力电器上市公司 15%的股权,成为格力电器新的第一大股东,而原来的第一大股东格力集团的持股比例则降至 3.22%,降格为格力电器的第三大股东(不考虑深港通渠道的持股,下同)。

我们在这一步的分解逻辑是:先看看到底是谁在实际控制珠海明骏,再看看珠海明骏及其背后显而易见的盟友阵营对格力电器上市公司的控制力有多强。通过这两步分析,就不难回答“谁在控制格力”这个问题了。

天眼查资料显示,珠海明骏是一家有限合伙企业,但实际上它又具有非常明显的私募合伙基金的特点,格力电器上市公司股权应该是这只私募合伙基金最核心甚至是唯一的投资标的,把它看作是参与格力混改的“混改基金”再合适不过。

正是由于上述双重身份(既是有限合伙企业,又是投资基金)属性,珠海明骏背后存在双重控制框架:作为有限合伙企业,珠海明骏受 GP 的控制,它的 GP 是珠海贤盈;而作为投资基金,珠海明骏的投资运作又由基金管理人来负责实际执行,它的基金管理人正是大名鼎鼎的高瓴资本旗下的珠海高瓴。让多数人感到难以理解的正在于这一点:基金管理人珠海高瓴和 GP 珠海贤盈二者之间,到底谁掌握着珠海明骏最终的控制话语权呢?

我们在此打个简单比方:珠海贤盈与珠海高瓴之间的关系更像是旧时大户人家的东家和管家一样:东家花钱雇管家来帮忙打理家产和生意,管家在外代表东家谈生意和做投资决策,但其执行的仍然是东家的意志,如果东家不满意管家的表现,完全可以解雇管家另聘一个新管家。看完这个例子,珠海贤盈与珠海高瓴之间,到底谁掌握着珠海明骏最终的话语权,大家应该很清楚了。或许我们也可以这么理解:“聘请或解雇珠海明骏的基金管理人”这一决策权,本身就是珠海贤盈作为 GP 执行珠海明骏合伙事务的执行权的一部分。

珠海贤盈以 GP 的身份实际控制着珠海明骏的最终话语权,那么珠海贤盈本身又是受谁的控制呢?天眼查资料显示,珠海贤盈也是一家有限合伙企业,它的 GP 是珠海毓秀。很显然,珠海毓秀以 GP 的身份,实际控制着珠海贤盈。问题是,珠海毓秀又是受谁控制的呢?

格力的混改公告显示,珠海毓秀是一家公司制(股份制)企业,它有四个股东,其中的第一大股东为格臻投资,持股比例达到了 41%。显然,格臻投资拥有对珠海毓秀的最终控制话语权。真相越来越接近了,戏份也越来越精彩了,如果您再更进一步仔细研究一下格臻投资的实际控制架构的话。天眼查的信息显示,格臻投资也是一家有限合伙企业,它的 GP 兼执行合伙人不是外人,正是董明珠,而格力的其他高管如黄辉、庄培、谭建明、望靖东、陈伟才等人也都出现在格臻投资的 LP 名单中。由此可见,格臻投资实际上就是由董明珠领导的格力管理层成组成的持股实体。其中,董明珠个人在格臻投资中所持的财产份额达到了 95.48%。

至此,一个清晰的格力最终控制权架构设计已清晰地浮出了水面:董明珠领导的格力管理层以格臻投资为最终控制实体,灵活且充分利用公司制企业与合伙制企业各自的特点,依次以第一大股东(公司制企业)或 GP(合伙制企业)的身份对珠海毓秀、珠海贤盈和珠海明骏实施传导式的梯次控制,最终间接控制着格力电器上市公司 15%的股权(第一大股东),其具体路径为:董明珠以 GP 及最大出资人身份控制格臻投资,格臻投资以第一大股东的身份控制珠海毓秀,而珠海毓秀以 GP 身份控制珠海贤盈,珠海贤盈则继续以 GP 身份控制珠海明骏,最后再由珠海明骏出面以第一大股东身份持股 15%并控制着格力电器上市公司——这就是董明珠在这次混改中精心设计的核心控制权架构(如图 3-12 所示)。

需要指出的是,以上只是董明珠控制格力电器的第一条路径,除此之外,董明珠还有至少其他三条路径可以进一步加强对格力电器的直接、间接控制或施加其他重大影响。一是,在本次交易之前,董明珠个人已经直接持有格力电器 0.74%的股权,为格力电器的第七大单一股东;二是,在本次交易后,根据协议,董明珠控制的管理层还将额外获得最多 4%的格力股权激励;三是,由格力经销商体系控制的持股实体京海投资直接持有格力电器 8.91%的股权,凭借董明珠在格力销售体系的多年经营,我们完全有理由相信铁娘子能够对京海投资施加重大影响。

综合以上,我们粗略计算,混改之后,董明珠将在未来的格力股东大会上能够直接、间接控制或有效争取至少相当于格力总股本 28%的投票权支持,鉴于格力的其他单一股东持股比例均在 3.22%以下,且这些股东间亦无一致行动协议,在如此高度零散的股权结构之下,28%的投票权往往意味着董明珠阵营将能够在格力的股东大会上轻松形成压倒性优势。再强调一次:今后的格力内外,再无其他力量能够制衡这位素以强硬著称、说一不二的“铁娘子”了,像 2016 年董明珠提出的“造车”议案在股东大会上被否决的这种尴尬情形,在今后的格力股东大会上可能再也不会发生了。

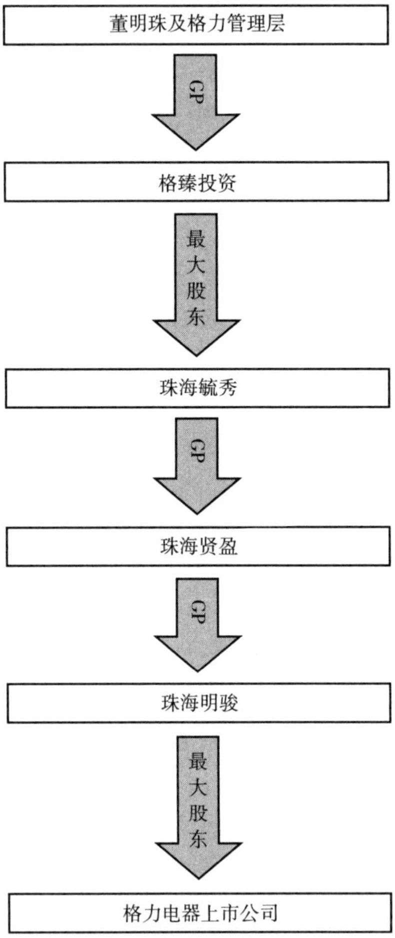

图 3-12 格力电器最大股东控制权关系图

三、资金(财产权)架构解析:董明珠请客,张磊攒局,LP 入席买单

以上是格力混改中,董明珠对于格力上层控制(经营权)架构的设计,那么在这场混改中,格力上层持股实体的资金(财产权)架构又是怎样的呢?

通过这次混改,董明珠实现了对格力电器从管理层到董事会,再到股东大会全方位的强力控制,成为这次混改的最大赢家。但问题是:作为最大赢家的董明珠及管理层在这次混改中到底付出多大的资金代价呢?答案是:很小!如果将此次格力混改比作是一场资本盛宴的话,那么这场盛宴基本上是这样设计的:董明珠请客,高瓴资本张磊广发英雄帖,各路 LP 递交投名状入席并掏钱买单。

先看看这场盛宴的最终买单价格:为了从格力集团手中接过这 15%的格力电器股权,混改基金珠海明骏砸出了 416.62 亿元的真金白银,这些钱哪来的呢?

根据格力的公告,珠海明骏 416.62 亿元的收购资金来源结构为:自有资本金 218.5 亿元,外加最高不超过 225 亿元的银行贷款(招商银行承接);而根据此次交易的定价,预计珠海明骏为了顺利完成收购,其最终可能需向银行实际申请的贷款规模约在 198 亿元。也就是说,珠海明骏实际上是通过加资金杠杆的方式来完成此次收购的,杠杆比例约为一倍,即贷款金额与自有资本金额相当(一般情况下,这种交易通常需要珠海明骏向放贷银行质押其所收购的标的格力电器股票，相当于股权质押融资）。

那么，珠海明骏 218.5 亿元的自有资金又是从哪来的呢？答案是：主要是各路 LP 们认缴的投资款。

从格力的公告来看，珠海明骏 218.5 亿元的自有资金结构如下：珠海贤盈作为 GP 认缴 1 239 万元的出资额，出资比例仅为 0.057%，也就是说，控制着珠海明骏合伙企业执行权的珠海贤盈，其在珠海明骏合伙企业中的财产份额只有不到 0.06%；GP 之外，珠海博韬作为珠海明骏最大的 LP 认缴出资额 168.41 亿元，出资比例高达 77.07%；格臻投资除了通过前述复杂架构间接控制珠海明骏，另外还以 LP 的身份直接认缴珠海明骏 13.94 亿元的出资额，出资比例为 6.38%；其他的两大 LP 高瓴瀚盈和珠海熠辉则分别认缴珠海明骏剩余 12.84%和 3.65%的出资份额（如图 3-13 所示）。

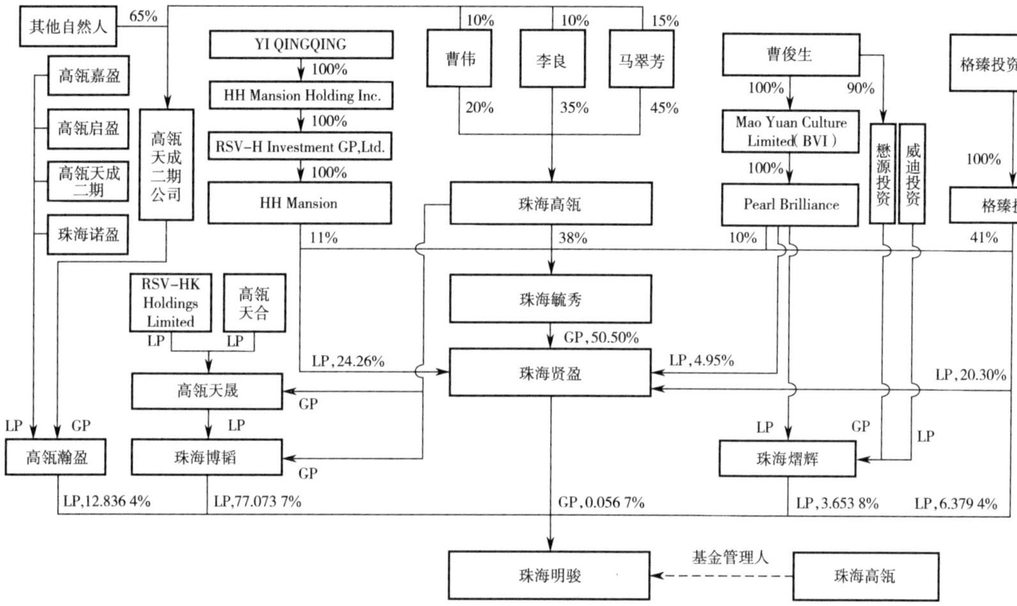

图 3-13　珠海明骏控制权关系图

从珠海明骏的财产份额比例中不难看出，在格力的整个混改交易中，董明珠的管理层实际只投资了大约 14 亿元（将 GP 珠海贤盈的出资额和 LP 格臻投资的出资额相加，大致就是格力管理层在这场混改盛宴中的实际投资额），即轻松拿到了交易价值高达 416.62 亿元的格力电器第一大股东珠海明骏的最大、最终话语权。这就是我们所说的“少数派当家作主”的含义所在：在出资比例（财产权份额）层面，董明珠及其领导的格力管理层确实只是少数派；但在控制权（经营权）层面，董明珠及管理层却能够对格力形成最终的强力、有效控制。

四、最后灵魂一问：捧场董明珠的各路 LP 们是“活雷锋”吗？

很多人或许会有疑问：那些出大价钱帮助董明珠接盘完成格力混改却又无法控制格力的各路 LP 们，他们是“活雷锋”吗？

显然不是，相反，据我们粗略测算，在不考虑格力电器二级市场股价波动造成的潜在浮动损益的情况下，完全从格力电器现金分红回报的角度来看，这些 LP 们投资珠海明骏的潜在长期投资收益（股息回报）其实非常诱人。

三季报显示，格力电器2019年前三季度实现的归属上市公司股东的净利润达到了221.17亿元，假设格力将这些利润全部用于给股东现金分红，那么持有格力电器15%股票的珠海明骏将获得其中的33.18亿元，以其416.62亿元的投资额计算，珠海明骏2019年前九个月内的股息回报率达到了7.97%，折合年化股息回报率10.62%。

毫无疑问，10.62%是一个相当高的年化股息回报水平，如果我们没有猜错的话，这个数字必将远远高于珠海明骏从招商银行那里获取的杠杆融资成本，因为从目前情况来看，即便是资信条件很一般的个人投资者，向券商申请融资融券时，其年利息率也可控制在7%以内，因此预计珠海明骏的年化杠杆融资成本很可能不会超过6%。

不过，需要特别指出的是，上述测算的10.62%的年化股息回报率只是建立在格力电器的利润分红比例达到100%（即所有利润全部用来现金分红）的假设基础上的，如果格力的最终实际利润分红比例只有70%，那么这个股息回报率则降至7.43%。

我们注意到，在此次混改交易中，珠海明骏方面明确承诺，其未来将以第一大股东的身份推动格力电器上市公司加大现金分红力度，力争格力电器今后的年度现金利润分红比例不低于50%。

实际上，在我们看来，珠海明骏承诺推动的50%的最低现金分红比例只是一个保守的数字，格力电器历史上在现金分红方面一直很给力，且其最近五年的现金分红力度还在明显加大。

同花顺iFinD统计数据显示，自1996年底上市到2018年底以来的22年间，格力电器累计实现归属股东净利润1 291.90亿元，并先后21次向股东累计现金分红544.25亿元，其历史现金分红比例达到了42.13%；其中，2013—2018年间，除2017年格力电器未向股东现金分红外，其余四年格力的现金分红比例最低也达到了47.89%，最高的年份更是达到了71.48%，剩下的两个年份也不低，分别为63.31%和69.56%。

我们认为，格力电器目前现金储备十分充足，截至2019年三季度末，其账面货币资金余额高达1 362.33亿元，其流动资产总额更是达到了2 371.48亿元，而其流动负债却只有1 885.12亿元，这表明格力的资金链非常稳健，流动偿债能力充足，完全具备在未来持续保持70%以上甚至100%的现金分红比例的能力。

如果混改后格力能够长期稳定保持70%的现金分红比例，其年化7.43%的静态股息回报率（不考虑格力利润增长的因素）对于任何乐于长期投资的LP来说，都绝对是个不小的诱惑；即便是按珠海明骏承诺推动的50%现金分红比例这一最低标准执行，其年化股息回报率也能达到5.31%，这仍然是个不低的水平。

而且前面也提到过，混改基金珠海明骏加了大约1倍的杠杆完成这笔大额收购，如果其从招商银行那里的融资成本真如我们所料的不超过6%，那么在格力电器保持50%的现金分红比例的情况下，珠海明骏所加杠杆部分的股息回报大致刚好能够覆盖其融资成本。如果我们没有猜错的话，珠海明骏之所以做出推动格力“50%保底现金分红比例”的相关承诺，应该也是根据其自身的杠杆融资成本和预期股息回报数字精确测算的结果。在这样的精打细算之下，如果格力电器的现金分红比例超过50%，那么珠海明骏将能够获得相当可观的超额杠杆回报。而且，格力电器现金分红比例越大，珠海明骏的超额杠杆收益就越高。

最后，还有一点非常关键。混改过后，董明珠及格力管理层的利益将和各路LP们的利益开启深度捆绑模式（不然人家也不会那么痛快地掏钱），加大格力电器上市公司的现金分红力度符合所有各方利益。

扩展阅读 2

GP 向 LP 募资必看的十七个问题

市场周期性波动带来的影响，使基金的募资之路变得越来越难。

GP 向 LP 募资，需要回答什么问题，又需要问些什么问题呢？LP 告诉你。

一、GP 募资前先回答的 8 个问题

想要寻找一个高质量、能够长期合作的 LP 绝非易事，对于首期资金来说更是难上加难。特别是在如今 LP 的选择应接不暇的市场中，GP 如何定位自己才能吸引长期的机构 LP 呢？

GP 需要能够很好地回答一些关键性的问题。作为投资早期基金的 LP，Sapphire Ventures 听过的募资演讲数不胜数，他们根据自身的一些经验和看法，整理出了八大 LP 会问 GP 的问题，这些问题可以帮助 GP 更好地为募资做准备并明确自身定位。

1. 为什么要投资你？你有何与众不同之处？

像出色的企业家可以选择他们的投资人一样，GP 应该以与众不同的特点来吸引 LP。如果一位 LP 不能被你标榜的优势所说服，他就不会对你出资。

2. 你的团队一起合作多久了？

这个问题 LP 其实想问的是：“凭什么说你的团队很好？”因为现实中很多 VC（即使团队一起挣过钱）也会因为团队问题而散伙，所以你需要说服 LP，你们的团队能够长期有效地合作。

3. 你的 Track record 表现如何？

LP 对这个问题十分关注。在 VC 行业有句老话，“过去的成功是未来成功的标志之一”（注意只是标志，而不是保证）。这句话的意思是，不管你在成为 GP 之前是作为投资人还是企业家，LP 都希望与之前做出过成绩的人合作。

因为成功的投资人拥有强大的关系网，对于投资的领域不但拥有基本的知识还有独特的洞察力；而曾经成功的企业家则对他们要投资的行业十分精通，作为 GP 的时候也能提供专业的企业经营建议。从理论上讲，这些因素都能更好地促进交易流程，增加 GP 在生意决策上的敏锐度。

4. 你的投资策略和投资主题是什么？

在回答这个问题时，你要确保自身定位、投资认知范围、投资区域、投资标的和未投资组合等要素之间是相互匹配的。LP 会花大量的时间研究一只基金的投资组合构成，以及这种构成对 LP 的回报影响程度，同时 LP 也更想了解哪些项目是你错过的，以及错过的原因是什么。

此外，LP 也会假定一些可能的变动情景，比如在调整管理费用或回卷投资（指 LP 将已分配利润回卷到基金中继续进行投资的行为）的情况下，GP 在项目的投资金额、投资占比、预期投后估值等方面会做出怎样的调整，这些投资策略的调整能帮助 GP 找到超过 3 倍回报的方法吗？

5. 你的竞争对手是谁？

你可能会遇到两类 LP，其中一类 LP 对 GP 的同行以及相同领域的竞争对手非常清楚，所以你和他们相比有何不同就显得至关重要;而另一类或许不如你在你的投资领域中那么精通,那么你就需要在市场机遇和投资大环境上对他们进行适当的“教育”。不管是哪一类 LP,你都需要做好万全的准备,然后随机应变。

6. 了解募资对象是谁?

尽可能地在这个问题上多做调查,不打无准备的仗。虽然 LP 的信息和 GP 相比并没有那么充分,但不要让这成为阻挡你的理由。

如果想接触的潜在 LP 有官方网站,那就把官网的信息仔细翻一遍;如果 LP 有博客、视频、社交媒体的动态信息等,也都需要尽量多地搜集相关信息做了解。在你实在无路可走的时候,当面向 LP 提问,询问基金是否符合 LP 的投资类型也是一种方式。

7. 你的募资策略是什么?

不同的 LP 有不同的风格,他们的差别不只体现在他们出资规模大小,或者是否投资新锐 GP 的意愿上。多想一想,你希望你的 LP 为你带来什么,希望他们发挥什么样的作用。你期待的是仅仅能为你提供资金的 LP 呢,还是能够与你紧密合作并帮助你渡过难关的合作伙伴呢?

有些 LP 能为你提供最佳的建议,或将你引荐给其他 LP,还有些 LP 希望跟你合投项目,所以你要搞清楚他们的投资目标是什么,以及他们能够为你提供什么。

8. 你对潜在 LP 做足功课了吗?

如果有可能,尽量提前了解你募资对象是否在积极地进行新的投资。虽然这可能有点困难,但这个迹象可以明确地让你知道,你成功的可能性有多大。

如果 LP 的投资计划中已投资的 GP 都已经饱和了,他们投新 GP 的机会很小或者不存在;还有的 LP 今年的投资计划已经完成了,对于这些目前没有投资新 GP 计划的 LP,你可以利用这个机会对自己的募资演讲进行一次检验,询问一些建议,为未来的基金募资建立起关系。如果你们相处得很好,你可以请求他们把你介绍给其他 LP,他们也许在短期内无法为你提供帮助,但先与他们建立关系能够长期受益。

除了这 8 个关键问题,如何与潜在 LP 联系也是很重要的,会见一位 LP 的最佳方法是通过他关系网络中的熟人来推荐,比如已投资的 GP、其他的 LP 或者企业家,大多数 LP 不会回复“不请自来”的电话或者邮件。梳理你拥有的人脉,哪些能够让你有机会与 LP 接触,并通过他们与 LP 进行联系,是行之有效的方法。

总之,虽然这些问题看起来很简单,但是把这些问题做成一个“问题检查清单”,想清楚答案或做足功课会让 GP 在募资中脱颖而出,提高募资效率。

二、GP 募资最应问 LP 的 9 个问题

Elizabeth Clarkson 曾是投资早期 VC 基金的 LP, Samir Kaji 曾任职于硅谷银行,两人在过去的几年内和上百家 GP 打交道,发现在 GP 和 LP 相互了解阶段,LP 往往占据了主导权,而大多数 GP 不敢或者不知道如何主动向 LP 的业务进行提问,即使问题的答案对他们来说具有相当大的价值。两位 LP 根据自身经验列举出了 GP 最应该向 LP 提的 9 个问题,希望可以帮助 GP 更加清楚地与 LP 打交道并建立长期合作关系。

正是因为 LP 的世界里信息不那么透明,所以对刚进入 VC 行业的新 GP 来说,并没有任何培训或“游戏手册”可以指导他们来正确处理与 LP 的合作关系,甚至就算是经验老到的 GP 也缺乏足够的募资经验,只有一位合伙人负责整只基金募资的情况也很常见。大多数 GP 关于问 LP 问题的想法是——不确定如何开口或只是害怕得罪潜在的 LP，那还是少问问题为妙。

上述两位 LP 的建议是：要尽早问正确的问题，并且反复问。作为一个 GP，你必须了解 LP 才能确定他们是否适合你，以及你是否有机会获得他们的投资。

相反，作为一个 LP，被 GP 问到的这些问题会帮助你更有效地弄清楚问题的实质。通过与 LP 的相处，可以帮助 GP 搞清楚合作的优先顺序，哪些是拥有共同利益的合作者，而哪些只不过是在收集数据。

以下是两位 LP 列出的 9 大最应该问 LP 的问题。

1. 您目前在投什么？

大多数情况下我与 GP 会面时，他们都太急于展现和推销自己，即使我们是第一次见面，但我通常都会说，能不能先让我跟你介绍一下我们的整体情况：我们是谁以及我们的投资理念是什么。

这样我们才能尽早在沟通中发现，你的基金和我们想要投资的基金之间是否契合。如果我们的想法不一致，那么你就可以节省自我推销的力气，而不是说了半天发现你的基金根本不在我们的投资范围内。

所以当你去会见一位 LP 时，先停下来问一问有关他们的信息，而不是直接跳到 PPT 部分开始进行演讲。在我看来，这一步会让整个交流过程变得更加顺畅轻松。除此之外，一定要在见面之前就对你要见的 LP 进行调查研究和分析，不打无准备之仗。

2. 您为什么要投 VC 基金，投资多久了？

我个人非常喜欢这个问题，因为这个问题的答案是开放式的，可以帮助我们了解 LP 的兴趣、经验以及对私募股权的看法。了解 LP 是否在私募股权行业有足够的经验和认知，也会帮你更好地筛选出真正适合你的 LP。

也许你希望排除那些对 VC 资产类别不太熟悉的 LP，对这些 LP 而言，投资 VC 和投资其他高流动性的资产区别还是很大的，接触新的 LP 并没有什么本质上的错误，但确实需要你花更多时间来“教育”他们。

LP 对开放式问题的答案可能会提供一些你意想不到的、有价值的信息，这也是评估 LP 的出资决心以及是否能够长期合作的一种方式。作为 GP，你寻找的是长期稳定的合作伙伴，是能够在多个基金周期进行投资的 LP。

3. 您管理的资本总量有多少，其中有多少可以投给 VC 基金？

作为 GP，你得知道自己的“提款机”里有多少钱，你又能拿走多少。一个大学捐赠基金名下可能管理了 100 亿美元的巨额资产，但可能其中绝大部分会流向公开交易市场或者其他种类的资产投资（如收购、对冲基金等），只有很少很少一部分会投进 VC 基金。一个 LP 可能拥有大量的资金量，但并不代表他们已经决定好了要投多少钱到 VC 基金中。

紧接着 GP 便可以问：“你们每年要投多少钱到 VC 基金，还是看情况调整投资额度？”

有些 LP 会提前分配好每年在 VC 基金的投资额度，其他的 LP 可能会视情况而定。有时候他们看上了一只喜欢的基金可能比起并购基金、成长基金或者比他们投资组合中任何资产类别要好，他们就会出资。投进 VC 基金的每一分钱都是 VC 基金和其他投资组合相互竞争的结果。LP 会问自己：“每年我能在哪个资产类别上赚到最多的钱？”

我们必须记住，LP 有大有小，类型不一，了解一个 LP 对资金分配的想法可以帮你更好地在募资中找到自己的位置。

4. 目前您正准备投资的 GP 有多少家,今年会投资新 GP 吗?

很多 GP 只会简单地问:“您投资 VC 基金吗?”LP 可以很诚实地告诉你投,但可能并不是投你。GP 在这个问题上应该问得更具体—— “今年您准备投资新的 GP 吗?”LP 通常会选择熟悉的 GP 进行投资,并不会在他们的投资组合中每年一直增加新的 GP。

和你进行交谈的某个 LP 或许只跟像 Sequoia、Benchmark、Accel 那样的知名基金合作,他们不太可能会在投资组合中增加新 GP。而其他的一些 LP 偶尔投资新 GP——每 2~3 年会增加新 GP,主要依据他们手头的资本情况而定。还有一类 LP 以平台的方式系统筛选接触新 GP,每年都会出手新 GP。

即使一个 LP 和你募资时间节点不吻合,但尽早开始建立起关系总是有利无弊的。尤其是某些大型机构的 LP,他们通常喜欢在投资基金的 2~3 年前就开始和基金团队建立联系,他们希望能够看到基金在整个周期的运营情况。他们想不断知道你做的事情,了解你的为人,并观察你是否言行合一。

5. 您投资的策略和偏好的区域是什么?

“策略”其实就是 LP 在阐述他们想投资的基金类型,他们可能只投早期基金或成长期基金,又或是他们只关注某个领域如 AI、IT 等。策略同样也和投资地区偏好息息相关,比如某些 LP 只投三州地区或者欧洲。

关于 LP 的投资计划你知道得越多,你越能提前认识到它是否适合你。

6. 您的出资规模和偏好的基金规模是多大?

假如你要募资 2 亿美元规模的基金,你和某个 LP 已经沟通了多次,结果他们却告诉你:“我们出资规模在 5 000 万美元,而且我们不想在你的基金中占比超过 10%。”

这就意味着他们想找一只 5 亿美元规模的基金,你可以和他们见面听取他作为 LP 的建议,他们也有可能将你引荐给其他 LP,但你从他们手中募资成功的概率很低。

7. 您是否对同一 GP 进行复投? 如果不再复投,原因是什么?

通常 LP 是不会向 GP 做出任何他们会复投 GP 将来新基金的保证,那么 GP 就应该了解 LP 在过去是否有复投 GP 的先例。

作为 GP,基金长续运营很重要的因素就是和 LP 的稳定合作关系,清楚地知道哪些 LP 会在将来发起的新基金中给予很大的支持,哪些不会,会帮助你更好地规划未来。

8. 您的投资委员会怎么构成,投决的方式是怎样的?

LP 的类型各种各样:也许你的目标 LP 是一个家族办公室,那么背后的决策者很有可能是具有金融行业背景的家族成员;对于校友捐赠基金会,决策往往来自由校友组成的投决会;大型养老金往往聘请外部顾问进行投决;母基金往往指定 VC 投资小组进行投决。

了解 LP 的运作机制,可以帮你清晰地了解 LP 的投资流程,以及到底谁能拍板。

当你在募资的时候,和你交流过的 LP 很有可能就是以后会与你一起共事的人(假设投资谈成了的话),并且今后会成为你坚定的支持者。然而,有的 LP 也可能会安排一个你从未谋面的小组对你进行评估。你的基金情况只会变成一张纸质的报告,和其他基金摆在一起相互比较。所以你必须清楚当你募资的时候会遇到什么,并且确保你能够接触到 LP 中的决策者。

9. 除了丰厚的回报,在投后阶段您对 GP 的预期是什么?

建立任何一段健康的关系都需要事前和过程中良好的沟通。了解 LP 在沟通节奏和风格上的预期,对于确保高度一致的关系是至关重要的。虽然要为每个 LP 单独量身定做一套沟通的方式是不太现实的,但打开天窗说亮话,对一些大的主题进行讨论会对合作关系有很大的帮助,并且提高未来再合作的概率。相反 LP 在投后对 GP 的预期与你的步调不同时,他们就会把它当作放弃合作的信号。

说到底,这是关于人的生意。

不论是 GP 还是 LP 都是人在做生意。知名机构 LP—VIA Funds 的 Chris Douvos 指出,“GP 投资的是生意,生意是可以用各种指标来衡量和理解的,而 LP 投资的是人,远比生意本身复杂得多”。这句话并不是说 LP 或 GP 谁的投资难度更大,而是说 LP 并不是简单地把投资投进一只基金,他们是把赌注下在他们选择的 GP 管理团队身上。

如果你是一个正在争取 LP 出资的 GP,了解他们在投什么,甚至他们有没有在投都是十分关键的信息。对已经有 LP 在合作的 GP 来说,更要主动地去了解 LP 的关注点,他们在做什么以及为什么这么做也同等重要。

4 投资项目的选择

风险投资可分为四个基本阶段。第一阶段,融资阶段,解决"钱从哪儿来"的问题。第二阶段是项目的筛选和评价,做出投资决策。该阶段的主要问题是,风险投资机构如何从不同的项目中挑选可供投资的项目。第三阶段是经营投资项目。相关的内容包括:对创业企业的管理活动进行监督;向创业企业的管理层提供咨询和建议,以使投资收益最大化;帮助企业的经营活动实现专业化,并把经过"包装"的企业推销给外部股东。第四阶段是风险资本的退出。该阶段的核心问题是,如何在保证资本增值的前提下退出现有投资。从本章开始,对风险投资的第二阶段——投资阶段进行详细阐述。本章首先介绍选择投资项目的过程,下一章再介绍如何对所投资的项目进行交易结构的设计。

一般情况下,风险投资公司收到的商业计划书远比它能够或愿意投资的项目数量要多得多。风险投资的投资过程,就像是"百里挑一"的过程。根据国外现有的经验,通常 1 000 份项目的商业计划书中,大约只有 100 份会引起基金经理的兴趣并约见提交这些商业计划书的创业企业家,然后再根据具体的约见情况,从中筛选出大约 50 个他们认为有投资价值的项目,再针对这 50 个项目开展尽职调查,最后根据尽职调查的结果,从中选出 10 个左右的项目进行最终的谈判和投资。也就是说,最后真正能够得到风险投资家投资的项目的比率仅在 1%左右。基本上很多风险投资基金都是这样筛选项目的,只是各家基金的比例会稍有不同,这就构成了风险投资项目筛选的金字塔结构。

4.1 项目初选和商业计划书

选择什么样的项目或企业进行投资,如何确定较优的投资方案,并且能进行有效的评估,不仅是选择项目阶段成败的关键,同时也是整个风险投资活动成败的关键所在。而一个优秀的创业企业又是保证风险项目得以顺利实施,降低投资风险的重要途径。因此,确保一定数量的项目来源,并对众多的项目进行科学有效的筛选和评估,从中挑选出高质量的投资项目,就成为整个风险投资活动中最重要的工作之一。

4.1.1 项目来源

获得好的投资机会是风险投资基金取得成功的一个关键。一般来说,风险投资机构获得的投资机会越多,那么从中发现好的投资机会的概率也越大。因此,项目来源对风险投资的投资运作和成功来说具有重要的意义,只有先拥有大量优质的投资机会,才能从中发掘出具有发展潜力并能够带来巨大投资收益的投资项目。

项目来源是指风险投资家通过各种内部或外部的渠道来获得有关投资机会的信息的过程。虽然曾有风险投资家因为在杂志上偶然看到一篇关于某个创业团队的报道,然后打电话过去,从而成就了一个带来巨大商业回报的成功投资案例的事情发生,但是这种依靠运气来发现好的投资机会的案例并不常见。一般来说,风险投资家需要通过各种项目来源渠道来搜集有关投资机会的信息。

一般来说,风险投资家会同时采用多种渠道和策略来获得优质的项目信息,这些投资机会的来源渠道主要有以下三种。

1. 声誉吸引

有一些好的投资机会信息是创业者通过网站主动提交的。一些风险投资基金通过自办网站的形式公开征集有关潜在投资机会的信息,创业者可以访问风险投资基金的网站并提交自己的创业项目信息。另外,一些风险投资机构的联系方式被记录在当地的电话簿中,或者可以通过网络被搜索到,因此那些正在为自己的项目寻找投资的创业者就可以很容易地找到它们,并向其提交项目的融资申请。这些主动找上门来的创业者是获取好的投资机会的一个重要来源。

风险投资家的声誉是吸引这些有融资需求的创业者主动找上门来的一个重要因素。一般来说,风险投资家的声誉与其吸引优秀的投资机会的能力成正比,声誉越高的风险投资家越容易吸引到好的投资机会。例如,一些具有良好声誉和知名度的风险投资机构每月能够接收到数以百计的商业计划书,那些顶尖的风险投资基金每年甚至能收到 5 000~10 000 份融资申请,而那些尚未建立起声誉的基金管理人却很难通过这种方式吸引到好的投资机会。

虽然少数资深的顶级风险投资机构经常会利用它们的声誉所带来的影响来建立专有项目的来源渠道,但是大多数基金管理人在声誉方面并没有太大的优势。

2. 主动寻找投资机会

风险投资家主动发现投资机会的方法包括定期对外部环境进行扫描、分析市场发展趋势以发现投资机会来源等。另外,通过参加一些项目展示会、投资论坛以及社交聚会活动也能够找到好的投资机会。

由于建立声誉和人脉可能需要花费很长的时间,因此对一些新成立基金的管理人来说,主动寻找投资机会可能是一个不得已的策略。研究表明,一些成立时间不长,资历较浅,或者尚未建立声誉基金的管理人更可能主动去寻找投资机会。这些基金管理人主要通过阅读各种出版物,参加加速器展示日、各种行业会议、项目展示会、商业计划比赛和贸易展览会,或查找数据库,甚至主动打电话给企业的管理层等方式来结识新企业的创始人,并获取有关潜在的投资机会的信息。同时,在这个过程中,这些新成立基金的管理人还可以建立自己的社交网络和人脉。另外,一些顶级的风险投资机构虽然主要依靠人脉和声誉来获得好的投资机会,但是它们有时候也会主动出击,而不是被动地等待那些好机会自己送上门来。

1)市场分析

通过系统地分析市场发展趋势,风险投资家可以从中发现那些正在快速成长的新兴市场,这些新兴市场可以提供大量好的投资机会。在大多数风险投资机构的内部,从事市场分析工作的主要是那些进公司不久的分析师,这些分析师主要通过数据分析来研究最新的市场发展趋势,并从中发现那些能够带来巨大投资回报的投资机会。

2)加速器展示日

通过加速器展示日也可以找到合适的投资机会。大多数加速器项目都是一个为期 3 个月的创业培训项目。当这些加速器项目快要结束时,会为那些即将从加速器毕业的创业团队举办一个项目展示会。其中,较为出名的是 Y-Combinator 的项目展示日,又称为 DemoDay。创业团队将在这个项目展示会上介绍它们开发的新创意和商业模式,当地的天使投资人和风险投资家都会应邀出席,对创业团队所展示的项目进行考察和评估。

3)项目展示会

项目展示会一般由当地政府或公益组织举办,一般会邀请天使投资人和风险投资家担任评委,同时邀请数十家创业企业来展示它们的新创意和商业模式。在项目展示会上,每家创业企业都有 15~20 分钟的时间用 PPT 向投资者介绍自己的融资项目。如果投资者对创业者的项目感兴趣,他们可以直接与企业创始人进行交流并在展示会后与他们保持联系,跟踪项目的进展,以确认是不是好的投资机会。

4)网络融资平台

通过网络融资平台也可以找到好的投资机会,创业者可以通过 Kickstarter 和 AngelList 这些网络融资平台提交自己的融资申请。例如, AngelList 每月都会收到 500 份以上的融资申请。天使投资人和风险投资家可以通过这些网络融资平台接触那些处于早期阶段的创业企业。许多风险投资家就是通过这种方式找到好的投资机会的。

5)大学

大学是获得好的投资机会的一个重要来源。在美国,大学每年都会投入总额超过 600 亿美元的资金用于各种研究活动。其中,排名在前 25 位的大学每年投入科研的资金总额达到 200 亿美元。在巨大的科研经费投入的支持下,大学每年都会产生大量的科技成果,这些科技成果的商业化将会带来巨大的经济效益。一些著名的理工科大学,如斯坦福大学等还成立了专门的技术转让办公室以促进科技成果的商业化。每年都会有超过 600 家新企业基于这些大学的科技成果的市场应用建立起来。

风险投资家通常会与那些从事有潜力的技术开发的大学教授或科研机构的研究人员建立联系,并密切关注他们所从事的科研项目的进展,包括那些尚处于实验室阶段的新技术,从而能够在第一时间得到有关好的投资机会的信息。

6)大公司

那些从大公司剥离的新技术和实体也是获取好的风险投资机会的一个重要来源,尤其是在生物科技和制药行业,那些大公司通常都会投入巨资来进行前期研发,这些从大公司分离出来的创业团队一般都手握重要的技术成果,风险投资家可以通过与这些创业团队的合作来建立有前途的新企业。例如,风险投资家戴维·希尔一直致力于寻找那些被大型制药公司搁置却有着良好的发展潜力的项目,他与心血管药物立普妥的发明人罗杰·牛顿联合成立了一家名为 Esperion Therapeutics 的创业企业,开发一种名为 Apo-IMilano 蛋白的复合物,这是心血管领域的一项前沿技术，有广阔的商业前景。这家公司在5年后上市，然后被辉瑞公司以13亿美元收购。

7）展览会

风险投资家可以通过参加那些展示前沿技术的展览会来了解相关技术和行业的最新发展趋势，并找出那些有可能成为下一个投资热点的新兴市场领域。

一些创业企业会在行业展览会上展示它们所开发的新技术和新产品。风险投资家可以从中发现好的投资机会。例如，著名风险投资家阿瑟·罗克在参加新泽西州举办的电脑展示会时发现了苹果电脑公司，并对其进行了投资。风险投资家德雷珀在一次行业展会上遇到了仙童半导体的首席执行官威尔弗雷德·科里根，并了解到他当时正在筹划创建一家新的半导体企业，于是德雷珀对科里根的新企业进行了投资，这家名为LSILogic的企业在两年后登陆纳斯达克，进行了首次公开发行。

8）商业计划比赛

许多理工科大学都会经常举办商业计划比赛，以促进大学校园内的创业活动。一些由学生组成的创业团队可能会在这些比赛中展示他们的新创意和产品，天使投资人和风险投资家会经常应邀出席这些活动并担任评委，在此过程中往往会发现有价值的投资机会。例如，巴特利投资公司的合伙人达格里斯在参加麻省理工学院举办的商业计划比赛中发现了一家名为Akamai的初创企业，并对其进行了投资，这家企业后来成功上市并为投资者带来了高额的投资收益。

9）政府机构

在国内，中央与各地的行业主管部门以及科技园区的管委会一般都对本行业或本地区的企业情况比较了解，可以为风险投资家推荐有价值的投资机会。

3. 第三方介绍

1）人脉

通过朋友的介绍来认识创业者及其项目是发现好的投资机会的常见方式，研究发现，一些成功的风险投资家主要依赖自己的人脉关系和社交网络来获得潜在投资项目的信息。事实上，那些成功的风险投资家所获得的大多数高质量的投资机会都来自他们的人脉关系，包括曾经投资的创业企业的创始人、进行过联合投资的风险投资家、大企业的高层管理人员以及行业专家等。风险投资家通常会与这些人建立并维持良好的关系，这样一旦有新的创意和优秀的创业企业出现，这些人就会在第一时间让风险投资家知道。例如，一位曾经接受过风险投资家的投资并获得成功的前创业者可能会在其进行二次创业时邀请风险投资家来投资他的新企业。

从历史来看，那些能够带来巨大商业回报的投资机会主要是风险投资家通过人脉关系获得的。因此，风险投资家一般都会致力于建设和发展广泛的人脉关系，并从中获取好的投资机会的信息。如果缺少人脉关系，那么风险投资家可能就需要通过辛苦奔波来寻找合适的投资机会。

2）合作伙伴

通过业务合作伙伴和那些向创业企业提供专业服务的中介机构的介绍也可以获取投资机会的信息。这些合作伙伴主要是天使投资人和其他风险投资家，而中介机构主要是律师事务所、会计师事务所、融资顾问公司、投资银行和商业银行等，它们都是重要的项目来源。

(1)其他投资机构。风险投资家可以从其他风险投资家那里获得有关投资机会的信息。一些成功的风险投资家会与业内其他风险投资家建立并保持良好的合作关系,并通过联合投资的方式分享好的投资机会。

(2)天使投资人。天使投资人以前所投资的项目也可能会成为一个有价值的投资机会。风险投资家通常会与天使投资人或天使投资团队保持密切的联系,并密切关注他们的投资项目的进展情况,以从中发现好的投资机会。

(3)律师事务所和会计师事务所。风险投资家可以通过中介机构的推荐来发现好的投资项目。由于律师事务所和会计师事务所这些中介机构经常会担任创业企业的顾问,并为这些企业提供服务,因此它们能够获得大量有关创业企业经营方面的信息和财务数据。这些中介机构不仅可以向风险投资家推荐那些有快速发展潜力的新企业,而且由于它们对创业企业的真实情况比较了解,因此通过这些中介机构的推介还可以减少信息不对称。研究表明,在经过中介机构的过滤之后,风险投资家发现好的投资机会的概率将会变得更大。

(4)融资顾问。一些成功的创业企业在进行首轮融资时经常会聘请融资顾问来协助其寻找投资者,这些融资顾问可以向风险投资家推荐合适的投资项目。

(5)商业银行。商业银行等金融机构在为企业提供贷款服务的过程中可能会对企业的经营情况有所了解,并从中发现一些好的投资机会,这些商业银行可能会将这些好的投资机会推荐给风险投资家。

4. 独有项目来源渠道

一些基金管理人建立了独家项目来源渠道来获得有关投资机会的信息。例如,拱门投资与一些大学的科技转让办公室建立了长期的合作关系,这种独有的项目来源渠道使其可以在第一时间获取与大学所开发的科技成果的商业化有关的投资机会的信息。此外,那些由风险投资机构独家拥有的投资项目数据库也是一个独有的项目来源渠道。

4.1.2 投资项目的初步筛选

1. 投资项目初步筛选概述

投资项目初步筛选是指风险投资家根据风险投资基金的投资策略和投资标准,对通过各种项目来源渠道所获得的投资项目进行筛选,将那些有发展潜力的投资机会发掘出来,并将那些没有价值的项目淘汰的过程。初步筛选的目的是找出具有良好发展前景,并能够带来高额投资回报的投资项目。在初步筛选阶段,风险投资家主要通过阅读创业企业提交的商业计划书来获得有关创业企业的信息。对于感兴趣的项目,他们还会邀请创业者会面,以获取更多有关创业者和创业企业的信息,并在此基础上完成对投资项目的筛选。

2. 初步筛选的方法

风险投资家主要采用审查商业计划书和与创业团队会面这两种方法来对投资项目进行初步筛选。

1)审查商业计划书

许多风险投资家会在初步筛选阶段花大量的时间来阅读创业企业提交的商业计划书。商业计划书的内容通常包含对创业企业业务发展规划的描述,以及对创业企业一些关键指标,如产品技术、市场前景、管理团队、商业模式以及竞争优势等进行介绍。在商业计划书中,一般还会有关于企业的财务数据和融资需求方面的信息。风险投资家可以借助这些信息来对创业企业的发展前景和投资价值做出判断。

2)与创业团队会面

对于那些通过商业计划书审查的项目,风险投资家通常会要求与企业管理层会面,以获取更多有关创业者和创业企业的信息。有时候,这种会面活动是以管理层路演的方式来进行的。管理层路演又称为项目演示或项目推荐会议,它是一个小范围的会议。由于实际情况不同,路演的地点也会存在差异。大多数情况下,创业者都会在风险投资机构的办公地点向风险投资基金的管理团队做项目展示;有时候,风险投资家也会应创业者的邀请在创业企业所在地听取他们的项目推介。在路演中,创业企业的管理团队一般会用PPT来介绍有关投资项目的信息。在这个过程中,风险投资家会与创业团队进行探讨,并咨询相关的问题。例如,了解企业愿意以何种方式退出,然后由管理团队对这些问题进行解答。通过听取创业团队的路演,风险投资家可以深入了解有关创业企业和投资项目的情况,并对投资项目是否符合风险投资基金的投资标准做出判断。

通过与创业者进行面对面的交谈,风险投资家可以获得关于创业者的直观印象,考察他们对项目的信心,并与创业者本人结识。大多数风险投资家会十分重视这种与创业者的亲身接触以及从中所获得的直观印象,他们将据此决定是否要与创业者进行后续接触。那些优秀的风险投资家通常都具备一种基于长期积累的投资经验的基础上形成的直觉,借助这种直觉,他们可以对创业团队的素质和能力做出准确判断。

经过初步筛选,绝大多数的备选项目都会被淘汰。一般来说,初步筛选阶段的淘汰率是70%~90%。那些符合基金投资策略和标准的项目将会进入下一阶段,并接受风险投资家的尽职调查。

3. 初步筛选的过程

1)按投资策略筛选

风险投资基金通常会根据事先制定好的投资策略进行投资。项目筛选的金字塔结构是通过一套筛选标准体系形成的。尽管对于不同的风险投资机构而言,这种标准的确定千差万别,但已有的经验表明,任何一家风险投资公司都应该有一套自己的投资政策。风险投资基金的投资策略是指在做出对投资项目的投资决策时需要考虑的投资原则与构建投资组合的指南,它包括投资行业、投资阶段、地理位置、投资规模、投资期限等要素。在初步筛选阶段,风险投资家将重点了解这些要素,并判断其是否与风险投资基金的投资策略相匹配,只有那些符合基金投资策略的项目才能通过筛选。投资政策的明确和公开,有利于风险投资公司保持一致的公司形象,吸引对口的风险项目,也便于创业企业选择对应的风险投资公司。同时,在进行项目初选时,如果某一项目不符合公司的投资政策,很快就可以做出放弃决定,以缩短投资决策的时间。

(1)投资行业。

风险投资大都以高科技产业作为投资目标。众所周知,人类的资源是有限的,通过消耗资源和利用传统技术带来经济增长的工业经济必将被主要依靠高新技术运用、生产高附加值产品的知识经济所代替。明智的风险投资机构力图定位于一两个相关产业,如生物和医药,或电子和通信,或互联网和资讯管理,等等。只有定位在某一相关技术行业,集中在某一领域,才能更熟悉该领域,从而在短时间内做出可靠的决策。只有大型的风险投资公司才能投资五六个行业,这些风险投资公司历史悠久,经验丰富,并拥有不同行业和专业的风险投资家。尽管没有任何人对风险投资的客体加以限制,但多数的风险投资家都热衷于把资金投入到从事高新技术创新的创业企业。

不同的行业,风险自然不同,面临的问题和挑战也不同。不过,风险投资基金和风险投资公司往往并不借助于在不同行业间进行组合投资来分散风险,而是以某种熟悉的行业为核心进行投资,凭借已有的专门人才、专业知识、社会关系资源、市场营销网络和风险投资家在该领域日积月累形成的特有直觉等所积累的在该行业的优势来抵御风险。风险投资公司和风险投资基金一般不轻易涉足不熟悉的行业领域,因为这样做带来的风险不仅难以预测,而且由于知识、能力的限制,更加难以把握。

(2)投资阶段。

被投资的创业企业的投资阶段可以分为种子期、初创期、成长期、扩张期等。在不同的投资阶段,风险投资基金需要熟悉该阶段的投资策略和操作技巧。风险投资基金只有通过定位在某一投资阶段,才能形成专业化优势的积累,提高自己的竞争优势和竞争能力。

同时,风险投资基金还需要考虑被投资的创业企业处于哪个发展阶段上,企业在不同的发展阶段对资金、技术的要求也会有所不同,其运营管理也会呈现不同的特点,从而会影响到投资的成功与否。对创业企业发展阶段的偏好与风险投资基金所处的地区、资金来源、自身经验以及行业的竞争程度都有关系。

风险投资公司很少进行种子期投资,创业企业家在这个时候的资金来源往往是其他渠道。致力于投资初创期企业的风险投资公司会强调自己的投资政策的特点,因为只有一些优秀的风险投资公司和经验丰富的风险投资家才会致力于并能够从事初创期企业的投资。一般的风险投资公司投资于成长期和扩张期企业,以规避风险,或者对投资阶段的偏好不明确,以便随机应变,寻找适合自己专长的项目。

(3)地理位置。

风险投资家需要考察被投资企业与风险投资机构所在的城市的远近。在投资后,风险投资家需要定期走访被投资企业,了解企业的经营状况,以减少信息不对称。地理位置邻近有利于风险投资家对被投资企业进行监控并为其提供增值服务,而且有利于减少风险投资家参与企业管理的成本。因此,创业企业与风险投资机构地理位置邻近也是一个有利的因素。

如果被投资企业的地理位置远离风险投资机构,将会给风险投资家的参与造成极大的不便,并带来很高的成本。而且,即使风险投资家并不刻意追求地理位置的集中,他们的投资组合也会自然而然地表现出集中这一特点。所以,风险投资公司一般倾向于向公司所在地的附近区域或主要大都市的企业投资。当已有另外一些风险投资公司共同投资于某一项目,而又很容易去往受资公司所在地时,这家风险投资公司也会忽略这些地理因素的限制。

目前,中国各地成立的政府引导基金,其运作的主要目的是发展当地的高新技术产业。因此,在它们成立之初,地方政府就对其进行了限制:只能投资于本地区的高技术企业。这种做法当然也有好处,将投资的范围限定在本地区内,可以节省、控制管理成本,同时也便于管理。

(4)投资规模。

投资规模指投资的项目数量以及最小和最大投资额。风险投资基金通常会有最小和最大投资额的要求。由于风险投资公司要参与受资公司的管理,因此它们所投资的项目数量要受到自身人员数量的限制。另外,为了降低投资风险,任何一家风险投资公司都不会把所有资本都投入一个或极少数几个投资项目中。考虑到管理投资所需的时间和所要花费的成本,它们也不会投资于太多的小项目。为了合理地分散投资风险，风险投资基金的最大投资规模一般不能超过基金承诺资本的10%。对于超过最大值的项目，他们也会尝试与其他同行业企业进行联合投资，低于最小值的项目一般不投，分散资金投入太多项目，会提高管理成本。

（5）投资期限。

投资期限也是一条重要的筛选标准。投资期限是指风险投资基金从对项目进行投资到项目退出之间的时间间隔。风险投资基金的投资期限一般为7~10年。

2）按投资阶段筛选

风险投资基金的投资阶段包括种子期、初创期、成长期、扩张期4个阶段。

（1）种子期。

在这个阶段，产品和经营方式还停留在一个概念和计划阶段，此时的内部风险有：设计的产品可能无法生产或产品成本太高，产品开发延迟等；外部风险有：市场潜力不够，技术发展迅速使新产品淘汰过快等。

风险投资家在这个阶段考察的重点主要是企业的技术。技术是决定这个阶段的创业企业未来是否能够在市场上取得突破并拥有良好的成长潜力的最重要的因素。因此，对于种子期的融资，风险投资家将重点考察企业的技术，包括技术是否有前途，技术是否具有唯一性，以及技术是否拥有知识产权等。

（2）初创期。

在这个阶段，创业者将开发出产品原型，并对其进行验证，然后根据市场和用户的反馈进行灵活地调整，以最终实现产品与市场的匹配。在初创期这一阶段，企业开始生产运作，内部风险有：产品性能不佳，管理层无法吸引人才，资金消耗过度，销售量不够等；外部风险有：潜在市场份额不够，竞争者领先占领同类产品市场等。

风险投资家在对这个阶段的企业进行投资时，他们关注的重点主要有两个：一是创始人的素质；二是新企业所面对的市场。创始人的素质是促使这个阶段的企业取得成功的重要因素，原因可能是初创阶段的企业经常需要改变经营方向，而创始人是否具有远见和灵活调整能力将决定企业的成败。因此，在对这个阶段的项目进行筛选时，风险投资家将对创始人的素质进行重点考察。此外，创业企业的产品所面对的市场将决定企业的成长性和资本增值潜力，因此风险投资家还将把企业的市场前景作为一个重点考察对象，设法弄清楚企业产品的市场规模是否足以支撑其快速发展和成长，能否促使企业最终成为一个能够进行首次公开发行的拥有大规模业务的企业。

一般来说，对于初创阶段的投资，投资者一般不会去详细分析创业企业的财务状况。

（3）成长期。

在这个阶段，公司的产品将正式进入市场并逐渐吸引用户。创业者在这个阶段的任务是验证创业企业是否具有形成大规模业务并成长为大型企业的潜力。在成长期这一阶段，产品开始销售但尚未赢利，这时的内部风险有：创业者管理能力不够，制造成本过高，财务控制失当；外部风险有：产品竞争力不够，市场增长缓慢，企业营销策略错误，新产品、新技术出现。在对成长期的企业进行投资时，投资者希望看到企业能够快速成长并具有以高投资回报倍数退出的潜力。他们考察的重点主要有三个：一是企业的市场规模，二是管理团队的完整性，三是商业模式的可扩展性。

在对这个阶段的企业进行投资时，风险投资家会将80%的时间和精力用于对企业市场前景的评估和分析上。研究显示,企业的市场规模是决定企业是否能够获得快速成长并发展成为大规模企业的重要因素,因此风险投资家会重点关注企业即将进入的市场的前景,并通过对市场规模进行更深入的分析来确认企业是否具有较好的成长性。同时,风险投资家还会将一部分时间和精力放在对管理团队的考察上。管理团队的完整性是确保企业能够获得健康成长的关键,因此在这个阶段,风险投资家会重点关注创业企业的管理团队,包括管理团队所拥有的技能是否完整以及管理团队的稳定性如何等。另外,风险投资家还会关注创业企业的商业模式,考察其是否具有良好的可扩展性,并能够满足企业快速扩张的需要。

在这个阶段,由于风险投资家已经可以收集到更多的企业经营和财务数据,因此他们还会对企业的财务状况进行分析和预测。但是,一般来说,在这个阶段,风险投资家并不会把对企业财务状况的评估放在比其他因素的评估更优先的位置。

(4)扩张期。

在这个阶段,创业企业的商业模式已经得到证实。在扩张期这一阶段,企业开始赢利,但现金流量少,这时的内部风险有:管理不够规范,无法适应扩大了的企业的规范运作,管理者流失,财务控制失当,赢利不足以支持企业继续扩大;外部风险有:预料之外的竞争者出现,市场需求衰退,市场增长率降低,公司上市受阻。创业者在这个阶段的任务是占据尽可能高的市场份额。对于处于扩张阶段的企业,风险投资家关注的方面主要有两个:一是在市场上的竞争优势;二是企业管理团队的素质。在这个阶段,风险投资家将考察企业是否在市场上占据了领先位置并拥有强大的竞争优势。那些拥有强大的建立在核心技术基础上的竞争优势的企业将更容易获得投资。另外,随着市场的成熟,对企业产品的需求将迅速增加,市场经常会处于供不应求的状态。因此,对企业来说,关键是找到有经验的经营管理人才,从而使企业不断满足日益增长的市场需求。

另外,企业在以前的融资轮次中是否获得过著名风险投资机构的投资,这也是吸引新投资者加入的一个重要因素。

4.1.3 商业计划书

商业计划书是吸引风险投资的“敲门砖”“金钥匙”,现代企业,如果没有商业计划书,招商融资是很难成功的。美国快速成长的企业中68%是从商业计划书开始的,有商业计划书的企业与没有商业计划书的企业相比,从快速获得收入来看其成功率提高了69%。

无论是成熟企业还是初创团队,无论是商业巨头还是个人创业者,只要进行融资,都离不开优质商业计划书的助力。商业计划书不仅是展示给投资人的第一张名片,更是整个路演过程成功与否的关键一步。

1. 商业计划书概述

商业计划书,英文名称为 Business Plan,即 BP,是一份全方位的项目计划,其主要意图是以便于投资者能对企业或项目做出评判,从而使企业获得融资。商业计划书包括企业筹资、融资、企业战略规划与执行等一切经营活动的蓝图与指南,也是企业的行动纲领和执行方案,其目的在于为投资者提供一份创业项目介绍,向他们展现创业的潜力和价值,并说服他们对项目进行投资。

对于创业者或企业家来说,BP 能帮助其勾画事业蓝图,本质上是沟通理想和现实的桥梁;对于投资方来说,BP 更像是一纸情书,是一切故事开始的基础,是唤起投资兴趣的敲门砖。

2. 各个融资阶段 BP 的侧重点

每一个创业企业，都要根据自身的生产经营状况、资金拥有情况以及公司未来经营发展的需求，来进行融资这一筹集资金的行为与过程。而不同的融资阶段所撰写的 BP 侧重点不同，总结如表 4-1 所示。

表 4-1 不同融资阶段 BP 的侧重点

<table>
<tr><th>融资阶段</th><th>成长阶段</th><th>阶段特征</th><th>融资额度</th><th>投资方</th><th>估值主要依据</th><th>BP 内容侧重点</th></tr>
<tr><td>种子轮</td><td rowspan="2">初创期（0—1）</td><td>1 个创始人+1 个想法，需要资金使想法具体化</td><td>50 万~200 万元</td><td>天使投资者/孵化器基金</td><td rowspan="2">人/想法</td><td rowspan="2">（1）抓住行业用户的某个痛点
（2）核心产品/服务的竞争优势
（3）充分描述行业前景，市场趋势
（4）创始人基因</td></tr>
<tr><td>天使轮</td><td>核心团队+产品雏形项目方向，需要资金使项目落地</td><td>200 万~600 万元</td><td>天使投资者/VC</td></tr>
<tr><td>Pre-A</td><td rowspan="2">成长期（1—100）</td><td>产品/服务上线，需要更多的资金投入来验证商业模式</td><td>600 万~1 500 万元</td><td>VC 为主，基金参与</td><td rowspan="2">用户数据</td><td rowspan="2">（1）市场占有率
（2）竞争优势，竞争壁垒
（3）有效的获客方式和对应的计划</td></tr>
<tr><td>A 轮</td><td>产品成熟，商业模式和盈利模式清晰，仍处于亏损状态，需要资金来打开市场</td><td>1 000 万~3 000 万元</td><td>VC 为主，PE 加入</td></tr>
<tr><td>B 轮</td><td rowspan="2">扩张期（100—10 000）</td><td>公司成熟，用户具备规模，在行业细分领域举足轻重，已经实现盈利，需要融资来驱动商业模式</td><td>千万~亿元</td><td>上一轮 VC 跟投、新 VC 加入、PE 加入</td><td rowspan="2">项目变现能力</td><td>（1）财务数据
（2）战略规划</td></tr>
<tr><td>C 及 C+</td><td>巨型项目需要持续扩展用钱，或者与竞争对手相互烧钱</td><td>亿元级别</td><td>PE 为主，上一轮 VC 跟投</td><td>盈利能力，全局战略等，一份商业计划书已经不能满足投资者</td></tr>
<tr><td>Pre-IPO</td><td>稳定期</td><td>公司成熟，上市指日可待，盈利乐观，基本位于行业前三。需要资金来扩展新业务，也要补全商业闭环、准备上市的意图</td><td>—</td><td>PE 为主，战略投资者参与，甚至有对冲基金</td><td>项目战略性回报</td><td>企业的判断</td></tr>
</table>

注：上述数据仅指一般情况，仅作参考。实践中，也不乏特别优秀的公司在天使轮融到千万级金额的特例。

3. 商业计划书的撰写逻辑

尽管处于不同融资阶段的企业 BP 有不同的侧重点，但是 BP 的撰写还是存在普适性的通用逻辑，这里介绍 PPT 版本的商业计划书的撰写逻辑，具体可以分为 12 步。

1）自我介绍

简单明了地表达：

（1）你是谁？（过去成长历程）

（2）你在做什么？（当下所行之事）

（3）你的愿景是什么？（未来有何期待）

切勿忽视用一句话介绍公司业务的重要性。好的商业模式都是可以用一句话来描述的，否则投资人要么认为你的逻辑不清楚，要么认为你的模式太复杂。

2)行业和市场问题/痛点

大多创业者在撰写商业计划书时容易犯的一个错误是:在推销他们的解决方案上用力过度,却没有让潜在投资人明白他们要解决的问题是什么。因此,在此页应该简洁说明以下几点。

(1)What——问题/痛点何在?

(2)How——通过什么你确定它的存在?

(3)Who——你要为谁解决痛点?

在描述痛点时,尤其要注重扎实地分析用户需求,没有经过市场验证的需求都是企业自身杜撰出来的"伪需求"。

3)解决方案

在印证了市场存在痛点及"真需求"后,你应该阐述你将如何解决这个问题。撰写前请思考如下几点。

(1)市场现有的解决方案为什么没有真正解决问题?

(2)你的解决方案是什么?为什么比其他方案更好?

页面篇幅一页为佳,用于展示全局性的解决思路,具体如何解决痛点可在产品/服务介绍中详细展开。

4)数据验证

没有通过验证的解决方案都是靠不住的。前3页的PPT决定了此份BP是否能引起投资人的兴趣,而此页PPT将决定投资人是否会继续看下去。你可以考虑以下维度。

(1)目前你有多少用户?

(2)你的盈利状况如何?

(3)你有重要的大客户/合作伙伴了吗?

(4)用户评价如何?

……

根据所处行业不同,数据验证的指标也有所不同,例如互联网企业KPI侧重流量、转化率、订单数、日活跃用户数量等,实体企业则偏重毛利率、库存量、净资产等,因此在选取时要有侧重点,趋利避害。

5)产品/服务介绍

此页PPT是对解决方案的详细阐述,你将展示如下几点。

(1)产品/服务的运营模式;

(2)具体如何解决痛点;

(3)针对怎样的用户群;

(4)可以给用户带来哪些价值。

6)市场分析

市场大小和潜力决定企业估值天花板。此页PPT将论证这个市场有多大,未来走势如何。你应该思考如下几个问题。

(1)当前市场饱和程度如何?

(2)市场是萎缩/稳定/增量?

(3)所处行业的天花板目前是什么状态?(已经饱和/尚未形成/尚不明确)

（4）实际剩下的蛋糕有多大？

进行市场分析的关键在于计算市场规模，首先你需要确定投资人想知道的是什么层级的市场规模，是 PAM（Potential Available Market，潜在市场）、TAM（Total Available Market，市场总量）、SAM（Serviceable Addressable Market，可服务市场总量）还是 SOM（Serviceable Obtainable Market，实际可服务市场总量）（如图 4-1 所示）。从不同维度计算出的市场规模差别很大。在做 BP 时，考虑 SOM 规模更有价值，你需要将市场目标进行逐步筛选与缩小。这样一来，原本万亿市场规模可能实际上只剩下了几十亿。市场规模缩水并不可怕，如果项目市场具有高速成长性，那么投资人也会更为青睐。

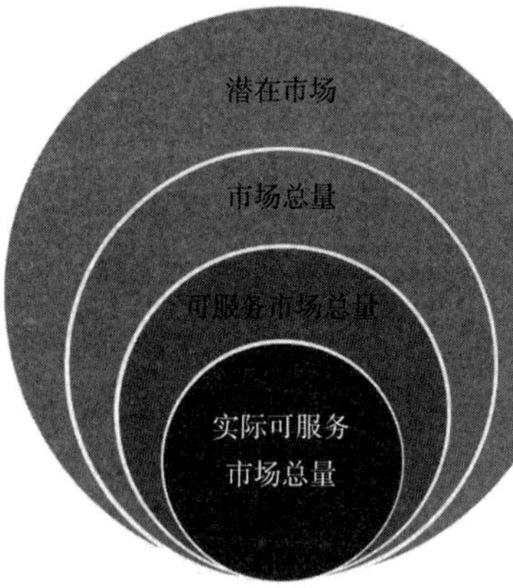

图 4-1　PAM、TAM、SAM 和 SOM 的关系

7）竞争分析

认真分析竞争对手的优劣势，一方面显示了你的创业态度，另一方面可以帮助你更加清晰地制定公司战略规划。在此部分，你需要回答如下问题。

（1）你有哪些竞争对手？

（2）和他们相比，你的核心优势在哪里？

（3）你的护城河（壁垒）何在？

领军人物、核心团队、研发能力、业务管理模式、核心资质/专利/技术、客户忠诚度与用户黏性、财务策略、发展历史等，都可以成为你的竞争优势。

核心团队介绍通常可以自成一个板块，也可以归纳在竞争优势中。对于早期项目而言，团队基因与项目的匹配度对投资者有着很强的吸引力。

在对比竞争对手时，应做到客观，不用一味只说自身优势，应避免直接采用表格对比的方式，这通常存在很强的主观性与利我偏见。相反，可以展示你如何比你的对手更快获得下一个关键市场份额。

8）商业模式

商业模式是指企业提供哪些产品或服务，企业用什么途径或手段向谁收费来赚取商业利润。在此页 PPT 中，你应回答如下问题。

（1）What——靠什么挣钱？产品还是服务？

（2）Who——挣谁的钱？

（3）How——如何挣钱？是从现有的销售中挖掘、争夺，还是创造新的需求？

商业模式可参考以下维度：客户细分、价值主张、销售/传播渠道、收入来源（收费/定价模式）、成本结构、财务分析框架、核心资源、关键业务、客户关系、合作伙伴。

9）市场推广策略

再好的产品，没有恰当地推广和营销也会一败涂地。你是否有一个独特而高效的推广营销策略，让你的产品迅速攻占市场，这也是投资人十分关注的问题。思考以下问题。

（1）你打算通过哪些方式打开市场？

（2）你的获客成本是多少？

（3）从产品生产到终端消费，中间有几个环节？有什么办法能够将中间环节减到最少？企业有没有做这方面的努力？随着销售量的扩大，边际成本会不会下降？

……

10）财务模型

从投资人角度来说，财务模型向投资者展示未来几年公司的业务增长逻辑，科学精确的财务数据及预测是确定估值的重要依据。从创业者角度来说，财务预测有助于初创期的企业做好合理的财务规划，安排好各个阶段的财务支出，从而使创业者能够把握好融资和花钱的节奏，保证企业发展所需的现金流不会出现断裂的情况。

此页 PPT 应回答以下问题。

（1）公司之前融了多少钱？

（2）花了多少钱？

（3）钱是怎么花出去的？

（4）赚了多少钱？

（5）怎么赚到的钱？

（6）是否达到盈亏平衡？

（7）何时达到盈亏平衡？

对于早期项目而言，财务数据可不必详细展示，展示趋势和关键数字即可。

11）融资计划及资金用途

撰写到此，BP 已接近尾声。在这一页 PPT 你必须写清楚你现在需要融多少钱，愿意出让多少股权比例，融到的钱打算怎么花？此部分要注意如下几点。

（1）确定一个合理的估值是关键，因为合理的估值是和投资人谈判的基础。

（2）出让股权比例要慎重考虑，要给自己和团队留足激励空间，天使阶段一般出让10%~15%的股权比例较为合适。

（3）应注明融资对象，是 PE/VC，还是战略投资者等。

（4）切勿忽略注明各项资金的使用用途，写明你的资金使用规划。

12）联系方式

不要忘了在结尾留下你的联系电话、邮箱、地址等关键信息。

根据此逻辑，形成 12 页基础商业计划书（不含封面/封底/过渡页）。请注意，在实践中，对于不同项目、不同团队，逻辑顺序需要做出相应调整，根据侧重点及各个逻辑点进行详略不同的展开，以达到最佳效果。

例如，你的项目所专注的痛点可以深刻地引起广泛用户群的共鸣，那么便可以跳过自我介绍直奔痛点;如果你的产品设计一流,那么你可以以产品介绍为切入,代入它可以帮助解决的问题等。商业计划书的撰写逻辑是很灵活的,也不需要做到面面俱到,只要把握一个核心要点:趋利避害。

撰写一份好的商业计划书如同造房子:①科学设计,打好结构(有清晰的撰写逻辑);②寻找合适的砖瓦混凝土,力求稳固(内容优化);③精装修(表达形式优化)。毕竟最终赢得投资人青睐的商业计划书总是在好看的皮囊下,藏着一个有趣的灵魂。

4. 正确使用商业计划书的格式

在几十年以前,商业计划书没有固定的格式,关键在于企业能否抓住投资者的眼球,突出投资者的偏好,并最终让投资者意识到风险回报最大的必然,从而认可向该企业投资。当时的商业计划书更强调如何能让投资者意识到,他做出向该企业投资的决策,虽不完全是明智之举,但也是个不错的选择。在这样的环境下,商业计划书的格式成为一种可有可无的东西。当年罗伯特·诺伊斯为英特尔公司所做的商业计划书总共才 1 页,但却赢得了亚瑟·罗克的青睐,并获得了 250 万美元的投资。

时代在前进,即便在今天,要在商业计划书中强调内容的重要性仍然是颠扑不破的真理和制胜的最终秘诀,然而对商业计划书形式的注意却提到了新的高度。其原因在于以下三点。首先,创新事业的竞争是如此的激烈,每天风险投资家们都要阅读数以百计甚至上千份激情洋溢的信件,都要翻阅几十份甚至上百份来自全国各地甚至全球的商业计划书,可以想见,在这么多的文件中,风险投资家的关注点肯定不完全是计划的内容能够概括的。其次,由于融资市场上的竞争激烈,今天的创业者们更加强了他们在管理、金融等方面的学习,或者他们更乐意就此向专家请教,他们能更熟悉融资的运作,并深刻理解如何赢得投资者的青睐。优秀的企业家们必然对商业计划书的内容和格式都会加以重视。最后,一份格式清晰明了、内容严谨的商业计划书也正是一个有希望的创业企业及创业企业家的写照,它从另一个侧面反映了企业及企业家的素质。

商业计划书的格式我们可以散见于各种相关资料,事实上,格式的选择同样也与企业的项目情况和对融资对象的选择有关。在此推荐使用以下格式。

1)封面

封面应用大写字体指出是 ×× 公司商业计划,并注明公司地址、通信方式。特别要注意的是,要指出公司的指定联系人的姓名和电话。此外,应注明商业计划书相应的完成日期。封面应该简洁明快,纸质坚硬耐磨,可依公司风格选择彩色或素色的纸张,也可采用透明胶片。

2)扉页

虽然名为扉页,但却是十分重要和具有实质意义的一页,这一页应向意向投资人出具关于本商业计划书的保密须知或保密协议,其目的在于保证商业计划书中的内容不致外传和泄露。企业为了顺利地获得融资,不得不在商业计划中披露一些对企业来说十分机密的内容,如企业的技术、未来的竞争策略、营销计划以及财务状况等。这些秘密一旦泄露,将会对企业的未来发展造成不可估量的损失,因此在正式交付商业计划书前,应与投资方约定好保守商业秘密的协议,在对方许可之后,方可转交,并且在商业计划书中附上此协议。

3)内容参考格式

以下是商业计划书的大致内容、格式,仅供参考。

第 1 章:摘要。

如果说商业计划书是企业获得资金支持的必经关隘的话，那么摘要就是商业计划书这个关隘的大门。摘要是商业计划书最重要的部分，因为如果摘要不能引起投资者的兴趣，他们甚至不会去看商业计划书的其余内容。企业应该在这短短的篇幅里将自己的设想和抱负做一个清晰而简明的概述，使投资者能一下把握住这份商业计划书的实质并引起他继续深入了解的兴趣。这就是摘要所要完成的任务。

因此，可以毫不夸张地说，一份商业计划书的摘要如果未能吸引住投资者，那么这份商业计划将很难成功。摘要的内容事实上也就是这份商业计划书的浓缩精华。说它浓缩，这是因为依据经验，一份摘要不应超过两页，要在两页里将整个商业计划加以提炼。说它精华，这又是因为摘要不能简单地将商业计划压缩，还必须提炼出整个商业计划最关键、最精彩的内容，因为只有它才能引起投资者的兴趣。

至于摘要在商业计划编制过程中何时完成，有人建议在整个商业计划前，也有人说在商业计划具体内容完成之后。这一点并不重要，重要的还是摘要能否发挥其首要效能——吸引投资者继续关注的兴趣。

第 2 章：公司概述。

公司概述这一章，简要介绍公司的发展历程。这一部分需要回答的问题，包括公司的成立时间和成立过程、公司的法人实体类型以及目前为止取得的成就。

过去的成就非常重要，它可能是评估公司成功潜力的最佳参考指标，所以一定要确保公司取得的所有关键里程碑都包括在这一部分中。

第 3 章：行业分析。

行业分析包含如下两个子章节。

（1）市场概览。

市场概览部分讨论公司所在市场的规模和特征。例如，如果公司是一家餐厅，那么这部分就需要包括餐饮行业的市场规模，对细分市场（例如，快餐业和正餐业）和市场发展趋势的简要讨论。

（2）相关市场规模。

相关市场规模是对市场规模更加具体的计算，它的定义是：如果公司取得 100%的市场份额，每年能够获得的营业收入。相关市场规模是两个数字的乘积：一个是每年可能会购买公司的产品和/或服务的消费者数量，另一个是每一年这些消费者愿意为产品和/或服务所支付的费用。

第 4 章：消费者分析。

消费者分析包含如下两个子章节。

（1）目标消费者。

目标消费者这一部分需要精准地定义公司当前和/或计划针对的目标消费者。需要尽可能多地提供目标消费者的统计信息，例如性别、年龄、收入、地域分布、婚姻状况和教育情况。

（2）客户需求。

在商业计划书的这一部分，详细阐明消费者需要公司的产品和/或服务的原因。例如，消费者最看重的是速度、质量、位置、可靠性、舒适性、价格还是价值，诸如此类。

第 5 章：竞争分析。

竞争分析包含如下三个子章节。

(1)直接竞争者。

所谓直接竞争者,是指采用与公司同样的解决方案,并满足同样的客户需求的公司。例如,如果公司经营一家意大利餐厅,那么其他意大利餐厅就是直接竞争者。

在商业计划书的这一部分,介绍直接竞争者有哪些,以及他们的竞争优劣势。

(2)间接竞争者。

间接竞争者虽然也满足同样的客户需求,但和公司采用不同的解决方案。例如,如果公司经营一家意大利餐厅,那么法国餐厅就是间接竞争者。

在商业计划书的这一部分,介绍间接竞争者有哪些,以及他们的竞争优劣势。

(3)竞争优势。

在这一部分阐明竞争优势至关重要。具体而言,介绍能够支撑公司与直接和间接竞争者进行竞争并取得领先的因素。

第6章:营销计划。

营销计划包含如下四个子章节。

(1)产品和服务。

介绍公司提供的产品和/或服务的详细信息。

(2)定价。

详细介绍定价策略。尤其需要重点讨论定价策略与竞争态势的关联。例如,公司是高端品牌还是低成本品牌?根据选择的定价模型,介绍公司所预期的品牌定位。

(3)推广方案。

推广方案详细介绍公司用来吸引新消费者的策略。例如,可能选择广播广告、按点击次数收费的网络广告或新闻稿件,等等。在这一部分,详细介绍公司会使用的每一种推广形式。

(4)渠道方案。

渠道方案介绍消费者能够购买产品和/或服务的方式。多数情况下,消费者只能直接从公司购买,他们既可能通过线下实体部分购买,也可能通过线上网络购买。在其他情况下,公司可能拥有渠道商或合作伙伴,来销售产品或服务。在这种情况下,需要详细介绍渠道体系的架构。

第7章:运营方案。

运营方案包含如下两个子章节。

(1)关键运营流程。

关键运营流程是业务每天必须执行的工作。在这一部分,需要详细介绍这些工作。例如,是否需要运营一个消费者服务部门?如果答案是肯定的,那么它具体扮演怎样的角色?完成这一部分,将能够极为清晰地阐明希望建立的组织架构。

(2)里程碑。

在商业计划书的这一部分,列举在未来公司希望实现的关键里程碑,以及实现里程碑的预期时间节点。这一部分将为至关重要的具体工作设立目标,例如新产品完成研发和发布的时间,计划实施新的合伙关系的时间,等等。

第8章:管理团队。

管理团队包含如下三个子章节。

(1)管理团队成员。

这一部分详细介绍当前管理团队的成员及其背景。

(2)管理团队空缺。

尤其是一家创业公司,团队中肯定存在空缺的职位,存在希望在未来能够补充的角色。在这里具体介绍空缺的职位,以及希望未来能够填补空缺的候选人所具有的资格条件。

(3)董事会成员。

公司如果拥有顾问委员会或董事会,在这一部分详细介绍董事会成员及其背景。

第9章:财务规划。

财务规划包含如下四个子章节。

(1)营业收入模型。

这一章清晰地阐明公司如何产生营业收入,公司是销售产品、销售广告位、销售副产品(比如数据)还是以上全部都在公司的销售范畴?

(2)财务概要。

完整的财务模型(损益表、资产负债表和现金流量表)应该放在附录中,但是这一部分需要包括财务概要。例如,未来五年的营业收入、关键费用支出和预期净利润。

(3)融资要求/资金使用。

这一部分需要详细介绍需要的金额,并且资金用途也至关重要。

(4)退出策略。

尤其是当寻求股权融资时,需要详细阐述预期的退出策略。可能性最高的退出策略是将公司卖给更大的公司。如果是这种情况,详细介绍可能对收购公司感兴趣的公司类型,及其可能收购的原因。如果可能的话,列举潜在收购者的名称。

第10章:风险分析与控制。

风险分析与控制包含如下两个子章节。

(1)描述风险种类并分析。

详细说明创业中可能遇到的政策风险、研发风险、市场开拓风险、运营风险、财务风险、对公司关键人员依赖的风险等,并对分类风险进行分析。

(2)提出风险防控方案。

针对面对的各种可能的风险,给出切实可行的风险防控方案。

第11章:附录。

支持性文件。

如上文所述,完整的财务模型(损益表、资产负债表和现金流量表)应该放在附录中。类似地,任何能够帮助你说服阅读者、使他们相信公司能够取得成功的支持性文件都应放在附录中。例如,客户名单、所获奖项,尤其是所获专利。

4.2 尽职调查

尽职调查(Due Diligence)又称谨慎性调查、审慎调查,是指投资人在与目标企业达成初步合作意向后,经协商一致,投资人对目标企业一切与本次投资有关的事项进行现场调查、资料分析的一系列活动。

尽职调查一词最早出现在美国《1933年证券法》(又称为《证券真实法》),该法律第十一条和第十二条中规定了适用于证券发行的“尽职调查抗辩(Due Diligence Defense)”,即如果证券发行文件中的信息被投资者认为存在虚假记载、误导性陈述或重大遗漏,则证券发行人、承销商和会计师等责任人将承担民事赔偿责任,除非相关责任人能够证明自身已经尽到了合理的尽职调查义务,同时将调查中发现的问题向投资者做了充分披露,才可以免责。此后,尽职调查的适用范围从证券业延伸到整个金融行业,同时也从美国扩展至全世界。

尽职调查是一项识别风险的活动,是主动防范风险的重要环节,通过发现目标企业潜在的风险因素及其存在的领域,分析产生的原因,为最终的决策奠定基础。不仅如此,专业、详尽和深入的尽职调查还能帮助企业发现自身在生产、经营和管理等方面的不足,为目标企业改善管理、提升业绩带来促进作用。

就风险投资家而言,通过项目的筛选,对金字塔结构顶端剩下的有意向的创业企业,将会与其创业企业家接触,在协商一致的前提下,将对拟投资企业开展尽职调查,以全面了解创业企业的基本情况及发展前景,为做出投资决策提供依据。

4.2.1 尽职调查的目的

尽职调查目的分为三方面:价值发现、风险发现和投资可行性分析。

1. 价值发现

投资者和融资方站在不同的角度分析企业的内在价值,往往会出现偏差,融资方可能高估也可能低估企业的内在价值。因为企业内在价值不仅取决于当前的财务账面价值,同时也取决于未来的收益。对企业内在价值进行评估和考量必须建立在尽职调查的基础上。通过详尽的尽职调查,投资者可以验证过去财务业绩的真实性,预测企业未来的业务和财务数据,并由此对企业进行估值。

2. 风险发现

从投资者角度讲,尽职调查是风险管理的第一步,因为任何项目都存在着各种各样的风险。比如,融资方过往财务账册的准确性;投资之后,公司的主要员工、供应商和顾客是否会继续留下来;相关资产是否具有融资方赋予的相应价值;是否存在任何可能导致融资方运营或财务运作出现问题的因素。通过详尽的尽职调查,可以帮助投资者识别投资风险,评估风险大小并提出风险应对方案。

3. 投资可行性分析

融资方通常会对企业各项风险因素有很清楚的了解,而投资者则没有。因而,投资者有必要通过实施尽职调查来补救双方在信息获知上的不平衡。一旦通过尽职调查明确了存在哪些风险和法律问题,了解了投资的可操作性及确定了交易的时间表,买卖双方便可以就相关风险和义务应由哪方承担进行谈判,同时投资者可以决定在何种条件下继续进行投资活动。

4.2.2 尽职调查的范围

尽职调查的范围主要可以分为业务尽职调查、财务尽职调查和法律尽职调查大三部分(如图4-2所示)。

1. 业务尽职调查主要关注点

整个尽职调查工作的核心是业务尽职调查,财务、法律等方面的尽职调查都是围绕业务尽职调查展开的。业务尽职调查主要关注点包括:

(1)企业基本情况、管理团队、产品/服务、市场、融资运用、风险分析等;

（2）企业从成立至调查时点的股权变更及相关工商变更情况；

（3）控股股东/实际控制人的背景；

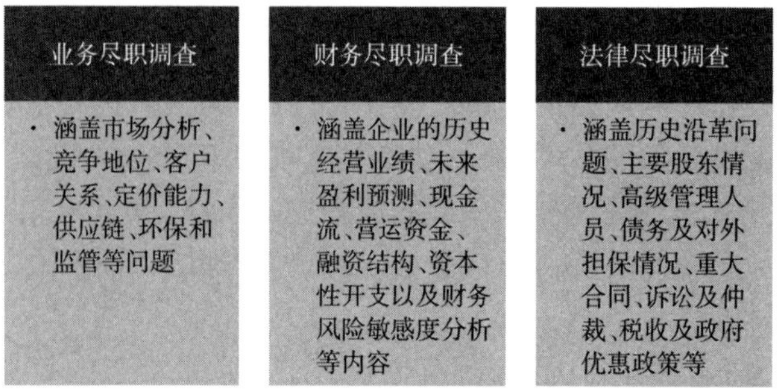

图 4-2　尽职调查的范围

（4）行业发展的方向，市场容量、监管政策、竞争态势、利润水平等情况；

（5）客户、供应商和竞争对手等。

2. 财务尽职调查主要关注点

财务尽职调查重点关注的是标的企业的过去财务业绩情况，主要是为了评估企业存在的财务风险及投资价值。财务尽职调查主要关注点包括：

（1）企业相关的财务报告；

（2）企业的现金流、盈利及资产事项；

（3）企业现行会计政策等；

（4）对企业未来价值的预测等。

3. 法律尽职调查主要关注点

法律尽职调查是为了全面评估企业资产和业务的合规性及签字的法律风险。法律尽职调查主要关注点包括：

（1）公司设立及历史沿革问题；

（2）主要股东情况；

（3）公司重大债权债务文件；

（4）公司重大合同；

（5）公司重大诉讼、仲裁、行政处罚文件；

（6）税收及政府优惠政策等。

4.2.3　尽职调查的操作

1. 尽职调查的操作流程

一般包括制定调查计划、调查及收集资料、起草尽职调查报告与风险控制报告、进行内部复核和设计投资方案五个阶段（如图 4-3 所示）。调查与收集资料为尽职调查流程中最重要的一环，尽职调查团队通过各种渠道收集资料，并验证其可信程度，最终形成尽职调查报告与风险控制报告。

2. 尽职调查的方法

1)审阅文件资料

查阅企业的工商登记、财务报告、董事会会议记录、业务文件及重大法律合同等。除此之外,尽职调查方可以在企业授权的情况下要求企业的审计师等中介机构提供工作底稿。

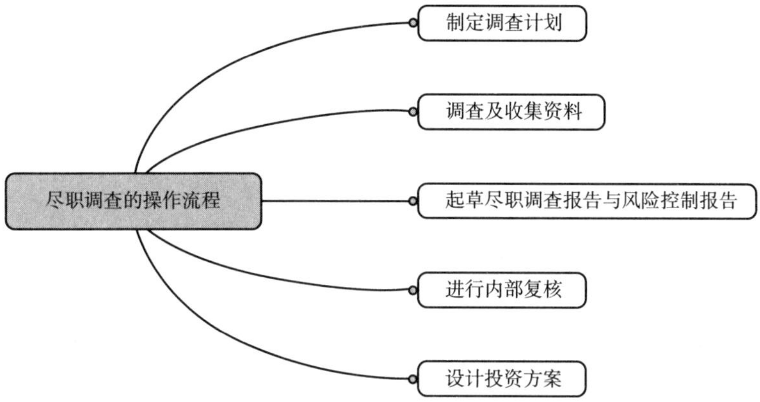

图 4-3 尽职调查的操作流程

2)参考外部信息

通过网络、杂志和报纸等媒体查阅相关信息,了解并验证行业及企业情况。收集企业竞争对手和上下游企业信息(尤其是上市公司披露的信息)对评估企业和行业的真实状况有很大帮助。

3)相关人员访谈

对企业高层、中层及基层员工分别进行访问,了解并验证相关业务、财务及法律问题。此外,与企业外聘的法律顾问和审计师的沟通也非常重要。尽职调查团队也应访问竞争对手及上下游企业负责人并获取他们对目标企业的评价。

4)企业实地调查

对企业相关的场所进行现场调查,包括但不限于厂房、设备、土地、产品和存货等。譬如,走访企业的销售现场(如超市、门店或经销商)有助于评估真实情况。

5)内部沟通

调查成员来自不同背景及专业,其相互沟通也是达成调查目的的方法。尽职调查团队内部各方就彼此收集的信息进行沟通,可以相互补充。在尽职调查期间,电话会议相比现场会议是更常见的沟通方法。收集资料之后,尽职调查团队还要验证其可信程度,评估其重要性,并将之归纳总结为最终的尽职调查报告。

4.2.4 尽职调查十大核心要点

1. 看准一个团队

投资就是投人,就是投团队,尤其要看准团队的领头人。

对目标企业团队成员的要求是:富有激情、和善诚信、专业敬业、善于学习。

2. 发掘两个优势

在优势行业发掘中，寻找优势企业。

1）优势行业

优势行业是指具有广阔发展前景、国家政策支持、市场成长空间巨大的行业。

2）优势企业

优势企业是在行业中具有核心竞争力的企业。一般来说，优势企业其核心业务或主营业务突出，企业的核心竞争力突出，超越了其他竞争者。

3. 弄清三个模式

弄清三个模式就是弄清目标企业是如何挣钱的。

1）业务模式

业务模式是企业提供什么产品或服务，业务流程如何，包括业务逻辑是否可行，技术是否可行，是否符合消费者心理和使用习惯，企业的人力、资金、资源是否足以支持等。

2）盈利模式

盈利模式是指企业如何挣钱，通过什么手段或环节挣钱。

3）营销模式

营销模式是企业如何推广自己的产品或服务，其销售渠道、销售激励机制如何等。

好的业务模式，必须能够盈利，好的盈利模式，必须能够推行。

4. 查看四个指标

四个指标一是营业收入，二是营业利润，三是净利率，四是增长率。

风险投资的重要目的是：目标企业尽快增值实现上市退出。因此，风险投资关注、查看目标企业近三年的上述前两个指标尤为重要。风险投资非常看重盈利能力和成长性，因此上述的后两个指标也成为重要关注对象。净利率是销售利润率，表达了一个企业的盈利能力和抗风险能力，增长率可以迅速降低投资成本，让投资人获取更高的投资回报。把握这四个指标，也就基本把握了项目的可投资性。

5. 厘清五个结构

厘清五个结构，可以让投资人对目标企业的具体结构更清晰，便于判断企业的好坏优劣。

（1）股权结构：主次分明，主次合理。

（2）高管结构：结构合理，优势互补、团结协作。

（3）业务结构：主营突出，不断研发新产品。

（4）客户结构：既不分散也不太集中，客户有实力。

（5）供应商结构：既不分散也不太集中，质量有保证。

6. 考察六个层面

（1）历史合规：企业历史沿革合法合规，在注册资金、股权变更等方面无重大历史瑕疵。

（2）财务规范：财务制度健全，会计标准合规，坚持公正审计。

（3）依法纳税：照章纳税方面不存在任何问题。

（4）产权清晰：企业的产权清晰、到位（含专利、商标、房产等），不存在纠纷。

（5）劳动合规：严格执行劳动法规。

（6）环保合规：企业生产经营符合环保要求，不存在搬迁、处罚等隐患。

7. 落实七个关注

七个关注是对目标企业细小环节的关注。

（1）制度汇编：查看企业的制度汇编可以迅速认识企业管理的规范程度。有的企业制度不全，更没有制度汇编。

（2）例会制度：询问企业的例会情况（含总经理周例会、董事会例会、股东会例会）能够了解企业的规范管理情况，也能了解企业高管对股东是否尊重。

（3）企业文化：通过了解企业的文化建设，能知道企业是否具有凝聚力和亲和力，是否具备长远发展的可能。

（4）战略规划：了解企业的战略规划情况，可以知道企业的发展有无目标，查看其目标是否符合行业经济发展的实际方向。

（5）人力资源：了解企业对员工培训、激励计划、使用办法，可以了解企业是否能充分调动全体员工发展业务的积极性和能动性，考察企业的综合竞争力。

（6）公共关系：了解企业的公共关系策略和状况，可以知道企业是否注重企业形象和品牌，是否具备社会公民意识，是否具有社会责任意识。

（7）激励机制：一个优秀的现代企业应该有一个激励员工、提升团队的机制或计划，否则企业难以持续做大做强。

8. 分析八个指标

在厘清四个指标的基础上，很有必要分析以下八个指标，对目标企业进行深度的分析、判断。

1）总资产周转率

总资产周转率表示多少资产创造多少销售收入，表明一个公司是资本密集型还是轻资产型。该指标反映资产总额的周转速度，周转越快，反映销售能力越强，企业可以通过薄利多销的办法，加速资产周转，带来利润绝对数的增加。计算公式：

总资产周转率=销售收入 ÷ 平均总资产

2）资产负债率

资产负债率是负债总额除以资产总额的百分比，也就是负债总额与资产总额的比例关系。资产负债率反映总资产中多大比例是通过借债来筹资的，也可以衡量企业在清算时保护债权人利益的程度；资产负债率的高低，体现一个企业的资本结构是否合理。计算公式：

资产负债率=（负债总额 ÷ 资产总额）×100%

3）流动比率

流动比率是流动资产除以流动负债的比例，反映企业的短期偿债能力。流动资产是最容易变现的资产，流动资产越多，流动负债越少，则短期偿债能力越强。计算公式：

流动比率=流动资产 ÷ 流动负债

4）应收账款周转率（应收账款周转天数）

应收账款周转率反映应收账款的周转速度，也就是年度内应收账款转为现金的平均次数。用时间表示叫应收账款周转天数，也叫平均收现期，表示自企业取得应收账款的权利到收回款项、转换为现金所需要的时间。一般来说，应收账款周转率越高、平均收账期越短，说明应收账款回收越快。否则，企业的营运资金会过多地呆滞在应收账款上，影响正常的资金周转。计算公式：

应收账款周转率=销售收入 ÷ 平均应收账款

应收账款周转天数=360 ÷ 应收账款周转率

5）销售毛利率

销售毛利率表示每一元销售收入扣除销售产品或商品成本后，有多少钱可以用于各期间费用和形成利润，是企业销售净利率的最初基础，没有足够大的毛利率便不能盈利。计算公式：

销售毛利率=（销售收入-销售成本）÷ 销售收入 ×100%

6）净值报酬率

净值报酬率是净利润与平均股东权益（所有者权益）的百分比，也叫股东权益报酬。该指标反映股东权益的收益水平。计算公式：

净值报酬率=（净利润 ÷ 平均股东权益）×100%

7）经营活动净现金流

经营活动净现金流是企业在一个会计期间（年度或月份，通常指年度）经营活动产生的现金流入与经营活动产生的现金流出的差额。这一指标说明经营活动产生现金的能力，企业筹集资金额根据实际生产经营需要，通过现金流量表，可以确定企业筹资总额。一般来说，企业财务状况越好，现金流量越多，所需资金越少；反之，财务状况越差，现金流量越少，所需资金越多。一个企业经营活动净现金流为负，说明企业需要筹集更多的资金才能满足目前生产经营所需，否则企业正常生产经营难以继续进行。

8）市场占有率

市场占有率也可称为市场份额，是企业在市场上所占有的百分比，是企业的产品在市场上所占的份额，也就是企业对市场的控制能力。企业市场份额的不断扩大，可以使企业获得某种形式的垄断，这种垄断既能带来垄断利润又能保持一定的竞争优势。当一个企业获得市场25%的占有率时，一般就被认为控制了市场。市场占有率对企业至关重要，一方面它是反映企业经营业绩最关键的指标之一，另一方面它是企业市场地位最直观的体现。市场占有率是由企业的产品力、营销力和形象力共同决定的。

9. 走好九个程序

要做好一个投资项目，有好多程序要走，不同的目标企业要分别对待，采取的程序也应该有所不同，但是以下九个程序是应该坚持履行的。

1）收集资料

通过多种形式收集企业资料。

2）高管面谈

高管面谈是风险投资的一个初步环节也是非常重要的环节。依据以往经验，往往能很快得出对目标企业业务发展、团队素质的印象。有时一次高管接触，就不想再深入下去了，因为印象不好。第一感觉很重要，也比较可靠。

3）企业考察

对企业的经营、研发、生产、管理、资源等实施实地考察；对高管以下的员工进行随机或不经意的访谈，能够得出更深层次的印象或结论。

4）竞争调查

梳理清楚该市场中的竞争格局、对手的情况。通过各种方式和途径对竞争企业进行考察、访谈或第三方评价;对比清楚市场上各种竞争力量及其竞争优劣势。对竞争企业的信息进行对比,掌握得越充分,投资的判断就会越准确。

5)供应商走访

了解企业的采购量、信誉,可以帮助判断企业声誉、真实产量和受欢迎程度,了解企业真实的销售情况,了解竞争企业的情况。同时,客户自身的档次和是否优质也有助于判断企业的市场地位、市场需求的潜力和可持续程度。

6)客户走访

掌握客户投资偏好,了解客户各项资产配置比例,分析客户投资比较优势,深入评估客户风险承受能力。

7)协会走访

了解企业的行业地位和声誉,了解行业发展态势。

8)政府走访

了解企业的行业地位和声誉,了解政府对企业所处行业的支持程度。

9)券商咨询

针对上市可行性和上市时间问题,咨询券商对判断企业成熟度有重要作用。

10. 报告十个内容

尽职调查报告是对前期工作的总结,是最终决策的依据。至少应报告以下 10 个方面的内容。

(1)企业历史沿革:股权变动情况、重大历史事件等。

(2)企业产品与技术:公司业务情况、技术来源。

(3)行业分析:行业概况、行业机会与威胁、竞争对手分析。

(4)优势与不足:企业有哪些优势,哪些是核心竞争力;存在哪些不足或缺陷,有无解决或改进办法。

(5)发展规划:企业的近期、中期的发展规划和发展战略;以及发展规划的可实现性。

(6)股权结构:股权结构情况,合理性分析。

(7)高管结构:高管人员和技术人员背景情况、优势和劣势分析。

(8)财务分析:近年各项财务数据或指标情况及分析。

(9)融资计划:企业发展计划和融资计划及融资条件。

(10)投资意见:投资经理对项目的总体意见或建议。

4.3 创业公司估值

4.3.1 公司估值的概念及方法

1. 公司估值的概念

公司估值是指着眼于公司本身,对公司的内在价值进行评估,公司内在价值决定于公司的资产及其获利能力。

公司估值是投融资、交易的前提。一家投资机构将一笔资金注入企业,应该占有的权益首先取决于企业的价值。公司估值有利于对公司或其业务的内在价值进行正确评价,从而确立对各种交易进行定价的基础。公司估值是股权投资交易的核心,公司估值定下来以后,融资额与投资者的占股比例可以根据估值进行推算。企业估值谈判在投资交易谈判中具有里程碑的作用。

公司估值是证券研究最重要、最关键的环节，估值是一种对公司的综合判定，无论宏观分析、资本市场分析、行业分析还是财务分析等，估值都是其最终落脚点，投资者最终都要依据估值做出投资建议与决策。公司估值的基本逻辑是：基本面决定价值，价值决定价格。

在风险投资的谈判中，公司估值是投融资双方都非常重视的一环。一方面，如果投融资双方在公司估值上未能达成一致，就无法推动交易。毋庸置疑，融资方会希望公司的估值足够高，从而可以在稀释较少股权的情况下融得较多的资金；而投资人会希望能够投得足够便宜，从而在退出时可以获得尽可能高的投资回报倍数。另一方面，公司估值在风险投资中又是一个极难把握的事项。首先，风险投资项目大多处在公司发展的早期，其估值本身就较难有章法、规则可循，存在较大的弹性；再者，公司估值并不是一个简单的数值，其背后往往蕴含着与项目所属行业、所处阶段密切相关的估值逻辑和要素；再次，公司估值的数字背后，还交织着若干专业概念、特有机制、行业惯例，如不能透彻地理解和运用该等概念、机制和惯例，在估值谈判中往往难以切中要害，可能陷入被动乃至"陷阱"。为此，投融资双方在融资谈判前必须充分了解公司估值的基本方法、逻辑，厘清公司估值体系中的基本概念、机制和惯例，方可在谈判中有效交流、达成令双方都满意的估值。

2. 公司估值的方法

公司估值的方法大致可以分为两大类：即相对估值法（Relative Valuation Approach）和绝对估值法（Absolute Valuation Approach）。具体如下。

1）相对估值法

相对估值法可以理解为参照别的公司进行估值。主要方法有如下两种。

（1）可比公司分析（Comparable Companies Analysis），主要通过挑选同行业可比或可参照的上市公司，以该上市公司的股价和财务数据作为依据，计算出主要财务比率，然后用这些财务比率作为价格乘数来推算公司的价值，比较常见的价格乘数如市盈率（P/E，即价格/利润）、市销率（P/S，即价格/销售额）或企业价值倍数（EV/EBITDA，即企业价值/息税、折旧、摊销前利润）等。

（2）先例交易分析（Precedent Transaction Analysis），主要通过挑选与公司同行业，在近期被投资或被并购的公司，以其融资或并购的交易定价依据作为参考，从中获取相关的财务或非财务数据，得出一些相应的融资价格乘数，并据此作为推算公司价值的依据。

2）绝对估值法

绝对估值法则较为复杂，其更多关注公司自身的内在价值，主要通过搭建现金流折现模型（Discounted Cash Flow，DCF），对公司未来的自有现金流及资金成本进行预测，并对公司未来自有现金流进行折现，所得出的现值即为公司的价值。资产法也属于绝对估值法的一种，但在风险投资中使用较少。

特别需要注意的是，相对估值法和绝对估值法并不存在孰优孰劣的问题。实际交易中，绝对估值法虽然相对客观，但需要进行很多假设，且不便于相互理解和沟通；而相对估值法则较为简单，便于投融资双方沟通，但容易受到市场情绪及公司会计处理的影响。为了消除误差，实践中投资人可能会采用多种估值方法相互验证，但即便如此，所得到的公司估值也仅是一个参考值。传统的估值方法对初创企业而言往往存在一些适用方面的限制：比如初创企业的未来现金流可能很难准确预测，在这种情况下就不太适合使用现金流折现模型；而如果初创企业处于一个新行业或者属于新的商业模式，则可能就难以在市场上找到合适的对比公司或对比交易用在相对估值法上。因此，在风险投资中，可能很难确定市场公允价值，最终还是需要由投资人与融资方谈判得出。也是因为如此，常有人说，估值不是科学和技术，而是一种“艺术”。这个世界上没有一个放之四海而皆准的估值工具。

有投资者表示，创业公司的估值如同纸媒的发行量、应用软件的下载量一样，外界人永远不知道具体的数字是多少。因此，估值并不是一个客观标准，而是投资者对公司价值的主观判断。总体来说，企业如何估值，是交易谈判双方博弈的结果，尽管有一些客观标准，但本质上是一种主观判断。使用估值方法估计的公司价值仅仅是双方在谈判中确定公司估值的依据而已。

在实践中，往往也并不是估值越高对公司融资就越有利。对融资方而言，虽然高估值看似对公司有利，但如一味地追求高估值而致融资失败或进度迟滞，其结果往往得不偿失——快速完成融资在风险投资领域常常是竞争制胜的关键要素；对投资人而言，能以一个让融资方较为“舒服”的“高估值”对其投资，也有利于激励创始人后续为包括投资人在内的全体股东创造更多价值，而不会因为觉得估值过低而感到心理不平衡进而通过其他渠道从公司获取不当利益。

当然，换一种角度来看，对于企业来说，估值不是越高越好。除非企业有信心完成这轮投资后就直接上市，否则，一轮估值很高的股权融资对于企业的下一轮股权融资是相当不利的。很多企业做完一轮股权融资之后就卡住了，主要原因是前一轮股权融资把价格抬得太高，企业受制于反稀释条款不大好压价进行后续交易，只好僵住。

因此，在企业发展的不同阶段，合理适度的公司估值对投融资双方都是极为重要的。

4.3.2 相对估值法

1.P/E 估值法

1）市盈率（P/E）的计算公式

静态 P/E=股价/上一年度的每股收益（EPS）（年）

动态 P/E=股价 × 总股本/今年或下一年度的净利润（需要做预测）

市盈率是一个反映市场对公司预期收益的相对指标，使用市盈率指标要从两个相对角度出发，一是该公司的动态市盈率（或预期市盈率）和静态市盈率（或历史市盈率）的相对变化；二是该公司市盈率和行业平均市盈率的对比。

2）估值过程

使用市盈率估值法时，首先，应计算出被评估公司的每股收益；然后，根据二级市场的平均市盈率、被评估公司的行业情况（同类行业公司股票的市盈率）、公司的经营状况及其成长性等拟定市盈率（非上市公司的市盈率一般要按可比上市公司市盈率打折）；最后，依据市盈率与每股收益的乘积决定估值人。公式如下：

合理股价=每股收益（EPS）× 合理的市盈率（P/E）

其中要注意的是，在收益周期性明显的行业和企业，其估值应以多年的平均每股收益来替代最近一年的每股收益，这样才能更合理地使用市盈率来进行估值。

3）P/E 估值法的优缺点

P/E 估值法的优点有：

(1)计算 P/E 所需的数据容易获得,简单易行,它运用了近期的盈利估计,而近期的盈利估计一般比较准确,可以有广泛的参照比较;

(2)P/E 指标直接将资产的买价与资产目前的收益水平有机地联系起来。

P/E 估值法的缺点有:

(1)盈利不等于现金,由于在收益表中,利润是最终的计算结果,因此收益比例对会计政策的敏感性非常高;

(2)忽视了公司的风险,如高债务杠杆,因为同样的 P/E,用高债务杠杆得到的 E 与毫无债务杠杆得到的 E 是截然不同的;

(3)市盈率无法顾及远期盈利,对周期性及亏损企业估值困难;

(4)P/E 估值忽视了摊销折旧、资本开支等维持公司运转的重要的资金项目;

(5)收入乘数并未明确地将未来增长的成本考虑在内,正常情况下,高速增长的公司的收入乘数会更高一些,由于需要更多的资本以支持公司的高速增长,会降低权益资本的回报率。

4)P/E 估值法的适用性

(1)P/E 估值法主要用在目前的收益状况可以代表未来的收益及其发展趋势的条件下。P/E 估值法的适用情况:

①周期性较弱的企业,如公共服务业,因其盈利相对稳定;

②公司/行业/股市比较相当有用(公司/竞争对手、公司/行业、公司/股市、行业/股市)。

(2)P/E 估值法的不适用情况:

①周期性较强的企业,如一般制造业、服务业;

②每股收益为负的公司;

③房地产等项目性较强的公司;

④银行、保险和其他流动资产比例高的公司;

⑤难以寻找可比性很强的公司;

⑥多元化经营比较普遍、产业转型频繁的公司。

2.P/B 估值法

1)市净率或市账率(P/B)的计算公式

P/B=股价/每股净资产

此比率是从公司资产价值的角度去估计公司股票价格的基础,对于银行和保险公司这类资产负债多由货币资产所构成的企业股票的估值,以 P/B 去分析较适宜。

2)估值过程

使用市净率估值法时,首先,应根据审核后的净资产计算出被估值公司的每股净资产;然后,根据二级市场的平均市净率、被估值公司的行业情况(同类行业公司股票的市净率)、公司的经营状况及其净资产收益率等拟定发行市净率(非上市公司的市净率一般要按可比上市公司市净率打折);最后,依据发行市净率与每股净资产的乘积决定估值。公式为:

合理股价=每股净资产 × 合理的市净率(PB)

3)P/B 估值法的优缺点

(1)P/B 估值法的优点有:

① P/B 的概念本身浅显易懂;

②随着时间的变化,P/B 的变化比较稳定,因此适合于历史分析;

③在各公司所选用的会计政策符合可比性的条件下，P/B 可用于鉴别哪些公司的价值被低估，哪些公司的价值被高估；

④在公司发生亏损或净现金流量小于零时，仍然可以使用 P/B 估值法。

（2）P/B 估值法的缺点有：

①账面价值受所选用会计政策的影响非常大，各公司或各国的账面价值可能存在巨大的差异，不具有可比性；

②资产负债表上披露的账面价值并不能公允地反映资产的市场价值。

4）P/B 估值法的适用性

（1）P/B 估值法主要适用于那些无形资产对其收入、现金流量和价值创造起关键作用的公司，例如银行业、房地产业和投资公司等。这些行业都有一个共同特点，即虽然运作着大规模的资产但其利润额比较低。P/B 估值法的适用情况：

①高风险行业以及周期性较强的行业，拥有大量固定资产并且账面价值相对较为稳定的企业；

②银行、保险和其他流动资产比例高的公司；

③绩差及重组型公司。

（2）P/B 估值法的不适用情况：

①账面价值的重置成本变动较快的公司；

②固定资产较少的，商誉或知识财产权较多的服务行业。

3.P/S 估值法

1）P/S（Price-to-sales ratio 或市销率）的计算公式

市销率也称价格营收比或市值营收比，是以公司市值除以上一财年（或季度）的营业收入，或等价地，以公司股价除以每股营业收入。

市销率=总市值/销售收入=（股价 × 总股数）/销售收入

这一指标可以用于确定股票相对于过去业绩的价值。市销率也可用于确定一个市场板块或整个股票市场中的相对估值。市销率越小（比如小于 1），通常被认为投资价值越高，这是因为投资者可以付出比单位营业收入更少的钱来购买股票。不同的市场板块市销率的差别很大，所以市销率在比较同一市场板块或子板块的股票中最有用。其估值的逻辑是：“在判断企业估值方面，收入比利润更可靠”。

2）P/S 估值法的优缺点

（1）P/S 估值法的优点有：销售收入最稳定，波动性小；并且营业收入不受公司折旧、存货、非经常性收支的影响，不像利润那样易操控；收入不会出现负值，不会出现没有意义的情况，即使净利润为负也可使用。所以，市销率估值法可以和市盈率估值法形成良好的补充。

（2）P/S 估值法的缺点有：无法反映公司的成本控制能力，即使成本上升、利润下降，不影响销售收入，市销率依然不变；市销率会随着公司销售收入规模扩大而下降；营业收入规模较大的公司，市销率较低。

4.EV/EBITDA 估值法

1）概念和公式

EV（Enterprise Value/企业价值）=市值+（总负债-总现金）

=市值+净负债（即公司有息债务价值之和减去现金

及短期投资）

EBITDA（Earnings Before Interest，Tax，Depreciation and Amortization/息税折旧摊销前利润，即扣除利息、所得税、折旧、摊销之前的利润）=营业利润+折旧+摊销

或=净利润+所得税+利息+折旧+摊销

2）EBITDA 的详细运用

20 世纪 80 年代，伴随着杠杆收购的浪潮，EBITDA 第一次被资本市场上的投资者们广泛使用。但当时投资者更多地将它视为一个评价公司偿债能力的指标。

随着时间的推移，EBITDA 开始被实业界广泛接受，因为它非常适合用来评价一些前期资本支出巨大，而且需要在一个很长的期间内对前期投入进行摊销的行业，比如核电行业、酒店业、物业出租业等。如今，越来越多的上市公司、分析师和市场评论家们推荐投资者使用 EBITDA 进行分析。

最初私人资本公司运用 EBITDA，而不考虑利息、税项、折旧及摊销，是因为他们要用自己认为更精确的数字来代替他们，他们移除利息和税项，是因为他们要用自己的税率计算方法以及新资本结构下的财务成本算法。

而 EBITDA 剔除摊销和折旧，则是因为摊销中包含的是以前会计期间取得无形资产时支付的成本，并非投资人更关注的当期的现金支出。而折旧本身是对过去资本支出的间接度量，将折旧从利润计算中剔除后，投资者能更方便的关注对未来资本支出的估计，而非过去的沉没成本。

3）EV/EBITDA 估值法的投资应用

该估值指标最早是用作收购兼并的定价标准，现在已广泛用于对公司价值的评估和股票定价。这里的公司价值不是资产价值，而是指业务价值，即如果要购买一家持续经营的公司需要支付多少价钱，这笔钱不仅包括对公司盈利的估值，还包括需承担的公司负债。企业价值被认为是更加市场化及准确的公司价值标准，其衍生的估值指标如 EV/销售额、EV/EBITDA 等被广泛用于股票定价。

4）EV/EBITDA 估值法的优缺点

（1）EV/EBITDA 的优点是：不仅是股票估值，而且是企业价值估值，与资本结构无关。接近于现实中私有企业的交易估值。而且，EBITDA 加入了摊销折旧等现金项目。

（2）EV/EBITDA 的缺点是：对有着很多控股结构的公司估值效果不佳，因为 EBITDA 不反映少数股东现金流，但过多反映了控股公司的现金流；不反映资本支出需求，却过高估计了现金。

5）EV/EBITDA 估值法的适用性

（1）EV/EBITDA 估值法适用于：

①充分竞争行业的公司；

②没有巨额商誉的公司；

③净利润亏损，但毛利、营业利益并不亏损的公司。

（2）EV/EBITDA 估值法不适用于：

①固定资产更新变化较快的公司；

②净利润、毛利、营业利益均亏损的公司；

③资本密集、准垄断或者具有巨额商誉的收购型公司（大量折旧摊销压低了账面利润）；

④有高负债或大量现金的公司。

5.PEG 估值法

1)PEG 的计算公式

PEG(市盈率相对盈利增长比率)=PE/净利润增长率 ×100

其中,净利润增长率最好采用公司未来 3 或 5 年的每股收益复合增长率。

PEG 是在 P/E 估值法的基础上发展起来的,是将市盈率与企业成长率结合起来的一个指标,它弥补了 PE 对企业动态成长性估计的不足。

2)PEG 指标的内涵

所谓 PEG,是用公司的市盈率(PE)除以公司未来 3 或 5 年的每股收益复合增长率。比如一只股票当前的市盈率为 20 倍,其未来 5 年的预期每股收益复合增长率为 20%,那么这只股票的 PEG 就是 1。当 PEG 等于 1 时,表明市场赋予这只股票的估值可以充分反映其未来业绩的成长性。

PEG 估值的重点在于计算股票现价的安全性和预测公司未来盈利的确定性。如果 PEG 大于 1,则这只股票的价值就可能被高估,或市场认为这家公司的业绩成长性会高于市场的预期;如果 PEG 小于 1,则说明此股票股价被低估。

通常,上市后的成长型股票的 PEG 都会高于 1(即市盈率高于净利润增长率),甚至在 2 以上,投资者愿意给予其高估值,表明这家公司未来很有可能会保持业绩的快速增长,这样的股票就容易有超出想象的市盈率估值。

当然,需要避免的一个误区是,并非 PEG 值越小就越是好公司,因为计算 PEG 时所用的增长率,是过去三年平均指标这样相对静态的数据,实际上,决定上市公司潜力的并不是过去的增长率,而是其未来的增长率。

3)PEG 指标的用途

用 PEG 指标选股的好处就是将市盈率和公司业绩成长性对比起来看,其中的关键是要对公司的业绩做出准确的预期。

4)PEG 估值法的适用性

PEG 估值法的适用:相对更适用于 IT 等高成长性企业以及非周期性股票。

PEG 估值法的不适用:周期性较强的企业,如石化行业、煤炭行业、钢铁行业、成熟行业、亏损或盈余正在衰退的行业。

4.3.3 绝对估值法

绝对估值法(Absolute Valuation Approach)亦称贴现法,主要包括股利贴现模型(DDM)、自由现金流量贴现模型(DCF)和期权估价法等。该理论最早可以追溯到艾尔文费雪的资本价值理论。费雪在其 1906 年的著作《资本与收入的性质》中,完整地论述了收入与资本及价值的关系。他认为资本能带来一系列的未来收入,因而资本的价值实质上就是未来收入的贴现值。

与相对估值法相比,绝对估值法的优点在于其能够较为精确地揭示公司股票的内在价值,逻辑框架完美,也具有很强的实践操作性。而它的缺陷也同样明显:首先是计算烦琐;其次是模型中充满了假设和猜想,各个参数都身处于一种被质疑的动荡之中,如何正确地选择参数比较困难,以至于有人称其为“数学与财会伪装下的玄学”。未来股利、现金流的预测偏差、贴现率的选择偏差，都有可能影响到估值的精确性，此类方法存在较多主观因素，公司之间难以进行对比。

1. 股利贴现模型（DDM）

1）定义

股利贴现模型（Discounted Dividend Model，DDM），认为公司的权益价值等于持有者在公司经营期内预期能得到的股息收入按合适折现率计算的现值。

2）分类

根据对股利增长率的不同假定，股利贴现模型可以分为零增长模型、不变（固定）增长模型、二阶段增长模型、三阶段增长模型和多段增长模型。

（1）零增长模型（即股利增长率为0，未来各期股利按固定数额发放）计算公式为：

$$V=D_0/k$$

式中 V——公司价值；

D_0——当期股利；

k——投资者要求的投资回报率，或资本成本。

（2）不变增长模型（即股利按照固定的增长率 g 增长）计算公式为：

$$V=D_1/(k-g)$$

式中 D_1——下一期的股利，而非当期股利。

（3）二段增长模型、三段增长模型、多段增长模型：股利增长假设可以分为不同阶段，然后分别进行折现加总后估值。

3）DDM模型的适用性

DDM模型适用于分红多且稳定的公司，非周期性行业；不适用于分红很少或者不稳定的公司，周期性行业。

股利贴现模型适用于经营状况稳定、有稳定的股利发放的企业，但因为股利发放因各公司股利政策的不同而不同，即使两个业绩和规模相当的企业，也可能因为股利政策的不同，经股利贴现模型计算出的价值出现很大的差别。对于我国股市中很少发放股利的公司，分红的比例与数量不具有稳定性，难以对股利增长率做出预测，或者出现亏损而暂时不能发放股利的公司，该模型不是很适用。

2. 自由现金流贴现模型（DCF）

根据现金流界定的不同，DCF模型又可分为公司自由现金流贴现（FCFF）模型和权益自由现金流贴现（FCFE）模型。这里主要介绍自由现金流贴现模型。

1）自由现金流（Free Cash Flow）的定义

自由现金流是一种财务方法，用来衡量企业实际持有的能够回报给股东的现金。指在不危及公司生存与发展的前提下可供分配给股东（和债权人）的最大现金额。自由现金流表示的是公司可以自由支配的现金，自由现金流在经营活动现金流的基础上考虑了资本型支出和股息支出，因此自由现金流等于经营活动现金。如果自由现金流丰富，公司可以偿还债务、开发新产品、回购股票、增加股息支付。

2）自由现金流的计算

自由现金流的计算方法：自由现金流等于企业的税后净营业利润（即将公司不包括利息收支的营业利润扣除实付所得税税金之后的数额）加上折旧及摊销等非现金支出，再减去营运资本的追加和物业厂房设备及其他资产方面的投资。它是公司所产生的税后现金流总额,可以提供给公司资本的所有供应者,包括债权人和股东。计算公式为:

自由现金流量=(税后净营业利润+折旧及摊销)-(资本支出+营运资本增加)

3)自由现金流的经济意义

投资者进行投资决策的唯一标准不是企业是否具有竞争优势,而是企业的竞争优势能否为投资者的将来带来更多的现金,所以内在价值的评估原则就是现金为王。

企业全部运营活动的现金净产出就形成自由现金流,自由现金流的多寡一定程度上决定一家企业的生死存亡。一家企业长期不能产出自由现金流,它最终将耗尽出资人提供的所有原始资本,并将走向破产。

(1)自由现金流充裕时,企业可以用自由现金流偿付利息、还本、分配股利或回购股票等。

(2)自由现金流为负时,企业连利息费用都赚不回来,只能动用尚未投入经营(含投资)活动的、剩余的出资人(股东、债权人)提供的原始资本(假定也没有以前年度的自由现金流剩余)来偿付利息、还本、分配股利或进行股票回购等。

(3)当剩余的出资提供的原始资本不足以偿付利息、还本、分配股利时,企业就只能靠“拆东墙补西墙”(借新债还旧债,或进行权益性再融资)来维持企业运转。当无“东墙”可拆时,企业资金链断裂,其最终只能寻求被购并重组或申请破产。

4)公司自由现金流的决策含义

自由现金流为正:表明公司融资压力小、具发放现金股利、还旧债的能力;不一定都是正面的,隐含公司扩充过慢。自由现金流并非越高越好,自由现金流过高表明再投资率较低,盈余成长率较低。

自由现金流为负:表明再投资率较高,盈余成长率较高,隐含公司扩充过快;公司融资压力大,取得现金最重要,须小心地雷股;借债困难,财务创新可能较大,可能发可转换债规避财务负担;在超额报酬率呈现正数时,负的自由现金流才具有说服力。

5)DCF 模型

DCF 估值法认为公司价值等于公司未来各年自由现金流按照适当贴现率计算的现值之和,并由此扣除债权价值得出股权价值与股票价值。该模型假定公司面临一种相对完善的市场环境,即制度环境、经营环境是稳定的,公司持续经营,投资者具有理性一致预期等。其公式为:

$$P=\sum_{t=1}^{n}\frac{CF_t}{(1+r)^t}$$

式中 P——企业的评估值;

n——资产(企业)的寿命;

CF_t——资产(企业)在 t 时刻产生的现金流;

r——预期现金流的折现率。

DCF 估值法是一种将项目或资产在生命期内将要产生的现金流折现,计算出当前价值的一种评估方法。

6)DCF 模型的应用

DCF 估值法为最严谨的对企业和股票估值的方法,原则上该模型适用于任何类型的公司。但通常更适用于项目投资、商业地产估值等,而不适用于对那些经营周期相对于经济周期变化不确定的公司的估值等。

与DDM模型不同，DCF模型更注重公司为股东创造价值的能力。显然对于较少发放股利或股利发放不稳定的公司，该模型要比DDM模型更为适用。其缺点是该模型的结果可能会受到人为的操纵（操纵自由现金流等），从而导致价值判断的失真；另外，对于暂时经营不善陷入亏损的公司，由于未来自由现金流难以预测，故该模型也不适用。

DCF估值的方法论意义大于数量结果，因为模型的参数估计困难，如果不可信的数据进入模型，只能得到不可靠的结果。虽然DCF估值的结果可能会因使用者对参数的选择、判断有所不同，但是估值的过程是一致的，并为使用者提供了一个严谨的分析框架，系统地考虑影响公司价值的每一个因素，最终评估一个公司的投资价值。

DCF估值的方法论框架要求使用者分析一个公司的基本面时，既要考虑财务状况、产品结构、业务结构，同时也要考虑行业的发展和公司的战略，对公司形成全面的认识。对公司全面的分析是DCF估值的要义所在，具体的数量结果反而是次要的。

DCF方法理论完美，过程略显复杂。在发达国家市场中，各种数据比较完善，公司日趋成熟，DCF成为通用的估值方法。而对于创业公司而言，DCF方法似乎存在许多局限，一方面是基础数据缺乏，另一方面是一部分公司的持续经营能力令人怀疑。

7）DCF模型的优缺点

（1）优点。

通过对自由现金流的折现计算，反映了公司内在价值的本质，是最重要与最合理的估值方法。相比其他常用的评价模型，是框架最严谨但相对较复杂的评价模型。需要的信息量更多，角度更全面，考虑了公司发展的长期性。较为详细，预测时间较长，而且考虑较多的变数，如获利成长、资金成本等，是能够提供适当思考的模型。

（2）缺点。

未来自由现金流的估计不准确，受折现率影响巨大。需要耗费较长的时间，以及对公司的营运情形与产业特性有深入的了解。虽然是考量公司的未来获利、成长与风险的完整评价模型，但是其数据估算具有高度的主观性与不确定性。复杂的模型，可能因数据估算不易而无法采用，即使勉强进行估算，错误的数据套入完美的模型中，也无法得到正确的结果。小变化在输入上可能会导致公司价值上的大变化。该模型的准确性受输入值的影响很大。

3. 期权估价法

1）定义

所谓期权估价法，是指充分考虑企业在未来经营中存在的投资机会或拥有的选择权的价值，进而评估企业价值的一种方法。它是20世纪70年代后在期权估价理论的基础上发展起来的。

2）优缺点

（1）优点。

随着信息技术及相关产业的迅猛发展，企业在经营中面临越来越多的不确定性和风险，也面临大量的投资机会和发展机会，在此背景下出现的期权估价理论给企业价值评估提供了一种新思路，在此理论指导下建立起来的期权估价法也为企业估价提供了一种有意义的工具。与传统估价方法相比，期权估价法考虑并计算未来机会及选择权的价值，从而拓宽投资决策的思路，使企业估价更为科学合理。

(2)缺点。

期权估价法在实际应用过程中还受到许多条件的制约。例如，Black-Scholes期权定价模型是在一系列前提假设的基础上建立和发展起来的,这些假设在现实中很少能够得到完全实现。该模型是对现实问题的简化和抽象,是对现实状况尽可能相对地模拟,但很难做到与实际情况完全一致。此外,任何一种期权估价模型,在实际运用中都是复杂和烦琐的。

附录1 红杉资本商业计划书模板

红杉资本于1972年在美国硅谷成立。红杉作为第一家机构投资人投资了如Apple、Google、Cisco、Oracle、Yahoo、LinkedIn等众多创新型公司。红杉资本始终致力于帮助创业者成就基业长青的公司,为成员企业带来全球资源和历史经验。

红杉资本中国基金是2005年9月由沈南鹏与红杉资本共同创办的。红杉资本中国基金作为“创业者背后的创业者”,专注于科技/传媒、医疗健康、消费品/服务、工业科技四个方向的投资机遇。自2005年9月创立以来,红杉资本中国基金已投资了500余家企业。

红杉资本中国基金的投资组合包括京东商城、阿里巴巴、蚂蚁金服、京东金融、今日头条、摩拜单车、饿了么、滴滴出行、爱奇艺、蔚来汽车、新浪、360、唯品会、拼多多、快手、瓜子/车好多、酒仙网、一下科技、华大基因、贝达药业、诺亚财富、中通快递、再鼎医药、药明生物、中持水务、中曼石油、DJI大疆创新、威马汽车、运满满&货车帮、英雄互娱、找钢网、优客工场、VIPKID、斗鱼、蜜芽宝贝、安能物流、达达-京东到家、依图科技。

红杉资本的《商业计划书模版》简洁明了,逻辑清晰,结构合理,非常易于创业者学习和使用。下面就是红杉资本所倡导的,如何撰写商业计划书的指南。多年来,其版本也在实际应用中不断得到更新和完善,希望能给创业者带来一些启发与借鉴。

一、公司宗旨

用一句简单的话来定义公司/业务。

二、问题

描述出客户(或客户的客户)的痛点;

概述当前如何帮客户解决问题。

三、解决方案

展示贵公司的价值主张,让客户的生活更美好;

展示您产品的实际位置;

提供案例。

四、为什么选择这个时机

展示你们产品的发展历程;

明确使你们的解决方案成为可能的最近趋势。

五、市场份额

识别/分析您迎合的客户;

计算TAM(自上而下)、SAM(自下而上)和SOM。

六、竞争力

列出竞争对手;

列出竞争优势。

七、产品

产品阵容（外形、功能、特性、架构、知识产权）；

发展路线图。

八、商业模式

盈利模型；

定价；

平均的客群数量/生命周期；

销售和分销渠道；

客户/潜在客户列表。

九、团队

创始人&管理层；

董事会/顾问委员会。

十、财务

损益表；

资产负债表；

现金流量表；

资产构成；

交易。

附录2 尽职调查手册

第一部分 公司背景情况

1. 公司历史演变调查

1）调查目标

（1）了解公司历史上的重大事件，检查其对公司的发展演变和企业文化形成的重大影响；

（2）对公司成立时间较长的企业，其历史演变较为复杂，着重考察企业历史演变发展逻辑合理性。

2）调查程序

（1）获取公司所在行业管理体制历次改革的有关资料，调查行业管理体制的变化对公司的影响；

（2）获取公司历次产品、技术改造、管理能力等方面的变动及获奖情况的有关资料，判断公司核心竞争力在行业内地位的变化；

（3）调查公司历史上是否有重大影响的人事变动，判断核心管理者的去留和已经可能对公司产生的重大影响；

（4）审查公司历史上是否存在重大的违反法规行为以及受到重大处罚的情况，判断其影响是否已经消除。

3）调查结论

（1）公司历史演变定性判断（复杂与否）；

(2)历史演变对公司未来发展有无实质性影响(体制、人员、技术演变)。

2. 股东变更情况调查

1)调查目标

(1)股东是否符合有关法律法规的规范;

(2)公司股东变更的行为和程序是否合法合规。

2)调查程序

(1)编制公司股本结构变化表,检查公司历次股份总额及其结构变化的原因及其对公司业务、管理和经营业绩的影响;

(2)取得公司的股东名册,查看发起人或股东人数、住所、出资比例是否符合法律、法规和有关规定;

(3)追溯调查公司的实质控制人,查看其业务、资产情况是否对公司的产供销以及市场竞争力产生直接或间接的影响;

(4)检查公司自然人持股的有关情况,关注其在公司的任职及其亲属的投资情况;如果单个自然人持股比例较大,还应检查是否存在其他人通过此人间接持股的情况,而可能引起潜在的股权纠纷;

(5)检查公司是否发行过内部职工股,是否有工会持股或职工持股会持股;

(6)调查公司的股份是否由于质押或其他争议而被冻结或被拍卖而发生转移,并导致股权结构发生变化;

(7)获取公司与股本结构变化有关的验资、评估和审计报告,审查公司注册资本的增减变化以及股本结构变化的程序是否合乎法律规范,涉及国有企业,股权变革是否有国资批复文件;

(8)相关股东变更资料以取得的当地工商资料为准。

3)调查结论

(1)股东及实际控制人是否有较大变化;

(2)自然人持股在公司任职及外部任职情况;

(3)股本变动的验资、评估及审计是否齐全,涉及国有企业,股权变革是否有国资批复文件。

3. 公司治理结构调查

1)调查目标

(1)公司章程及草案是否合法合规;

(2)股东会、董事会、监事会的设立、运作的实质性判断;

(3)董事、监事、高级管理人员任职及变动是否合法合规。

2)调查程序

(1)查阅股东大会的会议记录、董事会的会议记录,确认公司章程及草案的制定和修改过程是否履行了法定程序,其内容是否与《中华人民共和国公司法》等相抵触;

(2)确认公司是否具有健全的股东会、董事会、监事会的议事规则及其合规性;

(3)查阅公司历次的股东会、董事会、监事会的会议记录,确认其决议内容尤其是确认董事会的对外担保、重大投资、融资及经营决策是否符合公司章程的规定;通过会议记录了解公司重要管理人员的变化;

(4)确认董事、经理是否挪用公司资金或者将公司资金借贷给他人;是否以公司资产为本公司的股东或者其他个人的债务提供担保;是否自营或者为他人经营与公司同类的营业或者从事损害公司利益的其他活动;

(5)考察公司高级管理人员的激励与约束机制,如设置股票期权,判断这些机制是否有利于吸引人才,保持高级管理人员的稳定。

4. 组织结构调查

1)调查目标

(1)全面了解公司主要股东(追溯到实质控制人)及整个集团的所有相关企业的业务和财务情况,查找可能产生同业竞争和关联交易的关联方;

(2)了解公司内部组织结构模式的设置对公司实现经营管理目标的影响。

2)调查程序

(1)画出整个集团的组织构架图,标明各经营实体之间的具体组织联系;

(2)画出公司组织结构设置图,并通过实线和虚线标明各机构之间的权力和信息沟通关系,分析其设计的合理性和运行的有效性;

(3)与管理层有关人员进行讨论,进一步获得公司组织结构设置方面、运行方面情况的资料。

5. 管理团队调查

1)调查目标

(1)主要管理层(包括董事会成员、监事会成员、总裁、副总裁以及财务总监等高级管理人员)是否正直、诚信;

(2)主要管理层是否具有与发展公司需要相匹配的开拓精神和经营管理能力;

(3)了解关键管理人员的选聘、考核和离职情况,及其程序是否合法;

(4)了解公司与主要管理人员有关的激励和约束机制,及其对公司经营和长远发展的影响。

2)调查程序

(1)取得主要管理人员学历和从业经历简况,对核心人员要取得其详细资料,尤其要关注主要成员在本行业的执业经验和记录;

(2)与公司主要管理人员就企业发展、公司文化、竞争对手、个人发展与公司发展的关系等主题进行单独的会谈;

(3)调查过去三年中公司关键管理人员离职的情况,调查其离职的真实原因;

(4)调查公司董事是否遵守"竞业禁止"的规定;

(5)与公司职员进行交流,获取其对管理团队以及企业文化贯彻情况的直观感受;

(6)调查公司内部管理制度规定、年度经营责任书,了解公司是否制定经济责任考核体系,特别是考核体系的落实情况;

(7)了解公司为高级管理者制定的薪酬方案,包括持有股份及其变动情况;

(8)调查主要管理者是否有不适当的兼职,并说明必要的兼职是否会对其工作产生影响。

6. 业务发展战略与目标

1)调查目标

(1)调查公司业务发展目标与现有业务的关系;

（2）调查公司业务发展目标实现的可行性与面临的风险。

2）调查程序

查阅公司的发展规划、年度工作计划等资料，或与经营决策层访谈，得到以下的信息：

（1）公司发展目标的定位，包括长远发展战略、具体业务计划；

（2）公司发展目标与现有业务间的关系；

（3）公司实现业务发展目标中可能存在的潜在风险，包括法律障碍等；

（4）公司实现未来发展计划的主要经营理念或模式、假设条件、实现步骤、面临的主要问题等。

第二部分　行业和业务经营调查

1. 行业及竞争者调查

1）调查目标

（1）调查公司所处行业的现状及发展前景；

（2）调查公司所处行业的发展驱动因素与本质；

（3）调查公司提供的产品（服务）较之同行业可比公司的竞争地位；

（4）调查公司主要经营活动的合法性。

2）调查程序

（1）查阅权威机构（如国家计委、经贸委、行业协会、国务院研究发展中心或其他研究机构）的统计资料和研究报告，调查公司所处行业国内、外的发展现状与前景，分析影响其行业发展的有利、不利因素。

（2）调查公司所处行业内企业是否受到国家宏观控制，如果是，其产品定价是否受到限制？是否享受优惠政策？

（3）调查公司所处行业的产业链情况，公司所处的链条环节情况。

（4）了解公司所处行业的进入壁垒，包括规模经济、资本投入、技术水平、环境保护或行业管理机构授予的特许经营权等方面，分析其对公司核心竞争力的影响。

（5）了解公司所处行业的整体特征，是否属于资金、技术、劳动密集型产业；了解该行业对技术（或对资金、劳动力等要素）的依赖程度、技术的成熟度；了解该行业公司是否需要大量的研究开发支出、巨额的广告营销费用，是否应收账款周转慢，产品价格的变动特征，出口占总销售的比例等方面。

（6）调查公司近三年内销售产品所处的生命周期阶段，是处于导入期、成长期、成熟期、衰退期中的哪个阶段？调查公司产品的寿命。

（7）查阅国家的产业结构调整政策、公司相关财务资料和发展规划文件，获取或编制公司最近几个会计年度主要产品产销量明细表，了解公司产品结构构成，了解公司未来产品结构调整的方向。

（8）查阅权威机构的研究报告和统计资料，调查影响公司产品需求的相关因素以及产品需求的变化趋势，分析未来几年该产品的需求状况、市场容量；获取公司所处行业中该产品的现有生产能力、未来几年生产能力的变化数据；了解所处行业是否因过多受到国家政策、技术进步、可替代产品的冲击等外部因素影响而具有较大的脆弱性。

（9）对公司产品价格变动做出预测。

（10）调查可替代产品的价格和供应状况，调查公司产品目前或在可合理预计的将来多大程度上受到进口同类产品的冲击。

(11)对公司现有与潜在的竞争者进行调查,应包括但不限于整个产品市场容量、竞争者数量、公司与市场竞争者各自的市场份额;对公司与竞争者的比较应包括相对产品质量、相对价格、相对成本、相对的产品形象及公司声誉等。对公司目前、未来的市场地位做出描述和判断。

(12)利用各大证券报、主要证券类网站披露的公开信息,与已上市公司进行比较分析。选择5~10家产品结构、生产工艺相同的公司,以这些公司近几年的数据为基础,至少在生产能力、生产技术的先进性、关键设备的先进性、销售收入、销售的地理分布、主要产品销售价格与主营业务利润率、行业平均销售价格与主营业务利润率等方面进行比较。

2. 采购环节业务调查

1)调查目标

(1)调查公司供应方市场、采购政策及主要的供应商;

(2)调查公司采购业务涉及的诉讼及关联交易。

2)调查程序

(1)调查供应方市场的竞争状况,是竞争、还是垄断,是否存在特许经营权等方面因素使得供应方市场有较高的进入壁垒;

(2)与采购部门人员、主要供应商沟通,调查公司生产必需的原材料、重要辅助材料等的采购是否受到资源或其他因素的限制;

(3)了解公司主要的供应商(至少前5名),计算最近三个会计年度公司向主要供应商的采购金额、占公司、同类原材料采购金额、总采购金额比例,是否存在严重依赖个别供应商的情况;

(4)与采购部门人员、主要供应商沟通,调查公司主要供应商与公司的地理距离,分析最近几年原材料成本构成,关注运输费用占采购成本中的比重;

(5)与采购部门人员沟通,了解公司是否建立了供应商考评制度;

(6)调查公司与主要供应商的资金结算情况,是否及时结清货款,是否存在以实物抵债的现象;

(7)查阅权威机构的研究报告和统计资料,调查公司主要原材料的市场供求状况,查阅公司产品成本计算单,定量分析主要原材料、动力涨价对公司生产成本的影响;

(8)与采购部门与生产计划部门人员沟通,调查公司采购部门与生产计划部门的衔接情况,关注是否存在严重的原材料缺货风险,是否存在原材料积压风险;

(9)与主要供应商、公司律师沟通,调查公司与主要供应商之间是否存在重大诉讼或纠纷;

(10)如果存在影响成本的重大关联采购,判断关联采购的定价是否合理,是否存在大股东与公司之间的利润输送或资金转移的现象。

3. 生产环节业务调查

1)调查目标

(1)调查公司生产工艺、生产能力、实际产量;

(2)调查公司生产组织、保障;

(3)成本分析;

(4)调查公司生产的质量控制、安全、环保。

2)调查程序

(1)调查公司生产过程的组织形式,是属于个别制造或小批量生产,大批量生产或用装配线生产,用流水线生产;

(2)了解公司各项主要产品生产工艺,获取公司产品生产工艺流程图,调查公司行业中工艺、技术方面的领先程度;

(3)调查公司主要产品的设计生产能力、最近几个会计年度的实际生产能力以及主要竞争者的实际生产能力,进行盈亏平衡分析,计算出盈亏平衡时的生产产量,并与各年的实际生产量比较;

(4)与生产部门人员沟通,调查公司生产各环节中是否存在瓶颈,是否存在某种原材料的供应、部分生产环节的生产不稳定或生产能力不足而制约了企业的生产能力;

(5)与生产部门人员沟通,调查公司的生产是否受到能源、技术、人员等客观因素的限制;

(6)采用现场查勘的方法,调查公司主要设备的产地、购入时间,机器设备的成新率,是否处于良好状态,预计尚可使用的时间,以及现有的生产能力及利用情况,是否有大量闲置的设备和生产能力;

(7)调查公司是否存在设备抵押贷款的情形,如有,查阅或查询借款合同的条款及还款情况,判断预期债务是否会对公司的生产保障构成影响;

(8)制造成本的横向比较,查阅公司历年来产品成本计算单、同类公司数据,分析公司较同行业公司在成本方面的竞争地位;

(9)制造成本的纵向比较,获取或编制公司最近几个会计年度主要产品(服务)的毛利率、贡献毛利占当期主营业务利润的比重指标,分析公司主要产品的盈利能力,如果某项产品在销售价格未发生重大变化时,某一期的毛利率出现异常,分析单位成本中直接材料、直接人工、燃料及动力、制造费用等成本要素的变动情况,确认成本的真实发生;

(10)与公司质量管理部门人员沟通、现场实地考察、查阅公司内部生产管理规定,调查公司的质量控制政策、质量管理的组织设置及实施情况;

(11)调查公司保障安全生产的措施,成立以来是否发生过重大的安全事故;

(12)了解公司生产工艺中"三废"(废水、废气、废渣)的排放情况,查阅省一级的生态环境局出具的函件,调查公司的生产工艺是否符合有关环境保护的要求,调查公司最近3年是否发生过环境污染事故,是否存在因环保问题而被处罚的情形;

(13)查阅省一级的质量技术监督局文件,调查公司产品是否符合行业标准,是否因产品质量问题受到过质量技术监督部门的处罚。

4. 销售环节业务调查

1)调查目标

(1)调查公司营销网络的建设及运行情况;

(2)调查公司产品商标的权属及合规性;

(3)调查公司销售回款、存货积压情况;

(4)调查公司销售业务涉及的诉讼及关联交易。

2)调查程序

(1)了解公司的分销渠道,对自营零售的,调查公司销售专卖店的设置;对通过批发商进行销售的,调查经销或代理协议,是否存在全部委托销售代理而导致销售失控的情况。

(2)查阅国家工商行政管理局商标局的商标注册证,调查公司是不是其主要产品的商标注册人。

(3)查阅国家质量技术监督局或省一级的质量技术监督局的证明或其他有关批复,调查公司的产品质量是否执行了国家标准或行业标准,近3年是否因违反有关产品质量和技术监督方面的法律、法规而受到处罚。

(4)是否存在假冒伪劣产品,打假力度如何。

(5)调查公司的主要竞争者及各自的竞争优势,从权威统计机构获取公司产品与其主要竞争者产品的市场占有率资料。

(6)获取或编制公司近几个会计年度各项产品占销售总收入比重明细表、各项产品产销率明细表。

(7)获取公司近几个会计年度对主要客户(至少前5名)的销售额、占年度销售总额的比例及回款情况,调查其客户基础是否薄弱,是否过分依赖某一客户而连带受到客户所受风险的影响;分析其主要客户的回款情况,是否存在以实物抵债的现象。

(8)获取近几个会计年度按区域分布的销售记录,分析公司销售区域局限化现象是否明显,产品的销售是否受到地方保护主义的影响。

(9)是否存在会计期末销售收入的异常增长,采取追查至会计期末几笔大额收入的确认凭证、审阅复核会计师期后事项的工作底稿等程序,判断是否属于虚开发票、虚增收入的情形。

(10)是否存在异常大额的销售退回,查阅销售合同、销售部门与客户对销售退回的处理意见等资料,判断销售退回的真实性。

(11)测算公司最近几个会计年度的应收账款周转率,调查公司坏账、呆账风险的大小。

(12)对于销售集中于单个或少数几个大客户的情况,需追查销货合同、销货发票、产品出库单、银行进账单,或函证的方法以确定销售业务发生的真实性。如果该项销售系出口,尚需追查出口报关单、结汇水单等资料,以确定销售业务发生的真实性。

(13)查阅会计师的工作底稿,调查是否存在大量的残次、陈旧、冷背、积压的存货;与会计师沟通存货跌价准备是否足额计提?计算公司最近几个会计年度产成品周转率,并与同行业可比公司比较。

(14)抽查部分重大销售合同,检查有无限制性条款,如产品须经安装或检修、有特定的退货权、采用代销或寄销的方式。

(15)调查关联销售的情况。如果存在对主营业务收入有重大贡献的关联销售,抽查不同时点的关联销售合同,获取关联销售的定价数据,分析不同时点的销售价格的变动,并与同类产品当时市场公允价格比较。如果存在异常,分析其对收入的影响,分析关联销售定价是否合理,是否存在大股东与公司之间的利润输送或资金转移的现象。

5. 技术与研发调查

1)调查目标

(1)调查公司专利、非专利技术;

(2)调查公司研发机构、人员、资金投入;

(3)调查公司正在研发的项目。

2)调查程序

(1)了解公司的行业技术标准,是否有国家标准、国际标准。

(2)调查公司核心技术的选择;调查公司较同行业其他企业在技术方面的领先程度;关注其核心技术是否为其他新技术所取代。

(3)获取公司专利技术、非专利技术等权利证书、在有权管理部门的登记文件以及相关协议;了解公司的专利技术、非专利技术有哪些;了解公司新技术的来源,是属于自主开发、股东投资、购买或仅拥有使用权;调查公司对于上述技术拥有的权限,并且关注公司是否存在与上述技术相关的重大纠纷,核心技术是否超过法律保护期限。

(4)了解公司是否建立了相应的机制保障与主要产品生产相关的非专利技术不被泄漏。

(5)了解研发机构设置,获取公司目前的研发人员构成、近几年来用于研究开发的支出、研发支出占销售收入的比重等数据。

(6)了解公司是否存在与科研院所的合作开发,有哪些机构,合作项目有哪些,合作方式,合作项目的进展情况。

(7)了解公司研究人员的薪酬情况,包括公司核心技术人员的薪酬水平、公司主要竞争者(国内、外公司)同类技术人员的薪酬水平。了解公司研究人员历年来的流失情况,公司是否实行了包括股权激励的其他激励措施。

(8)调查公司新产品研究开发周期(从产品开发到进入市场的周期),主要研发项目的进展情况,并对项目的市场需求做出描述。

6. 商业模式调查

1)调研目标

(1)行业商业模式的演变与创新;

(2)公司现有商业模式及未来创新模式;

(3)通过商业模式理解与评估企业价值。

2)调查程序

(1)企业商业模式主要是指一种包含了一系列要素及其关系的概念性工具,用以阐明某个特定实体的商业逻辑。它描述了公司所能为客户提供的价值以及公司的内部结构、合作伙伴网络和关系资本等用以实现(创造、推销和交付)这一价值并产生可持续盈利收入的要素。

(2)商业模式参考模型主要有九个要素:价值主张;消费者目标群体;分销渠道;客户关系;价值配置;核心能力;合伙伙伴网络;成本结构;收入模式。

(3)结合公司所处行业的发展历程及行业内的企业商业模式的演变发展,分析行业内商业模式的演变历程,及未来新的创新商业模式。

(4)通过公司高管访谈和上述采购、生产、销售、研发等情况及公司发展战略资料了解公司现有的商业模式,以及行业内是否具有创新性,其商业模式其他企业是否能够容易模仿和超越。

(5)确认公司未来商业模式的发展方向,及对商业模式创新采取的准备行动。

(6)结合公司的商业模式的定位,及与行业内的标杆企业对比情况,评估公司未来公司价值。

第三部分 法律调查

1. 独立性调查

1）调查目标

公司与具有实际控制权的法人或其他组织及其关联企业是否做到人员、财务、机构、业务独立以及资产完整。

2）调查程序

（1）公司的业务是否独立于股东单位及其他关联方。获取股东单位及其他关联方的营业执照、公司与关联方签订的所有业务协议，检查公司与关联方的业务是否存在上下游关系。

（2）公司是否具有独立完整的供应、生产、销售系统。调查公司的部门设置，检查原材料的采购部门、生产部门、销售部门是否与关联方分开，检查发起人与关联方的采购人员、生产人员、销售人员是否相互独立，有无兼职现象；检查所有采购、销售或委托加工协议，确认是否存在委托关联方采购、销售或委托加工的情况；获取公司的采购、销售账户，检查原材料的采购、货物销售是否与关联方账务分离。

（3）如供应、生产、销售环节以及商标权等在短期内难以独立，公司与控股股东或其他关联方是否以合同形式明确双方的权利义务关系。获取公司与控股股东或其他关联方签订的如下协议：综合服务协议、委托加工协议、委托销售协议、商标许可协议、其他业务合作或许可协议；上述协议是否明确了双方的权利义务。

（4）拥有的房产及土地使用权、商标、专利技术、特许经营权等无形资产的情况。获取产权证书、土地使用证书、商标注册证明、专利证书、特许经营证书等，其所有人、使用者是否合法。

（5）公司有无租赁房屋、土地使用权等情况，租赁是否合法有效。检查有关房屋、土地其所有权证明，有租赁的，对相关租赁协议进行检查。

（6）检查主要设备的产权归属。检查固定资产账户，对其产权归属进行调查，并调查有无抵押发生。

（7）是否存在产权纠纷或潜在纠纷。

（8）公司对其主要财产的所有权或使用权的行使有无限制，是否存在主要财产被担保或者其他权利受限制的情况。

（9）是否存在“两块牌子、一套人马”，混合经营、合署办公的情况。

（10）控股股东和政府部门推荐董事和经理人选是否通过合法程序进行，公司董事长是否未由主要股东或控股股东法定代表人兼任，公司经理、副经理、财务负责人、营销负责人、董事会秘书等高级管理人员是否在本单位领取薪酬，是否未在股东单位兼职。

（11）公司是否已按有关规定建立和健全了组织机构，是否与控股股东相互独立。

（12）公司是否设立了独立的财务会计部门，是否建立了独立的会计核算体系和财务管理制度（包括对子公司、分公司的财务管理制度）。

（13）是否不存在控股股东违规占用（包括无偿占用和有偿使用）公司的资金、资产及其他资源的情况，如有，需说明原因。

（14）公司是否独立在银行开户，是否不存在与控股股东共用银行账户的情况。

（15）公司是否不存在将资金存入控股股东的财务公司或结算中心账户的情况。

（16）检查控股股东的财务公司或结算中心账户，检查公司与控股股东的往来账项。

（17）获取公司与控股股东的税务登记证，公司是否依法独立纳税。

（18）与财务部门有关人员进行沟通，检查公司有关财务决策制度，看公司是否能够独立做出财务决策，是否存在控股股东干预公司资金使用的情况。

2. 同业竞争调查

1）调查目标

是否存在同业竞争，是否采取了有效措施避免同业竞争。

2）调查程序

（1）检查公司与控股股东及其子公司的经营范围是否相同或相近，是否在实际生产经营中存在同业竞争。

（2）如存在或可能存在同业竞争，公司是否采取了如下有效措施避免同业竞争。

签署有关避免同业竞争的协议及决议，需审查该协议或决议有无损害公司利益的情况的条款。

调查有无其他有效措施避免同业竞争的措施，如：

①针对存在的同业竞争，通过收购、委托经营等方式，将相竞争的业务纳入到公司的措施；

②竞争方将业务转让给无关联的第三方的措施；

③公司放弃与竞争方存在同业竞争业务的措施；

④竞争方就解决同业竞争，以及今后不再进行同业竞争做出的有法律约束力的书面承诺。

（3）查阅公司的股东协议、公司章程等文件，是否有在股东协议、公司章程等方面做出的避免同业竞争的规定。

3. 关联方及关联交易调查

1）调查目标

（1）关联交易是否公允，是否损害公司及其他股东的利益；

（2）关联交易是否履行了法定批准程序。

2）调查程序

（1）关联方及其与公司之间的关联关系调查。检查所有关联方，包括：公司能够直接或间接地控制的企业、能够直接或间接地控制公司的企业、与公司同受某一企业控制的企业、合营企业、联营企业、主要投资者个人或关键管理人员或与其关系密切的家庭成员、受主要投资者个人或关键管理人员或其关系密切的家庭成员直接控制的其他企业。获取公司的主要采购、销售合同，检查公司的主要采购、销售合同的合同方是不是关联方。

（2）调查公司与关联企业是否发生以下行为：购买或销售商品、购买或销售除商品以外的其他资产、提供或接受劳务、代理、租赁、提供资金（包括以现金或实物形式的贷款或权益性资金）、担保和抵押、管理方面的合同、研究与开发项目的转移、许可协议、关键管理人员报酬。

（3）检查关联交易的详细内容、数量、金额；调查关联交易是否必要；该关联交易是否对公司能够产生积极影响；关联交易的内容、数量、金额，以及关联交易占同类业务的比重如何。

（4）关联交易定价是否公允，是否存在损害公司及其他股东利益的情况，如该交易与第三方进行，交易价格如何，检查关联价格与市场价格（第三方）的差异及原因。

（5）检查关联交易协议条款，审查其内容是否公允合理，有无侵害公司利益的条款。

（6）对关联交易的递增或递减做出评价，并分析原因。获取为减少关联交易签订的协议、承诺或措施，检查这些承诺或措施的可行性。

(7)公司是否为控股股东及其他关联股东提供担保。

4. 诉讼、仲裁或处罚

1)调查目标

(1)公司是否存在诉讼、仲裁或行政处罚事项;

(2)上述事项对财务状况、经营成果、声誉、业务活动、未来前景的影响。

2)调查程序

(1)调查是否具有对财务状况、经营成果、声誉、业务活动、未来前景等可能产生较大影响的诉讼或仲裁事项;

(2)如果有上述事项,需调查提起诉讼或仲裁的原因,诉讼或仲裁的请求,可能出现的处理结果或已生效法律文书的执行情况,对财务状况、经营成果、声誉、业务活动、未来前景等可能产生的较大影响。

第四部分　资产调查

1. 调查目标

了解并核实固定资产、在建工程和无形资产。

2. 调查程序

(1)了解固定资产规模、类别,并核实期末价值。

①取得前三年及最近一个会计期末固定资产、累计折旧及固定资产减值准备明细表,并与会计报表核对是否相符。

②调查房屋建筑物的成新度、产权归属。

③调查机器设备成新度、技术先进性、产权归属。

④了解有无设置抵押的固定资产,并与了解到的借款抵押进行核对。

⑤了解并描述计提折旧的方法,并将本期计提折旧额与制造费用明细表中的"折旧"明细项核对是否相符。

⑥了解并描述固定资产减值准备计提的方法,判断减值准备计提是否充分。

(2)了解在建工程规模,若规模较大,进一步调查在建工程价值、完工程度,判断完工投产后对生产经营的影响。

(3)了解并核实无形资产入账依据及价值的合理性:

①取得无形资产清单及权属证明;

②调查每项无形资产来源;

③判断各项无形资产入账及入账价值的合理性。

(4)关注与生产密切相关的土地使用权、商标权、专利技术等无形资产权利的状况。

第五部分　财务调查

1. 销售环节财务调查

1)调查目标

(1)了解并核实各期主营业务收入、主营业务成本、主营业务利润的真实性;

(2)了解并核实各期期末因销售活动产生债权债务的余额。

2)调查程序

(1)主营业务收入、主营业务成本、主营业务利润调查。

①取得前三年及最近一个会计期间主营业务收入、成本和毛利明细表,并与前三年及最近

一个会计期间损益表核对是否相符。

②价格调查:取得产品价格目录,了解主要产品目前价格及其前三年价格变动趋势,搜集市场上相同或相似产品的价格信息,并与本企业进行比较。

③单位成本调查:比较各期之间主要产品单位成本变化幅度,对较大幅度的变动(>10%),应询问原因并证实。

④销售数量调查:比较各期之间主要产品销售数量的变动比率,对较大幅度的变动(>10%),应询问原因并证实。

⑤毛利率调查:比较各期之间主要产品毛利率的变动比率,若变动幅度较大(>10%),应询问原因并核实;与行业平均的毛利率进行比较,若发现异常,应询问原因并证实。

⑥主要客户调查:取得前三年主要产品的主要客户统计表,了解主要客户,检查主要客户中是否有关联方,进一步详细调查异常客户。

(2)应收票据、应收账款、坏账准备、预收账款调查。

①取得前三年及最近一个会计期末应收票据、应收账款、坏账准备、预收账款余额明细表;检查大额应收票据、预收款项、应收账款的客户是否为主要客户明细表中的主要客户,若不是公司主要客户,询问原因。

②结合销售结算方式,判断各客户账龄是否正常,对异常情况,查明原因;对长期挂账款项,判断可回收性。

③了解前三年坏账准备计提方法是否发生变化,并了解变化的原因;结合账龄分析,判断坏账准备计提是否充分。

④计算应收账款周转率,与同行业进行比较,进一步调查异常情况发生的原因。

(3)营业费用调查。

计算各期之间营业费用变化比率,结合销售收入的变动幅度,分析营业费用变动幅度是否正常,对异常情况,应询问原因并证实。

2. 采购与生产环节财务调查

1)调查目标

(1)了解企业生产能力利用率、产销比率;

(2)了解并核实各期期末存货价值;

(3)了解并核实各期期末采购活动产生债权债务的余额;

(4)了解并核实各期期末应付工资及福利费。

2)调查程序

(1)了解前三年及最近一个会计期间主要产品生产能力利用率、产销比率,初步判断生产经营情况是否正常。

①取得前三年及最近一个会计期间主要产品生产能力、产量、销量统计表;

②结合产量,判断生产设备利用情况;

③结合产量、产成品库存,计算产销比率。

(2)了解并核实各期期末存货价值,为核实年销售总成本提供依据。

(3)了解并核实各期期末采购活动产生债权债务的余额。抽查因采购原材料而发生的大额债权债务的对应方是不是本公司的主要客户,若不是,应抽查采购合同,了解业务发生的原因,判断是否正常。对其他大额长期挂账款项,要查明原因。

（4）了解并核实各期期末应付工资及福利费。

（5）分析前三年及最近一个会计期末资产负债表中预提费用、待摊费用、待处理财产损溢金额是否异常，若为异常，进一步核实。

3. 投资环节财务调查

1）调查目标

（1）了解并核实各会计期末短期投资余额、期末市价、跌价准备；

（2）了解并核实各会计期末长期投资余额、减值准备；

（3）了解并核实各会计期间投资收益的真实性。

2）调查程序

（1）取得前三年及最近一个会计期间短期投资及跌价准备余额明细表，判断投资风险；

（2）取得前三年及最近一个会计期间委托贷款及投资收益明细表，判断委托贷款的安全性；

（3）取得前三年及最近一个会计期间长期股权投资、减值准备及投资收益明细表，关注大额及异常投资收益；对现金分得的红利，关注是否收现，有无挂账情况。

4. 融资环节财务调查

1）调查目标

（1）了解债务融资的规模、结构；

（2）了解权益融资。

2）调查程序

（1）取得前三年及最近一个会计期间短期及长期借款增减变动及余额表，并与会计报表核对是否相符；

（2）取得前三年及最近一个会计期间应付债券明细表，并与会计报表核对是否相符；

（3）取得财务费用明细表，与贷款合同规定的利率进行复核；

（4）取得前三年及最近一个会计期间长期应付款及专项应付款明细表，与会计报表核对是否相符；

（5）取得前三年及最近一个会计期间所有者权益增减变动及余额表，与各年增资、配股情况和各年利润分配方案核对是否相符。

5. 税务调查

1）调查目标

（1）调查公司执行的税种和税率；

（2）调查公司执行的税收及财政补贴优惠政策是否合法、真实、有效；

（3）调查公司是否依法纳税。

2）调查程序

（1）查阅各种税法、公司的营业执照、税务登记证等文件，或与公司财务部门人员访谈，调查公司及其控股子公司所执行的税种（包括各种税收附加费）、税基、税率，调查其执行的税种、税率是否符合现行法律、法规的要求；

（2）调查公司是否经营进口、出口业务，查阅关税等法规，调查公司所适用的关税、增值税以及其他税种的税率；

（3）如果公司享受有增值税的减、免优惠政策，查阅财政部、国家税务总局法规或文件，调查该项法规或文件是否由有权部门发布，调查公司提供的产品（服务）的税收优惠是否合法、合规、真实、有效，该项税收优惠的优惠期有多长；

（4）如果公司享受有所得税减、免的优惠政策或其他各种形式的财政补贴，查阅有权部门的法规或文件，调查该政策是否合法、合规、真实、有效，该项税收优惠的优惠期有多长；

（5）获取公司最近几个会计年度享受的税务优惠、退回的具体金额，依据相关文件，判断其属于经常性损益，还是非经常性损益，测算其对公司各期净利润的影响程度；

（6）查阅公司最近三年的增值税、所得税以及其他适用的税种及附加费的纳税申报表、税收缴款书等文件，调查公司最近三年是否依法纳税；

（7）获取公司所处管辖区内的国家税务局、地方税务局以及直属的税收分局征收处的证明，调查公司是否存在偷、漏税情形，是否存在被税务部门处罚的情形，是否拖欠税金；

（8）如果公司企业组织形式变化，如外资企业变为内资企业，是否补足了以前减免的税款。

6. 或有事项调查

1）调查目标

（1）调查或有事项的具体情况；

（2）判断上述事项对公司财务状况、经营成果、声誉、业务活动、未来前景等可能产生的影响。

2）调查程序

（1）调查公司因诉讼或仲裁情况可能引起的或有负债，引证诉讼专题。

（2）如果企业对售后商品提供担保，参照历史情况，估量顾客提出诉求的可能性。

（3）公司为其他单位的债务提供担保，调查提供担保的债务数额，是否承担连带责任，是否采取反担保措施，估算可能发生或有负债金额，确认公司是否以公司资产为本公司的股东、股东的控股子公司、股东的附属企业或者个人债务提供担保。

（4）环境保护的或有负债：

①查阅公司有关环保方面的批文，明确是否达到环境保护的相关标准；

②调查公司是否有污染环境的情况发生；

③测算出公司可能发生的治理费用数额或者可能支付的罚金数额。

第六部分　发展规划与财务预测调查

1. 公司发展规划调查

1）调查目标

调查企业未来几年的发展规划。

2）调查程序

（1）取得企业所提供的商业计划书，或直接要求被投资企业提供未来3~5年公司的发展规划，获知企业未来几年的发展目标、发展方向、发展重点、发展措施；

（2）取得企业计划投资项目的可行性研究报告，评估报告的可行性。

2. 公司财务预测调查

1）调查目标

调查企业未来几年的发展目标、发展规模、发展速度、发展可能。

2)调查程序

(1)取得企业所提供的商业计划书,或直接要求被投资企业提供未来 3~5 年公司的财务预测表,获知企业未来几年的财务发展目标、发展规模、发展速度;

(2)以销售为起点,核实企业所提供的各项预测指标制定的依据;

(3)根据企业所处的外部环境,调查企业各项指标实现的可能性;

(4)根据企业的经营管理水平与生产经营的其他条件,判断企业各项指标实现的可能性。

第七部分　本轮融资及上市计划调查

1. 与本轮融资有关事项调查

1)调查目标

获知企业所提出来的与本轮融资有关的事项。

2)调查程序

通过企业所提供的商业计划书,或与公司领导人交流,获知与本轮融资有关的如下信息。

(1)本轮的融资是股份转让,还是增资扩股,抑或二者兼有。

(2)企业价值的估计、本轮融资的金额、所占的投资比例。

(3)拟引入的投资者的数量,对投资者的具体要求;目前已接触过的、有倾向性的投资者。

(4)募投项目及资金的具体用途。

(5)本轮融资时间计划。

(6)融资后的管理制度安排及人事安排。

(7)信息披露的程度及具体措施。

(8)企业能够接受的对赌协议的内容。

(9)是否有管理层或核心技术人员的股权激励计划及具体内容。

2. 未来上市计划调查

1)调查目标

获知企业的上市计划及已做的工作。

2)调查程序

通过企业所提供的商业计划书,或与公司领导人交流,获知如下与上市有关的情况:

(1)上市的时间进度计划;

(2)上市地点的选择及理由;

(3)已经接触的、有倾向性的中介机构,是否与其签订意向书或协议,是否已经支付部分款项。

案例汇编

如何判断一个商业模式是否能够成立?给你 7 条参考标准

一个成熟的商业模式背后,都会潜藏着一定的商业要素,创业者在创业过程中,只有匹配这些要素,才能确保创业项目成功的可能性。这些商业要素,不仅是每一个创业者需要弄明白的问题,也是决定商业模式是否成立的关键因素,乃至是否会打动投资人。

在创业之路上,创业者看待项目的角度,往往跟投资人有着较大的差距,创业者看到的更多是表象需要，而投资人看重的则是隐性需求。也许，会有人好奇创业项目还未经验证，那些投资人又是如何判断商业模式是否能够成立，一个成功的商业模式包含哪些要素？

UBER 的商业模式如图 4-4 所示。

一、商业模式画布

商业模式真正走向成熟期，从酝酿阶段、打磨阶段、测试阶段、优化阶段乃至重构商业模式，需要经历一个漫长的过程。而大部分投资人会参考以下 7 条，作为商业模式考量的标准。

（1）你准备提供的产品（或者服务），解决什么需求？换而言之，目标用户群体是谁，用户画像是否足够清晰明了；是刚需还是改善性需求，比如学校教育是刚需，补习是改善性需求；高频需求，还是低频，用户需要多少时间消费一次。

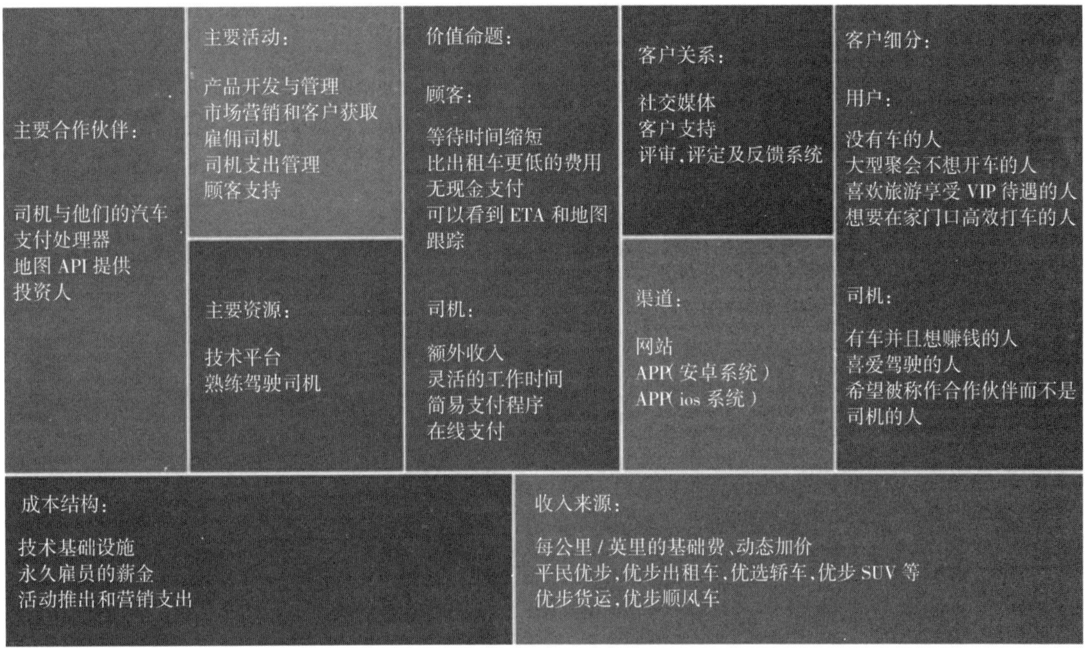

图 4-4 UBER 的商业模式

（2）这个需求的市场是否足够大？如果是个小市场，那就不是创业，只是小生意，长期回报度较低。

（3）你的模式，会动谁的奶酪？换句话说，你的潜在敌人，块头有多大？这决定了你创业的摩擦系数与阻力，也决定了你最终能走多远。

（4）你的模式，是否不容易被复制，被抄袭？如果没有一个护城河，便意味着进入血海领域创业，胜算的概率将会大大减少，不可预知的风险将加大。

（5）盈利模式——这是最、最、最重要的。简单说，你的商业模式，怎么赚到钱？

（6）核心竞争力——这个项目为什么由你来做？赚钱的生意有很多，在这个领域具备哪些核心优势，凭什么你会做成，团队与项目之间的能力匹配度有多大差距；是否存在技术壁垒。

（7）资源整合——你说服了谁为你背书？谁是你的合作伙伴，谁在为你做信任背书，谁给你的渠道注入资源。

二、需求的真伪之辨

商业模式简而言之，就是创业者赚钱的商业逻辑。要想赚到客户手中的钞票，创业者必须有一套打动客户价值点的说辞，能让客户清晰地理解价值所在。这个阶段，创业者本身需要避免被所谓用户的需求蒙蔽，掉进“伪需求”的陷阱，最终因为缺乏实际应用价值，导致项目无法真正落地。

很多时候用户并非真正明白自己的需要，创业者要有深入挖掘潜在需求的能力。在O2O最火的时候，那些上门炒菜、按摩、足浴等项目曾红极一时，这种项目最终却无法持续生存下去的根本原因，是创业者被所谓的O2O热潮给冲昏了大脑，缺乏冷静思考，而用户在烧钱大战刺激之下，产生了无须过多试错成本之下的一种伪需求。

诸如此类的消费需求，本身并非一种刚性需求，而是一种物质生活之下，精神放松的潜意识、随机性消费（改善型），对场景应用本身就需要相对安静、放松、舒适的场景下进行。虽然，上门服务能给人提供便利，但与用户最终诉求点“安静、放松、私密性”本身背道而驰。

你能想象在家人、孩子面前做美甲、足浴、按摩是一种怎样的体验吗？我们真的能做到身心放松吗？

三、看懂市场成熟度

一个新市场的培育周期相对较长，假如没有足够的资金支持，且不能短期内形成自我造血的功能，很可能会造成资金链断裂。假如，一个项目在三四年内，不能在短期形成自我造血的功能，投资者往往会把这类项目拒之门外；除非这个市场极其庞大，在独角兽即将诞生的领域，才需要足够资金量来支持。

大约在十年前，我认识的一家企业生产了一款厨余垃圾搅碎机。这个产品的作用是防止厨余垃圾给下水道造成堵塞。但是，那时候很多人的生活水平，还并未实现小康水准，更不用说花钱来处理这样一个不痛不痒又不急的伪需求，即便放到今天物质生活水平大大提升的情况下，未必会有人花钱来使用这样的设备。

也许，你会说当年滴滴打车的市场成熟度也不够，可是它们为何取得了成功呢？

首先，出行市场是刚需，且用户行为一直存在，只是为用户服务的平台做了一个更换而已。

其次，非市场成熟期的打法，与市场成熟期的打法不同。非成熟期往往需要用户培养，或者用户习惯处于一个改变的阶段，这个阶段往往需要用户改变认知，需要用户承担试错风险。只有降低用户的试错成本，提升用户的使用频率，把用户的习惯彻底迁移至你的服务或产品上来，才能获得真正的发展机会，而这样的一个周期往往是需要经过漫长的培养，所以滴滴采用补贴的形式，快速催熟并占领了整个市场。

四、看懂团队匹配度

一个创业团队的搭配，需要有着极强的互补性，而团队成员的选择也在考验一个创始人搭班子的能力。我们时常会看到一些创业团队创始人，不是过于偏向技术，就是过于偏向业务型人才；假如创始人不能很快转换自己的角色，快速搭建起适合企业发展需要的团队，创业项目就会遭遇增长乏力，模式无法复制的危机。

五、看懂可复制性

大部分的创业项目，由于受制于创业者个人的能力，最终只能变为一个生意，而无法形成一项事业。创业者凭借一己之力，推动整个公司的发展，而非一套成熟的商业模式在驱动整个公司向前。

因此,在创业项目真正进入推广期前,需要有一个较长的市场验证阶段。这个阶段首先要在运营团队上解决可复制性问题;其次这种小范围的测试,还要找出推向大面积市场可能存在的隐患,把它消灭在萌芽状态,并摸索出一套可复制的运作模式,包括用户对产品的使用反馈、推广策略、渠道运营等问题。

六、看懂行业准入门槛

作为一个投资人,需要对自己投资的每一笔资金负责,对于准入门槛极低的创业项目,往往无法建立自身的护城河,导致竞争厮杀比较惨烈。因此,一个项目准入门槛是否存在一定的技术含量、规模效应、领先周期都将会是投资人所关注的焦点。

创业者最迷茫的时候,不是缺少资金,也不是没有团队,而是看不清楚方向,被所谓的"独门"生意蒙蔽了双眼。在商业模式尚未清晰的阶段,往往需要反复打磨,优化自身的商业模式,而更多的创业者却"死"在半路。商业模式对创业者的重要性不言而喻,找到适合自身的商业模式,就找到了通往康庄大道的导航仪。

案例思考题

(1)如何对需求进行真伪之辨?

(2)是不是低频交易就不能成为创业需求的来源?判断有效需求数量的标准是什么?

扩展阅读

完美商业计划书全攻略

商业计划书更多的只是一个情书,目的是让投资人对你产生兴趣,有了兴趣才可能产生后面的交集。

一、为什么写好商业计划书很重要

1)足够好的项目,是不需要商业计划书的

足够闪亮的项目,投资人都是追着去的,不过这种传说级别的项目毕竟是少数,因此对于大多数创业者而言,是要去重视的,以便赢得与更多人接触交流的机会。

2)商业计划书是对自己商业的梳理

BP(商业计划书,下同)是给投资人看的,更是给自己看的,通过 BP 梳理自己公司的发展状态、发展战略和资本部署是非常必要的。

好的 BP 可帮你提炼和梳理创业思路,指导你分析市场和用户、找到好的定位和切入点、明确产品逻辑和业务走向、规划发展路径、搭建团队、定制资金规划。

虽有一腔热血却缺乏深度的思考,不太容易成功。落实到纸面上,迫使你检查自己的运作构思是否可行。帮你改正不切实际的想法,降低试错的代价。能够让你加深对核心的记忆,如市场竞争、解决方案等。

3)商业计划书是找投资人的敲门砖

打动投资人,从来不是一份商业计划书就可以做到的事,它只能帮你打开大门,进门以后的路会有更多的挑战;写好一份商业计划书,不仅是对投资人的尊重,更是对自我创业初衷的肯定。

商业计划书更利于交流，更容易把你的商业构思讲给供应商听，讲给客户听。写出来的商业计划书能让你的交流和视野聚焦在重点上。

BP 更多的只是一个情书，目的是让投资人对你产生兴趣，有了兴趣才可能产生后面的交集。

4）帮你简洁快速地展示你的项目

一份简历，如果没在 5 秒钟内引起 HR 的兴趣，就会被扔到垃圾桶。同理，想在 VC 堆积如山的商业计划书中脱颖而出拿到融资，更需要功夫。一个事情如果 5 分钟还说不清楚，一般来说算不上是好项目。

5）一份好的商业计划书为企业加分不少

凡事预则立，不预则废。创业之前，你一定要做份商业计划书来审视下你的想法。

调查显示，曾做了商业计划书的创业者，公司发展更快，更容易从供货商那里拿到原材料，更快拿到第一笔订单，在产品改善方面的工作会更出色，失败的概率会更低。

在企业的发展中，商业计划书做得很早，很难对销售或是企业利润起直接的作用。但它可以帮你建起公司，让公司顺利运转，减少失败的可能。

二、你的想法会被投资人拿走或抄袭吗

创业者需要对自己的业务和投资人的背景做充分的准备和思考。

（1）投资人跟你要做的项目有冲突吗？他是不是投了类似的公司？

（2）他的投资公司靠谱吗？你们之间的契合度怎么样？你是否愿意接受这样一个长期的合伙人？要抱着找创业伙伴的心态来找投资人。

（3）你害怕抄袭吗？还是有竞争壁垒不惧抄袭？

三、什么时候需要准备商业计划书

可能是在融资、可能是在招合伙人、可能是申请某项基金，甚至是为了说服自己给自己洗脑从而脱产创业。这个时候，就可以开始写商业计划书了。

四、商业计划书写多少页最合适

在保证展示重要内容的前提下，越少越好。很多投资人可能每天都能收到十几份的 BP，如果页数太多，看不完的概率会很高。

建议商业计划书 PPT 在 10 页以内，最好不要超过 15 页。

五、PPT，Word，PDF，思维导图，用哪种格式

关于格式，有 Word、PPT、PDF、思维导图几种说法。

（1）绝大多数投资人更喜欢 PPT 而不是 Word，使用 PPT，图文排版更方便、表现更丰富，方便讲清楚创业项目。PPT 一般是按页查看，让人更有耐心去了解。

（2）PPT 版的商业计划书适合在展示或路演时使用，而 Word 或 PDF 版本则适用于通过筛选后的进一步展示，内容上也更翔实。

（3）思维导图，可以一目了然地展示思路。

无论哪个版本，把所有内容融会贯通、熟记于心都是必要的。

六、商业计划书先写什么，再写什么

商业计划书，一般都包含产品介绍、商业模式、市场分析、发展规划、竞争分析、团队介绍、财务规划与预测、融资需求、退出机制等内容；一般按照叙述的逻辑展开。

七、如何通过数据锦上添花

1)团队和数据往往是初期判断的切入点和兴趣点

如果有飞涨的数据,那就直接拉出来秀一秀,亮出数据,有利于增加底气,提高双方兴奋度,并且可以将谈话角度引入"为什么数据涨这么好"的趋势,进一步提高谈话气氛。

2)数字最有说服力,投资人最喜欢看的就是数字和图表

有多少注册用户?多少活跃用户?网站有多少 PV?官微粉丝几位数?传播效果如何?有收入的话,收入怎样,利润怎样,平均客单价是否合理?投资人没法仅通过 BP 就试用你的产品,因此运营数据成为产品以外最直观的体验。

3)运营数据,适当罗列,建议展示重量级和里程碑式数据

比如:应用软件上线三个月,用户到百万量级,日活在十万量级等之类的。

八、怎样写好项目的产品介绍

关键词:痛点、解决办法、目标人群、专注。

好的计划书应该融入销售心理学,要从投资人的心理角度去写。

(1)你做的是什么?

一句话概括你要做的事情,解决了什么痛点。例如"一个预定体育场馆的应用软件""体育爱好者和体育场馆一键连接"等,把想做的事情,提炼成这样一句话是很考验人的,这个提炼的过程,也是不断取舍产品定位的过程。思考产品方向的过程,建议直接体现在首页。

(2)你是怎么做的?

发现需求和痛点,你拿出了什么解决方案、提供什么服务?和竞争对手的做法有什么不一样?你的方案有什么优势?只要产品逻辑清晰,几句话就可以将痛点描述清楚。投资人深谙行业规矩,只需点出创新点所在即可。

(3)取得了什么样的效果?

有成绩有数据,一定要拿出来亮一亮,尤其是运营数据(用户数、转化率、营收等)。

1)产品介绍

产品介绍,以下几点需注意。

(1)不能太苛求细节。

产品的交互图、流程图、具体功能、操作都不需要,如果用户体验或者视觉设计是很重要的卖点,可单独拿出体现;但投资人想了解的更多是产品是怎么解决用户需求的。

(2)不要只讲想法和点子。

投资人要的不是点子,一个点子往往有一个人想到的时候,其他很多人也都会想到,怎么做才重要。

(3)不要吹牛、夸张。

别说"我们要成为中国最大的什么什么",也别说自己是"最好的什么什么"。

(4)不要追求大而全。

这里的核心是要突出专注,表明你就想做一件事,而且就想解决这件事中的某一个关键问题。

2)关于用户

你的产品将面对的用户群是哪些?一定要有一个用户群的划分。

用户获取,即你的项目如何得到第一批用户?大概数量有多少?

3)关于痛点

痛点是什么?为什么是现在?怎么解决?

根据马斯洛需求层次理论判断你的项目是不是瞄准了真实存在的需求。有潜力成长为大公司的项目一定试图满足人们更基础更本质的需求,而看起来很不错现实中却实属小众的项目常常会将注意力集中在需求的塔尖。

创业者打动投资人,靠的就是生动具体的细节,用户有什么痛点,我有什么方法解决这些痛点。从用户的痛点出发做产品才容易成功,在 BP 中尽可能展示出你产品的动人细节和独特价值。

九、关于商业模式和发展规划

关键词:收入模式、客户(现有和开发中的)、定价、人均客户价值、销售和渠道。

1)商业模式部分主要是要说明你的企业是怎么赚钱的

主要包括你向谁提供产品或服务,你的产品或服务主要内容是什么,你怎么收钱,以及你的产品或服务是如何制作与提供的等。

这一部分最好简单明了,让所有人一看就知道你是怎么赚钱的。

2)投资人需要的是能够把钱当做自己的钱来花并且能涨的创业者

因此,一个切实可行的盈利模式是投资人关心的事,你需要告诉投资人:商业盈利模式是怎么样的?这样的模式是可靠并且有盈利期望的。

3)如果真的不知道怎么挣钱,你可以不说

可以老老实实地说,我不知道这个怎么挣钱,但是中国一亿用户会用,如果有一亿人用我觉得肯定有它的价值。

4)明确自己的战略思想

这个产品做出来以后,怎么推广,打算用多少时间做到多少的用户量,公司会怎么去扩展,希望占有多少的市场份额,这一步做好以后,下一步会怎么做,一步一步,介绍公司长远的发展,毕竟投资人投资的不只是产品,而是这家公司,需要了解这家公司长远的发展。

产品分析要能细分到自己一年内做的事;列出自己超越对手的关键点以及一年期的工作要点。

十、如何做好市场和行业分析

1)你的产品或服务针对什么市场

这个痛点背后的商业价值有多大?你的目标是占有多大的市场份额?(根据产品和定价来估算的真实有效收入市场,而不是胡编乱造万亿市场。)

用一句话来描述市场规模和潜在的远景。

2)有多少用户可能使用你的产品,百万级、千万级还是亿级

当然,市场预期不能仅看用户数量,一些用户数少但客单价高的产品或服务也可以被认为有很大的市场预期,比如各类 2B 服务。

3)市场竞争情况如何

有几家在做?行业和市场的细节是什么情况?为什么现在切入的时机正好?

4)说明你如何行之有效地做市场

最忌讳的就是通篇讲产业、讲概念,不务实、不落地。应该告诉投资人的是你的市场选在哪、你的机会在哪。

别斗胆说你需要 1 000 万元去做媒体广告建立企业品牌……初创的公司是没钱玩那些奢侈游戏的；你不如说，“我们已经和 ×× 达成意向，通过他们的渠道进行捆绑在全国推广……”

5)行业分析，突出对行业的理解和认知，而不是简单的罗列数据

宏观市场数据，VC 们大多数都一清二楚。市场大，不代表有需求。

要描述在目前的市场背景下，你的项目抓住了一个用户的痛点；或者你的项目可以为用户带来更高性价比的产品或服务。

尽量列出与竞争对手的对比分析，表明当前的商业机会。重要的是与你的产品直接相关的市场数据，即微观市场、力所能及的市场，这些数据越详细越好。

十一、正确分析你的竞争对手

关键词：竞争对手、核心竞争力、竞争壁垒、渠道优势、差异化。

(1)将竞品写出来的好处是：可以比较各自的优势，分析战胜他们的策略。

(2)商场如战场。兵法云：知己知彼，百战不殆。

投资人的收益不仅与被投资方是否做得好有关，也与其竞争对手的强弱变化紧密联系。竞争对手的情况分析，对于投资前景的判断和项目收益的预测必不可少。

(3)商业计划书里对于竞争对手分析的忽略或语焉不详，显然不是“知己知彼”的表现，“没有竞争对手”或随便提几个同行，并没有针对性地就所涉及业务领域进行对比分析，难以取得投资人的信任。

只有太细分且没有成长空间的市场才会缺少竞争者。

(4)竞争对手包括直接竞争对手、间接竞争对手和潜在竞争对手。

把潜在竞争对手列出来，把各自的侧重点和业务方向描述清楚，让投资人了解在这样一个竞争环境里，为什么你还能有立足点，也有助于分析产品的差异性。

1)核心竞争力

为什么这件事情你能做，而别人不能做？否则这件事谁都能干，为什么要投资给你？你有什么特别的核心竞争力？有什么与众不同的地方？关键不在于所干事情的大小，而在于你能比别人干得好，与别人干得不一样。

突出自己的亮点。只要有一点比对方亮就行。刚出来的产品肯定有很多问题，说明你的优点在哪里。

2)渠道优势

名人明星创业，成熟企业转型，都会为新项目带来很多现有渠道。自己或团队的亲朋好友提供的资源，团队里有巨头出走员工，都是渠道优势的一部分。

相比技术和团队，渠道优势并非真的优势，因为渠道是别人也可以用的。渠道仅作锦上添花，决不能拿来当核心竞争力。

3)差异化

保持差异化，将有限资源集中到一个简单明确的点上。

4)竞争壁垒

竞争壁垒可分为如下五类。

(1)不可能抄袭。

存在某种绝对性的保障致使其技术或模式是不可能被抄袭的，常见于生物医药类产品或政府特许经营类产品。

(2)抄袭难度很大。

没有绝对保障,但在技术上或模式上的复制门槛导致无法复制。比如有突出个性的团队或个人,eico design、罗辑思维等。

(3)有一定抄袭难度。

在技术上或模式上可以复制,但需要耗费大量成本,大部分国内的技术性创业企业位于该层面。

(4)抄袭门槛较低。

模式和技术都比较清晰,只要组建好团队可以随时抄袭。

(5)抄袭无门槛。

该产品已经标准化,任何一个人都可以轻易地复制。

有壁垒的竞争态势市场竞争是不可避免的,但竞争壁垒决定着竞争的态势。企业在选择创业项目时,必须考虑提高竞争壁垒,以形成相对好的发展环境。

竞争壁垒首先是技术壁垒,要有专有技术;其次是资源壁垒,相对垄断原料来源;还有是许可壁垒,取得众多的经营许可证和资格等级证等。可以通过提高市场进入壁垒,获得持久的竞争能力。

竞争对手分析有几点需要注意。分析竞争对手时不要回避,不要顾左右而言他。不要说“我这个想法前无古人后无来者”这样的话,投资人一听这话就要打个问号。有其他人在做同样的事不可怕,重要的是你能不能对这个产业和行业有一个基本了解和客观认识。

十二、做好团队介绍要注意什么

1)团队的重要性

有这样一种说法:“宁可投资一流的人,二流项目;也不投一流项目,二流的人。”

也就是投人、投人再投人,所以大家最关注团队,只要团队好,模式、市场与利润都是可以创造的。

所以企业融资最应该关注的是团队,而投资者最关注的也是团队。

2)投资人希望看到你要做的事是适合你做的

创业者做项目,需要有相关气质,积累过相关经验,在要做的事情上有过积累,不能只是因为你想做一件事你就去做。

如果你要做旅游,那 VC 希望你是热爱旅游的;如果你要做社交,那么你应该热爱社交,是微博、微信上的社交达人;如果你要做游戏,那么你应该是一个骨灰级玩家或资深开发者。

3)突出团队项目的经历和经验,与当前项目的匹配之处

你之前做过什么不重要,重要的是你之前的经历和经验跟现有项目的契合度。

需要介绍团队主要成员的背景和特长。强调个人的能力适合该岗位,团队的组合适合创业项目。稳定的团队利于融资。互补的管理团队是企业的核心。

团队成员的职能和工作经历,建议以下格式:姓名、年龄、目前职位、个人能力和历史业绩。

团队背景就跟学历一样,一开始可能是个敲门砖,但一旦项目正式启动,投资人关注的就是核心成员间的默契和互补性、项目本身的发展速度了。

投资人不会被顶级文凭、过去大公司的工作经历所蒙蔽,他们首要关注的是某个行业面临的主要挑战,以及你的团队是否有经验应付这样的挑战。

注意事项:

不要粗暴地把一群牛人聚在一起;

区分合伙人及普通员工,不要让投资人以为你们的股权划分有问题;

如果你没有合伙人,这种情况是很难融资的,先去扩充团队吧;

能不能得到团队成员的信任,一起跟着你做事,也证明了你作为创始人的能力和魅力。

十三、关于财务预测与计划

(1)投资人不会把钱交给一个没有计划和目标的创业者。他们想要知道的是,公司什么时候能够达到收支平衡。

(2)市场变化风云莫测,不要预算未来三年挣多少钱,没人会信。

说说未来一年或者六个月需要多少钱,用这些钱干什么?大概会花多少钱在人力成本上,多少钱在服务器运营上,多少钱在市场推广上,每个月固定成本是多少,运营成本是多少,半年花多少钱,一年预计花多少钱,至少你对公司未来怎么花钱心里要有计划。

(3)如果业务成功,什么时候能达到盈利,如果业务遇到问题,自己的财务状况能够继续支持企业运营多久,这些都是创业者需要思考的问题。

(4)不要预测过高、过于夸大和吹牛;难以置信的利润和回报是不足取信的。带着现实和保守的态度,才能使你获得认真对待。

十四、关于融资需求与股权结构

(1)早期项目的盈利不重要,投资人主要对高增长感兴趣。表明你的融资计划,需要多少资金,准备稀释多少股份。

(2)分析一下自己一定时间需要用的钱,你将在接下来的3~6个月时间里做哪些事,例如团队如何组建、产品如何开发、营销推广如何开展,各个方面的费用开销大概是怎么样的,以及你希望融资的金额和出让的股份比例。

特别值得一提的是,项目早期融资的时候,过高的估值或过多的股份出让,对于公司未来发展都是非常不利的。

稀释的股份要少于30%,稀释太多你就是打工的了,稀释太少投资人可能不太感兴趣。

(3)说明需融多少钱,前几轮融资是谁投的,当时怎么遇到或者决定的。

早期没有必要特别纠结估值的问题,更重要的是拿到一笔钱先把项目启动起来,这比纠结估值更重要。

(4)立场上,你的需求是估值越高越好、出让比例越低越好,而投资人正好相反。估值和出让比例可以人为调整,于是创业者和投资人有了博弈的空间。

(5)估值应该基于投资者真正支付的金额合理估算,荒谬的估值会被直接扔进垃圾桶。

(6)建议大家设定阶段目标、小步快走。并考虑好下一轮预计在什么时候启动。

十五、关于日后的退出机制

(1)VC最关心的问题——如何退出。

一般有上市、公司并购和管理层回购3种退出方式。

(2)上市——最满意的退出方式。

(3)公司并购——卖给差不多大的公司就是并购,大家进行换股,旧股票变成新股票。VC和创始团队根据自己的股票比例大小分。

其中最不公平的就是最晚进来的VC先分,之后前一轮的VC分,这样依次下去,最后才轮到创业者。

(4)管理层回购——形同虚设,目前受 VC 投资管理层再“赎身”的事一例也没有。

十六、商业计划书内容注意事项

BP 是你和投资人沟通的核心框架,你需要确保 VC 想要了解的问题都包含在里面。

做一份好的商业计划书,下面几点是需要注意的。

1)清晰、简捷

要把一个项目的要点讲清楚,尽可能多用图表,少用文字,少用很大的图片。

颜色尽可能简单朴素、不要花哨。不必在乎排版、美术设计,正事交代清楚为重。

“花里胡哨”的 BP,可能会使投资人对创始人有一个误判,是不是这个团队也是这样的状态?

2)重点突出

“溪不在深,有鱼则清。”一份商业计划书写得好坏不在文字的多或少,即便每一个章节都写得面面俱到,但关键内容含糊其词,恐怕到头来还是白忙乎。

字里行间,VC 一眼就能看出你是否诚心诚意认认真真,是否功夫做尽、佐料加足。

3)观点要客观,不要套用模板

每个项目都有差异之处,核心还是要展现差异化的地方。

不用太在意具体用什么样的格式或者什么样的模板。

少用描述性语言,多提要点和关键词。千万不能带有过多感情色彩。

4)要自信、有说服力

一个良好的态度不仅是对自己创业的肯定,也更应该是对 VC 的一种尊重。

5)不需要太多图片与视频

别用“平台”“唯一”“全球领先”这些牛词。

十七、书写商业计划书的禁忌

1)切忌谈平台

平台不是炼出来的,不是搭出来的,平台得有上下游各个行业的兄弟给你当柱子,他们凭什么愿意给你当柱子,让你在台上风光啊?给个理由先。

很多投资人也是从创业者一步一步走过来的,他们有的也犯过建平台的毛病,当你跟他们提建平台的时候,他们脑袋就大了,你就等着受到他们的思想鞭挞吧。

2)切忌谈只缺钱

商业规则里虽然谈钱不伤感情,但是钱也不是万能的。如果你的项目就差钱,差多少?百度市值 500 亿元,给你 500 亿元能再造一个百度吗?苹果是世界上市值最高的公司,你要多少钱能再造一个苹果?

VC 都是很精明的人,他们中有很多都是成功的创业者转身成为 VC 的,操盘能力一点也不亚于成功的企业家。如果项目有钱就可以干,凭什么溢价买你的股份?

3)切忌谈市场大

每一个创业者都对自己的项目信心满满,甚至不少人认为可以改变世界,改变人类社会,并在商业计划书里大书特书。

不管从哪方面看,说假大空的话都对创业者不利,创业是细节的较量,宏观方面就留给经济学家去预测吧。

4)切忌谈没有对手

有些创业者认为自己做的东西前无古人后无来者,自己是全世界独一无二做这个生意的。但没看到不一定代表没有。千万别认为你的想法独一无二,没人想到,更没人做到。“山外有山,人外有人”这句话放在人口第一的中国绝对正确。

在你没有弄清这个市场是否还有其他人在做的时候,要么直接说没看到,要么不写,投资人见过各行各业各种奇葩的人,眼界比你广得多,说的不对或者不够准确,对你的商业计划书来说是减分的。

5)切忌声明“必须签署保密协议”才可查看

VC 不愿意签所谓的“保密协议”,这一类硬邦邦的法律文书令人相当不愉快,尤其是当它们来自初创企业时;如果不方便透露,那就不写,也不要用“暂不方便透露”“必须签署保密协议”之类的话语,这些大家都懂,但是写出来就很扫兴。

6)切忌求多求全

不是越多越好,写得越厚越好。很多时候简单明了,更能说明你的底气很足,说明你能把握好关键点。

7)切忌过多强调细节

有的企业过于强调产品的功能细节,创业者担心 VC 不了解自己的产品,在商业计划书就写得非常具体。

其实投资者更关心的是你的产品能够解决用户的什么问题。

8)切忌生搬市场数据

除非这个行业很新,除非这些市场概述是属于自己的见解和分析,否则简单搬运数据,反而是噪声。

不同的项目有不同的侧重点,不要生搬硬套。

9)切忌空话太多

很多创业者的商业计划书一开头就是大话连篇,从宏观经济说到世界形势。其实不然,大家别小看投资人的智慧,他能投资你,一定是了解你的行业的,因此你就不用做市场基础教育培训了,直接进入主题,简单明了,反而更能说明问题所在。

不切实际的幻想,对于投资人来讲毫无意义,而且投资人很讨厌这些空想数据。

“下一个阿里巴巴”“×× 行业的阿里巴巴”,这些语句,只会让投资人觉得团队思考不深刻,只会忽悠,没有属于自己的创新。

10)切忌专业术语晦涩难懂

商业计划书应该以普通人的口吻来撰写,避免使用任何术语和无休止的缩写形容产品或生产营运过程,以便易于阅读和理解。

11)切忌赌咒发誓

感叹号不需要出现,这不是在下军令状。越是显得悲壮的事情,越是不会有人在乎。

投资人都是资本家,锦上添花的多,雪中送炭的少。投的是增长,躲的是悲壮。

12)切忌过分修饰、内容空洞

拿到一份制作非常精致的商业计划书,从设计到排版让人眼前一亮,但是细细一看内容空洞,理由牵强附会,会让人觉得云里雾里。

每个 VC 都会非常认真地对待无限可能的创业者,不会美化没关系,用心梳理内容才是重心,切勿本末倒置。

13)切忌只谈情怀

有情怀是件好事,但是商业投资是一件严肃的事情, VC 投资人可没有这么多的时间听你讲故事。

当然,内容充实的前提下,情怀也是件锦上添花的事。

14)切忌呆板不生动

商业计划书最需要数字与图表,而不是像本小说。写小说可以写得密密麻麻,但商业计划书要的是简单明了,最忌讳的是写得太正规,全是字,能用图与数字表示是最好的。

15)切忌兜圈子

我相信每个 VC 都是非常认真地对待每一个有潜力的项目的。

极少会有一个 VC 在商业计划书阶段上当受骗,VC 犯错误,多半是投资以后的风险管理,而不是投资前的分析和判断。

VC 的看家本领就是看商业计划书,你在讲述实实在在的商业机会还是在胡编乱造, VC 个个都是火眼金睛的。

十八、投资人对哪些点感兴趣

(1)一般投资人关注的要点有用户数,日新增,页面浏览量/独立访客数,日活跃用户数量,留存率,用户停留时长,使用频率,竞品情况,未来发展方向与空间等,投资人最喜欢看的就是数字和图表,可以根据不同行业进行展示。

(2)收入模式。清晰的、可信的、明确的、精准的、看得见摸得着的收入模式。

对于一个创业公司来说,没有任何东西可以比收入更加重要了。

(3)资金用途和估值。这也是一个创业者和投资人不可回避的问题。想好了你需要多少钱,准备出让多少股份,不管你的心理价位是多少,你应该明确提出你的要价,不妨让它作为一个谈判的起点。

(4)有可能在三到五年内将公司价值提高 100 倍,不管现在值多少钱。

(5)在商业计划书中表现出对资金需求的认真规划,而且确实需要这么多钱。

(6)有其他投资人准备一起投资的商业计划。VC 往往觉得人越多越安全,所以他们通常不喜欢成为交易中唯一的投资者。

(7)明确的退出方法。投资人希望看到你已经提前做好了安排,让他们能在交易中拿回自己的钱并获得回报。

简而言之,比较直接的投资人,最关注的就是下面这些点:

(1)市场大不大,增长快不快;

(2)产品好不好,逻辑顺不顺;

(3)数据涨不涨,指标硬不硬;

(4)模式有没有,收钱行不行;

(5)团队齐不齐,老大强不强;

(6)融资多不多,价格低不低。

十九、投资人经常问的问题有哪些

(1)验明正身,你到底是谁?

(2)你要做什么?你的产品或服务到底有什么价值?

（3）你为什么要做这件事情？

（4）这件事情为什么重要？

（5）怎么做？你是不是有执行能力和成功的把握？

（6）为什么你能做这件事情（技术、团队、市场营销、销售、竞争、里程碑）？

（7）公司的股权架构是什么样的？

①公司注册在哪里？注册在海外还是国内？有哪些分公司、子公司、关联公司？投资人的钱从哪里注入？公司的架构关系到股东利益是如何体现的？

②你的公司是如何运转的，你有哪些部门？你的COO，销售副总、技术总监们是否分工明确，各就各位？还是你既是董事长又兼任CEO、CFO、系统构架师、人事总监……集大权于一身的封建领主？

（8）你自己在项目中投入了多少？

这么宏大的愿景，那么你自己投入了多少钞票呢？如果你一分钱都没有投入，VC们通常会非常怀疑你自己对这个创业项目的信心和创业态度。

不要怕丢脸，如果你告诉他你自己投入了仅有的几块钱积蓄但是已经把事业做得像模像样，他绝对不会嫌你寒碜，而是会把你当成英雄，会放心地把大把大把的钱交给你去打理。

（9）什么时候公司账上开始有收入进来？什么时候公司达到盈亏持平？

当然，持平并不是最终目的，公司收支打平了，我就有信心给你更多的钱去扩大规模、去进一步发展。

创业者们应该明白，无论你创立什么样的公司，账面收支持平越早越好。

一个公司开始有收入了，说明公司的产品有市场价值；一个公司盈亏持平，说明它是有盈利潜力的；只有具有盈利能力的公司，才是真正有价值的公司。

二十、写好了商业计划书，如何找投资人

（1）几流的项目，就找几流的投资人。不想把项目或者投资人分成三六九等，但不可否认，越级挑战总是比较难的事情。

（2）投资人都有圈子，找到一个投资人以后先交朋友，即使没谈成也会介绍很多做投资的朋友给你。

（3）团队内有一个人专门负责沟通融资，经常和投资人喝喝茶谈谈感情。其他团队伙伴专注到各自的事情上，避免被融资这件事消耗太多精力。

（4）找个孵化器蹲着，见到各种投资人的机会还是很多的。

二十一、邮件发送商业计划书的注意事项

（1）邮件标题和商业计划书的主题页：项目名称+创业领域+模式，方便投资人和自己搜索和存档。

如果邮件正文能够把附件内容大概的罗列出来，打开附件的概率会更高一些。

（2）不要群发。这是基本的尊重，最好稍微花些时间到这些VC的网站上去看一下他们各自的投资方向和领域，对症下药。

（3）不要压缩包。很多投资人是用手机查看邮箱的，不一定支持解压缩。

（4）不要大文件。将PPT转成PDF文件会小一些，除非是数据图，一般的图片都可以适当压缩。

二十二、种子/天使轮、A 轮、B 轮的商业计划书有哪些区别

(1)种子/天使轮的 BP 最重要的是把“我在做什么”这件事情讲清楚。这时候项目处于 0 到 1 的阶段,可以如实地描述,投资人也吃这套。

(2)A 轮,最重要的是告诉投资人“我已经证明了项目的价值,需要钱获得更多的用户”。

这时候项目处于 1 到 10 000 的阶段,大部分情况下投资人已经可以试用产品,最有说服力的就是漂亮的用户数据。

(3)B 轮,最重要的是展示“我已经有好多用户,需要融资来驱动商业模式”。

这时候项目大结构应该已经稳定,下一步就是要告诉这个阶段的投资人,项目的变现能力,来让投资人对自己的投资回报有信心。

二十三、商业计划书现场演示要注意哪些问题

(1)问一下投资人有多少时间可以用来开会,再在他告诉你的数据上打个 8 折。

(2)核心成员尽量全部到场。

(3)初始阶段与投资人面对面的交流,一定要保持一个好心态。

有些投资人喜欢用比较有攻击性的语言,不要着急沉着地应对就可以了,大不了换一家聊。

二十四、其他补充

一般标准的融资分为三个阶段:

(1)融资准备阶段(写 BP);

(2)市场推介阶段(见投资人);

(3)尽职调查阶段。

看看有没有国外对标企业。

这一点是中国的创业者特别“赚”的,因为国外有很多可供参考的商业模式已经被验证。比如百度是中国的 Google,人人网是中国的 Facebook,微博是中国的 Twitter,美团是中国的 Groupon 等。

如果你有更进一步的探索,可以不是简单的对标,以 A+B 的模式,也能吸引投资人。比如大众点评是 Tripadviser+Groupon+ × × × 等类似的案例就可以参考。这样讲故事会比较方便,投资人也会更加信服。

5 交易结构设计

5.1 交易结构设计概述

5.1.1 交易结构设计的概念

交易结构(Deal Structure)是买卖双方以合同条款的形式所确定的、协调与实现交易双方最终利益关系的一系列安排。狭义上讲,交易结构设计多用于收购交易中。广义上讲,涉及交易结构设计的事项远不止收购活动,一个或多个主体所开展的涉及利益交换、流动、调整或分配的活动都可能需要进行交易结构的设计;这些活动涉及但不限于收购、兼并、重组、投融资、合资、上市、大型商业合作等领域。

就绝大多数的交易而言,设计交易结构的主要目的是确保交易各方以他们都欣然接受或勉强接受的方式或步骤,尽可能便捷、高效、低成本且平滑地完成其预期的交易并且控制交易风险。

在风险投资行业,交易结构是指在投资交易中,投资者与证券发行人就双方在投资后所拥有的权利以及需要履行的义务所达成的合同条款。交易结构设计是指通过合约、制度、机制的创新设计,优化风险和收益的配置,最大可能的调动人力资本的积极因素,同时控制整体的风险,实现委托代理利益冲突最小化、信息成本和交易成本的帕累托效率改进,最终实现价值增值和风险下降。交易结构设计的目的是建立风险投资家与创业企业之间的责、权、利关系的基本框架。通过交易结构设计,可以明确风险投资家与创业者之间的权利和义务,并对风险投资家与创业者之间的利益和风险进行合理配置。

5.1.2 交易结构设计的作用

风险投资交易结构设计具有协调利益关系、减少委托代理问题、提供足够的回报、降低投资风险、分配控制权、为投资后管理提供依据及信息甄别的作用。

1. 协调利益关系

在风险投资交易中,风险投资家和创业者都站在各自的立场看问题,并且双方都试图使自己的利益最大化,这将导致双方之间产生利益冲突。通过交易结构设计可以对交易双方之间的利益关系进行调节,使双方的利益变得一致,从而减少潜在的利益冲突,实现激励相容。

2. 减少委托代理问题

早期阶段的创业企业不仅具有很大的不确定性,而且存在严重的信息不对称,这种不确定性和信息不对称为创业者采取各种机会主义行为提供了空间,并有可能引发道德风险。通过交易结构设计,可以建立完善的公司治理结构,对创业者的行为进行有效的激励和约束,从而达到减少委托代理问题的目的。

1)降低信息不对称

风险投资家与创业者之间存在很严重的信息不对称,这种信息不对称可能引发道德风险,并给投资者造成损失。在交易结构设计中,通过设置知情权条款,可以使风险投资家及时获取有关企业经营活动的信息,从而降低与创业者之间的信息不对称。

2)防范道德风险

在交易结构设计中,为了保护自己的利益不被大股东所侵害,风险投资家通常会要求获得对企业重大经营事项的一票否决权。这样,当企业创始人在董事会上提出有可能损害风险投资家利益的经营议案,例如低价出售企业的决议时,风险投资家就可以动用自己所拥有的一票否决权来阻止这个决议的通过。另外,风险投资家还可以通过设置限制性条款来对创业者的行为进行约束,以防范道德风险的发生。

3)进行激励

通过交易结构设计可以建立激励机制,例如通过实施股票期权计划来对企业的管理层和员工进行激励,以确保他们在没有监督的情况下也不会采取机会主义行为,从而防范道德风险的发生。

3. 提供足够的回报

通过交易结构设计可以确保风险投资家获得预期的投资收益率。例如,通过选择可转换优先股作为投资工具不仅可以使风险投资基金获得较为稳定的股息收入,还能参与分享企业发展所带来的资本增值收益。

4. 降低投资风险

在尽职调查之后,如果风险投资家根据其所获得的信息判断企业存在较大的风险,那么他们就可以通过交易结构设计来为自己争取更多的控制权,以减少投资风险。同时,他们还可以通过选择适当的投资工具将风险转移给创业者,从而减少自己所需要承担的风险。

5. 分配控制权

在创业企业早期轮次的融资中,风险投资家所持有的企业股权通常少于50%,而且这些股份主要是以优先股的形式存在的。在这种情况下,为了防范道德风险,保护自己的利益不受大股东所采取的机会主义行为的侵害,风险投资家需要通过交易结构设计来获得对企业的控制权。控制权是指投资者在自己所持有的股份不占多数的情况下能够对企业的经营管理活动与发展方向施加影响的权力。一般来说,创业企业的控制权主要包括董事会席位、特殊投票权以及其他一些对企业的经营管理活动具有控制功能的权力。

1)董事会席位

在理论上,企业董事会的成员应由普通股股东以选举方式产生,因此董事会的组成与股东所持股份的比例是一致的。但是,在风险投资交易中,董事会席位的分配通常不是由股东的持股比例所决定的，而是依据投资条款清单中关于董事会席位分配的条款来决定的。因此，风险投资基金支持的企业董事会席位分配可能会与股东的持股比例不一致。

通过交易结构设计，可以约定不同的董事会成员的选举方式，从而可使风险投资家在创业企业的董事会中获得超过他们自己所持有的股份比例的席位，进而获得对创业企业的控制权。例如，某个投资条款清单规定，企业的董事会共有 5 个席位，董事会席位的产生方式是其中两个席位由 A 轮优先股投资者推选，另外两个席位由创始人推选，还有一个席位以所有股东一致同意的方式选出。这样，在创业企业进行 A 轮融资之后，风险投资基金虽然只持有被投资企业 1/3 的股权，却可以控制半数的董事会席位。这个事例说明，通过交易结构设计，风险投资家作为优先股持有者可以获得超过其持股比例的创业企业董事会的席位和投票权，并可利用董事会的席位和投票权来对被投资企业的经营和发展施加重要的影响。

2）特殊投票权

在首轮融资之后，风险投资家所持有的企业股权一般少于 50%，而企业的董事会席位主要掌握在以创始人为代表的大股东手中。在这种情况下，为了确保自己的利益不受企业大股东所采取的机会主义行为的侵害，风险投资家往往通过交易结构设计来为自己所持有的优先股增加一些保护性条款。这些保护性条款的主要内容就是特殊投票权。这种特殊投票权将赋予风险投资家一票否决企业经营中的特定事项如出售企业和进行后续融资等方面的提案的权力。这样，如果企业创始人提出的某些重大经营议案有可能损害风险投资家的利益时，风险投资家就可以利用特殊投票权来否决这些议案，如否决创业者提出的后续融资计划，以保护自己的利益。

6. 为投资后管理提供依据

通过交易结构设计还可以为风险投资家在投资后参与对被投资企业的管理提供法律依据。在交易结构设计中，风险投资家通常会要求获得对企业的管理权，并将其作为投资协议的一项重要内容。这些管理权包括对企业的重大经营决策发表意见和建议、出席企业的董事会、查阅企业财务状况方面的有关信息和其他一些权力，这些权力将写进公司章程和双方最后签署的投资协议中。这样，在投资后，风险投资家就可以行使这些权力来参与创业企业的管理。

7. 信息甄别

风险投资家还可以通过交易结构设计来对创业者进行信息甄别，从而减少逆向选择。

5.1.3 交易结构设计的原则

在进行交易结构设计时，不仅需要充分考虑每笔交易的具体特点，还需要遵循以下这些具有普遍性的原则。

1. 兼顾双方利益

在风险投资交易中，风险投资家与创业者之间经常会发生利益冲突。在许多时候，两者想要达成的目标是不同的，甚至是互相矛盾的。例如，投资者想要获得投资回报最大化，但这会减少创业者的收入；而创业者希望增加自己对企业的控制权，而这又将增加投资者面临的风险。兼顾双方利益是交易结构设计需要遵循的一个基本原则。一方面，在被投资企业所创造的价值中，要让风险投资家获得足够大的份额，以对投资者所承担的风险进行补偿；另一方面，要将这些价值中足够大的份额留给创业者，以激励他们努力工作，为企业创造更多的价值。通过交易结构设计，可以对风险投资家和创业者之间的利益进行调整，以实现激励相容，确保创始人与风险投资家能够齐心协力,共同将蛋糕做大,从而实现共赢和双方利益的最大化。

2. 对利益和风险进行平衡

在交易结构设计中,应充分考虑利益与风险的平衡。例如,风险投资家经常采用股票期权计划来对企业管理层人员和员工进行激励。但这些企业管理层人员和员工从这一激励机制中获益的同时,也需要承担一定的风险,如承担企业亏损所带来的损失等。

3. 满足双方需求

在进行交易结构设计时,需要充分兼顾交易双方的利益和不同偏好,只有这样才能设计出一个让双方都感到满意的交易结构。例如,风险投资家获取的高额投资收益主要是通过投资的退出来实现的,因此风险投资家往往希望获得对退出的控制权。与之不同,创业者可能更关心公司的运营,因此他们更希望保留对公司经营的控制权。通过交易结构设计,可以让风险投资家对公司运营的参与度降到最低,也可以让他们在公司出售或转让自己所持股份方面拥有很大的控制权,从而同时满足交易双方的需求。

4. 分别配置剩余索取权、控制权与清算权

风险投资交易结构设计需要遵循的一个重要原则就是对剩余索取权、控制权与清算权进行分别配置。剩余索取权又称为现金流量权,它是投资者依据所持有的企业股权比例而拥有的对企业未来现金流的要求权,它是所有权的直接体现。控制权是指控制企业经营方向的权力,主要是董事会席位和投票权。清算权又称为剩余财产分配权,它是指投资者对企业剩余财产的索取权。一般来说,公司股东所拥有的控制权和清算权是与他们所拥有的剩余索取权相对应的。但是,在风险投资交易中,通过交易结构设计可以将剩余索取权与控制权和清算权进行分离。对风险投资家来说,获得一定的企业控制权便于他们参与企业的经营管理,对创业企业实施有效的监督,否决对自己不利的重大经营提案,从而防范道德风险的发生,更好地保护自己的利益。对创业者来说,他们一般希望保留对企业的剩余索取权,但是为了换取所需要的融资,他们也愿意放弃一部分对企业的控制权。这样,通过交易结构设计将企业的控制权与剩余索取权进行分离,可以在让创业者继续保留对企业的剩余索取权的同时,让风险投资家获得他们所需要的控制权。另外,通过交易结构设计还可以将企业的剩余索取权与清算权进行分离,从而可以在让创业者继续拥有对企业的剩余索取权的同时,让风险投资家获得清算优先权。这样做有利于减少投资风险,提高风险投资家的投资意愿。

5. 动态分配控制权

风险投资及交易结构设计的一个重要原则是对企业的控制权进行动态分配。随着企业经营状况的变化,控制权在风险投资家和创业者之间分配的比例也会发生改变。当企业运行良好时,让创业者掌握控制权;当企业陷入困境时,让投资者获得控制权。

通过对创业企业的控制权的动态配,可以确保企业的控制权始终掌握在能够高效利用这种控制权的一方手中。在企业发展顺利的情况下,保持企业经营的自主性,并让创业者获得更多的控制权,有利于他们充分发挥自己的聪明才智,从而促进企业的快速发展;当企业陷入经营困境或者危机时,则将企业的控制权转移给投资者,以确保他们自身的利益不受损害。

6. 为双方提供激励

通过交易结构设计,可以为双方提供有效的激励,激励创业者和风险投资家齐心协力,为实现长远的目标而努力,这个长远的目标就是被投资企业实现价值增值的最大化。

5.2 激励机制设计

风险投资交易结构设计中激励机制设计是指通过契约中设定的激励条款的安排来刺激企业创始人为实现风险投资家的利益最大化而努力工作,有效的激励机制能将管理层的利益和股东利益统一起来,从而保证风险投资家价值增值目标的实现。

5.2.1 投资方式设计:分阶段投资

所谓"分阶段投资",指的是风险投资家在对企业项目进行投资时,一般不会一次性投入企业所需的或完成其商业计划所需要的全部资金,而会根据企业的实际情况,采取一种渐进式、多轮次的投资过程。一般的风险投资项目周期为3~7年,通常而言,在投资的初期阶段,风险投资家会提供企业所需全部资金的一部分,其余部分则要视企业的发展情况而定。风险投资家会定期地评估企业的市场前景、管理层业绩、阶段目标的实现情况等因素,再决定是否继续投资,以及投资的额度、交易价格、投资协议等。通过这种形式,风险投资家保留了放弃前景不好的投资项目的权利,同时对企业家的行为起激励和约束作用。因为创业企业的进一步融资是以创业企业家对企业进行有效管理和运营为前提的,如不能达到预期目标,将会失去风险资金的进一步支持。

1. 创业企业的融资轮次

1)种子轮——团队、想法、产品

种子阶段的融资人,通常处于只有创意和团队,但没有具体产品的初始状态。种子轮的关键是想法和创始人,初创期的项目可能只是一个好的想法以及对企业未来的规划蓝图,产品或服务只停留在概念或DEMO阶段,需要投入资金才能启动。投资人一般多是亲朋好友,或创业者自掏腰包,当然现在也涌现了不少种子期投资人。此阶段的投资人和投资机构一般更倾向于投自己熟悉的人、朋友介绍的人,或者在行业内有一定知名度的人。种子轮项目失败的风险极高,等到天使轮就要求跑出最小可行化产品(Minimum Viable Product, MVP)。种子轮的融资额度一般在50万~200万元人民币,机构很难涉及,一般天使投资人和孵化器基金会重点关注这块。

作为一名草根创业者,几乎没有机会获得种子轮融资。"3F"是唯一的选择,即Family、Friend、Fool。国外所说的种子轮概念相对来说更加接近国内的天使轮或首轮融资,如"创新生物医药公司Oncologie获投1 650万美元种子轮融资"。

2)天使轮——产品可视、商业模式清晰

天使阶段的项目通常有初建团队,有成熟产品上线,有产品初步的商业规划;有种子数据或能显示出数据增长趋势的增长率、留存、复购等证明。同时积累了一些核心用户,商业模式处于待验证的阶段。那么寻找天使投资人或机构,开始天使轮融资便是最为合适的,融资金额在300万~500万元人民币。

天使轮企业的估值因没有往期经营模式、利润指标等信息可以参照,故主要还是靠"拍脑袋"来定价,大多数天使投资都是在投人,投团队。如真格基金徐小平于2009年8月投资聚美优品,最初聚美并不是做化妆品O2O的电商,徐小平也并不是因为聚美早期的经营模式而决定投资,而是因为聚美创始人陈欧毕业于斯坦福MBA并在此前有过成功创业经历才决定投资。天使轮给出的股权比例范围一般在15%~20%,投资机构可以通过结合对企业商业模式、市场空间的预期给出对应估值。由于投资金额较小，企业的直接接洽对象便是天使轮投资人。天使轮投资人可以有多个也可以只有一个，且有领投和跟投的区别。因为天使投资者相比较于处在其他阶段的投资机构，会选择在较大范围内“撒网”，“把鸡蛋放在更多的篮子里”，因此对个别企业的关注度并不会十分集中。这个阶段的风险点主要在于企业自身能否进一步发展壮大。平均来说，1 000 个天使轮项目只有 2.5 家能拿到 C 轮，能够走到 IPO 环节的企业更是寥寥无几。这个阶段投资人仍然更重视创始人及其团队的资历背景，高学历或者有行业领军企业背景的创业者成功率更高。

3)Pre-A 轮——有一定规模、市场前列

Pre-A 轮是一个夹层轮，在天使轮与 A 轮之间。融资人可以根据自身项目的成熟度，再决定是否需要融资。倘若项目前期整体数据已经具有一定规模，只是还未占据市场前列，那么可以进行 Pre-A 轮融资。同时，Pre-A 轮或者 A+轮融资，就是明明没有初具规模，钱却没有了，那就先来个 Pre-A 轮江湖救急；或者在 A 轮融完以后，又有大咖看你不错，想投你的业务，但你还没有新的业务进展，估值也基本没有变化，所以来了个 A+轮。

Pre-A 轮的融资额度一般介于 500 万~1 500 万元人民币之间，比如小黄车 ofo 的 Pre-A 轮金额就是 900 万元，而后的 A 轮融资是 2 500 万元。

4)A 轮——以产品及数据支撑的商业模式、业内领先地位，初具规模

A 轮一般是指首次正式引入战略投资者的融资环节，融资额度一般在 1 500 万~1.5 亿元人民币之间。以 2017 年的融资规模来看，平均融资额在 1.05 亿元左右。以网易云音乐 2016 年的 A 轮融资为例，网易云音乐之前是网易 100%持股，在 A 轮时引入持有 12%~15%股权比例的战略投资者，领投机构为上海广播电视台、上海文化传播影视集团，融资金额达 7.5 亿元，算起来 A 轮的估值就达到了 60 亿元左右。总体上说，A 轮估值的额度既不宜高也不宜低，应以适中为宜，才能在向市场展现发展能力的同时，吸引到更多的投资机构，方便进行后面轮次的融资。

A 轮融资引入的是战略投资者，因此投资者已经不再是天使轮阶段的天使投资人，而主要是风险投资、创业投资等机构投资者。相比于天使轮，参与 A 轮融资的投资机构更加看重 KPI 并将其作为硬性指标，比如互联网行业常说的 DAU(Daily Active User)，也就是日活跃用户数量，还有 GMV(Gross Merchandise Volume)，即网站成交金额等。这个阶段的公司主要靠用户和企业的成长空间进行估值，但也不全是采用市盈率 P/E 法进行估值，具体要看领投机构的估值方法。

进行 A 轮融资的创业企业，拥有完整详细的商业及盈利模式，公司业务顺利运营，同时在行业内拥有一定地位与极具口碑的项目，有能与竞品抗衡的成熟产品，拥有一定数量的核心用户，有一定的市场位置。哪怕现阶段可能处于亏损状态，也可以选择专业的风险投资机构进行 A 轮融资。虽然此阶段的公司很可能无法做到收支平衡，但是其盈利模式清晰完整，可以通过较丰富的用户数据验证，在其领域内拥有领先地位或口碑。融资的目的是迅速扩张，复制成功模式。投资人开始关注公司业务的市场前景。

5)B 轮——得到验证的商业模式、新业务与新领域扩展，比较强的竞争优势

经过一轮投钱后，项目已经有了较大的发展，商业模式与盈利模式均已得到很好的验证，有的已经开始盈利。此时，创业企业可能需要资金支持推出新业务、拓展新领域，那么就适合说服上一轮风险投资机构跟投，或寻找新的风险投资机构加入，又或是吸引私募股权投资机构

(PE)加入的形式,开始新一轮即B轮融资。

B轮的融资额度一般在2亿元人民币以上,2017年B轮平均融资额达2.41亿元。公司已经通过上轮融资获得快速发展,应用场景和覆盖人群已经很明确,在行业或领域内已经形成一定优势,商业模式已经被证明没有问题,甚至已经开始盈利。但是可能需要进一步抢占市场、展开新业务、拓宽新领域,以巩固其行业领先地位,因此需要更多资金。新VC、PE加入,天使投资人退出。此时投资人更看重商业模式的应用场景及覆盖人群。一般在此阶段,多数企业已经开始获得盈利,商业模式要相对竞品显示出可行、可持续的增长性,才有望获得投资机构的进一步投资。B轮的投资者相对前两轮也有一定区别。企业在B轮的融资来源主要包括A轮投资机构的跟进投资与其他私募股权投资机构(PE)的新进投资。以AI芯片创业公司寒武纪为例,寒武纪在2017年8月完成了1亿美元的A轮融资,由国投创业领投,阿里巴巴创新投、联想创投、国科投资、中科图灵、元禾原点、涌铧投资联合投资;在2018年6月20日,寒武纪对外公布B轮融资由中国国有资本风险投资基金、国新启迪、国投创业、国新资本联合领投,中金资本、中信证券投资&金石投资、TCL资本、中国科学院科技成果转化基金跟投,A轮的VC元禾原点、国科投资、阿里巴巴创新投、联想创投、中科图灵继续跟投支持,整体估值金额达到25亿美元。

B轮投资的关注点之一在于估值的方法,有的投资机构按照市盈率P/E进行估值,有的投资机构按照单用户贡献P/MAU(月活跃用户数量)进行估值,有的机构按照市销率P/S进行估值。不同的估值方法背后是投资机构对企业商业模式和企业成长性的不同估价和理解,也有对市场空间前景的考虑。我国资本市场对企业的估值规则是市盈率P/E的规则,因此多数本土风投公司对企业的盈利要求也会更高,而不是更看重企业的覆盖率、成长性。考虑到上述所有的估值方法,企业需要权衡利弊,再与VC、PE协商选取一个对企业长期发展最有利的估值方案。

B轮投资的关注点之二在于前期的估值金额。部分初创公司在A轮融资的金额过大,在B轮就无法进一步融资。原因一是A轮前期泡沫太大,B轮的估值无法支撑A轮的估值,项目前景一眼望得到天花板,没有更进一步的增长空间;原因二是投资人的投资原则无非是低买高卖,如果下一轮的融资没有“接盘侠”,就说明A轮的退出通道不顺利,或者要想退出只能“流血”退出,结果自然只能是不欢而散。

6)C轮——得到验证的商业模式、新业务与新领域扩展,有上市的希望

C轮的融资额度一般在5亿元人民币左右,这个阶段公司已经非常成熟,拥有很大的用户规模,具备了很强的盈利能力,并在行业内有很大的影响力。但可能此时还需要进一步拓展新业务,进一步整合行业资源,补全商业闭环。一般都是持续扩展争夺市场,为上市做准备。在这个阶段盈利能力很重要,但是如果市场占有率够高,即使不盈利也一样会被机构青睐。除了PE、VC,战略投资人也开始投资布局。一般来讲C轮是公司上市前的最后一轮融资,主要作用是为了给上市定价。

在经过了前几轮融资的沉淀与经验积累,企业C轮融资的商业逻辑应已经十分清晰,企业所拥有的可供参照的经营数据、财务数据也越来越多,对企业估值能给出的可比公司也越来越多,比如说可以按照市场上对某一行业的市盈率、市净率的估值倍数对企业的成长空间进行估值。完成这一阶段的融资后,有的企业已经可以被称为“独角兽”。比如说,链家在2017年宣布接受融创中国领投的C轮投资,融创中国以26亿元获得链家6.25%的股权,按此估算链

家的C轮估值达到了416亿元。另一个万众瞩目的案例是支付宝的母公司蚂蚁金服,在2018年6月,蚂蚁金服宣布C轮融资落地,总金额达到140亿美元,约950亿元人民币。

不过,伴随C轮融资而产生的风险也是不容忽视的。在业界有一种说法叫“C轮魔咒”,据统计,从A轮到B轮会淘汰60%的企业, B轮到C轮又要淘汰剩余近70%的企业,从A轮到C轮企业的存活率只有近12%,甚至会更低。在市场大热概念扎堆的领域,从A轮到C轮的发展历程,就是潮水退去、投资人回归理性的过程。比如, 2015年上半年沸沸扬扬的智能硬件,天使轮到A轮有270家,B轮有18家,C轮仅有1家。

7)D轮、E轮、F轮融资(Pre-IPO轮)——C轮的升级版

从C轮开始到IPO阶段前企业已经进入成熟期。在C轮后企业还可以视自身的融资需求和扩张需求再进行D轮到E轮再到F轮不等的融资,如摩拜单车等。一般来说,发展到这个阶段的企业有的已可以被视为“明星独角兽”,与IPO仅有一步之差。在IPO之前,企业还需经历一个融资轮次,即Pre-IPO轮。如互联网医疗独角兽企业微医在经过三轮融资后,于2018年5月9日正式宣布完成了5亿美元的Pre-IPO轮融资,成为我国目前医疗健康科技行业最大规模的上市前融资。此轮融资由友邦保险和新创建集团战略领投,中投中财基金跟投,融资完成后企业估值达55亿美元。至此,微医成为该行业内最大的明星独角兽企业,也完成了上市前最后一轮融资冲刺。

Pre-IPO轮次的投资对象是拟上市的优质项目,参与这一部分投资的操盘手以私募股权投资(PE)居多。此轮投资的退出通道多半是企业上市后,从公开资本市场出售股票套现退出。投资机构往往会采取对赌协议等方式来保障自身利益。对赌协议通常规定企业若达不到协议设定的财务目标或股价目标,公司管理层需向投资机构转让一定的股票,若达到相应目标则反之。2003年,摩根士丹利等机构与蒙牛签订的对赌协议便是典型案例。

Pre-IPO作为一种融资方式和私募的业务模式也有一定的风险。首先,是由于这一轮次的融资会推高上市前的估值,造成炒作,上市后会因为估值偏高而收益缩水;其次,随着IPO监管趋严,监管“红线”增多,上市的不确定性极大增加。一方面是套利空间缩小,另一方面是业务空间缩小,这都对私募的退出机制造成了不小的挑战。但从企业融资的角度,上市之前首先应当按需来决定融资轮次与规模,才有利于长久发展。Pre-IPO轮次采取的估值方法包括收益法、市场法、成本法等,但主要还是收益法,以市盈率进行估值。

一般来说,天使投资人主要投A轮之前;VC主要投A、B、C、D轮,一般会要求5倍以上的成长;而PE主要是做上市前成熟企业的投资,等着上市赚股市套现的钱。

融资轮次时间顺序也从侧面反映了公司的发展情况,处于什么阶段,从每笔融资的金额也可以看出公司发展的情况怎么样, ABCD轮只是个叫法而已。不同轮次的融资规模没有统一的划分标准,本书给出的参考标准是相对受到业界认可的,仅供参考。

商业模式、市场环境或者资金退出通道等因素皆是企业进行融资时必须考虑的风险。企业不必太拘泥于融资的形式,而应该根据自己的需要灵活地决定投资轮次,以谋求更好的发展。

创业企业在每一轮融资过程中,都需要专业的团队进行运作。风险投资家对风险投资企业的帮助包括企业商业计划书的精心编制、企业估值的确定、再融资时点的安排、再融资风险的研判、与投资人的多轮谈判等。

在多轮次融资中,风险投资机构为了弥补自身能力的缺口和分散风险,会和同行一起对创

业企业进行投资。主导投资过程的风险投资机构被称为领投机构，参与投资的其他机构被称为跟投机构。领投机构和跟投机构在同一轮次投资中，签订相同的投资协议，拥有相同的投资价格和权利。

一般而言，领投机构在下一轮投资中不再担任领投机构，而是由无关联的风险投资机构在次轮投资中担任领投机构，主导对风险投资机构的定价和尽职调查。每轮次募资，创业团队所拥有的股权都会被稀释，而且新一轮进入的风险投资机构都拥有最高级别的优先股，即A级优先股，而上一轮投资的风险投资机构所持有的优先股的等级相应下降。

2. 分阶段投资对创业企业治理的效应

资本分阶段注入是风险投资家所能采取的最有力的控制手段，分阶段注入资本能够使风险投资家收集信息、监控企业进程，并保留定期退出低劣投资项目的选择权。作为风险投资的一个主要特点和一种有效的制度安排，分阶段投资对创业企业的治理也有着深远的影响。分阶段投资的制度安排对公司治理的作用主要表现在，它可令风险投资家对创业企业的前景和创业企业家的表现进行周期性、阶段性的重新评估，然后根据评估结果选择是否继续注入资金，从而起到减少错误决策、抑制创业企业家机会主义行为的作用。

1）分阶段投资能减少不确定性，形成中断机制

创业企业的不确定程度越高，阶段性评估越能在一定程度上减轻不确定性带来的风险。风险投资家可以根据项目的进展判断发展前景，对前景黯淡的项目果断停止投资，这就是所谓的中断机制。

2）分阶段投资能够减缓信息不对称性，强化风险投资家的控制权

由于信息不对称性，创业企业家比风险投资家拥有更多的私人信息，这可能会误导风险投资家的投资决策。而分阶段投资可以使风险投资家随着项目的进展，不断了解更多有关企业和项目的信息。一般来说，风险投资家会在各轮次资金注入的间隙，高频次、周期性地考察创业企业。融资轮次之间的检查主要是为了限制创业者在两次评估之间的机会主义行为。作为一个多轮次的重复博弈，创业企业家在首轮投资开始时就认识到，他能得到的资本只能支持他实现这个阶段的目标。如果达不到契约中规定的阶段性业绩目标，风险投资家就会相应调整决策（会减少下一轮的投资额，要求更多的股权份额，甚至撤换管理层）。这样，分阶段投资实际上强化了风险投资家对创业企业家及经理层的控制。

3）分阶段投资能在制度上解决单向承诺问题

创业企业家由于自身独特的人力资本可使其项目增值。当创业者必须从外部融资时，这就带来单向承诺问题，即他不能许诺在将来不通过从项目中撤走其宝贵的人力资本来中断与风险投资家的关系。假定对创业企业的投资是一次性的，而创业企业家事先能承诺给风险投资家的回报非常有限，结果就会使许多有利可图的项目无法融资。从制度上克服单向承诺问题的办法，是根据风险资本进程，采取分阶段投资的方式，随着企业的发展，更多的外部投资会被吸收进来。

4）分阶段投资对创业企业家产生激励约束作用

风险资本是十分宝贵甚至非常稀缺的资源。一方面，在创业企业正常按双方的合理预期发展的情况下，分期融入资本可以避免创业企业家的股权在一开始被稀释得过于严重，这样可以激励创业企业家。另一方面，如果创业企业发展不顺利或项目可能失败，风险投资家将给予创业企业家严厉的惩罚，通常会有两种方式：第一，风险投资家再次注资时，将要求以更高的比

例和较低的价格稀释创业者的权益份额;第二,分阶段投资过程中,风险投资机构有权彻底关闭、清算创业企业。另外,风险投资家通常会向从事同一领域的一家以上的创业企业进行投资,这样就可以把多家创业企业捆绑在一起,借助分阶段注资的权利,以"联赛竞争"的方式对创业企业进行投资筛选,俗称"竞品双投"模式。这样对创业企业家产生了巨大的激励与约束作用,胜者与风险投资家分享新产品的市场价值,败者将被收购兼并或者出局,从而激励创业企业家努力工作,并部分弥补风险投资家对落选企业的投资损失。

比如,老虎基金投资了电商领域的当当网及京东商城,教育领域的新东方与学而思,线上商业服务平台 58 同城和赶集网;鼎晖投资同时投资了团购网站窝窝团与 24 券;IDG 同时投资了电商外包服务国内公司易积科技与四海商周。从驴妈妈与途牛旅游网,到万学教育与卓越教育,从农信与拍拍贷,再到乐蜂网与聚美优品,美团与大众点评都是红杉资本竞品双投的产物。在风险投资投资创业企业时,风险投资为了防范被创业企业套牢的风险,风险投资家普遍采用竞业禁止条款。但是,在谈判中处于弱势地位的创业企业家根本无力对风险投资提出"竞业禁止投资"的要求。此时,创业企业家随时会面临不得不被动放弃在经济上、技术上仍然可行的项目的可置信威胁,这是风险投资家保护其投资得到良好利用,而不至于使创业企业家借口创业企业无形资产比例高、资产专用性程度高而滥用资金的重要措施。

5)分阶段投资提供了一种衡量监控强度的方法

一方面,从上面的分析中不难得出结论:风险投资家每一阶段投资的存续期越短,投资轮次越多,其对创业企业监控的频率和强度就越大。这也是有利于创业企业顺利实现 IPO 的一个重要信号。事实表明,风险投资家利用他们的行业知识和监控技巧,对那些具有相当不确定性的项目进行分阶段投资。经典风险投资家的投资集中于早期阶段的创业企业和高科技企业。

另一方面,风险资本融资总额和融资轮次也可衡量风险投资家的监控强度。对风险资本融资总额影响最大因素是企业获得的融资轮次。一般而言,市场价值/账面价值比率高的企业,即有较高成长机会的企业和 R&D 密集性高的企业获得的融资轮次要多于未上市企业,而被并购或破产企业所得的融资轮次则少于未上市企业。随着时间的推移,风险投资家能够得到更多有关投资项目潜在营利性的信息。如果风险投资家得知创业企业有公开上市的潜力,那么他就会继续对该项目进行投资。如果该项目可行,但无上市的潜力,那么风险投资家就会尽快将其出售,没有潜力的企业则被清算。总而言之,有许多证据表明,风险投资家主要担心的是,当项目的失败已显而易见,创业企业家仍不愿意终止该项目。风险投资家通过较频繁地注入资本(融资轮次增多)来加强监控。

5.2.2 金融工具选择

风险投资家在对创业企业的投资价值进行全面综合评估后,如果选中了该创业企业,接下来的重要工作就是选择一种有效的金融投资工具(或几种金融投资工具的组合),将风险资本分阶段注入创业企业。

在选择金融投资工具时,风险投资家关注的事项主要包括:

(1)在一定的交易风险下,取得合理的投资回报;

(2)在创业企业中占有一定的董事会席位,对创业企业决策施加足够的影响;

(3)享有一定的控制表决权,以便在创业企业业绩恶化的情况下能够更换管理层;

（4）金融工具具有较强的流动性，能够变现。

而创业企业家考虑的问题主要有：

（1）能够对自己所创立的企业有足够的控制权，领导企业发展；

（2）希望从外界获得足够的资源，充分发展企业的业务；

（3）尽可能使纳税最小化；

（4）从创业企业的创业过程中获得合理的投资回报。

因此，金融投资工具的选择过程，实际上是风险投资家与创业企业家反复协商和博弈的过程，他们最终所选择的金融投资工具，必须能够满足双方利益与风险平衡。

从风险投资家的角度看，金融工具的选择主要是基于风险和收益两方面的考虑。具体来说，就是要尽可能保证投资的安全性、适当的当期收益、分享企业成长带来的资本增值、对创业企业的适度控制和对未来投资的可参与性等几个目标的综合实现。为了适应这些需求，合约中金融工具的选择显得尤为重要。在风险投资市场上，常用的金融投资工具有普通股、优先股、普通债券、可转换债券、可认购股票债券等多种形式。普通股和普通债券是两种极端形式的金融投资工具，而其他的几种投资工具则是结合了普通股和普通债券优点后所产生的复合式投资证券（Hybrid Securities），如图 5-1 所示。

图 5-1　常用的金融投资工具

1. 普通股

普通股（Common Stock）是一种纯股权式的金融投资工具。选择以普通股为投资工具，表示风险投资家以购买普通股票的方式向创业企业注入风险资本，并分享与普通股相关的权益。以普通股的方式参与风险投资，主要有以下特点。

1）有限责任

尽管普通股股东是公司的所有者，但仅以出资额为限负有限责任。当被投资的创业企业破产清算时，不管企业亏损多少或负有多少债务，普通股股东最多损失参与投资股份的本金。

2）投票权

普通股股东对公司的重要事务有投票权，通常是一股一票。由股东选择董事会，再由董事会选择董事长。风险投资家第一次向创业企业注入风险资本时，由于只拥有创业企业的少数股份，通常很难拥有对创业企业的决策权，他们的利益将受到创业企业多数股东的影响。

3）资本保全的风险大

普通股是一种对创业企业资产具有最低级别求偿权的证券。创业企业如果经营不善，首先削减的就是普通股股东的股息。如果破产，所有创业企业的债权人、债券所有人和经理们都会在普通股股东之前得到赔偿，普通股股东最后一个得到偿付。因此，以普通股股东参与风险投资，缺少安全性，资本保全的风险很大。

4）股东能分享创业企业成长的收益

如果创业企业成长迅速，赢利能力强，普通股股东不仅能获得企业较高的股息，而且还能分享企业价值上升的收益。

2. 普通债券

普通债券(Common Bond)是一种债务式的金融投资工具。与普通股不同,普通债券是一种债务凭证,而不是所有权的象征。它是借款人和贷款人之间的一个债务与债权的合约。普通债券一般都规定,债券的发行人(借款人)要向债券持有者(贷款人)定期付息,到期偿还本金,并享有与债权有关的权益。对风险投资家而言,普通债券投资的优点是赢利稳定,安全性高,可定期取得固定的利息收入,在被投资的创业企业破产清算时享有优先清偿权;主要缺点是无法对创业企业拥有足够的影响力和控制权,无法分享创业企业的成长收益。发达国家的经验表明,普通债券投资不适用于早期发展阶段的创业企业,因为处于早期阶段(尤其是种子期和创立期)的创业企业通常没有销售收入,没有赢利记录。风险投资家以普通债券参与投资,不仅会剥夺创业企业宝贵的现金流,还会因资本结构中的负债率过高而影响创业企业的后续投资,尤其是债务投资。

3. 优先股

优先股(Preferred Stock)是一种所有权证券,它兼具普通债券和普通股的一些特点,因而是一种复合式证券投资工具。如同普通债券一样,优先股股东可以按期获得固定不变的股息,该股息率是每股面值的一个百分比,不受创业企业经营状况和赢利水平的影响。在某种程度上,优先股与普通股具有某些类似之处,如优先股代表被投资创业企业的所有权,但不同的是优先股股东通常不具有控制权,即优先股的股票不含投票表决权,优先股股东无权过问创业企业的经营管理与决策,被认为是一种沉默的入伙人。此外,优先股也没有先买权,即在企业发行新的股票时,企业没有义务把股票先卖给已有的优先股股东。

优先股相对于普通股来讲具有若干优先权,如优先股股东先于普通股股东获得创业企业的股息收入;当创业企业破产清算时,优先股股东先于普通股股东分得创业企业的剩余资产。此外,还可以通过公司章程或投资合同明确规定优先条件。如:

(1)优先股股东的权利、义务;

(2)优先股股东行使表决权的条件、顺序和限制;

(3)优先股股票分配股息的顺序和定额;

(4)优先股股东分配企业剩余资产的顺序和定额;

(5)优先股转让股份的条件;

(6)优先股股票的赎回等。

优先股的种类很多,常用的有可赎回优先股、可转换优先股、参与可转换优先股、累积优先股、可调息优先股等几种形式。

1)可赎回优先股(Callable Preferred Stock)

可赎回优先股是给发行者(创业企业)一种选择权利,允许发行者以一定的价格收回股东手里的优先股。当市场利息率远低于优先股的股息率时,发行者往往执行赎回的选择权以降低其投资成本。大多数优先股是可以赎回的,且在一般情况下,都会在风险投资家与创业企业的投资合同中用专门的条款来明确规定优先股的赎回条件与方式。赎回方式通常有三种:溢价方式、偿还基金方式和转换方式。溢价方式是指根据事先约定的价格,按优先股面值加一笔"溢价"作为补偿费予以赎回;偿还基金方式是指公司在发行优先股时,从所收取的股金中提取一部分,设立偿还基金,用于赎回已发行的优先股;转换方式是指将优先股转换成普通股,这种处理方式类似于可转换优先股。

如果一个创业企业继续经营直到成功地实现公开发行上市的话，那么风险投资家就会期望通过可赎回优先股的赎回而收回他原来以优先股的形式向企业投入的那部分资金，但是又不影响他在普通股方面拥有的基本股权头寸。这样，他可以在取回他的钱的同时，又保持他的投资份额。这种“双渗透”的性质，会让企业家感到苦恼。而且，当从公开发行中获得的收益的重要部分都被用以回购风险投资家的优先股时，该公司的市场价值会受到极大的负面影响。可赎回优先股的这些副作用，使得私人权益交易中开始使用可转换优先股。

2）可转换优先股（Convertible Preferred Stock）

可转换优先股是一种介于普通债券与普通股之间的复合式金融投资工具，它既可以像债券一样取得固定的利息收入，也可以按照规定的条件和规定的价格，将优先股转化为普通股。通常情况下，选择可转换优先股作为金融投资工具，在风险投资家与创业企业家订立投资合同时，都要设置转换比例（或价格）条款。如某投资协议规定，可转换优先股的持有者可在 5 年内以 1∶5 的比例转换为普通股。根据该协议，可转换优先股持有者一般会选择有利的时机，如在创业企业经营状况良好，赢利能力快速提升，普通股的价值大幅上扬时予以转换，以便分享创业企业快速成长的收益。是否转换为普通股，完全由可转换优先股的持有者自行决定，这是他们的权利而非义务。可转换优先股近年来受到了风险投资家和创业企业家的共同关注，并在风险投资领域得到了广泛的应用。

从风险投资发展的历程来看，20 世纪 70 年代的私人权益交易中，主要使用的金融投资工具是可赎回优先股，这反映了那个时候只有少量可以利用的资本。随着风险投资机构化，市场变得更有竞争性，可转换优先股成为常用的风险投资证券工具。之后，多轮风险资本融资模式开始盛行，晚期阶段的风险投资家比初期风险投资家支付的价格明显高得多，他们坚持采用优先股工具，这种优先股相对于普通股和低价优先股，在清偿方面拥有优先权利。20 世纪 90 年代，随着晚期投资者支付的价格越来越高，这种趋势得到加速发展。在私人公司出售中，出售的价格可以让早期投资者获得惊人的回报，但是那些支付了高价且希望公司以公开发行上市的形式退出的晚期投资者却只能获得相当有限的回报，这些晚期投资者坚持要求公司采取一种可以使他们从公司出售中分享更多收益的融资结构安排。满足这种要求的金融工具，就是参与可转换优先股。

3）参与可转换优先股

参与可转换优先股是增加了一种特征的可转换优先股，即在公司出售或者清偿的时候，其持有人有权获得面值补偿并且可享有部分的普通股权利（就如同转换成了普通股）。与可转换优先股一样，这种优先股带有强制转换条款，在公司公开发行上市的时候就会执行。从实质上看，这种优先股在公司没有公开上市的时候，其作用就像是可赎回优先股；在公司公开上市之后，它就转换成了普通股。

参与可转换优先股的一个重要的伴随条款就是确定参与条件（即参与普通股股份，也就是转化成普通股）何时生效的条款。通常该条款的内容是“在公司出售或者清偿的时候”，并且继续定义清偿是任何形式的合并或者改变了公司控制权的交易。这样规定导致的结果是，在两家私人公司合并成一家公司的交易中，合并后的私人公司发行新的优先股以交换原来公司的优先股时，这些条件可能就会被激发生效。这样，就可能导致参与可转换优先股的持有者即要求根据老优先股的面值获得新的优先股，同时还要参与（即要求通过转换而获得）新公司的普通股。所有这些事情都可能在没有真正出售公司使之变现的情况下出现。

如果公司的投资条件中包含这种参与特征,晚期投资者就愿意支付很高的价格购买这家公司的股份,这就推动了人们普遍接受参与可转换优先股。如果公司公开上市,这种会对公司股权造成高度稀释的参与性特征就会自动失效。因此,如果公开市场行情不错,并且公司又有自身成功的业务,其公开上市的可能性很大,那么公司和它现在的股东就有信心发行这种投资工具。

4)累积优先股(Cumulative Preferred Stock)

累积优先股是指企业在任何营业年度内未支付的股息可以累积起来,在以后的赢利年度一同支付全部优先股的股息。创业企业在创业过程中,会经常出现某些年度经营状况不良,没有赢利而难以支付股息,或者是赢利过少而不足以支付全部固定股息的尴尬局面。如果选择累积优先股的金融工具进行投资,创业企业就可以把未支付的股息累积起来,到企业经营状况改善时一同付清所欠的全部股息。创业企业只有将所欠的全部优先股股息付清之后,才能支付普通股股东的股息。如果创业企业没有能力付清所欠的股息,累积优先股的股东就没有合法的追索权。近年来,越来越多的创业企业选择累积优先股为投资工具,而选择非累积优先股为投资工具的风险投资企业越来越少。

5)可调息优先股(Adjustable Preferred Stock)

可调息优先股的主要特点是,股息率不是固定的,是可以调整的。但是,股息率的调整与公司的经营业绩无关,而是根据证券市场价格的升降或银行存贷款利率的变化进行适当的调整。可调息优先股是为了适应近年来国际金融市场动荡不安,各种有价证券的价格和银行存贷款利率经常波动的特点而产生的,目的在于保护股东的权益,扩大公司股票的发行量。

4. 可转换债券

可转换债券(Convertible Bond)是企业发行的一种债券,其持有人可以按照约定的条款(如转换期限、转换价格和转换比例等)将债券转换为发行人的普通股票。可转换债券通常涉及面值、票面利率、转换期限、转换价格和转换比例五个基本要素。面值是可转换债券计算利息的基础,也是债券终止日的赎回价格;票面利率是可转换债券在转换为普通股票之前,发行企业向债券持有人支付的固定的年利息率;转换期限是可转换债券持有人有权将手中的债券转换为普通股票的约定期限,通常为3~5年;转换价格是可转换债券持有人将债券转换成普通股票的每股价格;转换比例是指每一份可转换债券可换多少股普通股票,实际上也是转换价格的另一种表现。

与可转换优先股一样,可转换债券是一种兼具普通债券和普通股票双重特征的复合式金融投资工具,能够较好地平衡风险投资家和创业企业双方的利益,满足双方各自的要求,因而在风险投资领域也得到了广泛应用。对风险投资家而言,可转换债券具有普通债券的特点:一是若债券持有人没有行使换股的权利,可按期获得票面规定的利息,并在债券终止日收回本金,因此具有较高的安全性和固定的回报率;二是当发行企业经营状况良好,并取得显著的经营业绩时,债券持有人可以趁机按照约定的条款把所持有的债券转换成普通股票,由此获得对创业企业一定的控制权,并分享企业成长的利益。对创业企业来说,可转换债券也有明显的优势:一是可转换债券拥有兑换成普通股的权利,相对于银行贷款和普通债券来说,发行利息成本较低(我国规定可转换公司债券利率不得超过同期银行的存款利率);二是可转换债券通常有较长的期限,符合创业企业投资周期长的特点,有利于企业长期经营和稳定发展;三是可转换债券兼有债权和股权的双重特征,是债权向股权转换的桥梁,为创业企业提供了债权利益向股权利益转化的途径，进而缓解了企业债权利益和股权利益之间的矛盾，有利于优化创业企业的资本结构。

5. 可认购股票债券

可认购股票债券（Attachable Stock Option Bond）是发达国家近年来出现的一种新的金融投资工具，是指风险投资家以债权资本形式向创业企业注入风险资本的同时，获得了创业企业赋予的一项认购股票的选择权，即风险投资家可以在将来某一规定时间内按照确定的价格购买一定数量的股票。因此，可认购股票债券在本质上是普通债券和股票期权的结合。可认购股票债券对风险投资家具有很强的吸引力，其优势体现在两方面：①可认购股票债券和普通债券一样，债券持有人可按期获得固定的年利率，具有债权资本安全性高和风险锁定的特点；②当被投资创业企业经营业绩显著增长时，债券持有人有权按照约定的条款认购创业企业一定数量的股票，通过股权的形式参与创业企业的经营管理，分享创业企业高成长的利益。而创业企业之所以愿意选择可认购股票债券作为投资方式，关键在于：一是可认购股票债券兼具风险锁定和成长机会分享的特点，其利率普遍低于普通债券，降低了创业企业的资本成本；二是当可认购股票债券持有人行使权利时，创业企业由此可以再次获得股权投资的机会。

通常风险投资公司不单纯要求一种形式，而是要求一个组合，如一部分为可转换优先股，一部分为可转换债券，一部分为次级债券等。不同的投资者对风险与收益的各种组合有着不同的偏好，实践中的投资组合形形色色。但有一种“黄金组合”的说法，即62%为可转换优先股，30%为可转换债券，8%为其他形式。这种组合的好处是：一旦风险投资成功（企业上市），可转换优先股能以事先确定好的价格转化为普通股，通过二次上市即可获得现金回报；一旦企业不能上市，优先股可获得分红的优先权（有时优先股还要求以事先确定的利率获得利息）。同样，一旦风险投资成功（企业上市），可转换债券能以事先确定的价格转化为普通股；一旦风险投资失败（企业清算破产），可转换债券拥有优先于股份获得本息并分享企业剩余资产的权利。

当然，由于创业企业所处的产业类型与发展阶段的不同，风险投资公司资本结构与规模的差异，以及不同国家（地区）法律制度和创业文化传统的差异，风险投资家与创业企业所选择的金融投资工具在不同的国家（地区）以及在同一国家（地区）不同的被投资对象之间都会有很大的差别。例如，在美国的风险投资市场上，可转换优先股得到了最为广泛的应用，并已经成为风险投资金融工具中的主流品种；而在加拿大，普通股、次级债券和可转换债券三种金融投资工具的使用则较为普遍。

5.2.3 股权定价与股份比例

1. 投资前估值和投资后估值

在风险投资交易中，投资者向创业企业投入现金并获得企业新发行的股份。对企业的估值将决定风险投资基金购买企业的股权价格以及在企业中所持有的股份比例。估值有两种类型，即投资前估值和投资后估值。投资前估值是指在本轮融资之前企业所具有的价值。本书上一章介绍的估值方法所得到的估值都是投资前的估值。投资后估值是指包括当前轮次的融资所提供的资本在内的企业价值。在投资者对企业投入资金之后，企业估值的增加仅仅是它所拥有的现金数量的增加。在这种情况下，投资后的企业估值的增加也仅仅是现金的增加量。计算公式为：

投资后的估值=投资前的估值+投资额

例如，一家企业投资前的估值是200万美元，在风险投资家对其投资500万美元之后，这家企业投资后的估值为700万美元。

2. 股权定价

当投资者提议对一家企业进行投资时，他们通常已经采用估值方法对这家企业的价值进行了评估。企业在风险投资家对其进行投资前的估值为投资前的估值。知道了企业的投资前估值和投资前企业股份的总数，就可以计算出投资者在购买企业股权时需要支付的每股价格，计算公式为：

每股价格=投资前企业的估值/投资前企业的股份

例如，企业的投资前估值为300万美元，企业在投资前已发行的股份是150万股，那么企业股份的每股价格为：

每股价格=投资前企业的估值/投资前企业的股份=300万美元/150万股=2美元

可以看出，投资前企业股份的总数会对风险投资家需要支付的每股价格产生显著的影响。

3. 股份比例

在交易发生之后，由风险投资家所拥有的那部分企业股份的比例是他们购买的股份数量除以投资后企业发行在外的总股份数，计算公式为：

风险投资基金的持股比例=风险投资基金购买的股份数/投资后企业发行在外的总股份数

也可以用另外一种方式来表达，公式为：

风险投资基金的持股比例=投资额/投资后估值=投资额/（投资前估值+投资额）

这样，一旦确定了企业在投资前的估值，就可以计算出风险投资基金在投资后所持有的被投资企业的股份比例。方法是用风险投资基金的投资额除以企业投资后的估值。例如，一家企业的投资前估值为300万美元，当风险投资基金对这家企业投资200万美元之后，风险投资基金的持股比例为：

风险投资基金的持股比例=200万美元/（300万美元＋200万美元）=2/5=40%

这意味着风险投资基金在交易完成后将获得企业40%的股份。

5.2.4 管理团队的股份期权

由于风险投资和创业企业管理团队之间的信息不对称，会产生潜在的道德风险，即创业企业管理团队以创业企业受损为代价来谋求自己的利益。因此，在风险投资协议中，一般通过赋予创业企业管理层更多的剩余索取权来强化激励机制。剩余索取权简单来说就是对企业剩余（即利润）的要求权。在对创业企业管理层的报酬设计中，设计股份期权报酬，使管理层能够分享企业成长带来的股权价值。

股份期权主要是针对管理层而制定的一种利益激励机制，目的在于鼓励高层管理人员的长期经营管理行为。股份期权赋予高层管理人员在约定期限内以约定价格购买企业股份的权利。例如，某一企业给每个高层管理人员在5年内以每股1元的价格购买企业股票1 000股的权利，当5年后企业的股票价格上涨到每股10元时，他仍然可以以每股1元的价格购买1 000股，这时他花1 000元买的股票价值已经上涨到10 000元。这样，企业管理层的利益就与企业价值的增长紧密联系在一起，从而激发其努力工作以扩大企业价值。这种期权一般是通过分阶段执行来实现的，在股份期权规定执行期内，风险投资家一般还要求，如果企业高层管理人员离开企业，其剩余的期权将会丧失，这也就是所谓的"金手铐"。股份期权制度的好处在于将高层管理人员的利益和企业价值的增长以及股东的利益紧密地联系在一起，促使高层管理人员尽最大努力去实现企业的价值。如果他们由于经营不善被迫离开公司，则他们很难再次募集资金。

5.2.5 股权分期解锁

初创公司生存和发展的重要基础在于"人"。创始人的智慧、资源与投入时间，特别是在公司早期发展阶段，是比资金更为关键的价值要素。对于高溢价向公司出资的投资人而言，只要创始人能为公司的发展持续服务和贡献，即便其仅出资少许，亦可获得公司较高比例的股权。换言之，创始人所持公司股权实际是其对公司服务的对价；如果持有公司大量股权的创始人未兑现其为公司服务的承诺，那么其自然也不应享有相应的股权。为此，投资人常将创始人在公司的持股数量与其为公司提供服务的期限相勾连，即股权的分期解锁。

股权分期解锁，又称为股权分期到位、股权兑现、受领权，通常是指创始人持有的公司股权随其为公司持续服务的时间而逐步解锁。以下是较为常见的一种股权分期解锁条款："只要创始人作为服务提供者的持续状态没有终止，那么创始人的全部股权将自交割的第一个周年日起分四年匀速解锁，在交割日后的第一个周年日解锁 25%，在之后的每个周年日逐年解锁 25%。如果创始人主动或被动终止其雇佣关系或者服务关系，公司有权以名义价格回购或指定第三人收购创始人未解锁的股权。在公司被整体出售时，创始人股权将加速解锁。"

股权分期解锁有着重要的作用，可防止员工离职和拿走与服务公司时间不成比例的价值。当员工遇到其他的工作机会时，受领权有"金手铐"作用，激励员工留在公司。如果公司效益不错，关键员工持有价值不菲的期权或股票，如果员工在一定的时间或事件之前离开，他将失去一大笔钱，这样其早早离开公司的可能性就大大降低。股权分期解锁还发挥这样的作用：将股份从某种意义上"还未完成工作"的员工手中返回到激励股票池中，并给接替工作的员工提供激励股份。这使得公司可以根据职位和岗位职责规划激励股票，从而在一定程度上减少员工离职率。类似的，股权分期解锁保护了士气，较之离职的员工，留下并创造价值的员工将获得更多利益。

股权分期解锁条款的核心要素包括受限股权范围、解锁期限、加速解锁以及对未解锁股权的处置等。

1. 受限股权范围

一般情况下，创始人直接或通过持股平台间接持有的公司股权均应受股权分期解锁条款的约束。但在特殊情况下，创始人持有的公司股权可能需区分为人力股和资金股。人力股，指的是公司成立时创始人以少量资金缴纳注册资本取得的股权，创始人为公司付出的金钱形式以外的其他贡献（例如劳务、资源、智慧等）是这部分股权的重要对价。资金股，指的是创始人按照相应的市场价格以现金出资的形式取得的公司股权。由于创始人取得资金股时已经付出了相匹配的资金对价，因此创始人可要求这部分资金股免受股权分期解锁条款的限制。

2. 解锁期限

针对创始人股权锁定的期限，可由创始人与投资人综合考虑各种因素后协商确定。境内外的惯例做法是将股权解锁期设置为 3~5 年，以 4 年居多。在设定总的解锁期限的情况下，各方再视情况设定按年限或按月份分期解锁的比例或者按期限一次性予以全部解锁。常见的解锁安排包括(但不限于)如下三种。

1)按创始人服务年限匀速解锁

以4年解锁期为例,创始人每为公司工作满1年,则其所持公司股权的25%被解锁。

2)按月匀速解锁

同样以4年解锁期为例,创始人每为公司工作1个月,则其所持公司股权的1/48被解锁。但是,考虑到创始人为公司服务应有长期性,如刚加入公司不久即离开,在此情况下解锁股权意义不大。因此,很多股权锁定安排中都要求创始人必须为公司工作至少满1年,一次性解锁25%(如不足1年,则全部不予解锁);在满1年之后,其后的36个月再每满1个月解锁1/48。

3)逐年递增解锁

例如,第1年解锁10%,第2年解锁20%,第3年解锁30%,第4年解锁40%。此种分期解锁机制,相当于对创始人在公司的服务赋予了权重,在公司服务时间越长,对公司的贡献越大,可解锁的股权比例越大。

当然,上面所提及的各类解锁安排本质上仍然属于"分期解锁机制"。实践中还存在部分投资人要求以创始人完整提供约定服务年限作为一次性解锁的条件的情况,即"一次性解锁机制"。在该种解锁机制下,仍然以服务4年为例,只有在4年届满之日,创始人才有权一次性获得全部100%的股权。换言之,在4年服务期内,创始人因自身原因主动与公司终止雇佣关系或服务关系或者公司出于正当理由终止了其与创始人之间的雇佣关系或服务关系,创始人将一无所得,即便其已为公司持续服务了47个月。一次性解锁机制并不常见,因其对创始人的义务设定过于严苛,但也并非没有。因为苛刻,创始人可以协商要求换取更短的解锁服务年限(例如2年或者3年),如果创始人"诚心创业",其通过较短的解锁年限一次性获得100%的完整股权,也不失为一桩"美事儿"。

究竟选择何种解锁机制,并非一项固定不变的选择,在每一个具体的风险投资交易中,创始人和投资人可根据创始人为公司服务的具体情况协商议定更灵活的解锁期限安排,这取决于创始人与投资人的相互博弈。

对于解锁期限,不仅要考虑期限的长短以及如何结算,还需考虑期限的起算点。一般而言,投资人很可能会要求将上述解锁期的起算点从投资人对公司的投资交割之日起算,或者至少从公司首轮融资(如果投资人对公司的投资不是第一轮)交割之日起算。而从创始人的角度来讲,如果解锁期的起算点能够前移到创始人为公司服务起始日(如公司设立之日)理论上更为有利。当然,起算点对于整个解锁安排并非大的问题,因此创始人通常也不应该在这一点上特别坚持己见。

此外,在具体交易中,各方还可视情况设定具体的解锁条件、而非设定线性或非线性的解锁期限,或者设定解锁条件和解锁期限相结合的解锁方式。当然,当创始人的股权基于特定的解锁条件(而非解锁期限)时,这种解锁安排实质上是估值调整机制。

3. 加速解锁

加速解锁是指,虽然创始人股权的解锁期限尚未届满,但该期限因特定事件的发生而被视为提前届满,进而使该受限股权得以提前解锁。

如上所述,投资人要求锁定创始人股权系因创始人对公司的持续非金钱贡献。一旦创始人提前向公司提供了该等非金钱贡献,或者公司不再需要创始人的该等非金钱贡献,那么再按原有解锁期限锁定创始人股权就不再必要,或者不再合理。因此,投资人和创始人会根据上述逻辑商定加速解锁的具体“触发事件”。惯常的“触发事件”主要包括:公司在合格资本市场首次公开发行股票并上市;公司发生清算事件(包括法定清算事件和控制权变更等约定清算事件)等。

4. 对未解锁股权的处置

如上所述,创始人持有的公司股权在解锁期内的解锁以创始人在公司持续性地为公司提供服务为前提条件。通常情况下,若创始人在解锁期内因自身原因主动与公司终止雇佣关系或服务关系或者公司出于正当理由终止了其与创始人之间的雇佣关系或服务关系,则创始人持有的部分股权将按照“未解锁股权”的约定予以处置。

在解锁期内创始人因自身原因主动与公司终止雇佣关系或服务关系或者公司出于正当理由终止了其与创始人之间的雇佣关系或服务关系,对于创始人持有的未解锁股权,将按照约定由对应的回购主体按照约定的回购价格予以回购。在境外的风险投资交易中,通常会设置公司作为股权回购主体。但在中国法下,由于公司回购股权通常需要履行减资程序,操作程序复杂且耗时较长,境内的风险投资交易中,一般会设置其他创始人或/和投资人作为股权回购主体,以股权转让的方式完成对未解锁股权的回购。除此之外,也可安排由员工持股平台回购未解锁股权,用于公司未来的员工股权激励。

由于对未解锁股权的回购本质上是对创始人未能为公司提供有关非金钱服务/贡献的“惩罚”,因此该部分股权的回购价格,一般为名义价格或者法律允许的最低价格,例如人民币1元。不过,在有的情况下,考虑到创始人对未解锁股权已进行实际出资,也会约定按照创始人取得股权的成本价或者一定的回报作为回购价格。另外,如果创始人系因健康等原因导致其被迫提前终止与公司的雇佣/服务关系的,创始人也可与投资人协商对此情形下的未解锁股权的回购价格另做约定。

对于创始人已解锁的股权部分,一般而言,应由创始人独立完整地享有该部分股权的权益(但也需受到创始人股权转让限制条款的约束)。不过,即便如此,对已解锁的股权部分,若创始人此后离职的,投资人也可以要求创始人将其已解锁的股权所对应的投票表决权委托给其他在职的共同创始人行使,仅保留分红权等财产性权利,以避免因部分创始人离职对公司未来的经营决策效率造成不利影响。

创始人主动或被动与公司终止雇佣/服务关系通常是因为其与公司或其他共同创始人就公司发展出现分歧,对于其持有的未解锁股权的回购以及已解锁股权的投票表决权委托,可能因创始人不配合签署相关协议而面临“实际执行难”的问题。为防范此类风险,投资人可考虑在交易文件中明确约定创始人需配合签署相关转股协议、办理相关转股手续等义务并明确其违约责任,或者采取其他实际可行的措施,以便未来实际履行有关约定。

5.3 监督制约机制设计

由于风险投资家和创业团队之间的利益诉求不能完全一致,在风险投资家和创业团队之间需要事先确定和明确议事规则,建立监督制约机制,以防止管理层以投资人的损失为代价来谋求自身利益的最大化。通过监督制约机制设计可以增强对企业的管控,但不能完全消除风险。

风险投资家对创业企业的监督制约主要通过在董事会和监事会席位的投票权实现,因此健全公司治理结构是监督制约机制设计的关键。

公司治理结构是一种联系并规范股东(财产所有者)、董事会、监事会、经理层权利和义务分配,以及与此有关的聘选、监督等问题的制度框架。简单来说,就是如何在公司内部划分权利、协调各方利益。现代企业的公司治理结构的监督制约机制,通过对被投资企业经营管理的监督控制来“迫使”管理层尽力去增进企业和股东价值,从而使投资人的期望收益得以实现。

5.3.1 董事会席位与一票否决权

董事会有权任命和解雇企业管理人员,并能够对企业的运营进行指导和监督。因此,在董事会中占有一席之地是风险投资者对管理层实施有效监督和约束的手段。风险投资家往往会在创业企业董事会中占得一个或者多个席位。风险投资者往往利用可转换优先股等金融工具注资创业企业,并常常拥有对重大事项的表决权甚至是一票否决权,因此即使投资人没有在董事会中拥有多数席位,由于风险投资者拥有重大表决权条款也能形成对创业者和管理层的有效约束。

一票否决权又称重大事项否决权或保护性权利,指风险投资人在创业企业(有时会包括其附属公司)的重大事项决策上拥有的否决权。风险投资人之所以要求一票否决权,主要是出于保障自己作为小股东的利益和控制公司风险的需要。通过行使反向的决定权,风险投资人可以在一些与自身利益息息相关的事项上掌握一定的主动权;同时保证风险投资人将诸多重大事项的决策权掌握在手中,使公司在既定的轨道上开展业务。

另外,每个公司对重大事项的界定不尽相同,多则几十项、少则几项。大多数公司将股本结构变动、董事会变更、股份类别变动、支付股息、优先股及其持有人权利义务变更规定为重大事项。

风险投资人可要求在公司股东会或董事会对特定决议事项享有一票否决权。《中华人民共和国公司法》第四十三条规定:“有限责任公司的股东会会议由股东按照出资比例行使表决权,公司章程另有规定的除外。”而对于股份有限公司则要求股东所持每一股份有一表决权,也就是“同股同权”。因此,一票表决权的设定只能在有限责任公司中实施。在风险投资人处于小股东地位的情况下,在投资协议及公司章程中可就以下重要事项设定一票否决权:改变优先股的权益;优先股股数的增减;新一轮融资增发股票;公司回购普通股;公司章程修改;公司债务的增加;分红计划;公司并购重组;出让控股权;出售公司全部或大部分资产;董事会席位变化;增发普通股。

5.3.2 创始人股权转让限制

创始人对公司的信心、持续服务/贡献是公司经营发展的关键,亦是投资人愿意高溢价投资公司的基础。如果创始人能够自由转让公司股权,则可能造成创始人利用公司纸面的高估值套现,而投资人被深度套牢的尴尬局面。实践中,基于投资就是投人的基本原则,一般投资人会约定对创始人转让公司股权的限制条款。以下是一例较为常见的股权转让限制条款:“在公司 IPO 之前,未经投资方事先书面批准,创始人不得直接或间接(如通过持股平台等方式)转让、出售、让与、以设定权利负担或以其他方式处分其所实际拥有的任何公司股权。”

对于股权转让限制的范围,创始人与投资人可协商确定,亦可协商将部分股权排除在股权转让限制条款之外,而不受股权转让限制条款的约束。常见的股权转让限制条款的除外事项包括:

（1）为了实施经公司内部权力机构（如股东会、董事会等）批准的员工股权激励计划而进行的股权转让；

（2）为了履行经创始人及投资人同意并签署的投资协议中的条款约定而触发的股权转让，如实施领售交易/拖售交易相关的股权转让、创始人为了履行业绩而签约对赌条款、反稀释条款约定的对相关投资人的股权补偿而触发的股权转让；

（3）为了促使公司在合格资本市场 IPO 或进行重大资产重组而进行的必要的股权转让。

除此之外，出于维持必要的家庭生活需要，创始人亦可要求允许其自由转让一定比例的公司股权，而不受股权转让限制条款的约束。对于自由转股的比例，一般由创始人和投资人综合考虑各种因素后协商确定，实践中一般不超过创始人所持公司股权的 5%~10%。或者，各方也可考虑允许创始人随着公司的后续融资，在公司后续融资中逐步出售一定比例的老股。

5.3.3 管理层雇佣条款

管理层雇佣条款，主要用以惩罚业绩较差的管理者而保护投资者的利益。由于管理层拥有一定的股份，他们有可能投资风险很大但收益很高的项目，因此风险投资公司往往制定条款处罚业绩较差的管理者，以抵消管理层的风险偏好。雇佣条款通常规定，在何种情况下可以解雇管理层，并购回管理层持有的股份。用于监督制约管理层的雇佣条款有以下两条。

1. 股份购回和股份转让条款

股份购回条款是指核心员工（包括创始人）离职后，受资企业具有从离职员工那里以低于市价（或公允价值）的价格重新购回股份的权利。这是对核心员工的一种约束，目的是保持创业企业核心员工的稳定性。股份转让条款是针对创始人的约束，即未经风险投资公司的许可，禁止创始人将其股权转让给第三者。股份转让条款的目的是防止掌握内部信息的创业经营者套现离职，增大风险投资者的风险。

2. 保密、竞业禁止/限制

保密、竞业禁止/限制，也叫非竞争性条款，主要是指不允许创业企业的核心员工在离职后，加入原公司同行业或相近行业的公司，以保护创业企业的商业机密和竞争优势。

如果公司与核心员工之间没有令投资人满意的保密、竞业禁止/限制安排，投资人往往会要求公司与核心员工重新签署相关协议或文件（在交易文件中一般也会有创始人对投资人做出的相关竞业禁止/限制安排承诺）。根据公司的业务性质，有时投资人也会要求公司与研发人员之间签署相关知识产权归属协议，以明确职务开发知识产权的归属问题。

投资人一般都会要求公司的核心员工（包括创始人）对公司承担相关保密、竞业禁止/限制等义务，以促使公司的核心员工能够将精力运用在公司的发展、避免/减少发生同业竞争或关联交易等可能损害公司利益的情况。通常情况下，相关保密、竞业禁止/限制等条款通常要求如下。

1）保密义务

保密义务包括保密信息的范围（明确公司股东及其关联方的信息亦属于保密信息）、保密期间（一般为任职期间以及离职后一段时间）、保密资料的管理（任职期间遵守公司保密制度的前提下使用保密资料，以及离职后归还或销毁其掌握的保密资料原件或副本）以及相应的违约责任。

2)竞业禁止/限制条款

在职期间及在离职后一定时间内(最长不得超过两年)不会直接或间接以雇员、顾问或其他任何身份从事与公司业务相竞争或冲突的业务,以及从事相关活动。

无论是从投资人的角度还是从公司与创始人的角度,总体而言,核心员工签署保密、竞业禁止/限制条款本身是对公司有利,双方对此应无过多争议。

5.4 保护机制设计

在风险投资中,投资者作为出资方往往不会参与公司的实际运营,因此产生了信息不对称从而带来风险。设计激励和监督制约机制部分防范了道德风险,但不能对市场经营风险和法律风险进行防范。通过设计保护机制,可以在一定程度上避免法律风险转移,并将市场经营风险部分地转嫁给企业实际控制人。风险投资中的投资者保护机制设计主要是通过优先权条款来实现的。为避免投资者受信息不对称和其他风险所带来的不利影响,优先权条款在风险投资交易文件中被广泛使用。除了对风险的规避,优先权条款还体现了风险投资者在做出投资决定时,对退出方案的设计。下面就风险投资中涉及的优先权条款进行解读,使投融双方更加了解优先权条款的内涵与外延,以期在交易实践中更好地维护自身的权益。

5.4.1 优先购买权条款

1. 优先购买权的概念及作用

优先购买权(Right of First Refusal)是指在投资人事先同意的前提下,如果公司的创始人或其他普通股股东拟向股东以外的人转让其所持有的公司全部或部分股权,投资人在同等条件下享有优先受让全部或部分拟出售股权的权利。其作用是对企业原始股东转让权利进行限制和制约,目的是最大限度地保护私募股权投资者的利益,以使得私募股权投资者可以享有有效的退出方式、参与收益可观的交易,以及防止不必要或不受欢迎的股东进入企业。

2. 权利分配方式

在触发优先购买权的情况下,如果存在两个或两个以上的投资人决定行使优先购买权的,该等投资人之间应如何分配标的股权,实践中一般有两种方案。

1)方案一

按照该等投资人在公司的“持股比例”分配标的股权。在该方案下,将会出现投资人无法优先购得全部标的股权的情况,举例而言:标的股权的数量为150万元出资额, A投资人与B投资人在公司分别持股5%与10%,根据该种分配原则,两名投资人可优先购得的标的股权数量分别仅为7.5万元出资额与15万元出资额,而无法对剩余127.5万元出资额享有优先购买权。

2)方案二

按照该等投资人在公司的“持股的相对比例”分配标的股权。在该方案下,行权投资人可以优先购得超过其按照持股比例可获得的标的股权,实质上具有超额优先购买权的效果。以上述例子而言,在该种分配原则下, A投资人与B投资人按照其“持股的相对比例”(即5%:10%)分配全部150万元出资额,可分别购得50万元出资额与100万元出资额。

从《中华人民共和国公司法》角度而言,法律允许股东之间就优先购买权的购买比例进行协商确定,最终选择何种分配方式,主要还是取决于投资人与创始人、公司的商业谈判地位、各方商业诉求等因素。

3. 二次行权机会

一般情况下，在同一转股事件中，投资人一般仅能行使一次优先购买权。但是，有的时候，并非全部投资人均会行使优先购买权。若因部分投资人放弃行使优先购买权或者未能完全购买其优先购买份额，则已经完全购买其优先购买份额的投资人可能还会要求就剩余部分的标的股权进行超额购买，即为投资人的二次行权。

4. 在中国法下适用情况

《中华人民共和国公司法》所规定的"优先购买权"，仅限于强调"人合性"的"有限责任公司"，对注重"资合性"的"股份有限公司"的股东转股行为并未设置法定优先购买权。

如果被投资企业是有限责任公司，优先购买权是可以实现的。根据《中华人民共和国公司法》第七十一条的规定："有限责任公司的股东之间可以相互转让其全部或者部分股权。股东向股东以外的人转让股权，应当经其他股东过半数同意。股东应就其股权转让事项书面通知其他股东征求同意，其他股东自接到书面通知之日起满三十日未答复的，视为同意转让。其他股东半数以上不同意转让的，不同意的股东应当购买该转让的股权；不购买的，视为同意转让。经股东同意转让的股权，在同等条件下，其他股东有优先购买权。两个以上股东主张行使优先购买权的，协商确定各自的购买比例；协商不成的，按照转让时各自的出资比例行使优先购买权。公司章程对股权转让另有规定的，从其规定。"该规定为优先购买权预留了很大的空间。

如果被投资企业是股份有限公司，优先购买权的实现是存在法律障碍的。根据《中华人民共和国公司法》第一百三十七条的规定："股东持有的股份可以依法转让。"该条款决定了股份有限公司自由转让股份的基本原则，各股东所持公司的股份如果发生转让行为，是无法授予其他股东优先购买权的。

如果目标企业被投资后变更为一家中外合资企业，优先购买权也是可以实现的。根据《中华人民共和国中外合资经营企业法实施条例》第二十条的规定："合营一方向第三者转让其全部或者部分股权的，须经合营他方同意，并报审批机构批准，向登记管理机构办理变更登记手续。合营一方转让其全部或者部分股权时，合营他方有优先购买权。合营一方向第三者转让股权的条件，不得比向合营他方转让的条件优惠。违反上述规定的，其转让无效。"该规定为优先购买权的实现预留了空间。

5.4.2 优先认缴权条款

1. 优先认缴权的概念

优先认缴权（Right of First Offer），又称为优先认购权，是指公司在发行新股时，投资方作为原始股东可以按照原持有的股份数量的一定比例优先于他人进行认购股权的权利。

《中华人民共和国公司法》第三十四条规定："股东按照实缴的出资比例分取红利；公司新增资本时，股东有权优先按照实缴的出资比例认缴出资。但是，全体股东约定不按照出资比例分取红利或者不按照出资比例优先认缴出资的除外。"

《中华人民共和国公司法》及相关法律没有对优先认缴权的时效做出规定，但根据最高法院的公报案例，股东行使优先认缴权应有时间限制，"股东优先认缴公司新增资本的权利属于形成权，为维护交易安全和稳定经济秩序，该权利应当在一定合理期间内行使"，若股东得知公司拟发行新股后未做出行使优先认缴权的表示，且在公司将新股增发给新股东时未表示反对，则认为原股东放弃了优先认缴权。

原则上，股东对新增资本的优先认缴权不能超出原持股比例。如果超出原持股比例，则会损害其他股东的利益，不符合优先认缴权的立法目的。

2. 优先认缴权的类型

实务中，投资协议常见的优先认缴权类型主要包含 Pro rata 优先认缴权、Super pro rata 优先认缴权和绝对优先认缴权。

1）Pro rata 优先认缴权

Pro rata 优先认缴权，是指投资协议所约定的投资人按照持股比例享有的优先认缴权，即投资人可优先认购的股权比例为：投资人所持公司注册资本/公司总注册资本。此外，该持股比例的时间节点是指在公司拟进行的增资前。

2）Super pro rata 优先认缴权

Super pro rata 优先认缴权，是指仅投资人之间按照相对持股比例享有优先认缴权，即投资人可优先认购的股权比例为：投资人所持有的公司注册资本金数额/所有投资人所持有的公司注册资本金数额之和。

3）绝对优先认缴权

绝对优先认缴权，是指在后续轮次融资时投资人就所有新增股权均享有优先认缴权。投资人要求享有绝对优先认缴权一般常见于投资人较为强势的案例中，持有绝对优先认缴权的投资人如果在后轮融资过程中要求行权，可能会严重威胁到创始股东的控股地位。目前，投资人享有绝对优先认缴权的项目在市场上占比相对较低。

5.4.3 优先清算权条款

1. 优先清算权概述

优先清算权（Liquidation Preference）又称清算优先权，是指持有优先股的股权投资者有权在普通股股东之前按照事先约定的价格获得企业清算价值的全部或一部分。

投资者在投资协议中通常会约定优先清算权条款，主要目的首先是保证投资人在退出时的损失最小化，做到“旱涝保收”；其次是投资人可以在公司被收购、出售控股股权或出售主要资产时，也就是视为清算的情况下，也能获得一个比较理想的回报。

要理解优先清算权，首先要理解优先股的概念。优先股享有一些优先的权利，具体体现为优先分红权、优先清算权、优先认购权和优先购买权等。优先股是指当公司进行股利分配或者剩余财产分配，以及股利与剩余财产同时进行分配时，优先于持有公司普通股的股东获得股利或者剩余财产的股份。

优先清算权以优先股为基础，是持有优先股的股东享有的具体权利，其行使条件是目标公司发生清算事件时，投资人有权触发优先清算条款，提前退出。清算事件是指除 IPO 之外的一切导致公司控制权变更的重大资产或股权的变动情况，诸如公司投票权转移、公司被兼并/合并、公司全部或实质性全部资产的出售/租赁/转让或其他处置方式。清算事件分为一般清算事件和视为清算事件。所谓一般清算事件，是指公司经营状况不佳时，进行清算、解散或清盘，在此类情况下公司剩余的资产已不多。而视为清算事件，并非指公司事实上的解散或清盘，而是指公司合并、被收购、出售控股股权以及出售主要资产、重组以及其他活动，从而导致公司现有股东占有存续公司已发行股份的比例不高于 50%，在这类情况下，公司可能仍拥有很多资产。

A 系列（根据 VC 的投资顺序，用 A、B、C 系列等表示）优先股的持有者有权优先获得公司的普通股，每股价格等于原始股购买价格的倍数，还要加上已经宣布但尚未兑现的利息。这里的倍数就是指优先清算倍数。

从表 5-1 中可以看出，优先股相比普通股，享有优先清算权，而 VC 投资条款中的优先股和一般优先股的不同主要在于 VC 投资条款中设置了优先清算倍数的条款，通常情况下，为了保证投资机构的 IRR，优先清算倍数一般情况下会大于 1，一般是 2~4 倍。

表 5-1 普通股、一般优先股、VC 投资条款中的优先股的比较

	普通股	一般优先股	VC 投资条款中的优先股
固定股息	×	√	√
投票权	√	×	×
优先清算权	×	√	√
优先清算倍数	×	×	√

2. 优先清算权的分类

优先清算权一般由两部分组成：优先权和参与分配权（又叫二次分配），优先权体现的是债权关系，参与分配权则体现的是股权关系。根据参与分配权的不同，可以将优先清算权分为：不参与分配的优先清算权、完全参与分配的优先清算权和附上限参与分配的优先清算权。

1）不参与分配的优先清算权

在公司清算或结束业务时，A 系列优先股股东有权优先于普通股股东获得每股 *X* 倍于原始购买价格的回报以及宣布但尚未发放的股利。

（1）当公司的退出价值（清算价值）低于优先清算回报（风险投资协议约定的属于 VC 优先取得的金额），VC 拿走全部的清算资金。

（2）当公司的退出价值 ×VC 转股之后持有的股份比例的结果高于优先清算回报，VC 将优先股转换为普通股，跟普通股股东一起按比例分配。

（3）当公司的退出价值介于上述两者之间时，VC 拿走约定的优先清算回报。

2）完全参与分配的优先清算权

在支付给 A 系列优先股股东优先清算回报之后，剩余资产由普通股股东与 A 系列优先股股东按相当于转换后的股份比例进行分配。即：完全参与分配权的股份在获得优先清算回报之后，还要跟普通股按比例分配剩余清算资金。

（1）当公司的退出价值（清算价值）低于优先清算回报（风险投资协议约定的属于 VC 优先取得的金额），VC 拿走全部的清算资金。

（2）当公司的退出价值高于优先清算回报，VC 先拿走优先清算回报部分，再将其优先股转换为普通股，与普通股股东一起按比例分配剩余的清算价值。

3）附上限参与分配的优先清算权

在支付给 A 系列优先股股东优先清算回报之后，剩余资产由普通股股东与 A 系列优先股股东按相当于转换后股份比例进行分配；但 A 系列优先股股东一旦其获得的回报达到 *X* 倍于原始购买价格以及宣布但尚未发放的股利，将停止参与分配。之后，剩余的资产将由普通股股东按比例分配。

（1）当公司的退出价值（清算价值）低于优先清算回报（风险投资协议约定的属于VC优先取得的金额），VC拿走全部的清算资金。

（2）当公司的退出价值 ×VC转股之后持有的股份比例的结果高于优先清算回报，VC将优先股转换为普通股，跟普通股股东一起按比例分配。

（3）当公司的退出价值介于上述两者之间时，VC先拿走约定的优先清算回报，然后将其优先股转换为普通股，与普通股股东一起按比例分配剩余的清算价值。但是，如果其分配的清算价值+之前拿走的优先清算回报的结果达到约定的上限时，VC不能再继续分配剩余的清算价值。

3. 多轮融资中优先清算权的处理

在企业发生多轮融资时，优先清算权会更为复杂。

从本质上讲，存在两类处理方式：其一是后续进入的股权投资人的优先清算权依次优于之前进入的投资者；其二是不论投资于企业的时间早晚，所有股权投资人的优先清算权平等，也可以说不同序列和类别的优先股股东之间不享有优先清算权，优先股股东只是相对于普通股股东而言才享有相对的优先清算权。

优先清算权条款是企业与风险投资者谈判的结果，世界上并不存在一个适用于所有股权融资案例的优先清算权。

5.4.4 优先分红权条款

1. 优先分红权的概念及作用

优先分红权（Dividend Preference），是指当公司分配股息时，优先股股东享有的优先于普通股股东取得股息的权利。

优先分红权可以帮助股东取得稳定回报，降低投资风险。优先分红权是与优先清算权和回赎权联系起来的，在清算以及回赎发生时，投资人可以通过累积性分红权，至少获得一个较为稳定的回报。

优先分红权可以限制公司分红与创始股东套现。获得分红并不是风险投资人的主要目的，优先分红权的主要目的是风险投资人为了限制原股东分红，将所投资本留于所投公司用于其发展，最大限度地保障投资收益。

2. 优先分红权的类型

1）累积性和非累积性优先分红权

根据股息分配是否具有累积性，可分为累积性和非累积性优先分红权。所谓累积性优先分红权，是指在某个财务年度内，如果公司未发生应予分红的情况或者公司盈利不足以分派规定的红利，则优先股股东有权要求公司在日后的财务年度内予以补足。对于非累积性优先分红权，虽然优先股股东对公司当年所获利润有优先于普通股股东获得分派股息的权利，但若当年盈利不足以派发规定的红利，或者公司当年未宣告派发红利，则优先股股东不能要求公司用日后的财务盈余给以补发。

2）参与性优先权和非参与性优先权

根据优先股股东是否可参与普通股的股息分配，可分为参与性优先权和非参与性优先权。所谓参与性优先权，是指当优先股股东在分得固定红利后，仍可在可转换基础上，按持股比例与普通股股东一起分配剩余的利润。而非参与性优先权，是指优先股股东只能获得固定数额的股息，不可以再参与剩余利润的分配。

3）固定分红优先股与可调整优先股

根据分红率是否可调整变化，分为固定分红优先股与可调整优先股。前者分红率不可以调整变化，在优先股发行时即确定；而后者则在合同中约定分红率可随相关条件（例如银行利率）变化，此种分红率规定具有一定的弹性，便于对公司与投资人之间、普通股与优先股之间的利益进行动态调整和平衡。固定分红率优先股虽缺乏弹性，但信用较高，利于优先股股东利益的保护。

5.4.5 知情权条款

1. 知情权的概念

知情权（Information Right），又称信息权，是指投资人了解和获取公司的财务等情况和信息的权利。鉴于投资人投资公司后一般不参与公司的日常经营管理，但作为公司股东之一，有必要让投资人拥有对公司财务数据、重大事项的知情权。知情权可以保证投资人能及时了解可能影响其利益的事项，从而做出一定的应对。

在风险投资的语境中，投资人往往不直接参与公司的日常经营管理。在该等情形下，在协议层面明确公司承诺按照约定的要求向投资人提供公司相关信息并赋予投资人适当的核查权利，以令投资人在投后管理中对公司经营情况做到“心中有数”，便成为投资人的惯常要求之一。若投资人缺乏有效渠道来获得公司经营状况的必要信息，投资人难免担心其投资的安全性，也较难有效行使部分股东权利（例如在公司业务、管理方面的决策权）。在风险投资的交易谈判过程中，若公司同意给予投资人其所需要的知情权，或许能够换回投资人在其他股东权利上的一定让步。在投后管理方面，知情权的保障也有助于投资人与公司关系的稳定。此外，由于不少投资人（特别是专注某一行业/领域的专业投资机构）往往对于相关行业及同类型公司的运作模式有着丰富的经验，在通过行使知情权对公司具备较好了解后，投资人也可对公司的运营和发展提供有价值的合理建议，这亦可能成为公司的隐形财富。

从公司的角度，在设定投资人知情权的时候，公司往往可能存在两方面的担忧：

（1）投资人知情权的行使可能增加公司的负担；

（2）公司的商业秘密可能容易发生泄露。

因此，公司通常希望合理限制投资人的知情权，以降低公司负担、防范公司利益发生损失。

2. 我国公司法项下的知情权

《中华人民共和国公司法》中对于股东的知情权有基本的规定。如《中华人民共和国公司法》第三十三条规定：“股东有权查阅、复制公司章程、股东会会议记录、董事会会议决议、监事会会议决议和财务会计报告。股东可以要求查阅公司会计账簿。股东要求查阅公司会计账簿的，应当向公司提出书面请求，说明目的。公司有合理根据认为股东查阅会计账簿有不正当目的，可能损害公司合法利益的，可以拒绝提供查阅，并应当自股东提出书面请求之日起十五日内书面答复股东并说明理由。公司拒绝提供查阅的，股东可以请求人民法院要求公司提供查阅。”

在司法实践中，除非公司章程或股东和公司另有约定，否则公司股东的要求超出《中华人民共和国公司法》第三十三条规定的文件范围（公司章程、股东会会议记录、董事会会议决议、监事会会议决议和财务会计报告），一般难以获得人民法院的支持。因此，投资人如拟获得超出《中华人民共和国公司法》第三十三条规定之外的知情权，应在投资文件中进行明确约定，在将来就知情权范围发生争议的时候可以相关约定为由请求人民法院的支持。

《中华人民共和国公司法》第三十三条规定股东存在不正当目的时，可排除知情权的适用。在此基础上，最高人民法院于2017年8月发布《关于适用〈中华人民共和国公司法〉若干问题的规定（四）》（"最高院司法解释"）对何为"不正当目的"做出了进一步明确，即若公司有证据证明股东存在下列情形之一的，人民法院应当认定该股东有前述规定的"不正当目的"：

（1）股东自营或者为他人经营与公司主营业务有实质性竞争关系业务的，但公司章程另有规定或者全体股东另有约定的除外；

（2）股东为了向他人通报有关信息查阅公司会计账簿，可能损害公司合法利益的；

（3）股东在向公司提出查阅请求之日前的三年内，曾通过查阅公司会计账簿，向他人通报有关信息损害公司合法利益的；

（4）股东有不正当目的的其他情形。

其中，第（1）项尤其值得关注。若投资人从事与公司业务构成竞争的业务，公司可对投资人的知情权进行限制，包括不予披露某些商业秘密或要求投资人承担明确的保密义务。但从投资人的角度，有些投资人专注于特定行业内的股权投资，若不加以特殊考虑，该等规定对其获取必要合理范围内的知情权可能构成一定的不利影响（而公司相应也无法从该等有经验的投资人处获得经营管理资源）。此类投资人在进行交易文件的谈判时，应关注上述最高院司法解释的要求，注意在公司章程或股东协议中对必要合理限度内的知情权进行明确约定，避免因为被认定为构成不正当目的而无法获取必要的标的公司经营信息。

除此以外，最高院司法解释也对投资人获得公司披露信息后的保密义务进行了明确：股东行使知情权后泄露公司商业秘密导致公司合法利益受到损害，公司请求该股东赔偿相关损失的，人民法院应当予以支持。此规定也为公司常有的对投资人泄露所获公司敏感信息的担忧做出了一定的疏解。

5.4.6 共同出售权条款

1. 共同出售权概念

共同出售权（Co-Sale Right），是指目标公司首次公开发行之前，如果创始股东或其他普通股股东向第三方转让股权，投资人股东则有权按照拟出售股权的股东与第三方达成的价格和协议参与到这项交易中，按照其在目标公司中目前的持股比例向第三方转让股份。正是因为共同出售权具有的跟随他人出售股权的特点，有时也将共同出售权称为随售权或跟随权（Tag-Along Right）。

《中华人民共和国公司法》并没有关于共同出售权的规定，共同出售权实际上是目标公司的股东之间就股权转让所做的特别约定。因此，在《中华人民共和国公司法》没有明确禁止的情况下，共同出售权条款在目前的中国法律框架下并没有实质性的障碍，投融资双方可以在投资协议中对此进行约定，并据此修改公司章程。

2. 共同出售权的作用

共同出售权条款与优先购买权条款都是针对创始人出售股权时使用的条款。如果创始人满足出售股权的前提条件，且投资人不行使优先购买权，投资人可以通过行使共同出售权以实现与创始人同比例出售。共同出售权的主要作用有以下两点。

(1)防止创始股东退出公司。投资者对公司的投资,在看好公司成长性的同时,亦是看中了创始股东,通过行使共同出售权可以有效阻止创始股东退出公司。

(2)在拟进行的交易中进行部分获利。共同出售权为投资人创造了一个退出的机会,如果创始股东发现了优质的潜在买家并希望通过出售部分股权的方式获取高额收益,则投资人可通过行使共同出售权的方式分享这份收益。

3. 与优先购买权的区别

共同出售权与优先购买权系出同源,都是针对创始人转让公司股权情形下为投资人所设置的保护性权利。尽管共同出售权与优先购买权在风险投资交易中经常相伴相生,均是对创始人转让公司股权的限制,但二者仍然有明显的区别。共同出售权是投资人希望能与创始人共同出售股权,减少在公司的持股,本质上是一项卖出期权;而优先购买权则是投资人希望能优先受让创始人出售的公司股权,增加在公司的持股,本质上是一项买入期权。正因为共同出售权与优先购买权的权利行使方向完全相反(卖出 vs 买入),因此在同一项创始人转股事件中,投资人仅能选择行使其中一项权利,而不得同时行使两项权利(当然,实践中,投资人也不会同时实施“一边买入、一边卖出”的无意义操作)。

4. 共同出售权的行使

1)行使条件

共同出售权的行使条件是创始股东拟转让的股权未被公司其他股东根据优先购买权全部购买,且将向拟定受让人出售。在该等情况下,各投资人股东有权行使该项权利,并按比例参与创始股东的拟定出售,但必须在协议规定的期限内向出售股权的创始股东发送有效书面通知。该通知应注明投资人股东希望在该次出售中转让的股权数额。通知一经发出即被视为共同出售权的有效行使。

2)实现机制

(1)倒挤法。

倒挤法是指在不改变第三人拟购买股权总数的前提下,投资人可以按照创始股东拟转让的股权数额与创始股东持有的总股权数额的比例,出售自己所持有的公司股权。倒挤法不会影响购买股权的第三人的购买数量,仅是将创始股东的一部分出售股份权转移给了投资人。

(2)加成法。

加成法项下创始股东所出售的股权数额不变,所加成的是投资人出售的股权数额,投资人可出售的比例与倒挤法相同,最后第三方所获得的股权为创始股东出售的股权+投资人出售的股权。

(3)按比例出售。

按比例出售是指在拟出售股权总额不变的情形下,投资人、创始股东按照各自的持股比例出售股权。

3)行权的限制

在实务操作上,若创始股东地位比较强势或者出于投融资方公平的考虑,创始股东通常会对共同出售权的行使设置限制条件,这些条件主要包括如下三个。

(1)创始股东可以在协议中特别约定投资人股东不得行使共同出售权的附加条件。如创始股东在投资交割完成后的 12 个月内出售公司 10%以内的股权,且保持其持有的公司股权在

60%以上，不影响其管理公司的，则不触发共同出售条款，投资人股东不得行使共同出售权。

（2）投资人股东往往要求创始股东承担通知股权转让事宜的义务，与之相对应，创始股东可约定在通知送达投资人股东之后合理时间内，投资人股东没有明确表示的，则视为放弃行使共同出售权。

（3）由于不可抗力、法院判决、继承等原因需要创始股东向第三人转让相应股权的，投资人股东无权要求行使共同出售权。

5.4.7 反稀释条款

1. 反稀释条款的概念

一家接受风险投资的公司在成长过程中往往会经历多轮融资，从种子轮、天使轮、A 轮、B 轮……依次排列下去。如果这家公司业务发展得顺风顺水，加上整体市场保持稳定或者持续往上，公司的估值应该随着每一轮新的融资不断攀升。这种相比之前轮次融资估值提升的融资称为"溢价融资"（Up Round Financing）。反之，如果这家公司业务发展并非如前轮次融资的商业计划书所描绘地那般美妙、又或者市场情绪波动导致市场整体估值水平降低，而公司在这种情况下进行新一轮的融资估值可能会低于前轮融资估值。这种相比之前轮次融资估值降低的融资称为"折价融资"（Down Round Financing）。尽管折价融资或对公司的生存发展具有重要意义（公司在发展的中早期现金流匮乏，很大程度上依赖新一轮融资生存），但无条件接受折价融资对公司的现有投资人而言却会很痛苦。为应对折价融资的情形，投资人在与公司的融资交易文件中通常会要求加入"反稀释条款"。

反稀释条款（Anti-dilution Provision），又称为反摊薄条款、棘轮条款，是指在目标公司进行后续项目融资或者定向增发过程中，投资人避免自己的股权贬值或份额被过分稀释而采取的措施。通常有股权比例的反稀释和价格上的反稀释两种。前者是指投资人期望其持有目标公司的股权比例不被稀释；后者是指其期望后续的融资价格不低于投资人本轮投资的价格，也就是其股权价值不被摊薄。由于前者的设定过于僵化，且不利于后续目标公司的融资和资本扩大，相对少见；后者是主要的反稀释情形。

反稀释条款系指如下条款：当公司后续融资的估值低于投资人投资公司的估值（或该估值按一定的年化回报率计算的数值）时，投资人有权要求公司和/或创始人采取一定的措施，以回溯性地调低投资人投资公司的估值到约定的相应估值水平。在实际的投资操作中，真正触发反稀释条款的案例并不多见，正常情况下，企业投融资的价格曲线，都是逐步上升的，而一旦被投企业需要以更低价格进行外部融资，后轮投资人也会对被投企业的持续经营能力和商业前景产生怀疑。除非有利益输送、被投企业急需输血等特殊情形，反稀释事件一般不会出现。这个条款的防守作用明显，形式意义大于实质。

2. 反稀释条款的设计

在境外风险投资项目中，投资人一般系采取认购公司发行的可转换优先股的方式，该优先股可在一定条件下以约定的价格转换为普通股。当公司以低于该优先股的转换价格进行后续融资时，只要调低优先股的转换价格，即可起到反稀释的效果。按照业界惯常的做法（具体可参考美国风险投资协会编制的风险投资《示范条款》），优先股的转换价格在反稀释条款的情形下可有以下两种调整方式。

1）完全棘轮条款（Full Ratchet Anti-dilution Provision）

如果公司后续发行的股份价格低于前轮投资人适用的转换价格，那么，前轮投资人适用的实际转换价格将调整为新的股份发行价格。在完全棘轮条款下，即使公司以低于前一轮融资的价格发行少量股份，前轮投资人也有权要求按照新的股份发行价格调整优先股的转换价格，并不考虑发行股份的数量。

2）加权平均条款（Weighted Average Anti-dilution Provision）

如果公司后续发行股份的价格低于前轮投资人适用的转换价格，那么前轮投资人适用的实际转换价格调整为前轮优先股转换价格和后续融资发行价格的加权平均值。在加权平均条款下，优先股转换价格的调整不仅考虑后续发行的股份价格，而且考虑其权重（即发行股份的数量）。计算公式如下：

$$NCP=OCP\times(CSO+CSP)/(CSO+CSAP)$$

式中 NCP——调整后新转换价格；

OCP——后续融资前的实际转换价格；

CSO——已发行优先股转换后的普通股总数量；

CSP——后续融资额能购买的普通股数量（也就是如果没有降价融资买家能买到的股数）；

CSAP——在后续发行时实际购买的普通股数量（买家实际买到的数量）。

加权平均条款有两种细分形式：广义加权平均和狭义加权平均条款，区别在于对后轮融资时的已发行股权（即上面公式中的 CSO）及其数量的定义不同。

广义加权平均条款是按完全稀释方式定义的，即包括已发行的普通股、优先股可转换成的普通股、可以通过执行期权、认股权、有价证券等获得的普通股数量，计算时将后续融资前所有发行在外的普通股（完全稀释时）认为是按当时转换价格发行。

狭义加权平均条款只计算已发行的可转换优先股能够转换的普通股数量，而不计算普通股和其他可转换证券。

为便于直观地了解上述反稀释调整机制的实现效果，特此举例如下。

假设公司的创始人持有公司 150 万股普通股股份，核心员工持有公司 50 万股普通股股份。在 A 系列融资中，公司以 5 美元/股的价格发行了 100 万股可转换优先股，优先股与普通股的转换比例为 1：1（即转换价格为 5 美元），公司取得融资款 500 万美元。在 B 系列融资中，公司以 3 美元/股的价格发行了 100 万股可转换优先股，公司取得融资款 300 万美元。由于 B 系列融资时公司发行的优先股价格低于 A 系列融资的价格，触发了 A 系列投资人与公司约定的反稀释条款，A 系列投资人可行使反稀释条款约定的权利，对其持有的优先股的转换价格进行调整：

（1）如果适用完全棘轮条款，则 A 系列投资人调整后的转换价格为 B 系列优先股的发行价格，即 3 美元/股；

（2）如果适用狭义加权平均条款，则 A 系列投资人调整后的转换价格为 $5\times(100+60)/(100+100)=4$ 美元/股；

（3）如果适用广义加权平均条款，则 A 系列投资人调整后的转换价格为 $5\times[(150+50+100)+60]/[(150+50+100)+100]=4.5$ 美元/股。

可以看出，对投资人而言：完全棘轮条款下的补偿机制最充分，因此也最为有利；狭义加权平均条款居中;而广义加权平均条款下的补偿效果最弱,对投资人最为不利。不同的投资人对反稀释调整机制的接受程度不同。总体来说,在境外的红筹结构项目中,似乎加权平均条款的适用度较高;在境内的人民币项目中,似乎完全棘轮条款的适用度更高。

需要指出的是,境外风险投资中的反稀释条款是基于适用法律允许的优先股设置、通过调整优先股的转换价格来实现股权价值的反稀释目的。然而,现行的中国法律环境下暂无优先股的生存土壤,并且在中国法下还存在注册资本制度的限制,囿于中国法有关注册资本制度和优先股的限制,上述调整转换价格的做法在中国法下暂时还无法适用。因此,尽管中国大陆的风险投资项目也大多包含反稀释条款,但其实现机制与境外的红筹结构项目有所不同。

5.4.8 对赌协议

1. 对赌协议的概念

对赌协议(Valuation Adjustment Mechanism, VAM),直译为"价值调整机制",指的是投资方与融资方在达成投资协议时,对于未来不确定的情况进行的一种约定:如果约定条件出现,投资方可以行使一种对自身有利的权利,用以补偿高估企业价值的损失;否则融资方就可以行使另一种对自身有利的权利,以补偿企业价值被低估的损失。

2. 对赌协议的价值

1)对投资方

对赌协议能够缓解投资方与融资方之间的信息不对称,降低投资风险。融资方在信息掌握上处于强势地位,因此很可能掩盖真实信息,突出自身优点。对赌协议可以降低这种风险,因为若融资方提供信息有误,则协议中的既定目标可能无法实现,融资方将依据协议承担相应赔偿责任。

2)对融资方

对赌协议能够极大地激励和约束企业管理层,推动企业的发展。对赌协议实际上是约定了一个奖惩机制,如果企业管理层勤勉工作完成对赌协议中约定的条件,就可以获得相应的收益,反之要付出相应的代价。

3. 对赌协议的形式

1)现金补偿条款

用现金补偿的方式作为双方"对赌"的条件是最常见的对赌协议形式。该方式主要约定当融资方未能实现约定的业绩指标时,融资方管理层或实际控制人将给予投资方一定数量的现金作为补偿;反之,如果融资方完成了约定的业绩指标,则投资方将现金奖励给融资方。

如华谊兄弟投资掌趣科技并签署《股权转让与投资协议》时约定,掌趣科技主要股东保证掌趣科技 2010 年和 2011 年平均净利润(A)不低于人民币 5 000 万元,如果未实现,则主要股东应按照(5 000 万元-A) × 12 倍 × 22%的金额补偿华谊兄弟。

2)股权调整条款

股权调整条款也是常见的对赌协议形式。当约定的业绩指标没有实现时,投资方可以低价增资,或投资方可以无偿或低价受让企业股权;反之,投资方将无偿或低价将一部分股权转让给企业实际控制人。

如摩根士丹利和鼎晖投资永乐电器时,与永乐电器管理层签订协议,如果永乐电器 2007 年的净利润超过 7.5 亿元人民币,外资股东将向管理层转让 4 697.38 万股永乐电器股权;如果净利润相等或低于6.75亿元，管理层将向外资股东转让4 697.38万股永乐电器股权。

3）股权回购条款

股权回购条款主要以企业上市作为对赌条件，如果企业未在约定的期限内上市，融资方或其实际控制人将以投资方投资款加固定回报的价格回购投资方持有的融资方的全部股权。

如2009年纪荣军等在入股勤上光电时，就与勤上集团签订《关于股份回购的协议》，约定发行人的IPO申请不能在2011年6月30日前获得中国证监会的核准，或者之前任何时间勤上集团或发行人明示放弃上市安排或相关工作的，纪荣军等有权要求勤上集团回购其所持有的全部发行人股份。

4. 对赌协议在中国法下的合法性分析

1）对赌协议在《中华人民共和国合同法》中的效力

我国法律法规目前没有对投资过程中所涉及的对赌协议的合法性有直接规定。对赌协议实质上为投资方与融资方之间的合同，如果没有《中华人民共和国合同法》第五十二条规定的合同无效的事由，则视为有效。对赌协议是双方意思自治的产物，一般不涉及对公共利益的影响，也不违反公序良俗。所以对赌协议作为一种合同，其是有效的。

2）对赌协议在《中华人民共和国公司法》层面的效力

若股权调整最终在公司股东之间进行：在有限责任公司中，股东之间按照已有的约定实现股权转让是没有法律障碍的；在股份有限公司中，由于《中华人民共和国公司法》没有规定股东优先购买权以及股东转让股权需要其他股东同意，所以股权可以自由转让，对赌协议的安排也是合法的。

若股权调整在公司和投资方之间进行：最高法院认为，投资方与公司的对赌协议因为涉及侵犯公司债权人的利益而当属无效。

因此，只要签订对赌协议的当事人意思表示真实一致，并且不违反上述法律的规定，且未不当损害公司债权人的利益，那么对赌协议就应该得到法律的确认和保护。事实上，从对赌协议签订的前提来看，其通常是企业融资的需求，无论投资还是并购都是一种正常的市场行为。

5.4.9 拖带权条款

1. 拖带权的概念及内涵

拖带权（Drag-along Right），又称拖售权、强卖权、强制随售权、拉动权、带领权或领售权，是指如果被投资企业在一个约定的期限内没有上市，或未达到双方事先约定的出售条件成就，则投资人有权要求创始股东和自己一起向第三方转让股权，创始股东必须按投资人与第三方达成的价格和条件，按与投资人在被投资企业中的股权比例向第三方转让股权。

简单来讲，拖带权就是投资人强制创始股东卖出股权的权利，是投资人为了主导后续交易，强制创始股东接受投资人的后续交易安排，保证投资人作为小股东话语权的一种权利。

拖带权条款触发后，投资人按照清算优先权条款的约定优先参与财产的分配，创始人股东再参与剩余财产（如有）的分配。

2. 拖带权的作用

在风险投资交易中，拖带权通常是由作为少数股东的投资者所享有的。风险投资者的交易目的在于保证其安全退出，而退出的重要渠道之一就是公司被第三方并购。拖带权的设计，就是赋予投资者更大的股东权利，使其虽作为少数股东，却可以享有原本由绝大多数股东才能享有的决定公司转让的权利。

拖带权对投资人来说十分有价值，投资人主张拖带权的意图主要是增加其出售股权的价格筹码，获得控制权溢价，亦可以给创始股东施加压力。

首先，投资人一般是作为小股东出现，其单独将股权出让，通常不会有人愿意“接盘”，即使有，在受让价格上也会有很大差别。如果能拖带上创始股东一起，出让股权明显加大，实际上就把出售股权行为变成了转卖公司的行为，会产生控制权溢价，极大地影响股权的估值。

其次，拖带权实际上使投资人掌握了公司的转卖权，如果投资人将公司转卖给同行业的大公司，则会获得较高的投资回报，且在通过首次公开发行退出受市场环境影响变得不太理想时，拖带权无疑为投资人提供了一条高价退出的途径。

再次，投资人也可以借助转卖的权利，给创始人股东施加压力，要求其听从自己的建议。

3. 拖带权行权的限制

在实践中，创始股东对拖带权完全同意的可能性不大，因为公司是其一手培育的，通常对公司感情较深，对于出售其在公司的大部分股权是十分不情愿的，即使出售，其对何时出售亦希望自己能有掌控权，而不是受投资人的拖带。因此，创始股东往往会对投资人行使拖带权限定一系列的条件。

4. 拖带权与优先购买权的关系

拖带权条款的达成应当视为全体股东均同意拖带权人向第三方转让股权，但当其他股东行使优先购买权时，则可能导致第三方通过拖带权条款实现并购公司的目的无法实现。拖带权人基于利益最大化的考虑，可以通过修改公司章程的方式，将拖带权的相关内容在章程中予以固化，排除其他股东的优先购买权，以保证拖带权的顺利实行和第三方的正常并购。

5. 拖带权在我国的合法性

拖带权并非法定的权利，而是一种约定的权利，它是股东之间就股权处置行为进行的一种特别约定。《中华人民共和国公司法》虽然规定股权转让“必须经其他股东过半数同意”，但是“公司章程对股权转让另有规定的，从其规定”。因此，在不违反法律法规禁止性规定的情况下，《中华人民共和国公司法》充分尊重公司的自治权，允许投资人与创始股东做出与法律规定不同的契约安排。

一般来说，拖带权会约定在投资协议或股东协议中。但如上所述，当公司章程对股权转让做出规定时，按照章程处理。所以实践中，从投资人角度讲，在公司章程中规定拖带权更有利于操作，比约定在投资协议中更有效力。

5.4.10 回购权条款

1. 回购权的概念

回购权（Redemption Rights），又称回赎权、强制赎回权，是指投资人在特定情况下，要求公司或创始股东以特定价格购回其持有的股权的权利。投资人要求的特定价格一般为投资人股本投入加一定溢价。

对投资人而言，当公司发展到一定阶段无法实现发行上市或被第三方高溢价并购时，其资金会产生时间成本，因此需要有保障的退出方式；另外，一般风险投资基金有生命周期，基金需要在基金生命周期内实现项目退出，保证基金本身清盘时有变现渠道。

2. 回购权的触发情形

投资人回购权的触发情形通常有如下三种。

1）公司不能完成上市等既定目标

公司最晚不能在本次增资交割日起48个月以前完成合格上市或合格挂牌，而投资人届时又需退出；或者投资人董事同意上市，但由于创始人原因导致上市决议未能通过；或由于管理层不尽最大努力配合导致上市未能按上市计划及时间表进度如期进行（“否决合格上市”）。

2）公司和/或创始股东违约

公司和/或创始股东发生其他严重违约、违反任何陈述与保证事项或违反任一交割前义务和/或交割后的承诺和义务（“其他严重违约”）以致严重影响投资人利益，且该等其他严重违约未能在本轮投资人知晓后的30日内被纠正或弥补。

3）公司或创始股东存在欺诈等诚信问题

创始股东出现重大个人诚信问题，尤其是公司出现投资人不知情的账外现金销售收支，或者本次增资前创始股东或公司披露的公司资产或经营状况严重失实以致严重影响投资人的投资权益。

3. 回购权的形式

1）公司回购

公司回购是指公司收购投资人的股权以实现投资人的退出。公司回购是否可以进行取决于两方面，一是公司的财产状况；二是由于公司回购的本质是公司减少注册资本，因此还取决于法律的限制。

我国《中华人民共和国公司法》对股东行使回购权的限制如下。

（1）对公司特定决议事项投反对票的股东才有权要求公司回购。这类特定决议事项包括：公司连续五年不向股东分配利润，而公司该五年连续盈利，并且符合本法规定的分配利润条件的；公司合并、分立、转让主要财产的；公司章程规定的营业期限届满或者章程规定的其他解散事由出现，股东会会议通过决议修改章程使公司存续的（第七十四条）。

（2）公司减资需要经过非常严格的法律程序，包括通知债权人、在报纸上公告、编制资产负债表与财产清单等（第一百七十七条）。

2）创始人回购

创始人回购名为回购，实为股权转让，即创始人受让投资人的股权。

在这种模式下，投资人需要与公司的创始股东签订《股权转让协议》，股权回购也就简化成普通的股权转让交易。为了保证创始股东在投资人主张回购权时履行约定，投资人可以要求在《股权转让协议》中约定较重的违约金，违约金的金额可以为投资人期望获得的股权回购的对价。

由创始股东承担回购责任对创始股东来说有较大的资金压力，一般情况下，创始股东会要求，其承担的回购责任以其届时持有的公司股权的市场公允价值为限。例如：“创始股东在本条项下的回购义务不得超过其基于市场公允价值处置其持有的全部公司股权所获得的全部收益，但不包括其历史上处置公司股权的所得及公司累计向其分红所得的收益。”

4. 回购价格

在回购权条款中，股权回购或股权受让价格一般按以下两者最大者确定：

（1）投资人所投资资金按一定的年投资回报率计算的投资本金和收益之和；

(2)投资人发出股权回购书面通知当日投资人所持有股权对应的公司净资产。

5. 回购权条款的风险

回购权的最大风险在于回购执行较为困难,在公司触发回购条款时(如公司无法 IPO,大股东违约等),若公司没有充足的现金,也无法通过融资来获得现金时,回购条款就会无法执行。通常公司有充足现金执行回购条款时,表明公司的业绩尚可,投资者也不会执行回购条款。因此,执行问题是回购权条款最大的风险,

这种情形通常有两种解决方式,第一种是大股东赔偿股权,结果是投资者成为公司大股东;第二种是公司进入清算程序,投资者享有优先清算权。

5.4.11 优先投资权条款

1. 优先投资权的概念

优先投资权,又称优先跟投权,是指如果公司发生清算事由且投资方未收回相应优先清算金额的,则该投资方对于创始人一定年限内从事的新项目享有优先于其他投资人投资的权利。

优先投资权是投资人对于其较为看好的创始人,保有一轮对其新项目优先投资的权利。

通常情况下,天使投资人看好创始人的个人资质与公司的发展前景,如果创始人项目成功,投资人会收回投资并且获得一定的收益;如果创始人项目失败,投资人将会损失投资款。在项目失败的情形下,虽然失败但是创始人获得了一定的创业经验,收获了业界人脉,建立了团队。因为早期创业项目本身就有较高的失败率,因此投资人也希望可以参与到创始人的下一个创业项目。

2. 优先投资权的内容

1)投资人对创始人新项目的优先投资权

常见条款如下。

若创始股东从事新项目(见下文)的,如果公司发生清算事由且投资方未收回相应优先清算金额的,则该投资方有权优先于其他投资人对该新项目进行投资。

新项目指在清算事件发生后或在得到投资人的书面同意后,创始人单独或联合其他主体且作为主要管理者或主要管理者之一以创办新的企业或并购已存续企业等方式从事独立于合资公司及合资公司关联企业的新的商业行为。

2)投资人在本轮投资中所遭受的损失计入对创始人新项目的投资

常见条款如下。

若公司发生清算事件,且投资人所获得的清算款项未达到其对公司投资款总额的,则自清算事件发生之日起[　　]年内,若创始股东从事新项目且投资人投资该项目的,投资人对新项目的投资款为其在本次投资中所遭受的损失,即未获得清算的款项。

实践中,优先投资权的内容可以由创投双方协商,其中对前期投资损失计入对新项目的投资争议较大。创始人会主张该损失是投资人应当承受的投资风险,而投资人会主张创始人为其在前期投资中积累的资源和能力买单,因此投资人的损失是一种对新项目的无形投资,应按其货币价值计入下一轮投资。

3. 优先投资权的实现

1)权利的行使条件

(1)无条件行权。

无条件行权是指无论本次投资盈亏与否,投资人均享有对创始股东新项目的优先投资权。

(2)有条件行权。

有条件行权是指优先投资权的行使以一定的条件为限。通常包括:①股东协议约定公司营业指标在约定年限内应到达某约定数额的,实际未达标;②清算事件发生后,投资人分得的款项少于投资款的;③清算事件发生后,投资人分得的款项少于按清算优先权投资人预期回报的。

2)权利的行使期限

(1)无限期权利。

无限期权利与无条件行权结果类似,是赋予投资人的永久的投资优先权,将创投双方无限期地捆绑在一起,通常情况下令创始人难以接受。

(2)有限期权利。

有限期权利是指优先投资权有一个时间限制,投资人只有在该期限内方可行权。与期限相关的另一个问题是有限期优先投资权的权利起算时间,通常包括:①自清算事件发生之日起算;②自创始人离职之日起算。

3)权利的行使次数

(1)创投双方可以对投资人行使优先投资权的次数不做限制,据此投资人对每个新项目的每次融资均享有优先权。如:创始人从事新项目的,在该新项目拟进行第一次及后续融资时,投资人享有优先于其他投资人投资的权利。

(2)创投双方也可以对投资人行使优先投资权的次数做出限制。如:创始人从事新项目的,投资人仅对该新项目的第一次融资享有优先于其他投资人投资的权利,该权利行使后,此优先投资权条款自动失效。

4)权利实现的额度

权利实现的额度是指投资人对新项目的投资,可以优先包揽全部还是只能以其持有股权的比例为限优先投资。

(1)投资人优先投资的额度没有限制。即投资人可以对新项目进行全部增资。

(2)投资人优先投资的额度有限制。通常包括:①投资人在原投资额度内享有优先于其他投资人的投资权;②投资人按其所持股权占公司股权总额的比例,享有对新项目的优先投资权。

5.4.12 登记权条款

1. 登记权的概念

登记权(Registration Rights)是美国法下的概念,是由美国联邦《证券法》和美国证券交易委员会(SEC)所规定的一项权利。因为在美国并非所有的普通股股票都是可以自由交易的,所以为了使自己的股票可以自由交易,投资人通常会要求公司将股票进行登记,该权利称为登记权。

美国《证券法》对于股票发行和交易是有一定限制的,如果股票的发行没有向 SEC 登记,则这些股票为限制性股票,不能在公开市场交易,即使该公司是公众公司也不例外。因为在风险投资等私募形式的投资中,投资人获得的是限制性股票,所以获得流动性的最佳方法就是要求公司将这些限制性股票在 SEC 进行登记,进而投资人股东的股份才可在证券市场自由交易。

2. 登记权的作用

登记权是融资中最重要的权利之一。如果投资者股权比例在创业公司中属于少数，则他们的资金退出要取决于其他股东的决定。公司创始股东在经营方式、退出时机等重大问题上与投资人股东发生冲突在所难免，投资者为了保证自己可以顺利退出，通常会要求将股权进行登记。所以，登记权本质上是投资人股东退出的一种方式。

投资人要求公司将股票在SEC进行登记，经过登记的股票即可自由地交易并且可以在交换或交易系统中（例如纽约证券交易所或纳斯达克证券交易所）运作。之所以只有经过登记的股票才可上市交易，是因为市场对IPO发行股票的承受能力是有限的，投资者登记并可销售的股权受到严格限制，而不登记的股票是无法上市流通的。

3. 登记权的分类

1）要求登记权（Demand Registration Right）

要求登记权是指投资人可以强制公司将其所购买的股票进行登记上市的权利。这个权利在公司成为公众公司（即IPO）之时、之前和之后都存在，如果公司还没有IPO，那么投资人要求实施登记权的话，公司必须同时进行IPO的运作。

要求登记权的常见表述如下。

在公司交割完成后六年内，或首次公开发行（IPO）后的6个月内，持有公司25%的可登记证券者可要求其持有股份的公司进行完备的注册登记，每次登记的发行总额不可少于500万~1 000万美元。

2）共同登记权（Piggyback Registration Right）

共同登记权相比于要求登记权来说有一定的弹性，是指投资人在公司进行IPO的时候，可以要求将其股票进行登记的权利。与要求登记权不同，共同登记权不给予投资人主动要求公司进行IPO的权利，而仅仅允许他们在公司进行IPO的时候，将他们的股权一起进行登记。

共同登记权的常见表述如下。

可登记股份的股东将在公司所有登记时拥有"共同登记权"，但公司和承销商可基于承销商的判断，按比例减少其登记的股份数量，登记的股份数量不低于全部股份的30%。

3）S-3或F-3登记权（S-3/F-3 Registration Right）

S-3或F-3表格登记允许投资人要求公司将其股份通过S-3表格进行登记。S-3表格是一种比IPO使用的S-1或F-1表格简单的登记方式。S-3或F-3表格登记是在公司成为公众公司12个月或更长时间之后的一种登记方式。

S-3表格登记的常见表述如下。

持有10%可登记股权的股东有权要求公司进行S-3表格登记，可登记股权的累积价值不少于500万美元。S-3表格登记的次数没有限制，但每年不得超过两次。

综上，以上三种登记权中，可以简单地理解为：要求登记权是公司IPO之前的权利，共同登记权是公司IPO时的权利，S-3或F-3登记权是公司IPO之后的权利。

5.5 投资条款清单及谈判

5.5.1 投资条款清单的概念

在风险投资家对投资项目进行初步筛选和前期尽职调查之后，他们将获得大量有关创业企业的信息，在此基础上，风险投资家将对创业企业的投资价值和风险程度做出判断。对于那些有投资意向的项目，风险投资家将会对企业进行估值并进行交易结构设计，交易结构设计的结果将集中体现在投资条款清单中。

投资条款清单，又称为投资意向书，根据美国风险投资协会（NVCA）的定义，投资条款清单是投资者确认自己愿意参与企业的某一个轮次融资的意向文件。企业与投资者签署这个文件则意味着，在交易完成之前，企业愿意与投资者就投资的法律条款进行磋商并接受投资者的尽职调查。

作为一个框架性协议，投资条款清单的作用是将风险投资协议的交易结构固定下来。投资条款清单的内容包括对企业的估值、投资额、股权比例、投资工具的类型、反稀释保护、清算优先权、董事会席位分配、投票权以及和退出有关的条款等。这些内容是交易结构设计的一个集中体现，也是创业者与风险投资家之间将要签署的正式的投资协议和其他法律文件的摘要。

虽然美国风险投资协会提供的标准投资条款清单模板长达16页，但在风险投资交易中比较常见的还是6~8页A4纸的投资条款清单。投资条款清单中大多数条款的作用都是保护在被投资企业中占少数股权的投资者，以确保他们的利益不会受到管理层和大股东的损害。在中国，投资条款清单可能还有别的称谓，如投资意向书和谅解备忘录等。虽然这些文件的格式与投资条款清单不尽相同，但它们所发挥的作用和主要内容都是类似的。

5.5.2 投资条款清单谈判

投资条款清单谈判是风险投资家与创业者就投资交易结构进行磋商并达成一致的过程。在进行尽职调查和交易结构设计之后，对于那些感兴趣的创业企业，风险投资家通常会向它们提交一份投资条款清单，以表达自己投资创业企业的意愿。在收到投资条款清单之后，创业者对风险投资家的投资意愿通常有三种回应方式：一是拒绝；二是接受并签署投资清单；三是希望通过谈判对投资条款清单中的一些条款进行修改或完善。通常情况下，创业者会采取第三种方式来回应风险投资家的投资意愿。

投资条款清单谈判的内容主要包括对企业的估值、投资金额、投资期限、投资工具、控制权分配以及退出安排等。一旦确定需要谈判，那么接下来双方将会拟定一个谈判的日程安排。投资条款清单谈判通常按下列顺序展开：①确定企业估值和投资额；②拟定出资时间表；③董事会席位分配；④明确创始人的股份；⑤投资工具的选择。在谈判的过程中可能会有分别代表风险投资机构和创业企业的律师参加。谈判将一直持续到双方就投资条款清单中的所有核心条款达成一致，然后双方签署投资条款清单。投资条款清单是一个关于风险投资交易的框架协议，它体现的是双方就交易结构设计达成一致的结果。这份投资条款清单的内容将反映在《融资参股协议》《公司章程》和《管理层雇用协议》中。

在风险投资交易中，风险投资家和创业者各自站在自己的角度看问题，双方的目标、所考虑的问题和关注的重点存在很大的差异，这些都有可能导致投资者和创业者发生潜在的利益冲突。

1. 风险投资家关注的重点

一般来说，在进行交易结构设计时，风险投资家重点关注的因素主要有两个：一是财务因素，它将影响风险投资基金最终将投资变现后所能够获得的投资收益的高低；二是控制因素，它将影响风险投资家对被投资企业的控制和管理能力以及否决企业重大交易事项的能力。

对风险投资家来说，在交易结构设计中要实现以下三个重要的目标。

1)财务回报最大化

通过交易结构设计可以确保风险投资基金在承担合理的投资风险的情况下实现投资回报的最大化。例如,如果企业的发展状态良好,那么风险投资家希望能够对企业追加投资,以使自己的利益最大化。

2)对被投资企业施加影响

创业企业存在很高的不确定性和信息不对称,这为创业者采取机会主义行为提供了空间。因此,在进行投资谈判时,风险投资家往往希望获得更多的控制权,以确保被投资企业做出合理的投资和管理决策。

3)确保投资的顺利退出

一般来说,在进行交易结构设计时,风险投资家就需要考虑项目的退出安排,以保证自己的投资最终能够顺利退出被投资企业并实现投资回报的最大化。

对风险投资家来说,他们投资创业企业的根本目的是获取资本增值收益。风险投资的理想投资方式是 IPO 或者并购,只有以这些方式退出,才能实现投资回报的最大化。因此,风险投资家希望在未来的某个时间节点能够顺利实现投资退出,例如通过公开上市或者以并购的方式实现投资退出,以获取高额的投资收益。

另外,声誉对风险投资家的职业生涯及其以后的资金募集活动具有重要的影响,而从被投资企业公开上市退出是风险投资机构建立声誉的一个重要途径。风险投资家希望通过成功地退出,尤其是公开上市退出来迅速建立自己的声誉。

2. 创业者关注的重点

在交易结构设计中,创业者关注的首要目标是企业的生存与发展,并希望能够从创业的过程中获得合理的收益。创业者关注的一些重点包括以下四个方面。

1)获取企业发展所需要的资源

创业者希望借助风险资本的力量使企业获得快速发展。他们期望从风险投资家那里获取发展所需要的各种资源,包括资金和管理资源,以促进企业的快速发展。

2)尽可能保留控制权

在投资谈判中,创业者希望能为自己保留更多的股份和对公司的控制权,以维持企业经营管理活动的自主性。

3)与投资者分担风险

创业企业面临很高的不确定性和风险,他们引入风险投资的一个原因是希望与它们共同承担创业过程中的风险。

4)获得财务回报

创业者希望通过企业的发展获得足够的回报,作为对自己辛苦努力和承担风险的一种补偿。

3. 双方的共同关注点

1)使新企业获得成功

双方都希望新企业获得成功,因为只有这样风险投资家和创业者才能获得各自所预期的结果。

2)财务回报的分配

风险投资家和创业者都希望能够从企业的成功中获得尽量多的财务回报。在谈判和交易结构设计中,通过对财务回报进行合理的分配,可以为风险投资家和创业者提供良好的激励,鼓励他们为企业的增值和发展更加努力地工作,创造出更大的价值,从而为最终实现高回报倍数的退出打下基础。

3)控制权的分配

一般情况下,创业者希望尽可能多地保留自己对企业的控制权,以保持经营管理活动的自主性。但是,风险投资家也希望获得足够的控制权,以保证自己所投入资本的安全性,并对创业企业的机会主义行为进行有效控制。因此,双方之间可能会在企业控制权的分配上产生利益冲突,并导致双方对控制权的争夺。

董事会席位的分配是保证风险投资基金能够参与企业经营管理的关键机制。一般情况下,风险投资家都希望在被投资企业的董事会中拥有至少一个席位,这样他们就拥有参与和影响被投资企业经营活动的权力。许多时候,风险投资基金可能还希望获得多个被投资企业的董事会席位,但创业者并不愿意出让更多的控制权。这时候,风险投资家与创业者就会对董事会席位的分配问题进行谈判。

在风险投资家与创业者进行谈判时,特殊投票权条款也是双方经常争论的一个焦点。这种特殊投票权赋予风险投资家一种与其所持股份不相称的权力。风险投资家希望拥有这一权力来对企业可能采取的某些特定行为进行控制,以保护自己的利益。但是,由于风险投资家也可以动用这种权力来随意拒绝那些不符合自己利益的交易,从而对企业的经营管理形成制约,因此创业者可能希望投资协议中包含尽量少的或者没有特殊投票权条款。

需要注意的是,在投资条款清单谈判中,许多企业创始人往往过分在意控制权的得失。对于这些创始人来说,他们需要清楚的一个道理是:分得一个大蛋糕的较小部分永远好于获得一个小蛋糕的全部,即使只是拥有一家成功的大企业的少数股权,他们所能够获得的利益也会远远优于由他们完全拥有并控制的一家小企业所能够得到的利益。

4)退出部分股份

在未来某个时间,风险投资家和创业者都希望从被投资企业中退出部分或者全部所持有的股份。

附录 《增资协议》样本

说明:该样本是按照一个投资机构对只有唯一法人股东的企业进行投资这样的情景而做,实践者可以根据实际情况在专业律师的帮助下进行修改,切勿生搬硬套。

增资协议

本协议由以下各方于________年____月____日在____签署。

甲方(原股东):________________。

乙方(投资方):________________。

丙方(目标公司):________________。

鉴于:

1. 甲方________________________,是一家根据中国法律设立的有限责任公司,注册地址为__________________，法定代表人________，职务________，国籍________。

2. 目标公司丙方是一家根据中国法律设立的有限责任公司，注册地址为______________，法定代表人________，职务________，国籍________。

3. 乙方__________________，是一家根据法律设立的公司。注册地址为______________，法定代表人________，职务________，国籍________。

4. 甲方是丙方目前唯一的股东。

5. 协议中各方同意以丙方增资的方式加注册资金。甲方及乙方已同意认缴丙方的增资额，具体将按照交易文件的条款执行。

上述各方根据中华人民共和国有关法律法规的规定，经过友好协商，达成一致，特订立本协议如下条款，以供各方共同遵守。

第1条　定义与释义

除非本协议另有明确约定或者上下文另有要求，下列词语具有以下含义。

1.1　本协议，指本《增资协议》及各方就本《增资协议》约定事项共同签订的补充协议和相关文件。

1.2　交割，是指乙方依本协议的约定完成对丙方增资的认购。

1.3　交割日，是指交割完成的日期。

1.4　协议各方，是指本协议的所有各方；协议方，是指协议各方中的任何一方。

1.5　过渡期，是指本协议签署之日至交割日之间的期间。

1.6　工作日，是指除星期六、星期日及中华人民共和国政府规定的法定节假日以外的时间。

1.7　本协议标题不影响对本协议的解释。

1.8　本协议中所提及的中国法律应包括中国有关机构公开颁布的所有全国性和地方性的法律、法规、规章和规范性文件。所提及的法律应包括不时对其进行的修改和变更。

第2条　投资的前提条件

2.1　各方确认，投资方在本协议项下的投资义务以满足下列全部条件为前提。

（1）协议各方同意并正式签署本协议，包括所有附件内容。

（2）本次交易取得政府部门（如需）、丙方内部和其他第三方所有相关的同意和批准，包括但不限于丙方董事会、股东大会协议通过本协议项下的增资事宜。

（3）甲方已经完成在本次丙方增资过程中认缴的出资；甲方已出具文件放弃优先认购乙方所认缴的丙方的增资额的权利。

（4）丙方按照本协议的相关条款修改章程并经丙方所有股东正式签署，该等修改和签署乙方已经以书面形式认可。

（5）丙方已同有关政府部门签署了有关协议或取得了相应的批准文件，并且有关协议或批准文件的内容是乙方认可的。

（6）丙方及甲方已经以书面形式向乙方充分、真实、完整披露标的公司的资产、负债、权益、对外担保以及与本协议有关的全部信息。

（7）过渡期内，丙方未在任何资产或财产上设立或允许设立任何权利负担，未进行任何形式的利润分配。丙方没有以任何方式直接或者间接地处置其主要资产，也没有发生或承担任何重大债务（通常业务经营中的处置或负债除外）。

（8）过渡期内，甲方不得转让其所持有的部分或全部乙方股权或在其上设置质押等权利负担。

（9）过渡期内，甲方和丙方不得对丙方的注册资本和投资总额做或同意做任何改变（依照交易文件所做的改变除外），包括但不限于同意或允许第三方认购丙方的注册资本或给予第三方认购丙方的注册资本的选择。

（10）过渡期内，采取、允许他人采取或不采取某种行动，而此等行动或非行动将导致产生重要的义务（与项目有关的义务除外）；及采取、允许他人采取或不采取某种行动，而此等行动或非行动可能排除、延迟或严重影响交易文件中的交易的完成。

（11）丙方作为连续经营的实体，不存在亦不得有任何违法、违规的行为。丙方将如本协议签订之前一样正常进行其经营；采取一切合理措施来保存和保护其资产。

2.2 若本协议第 2.1 条的任何条件在交割时因任何原因未能实现，则乙方有权以书面通知的形式单方解除本协议并行使乙方所拥有的法律救济权利。但是如果乙方不行使上述任何权利，并不意味着其放弃上述权利和救济措施（包括索求赔偿的权利）。

2.3 如果在交割之前，因不可归责于甲方或丙方的原因对丙方的财务状况、偿还能力、营业额、收益率、前景或声誉造成或可能造成重大的负面影响，则乙方有权以书面通知的形式单方解除本协议，但乙方无权就此类事件的发生索求赔偿。

2.4 甲方和丙方共同及分别地向乙方承诺他们将尽最大努力使第 2.1 条中所列的条件在合理可行的期限内尽早得到满足，最迟不超过本协议签订后的______个月以内。

第 3 条 增资额的认缴

3.1 丙方在本协议签署之日的注册资本为人民币__________元（RMB），并且在本协议签署之日已全部缴清。

3.2 协议各方同意对丙方增资，增资总额为人民币__________元。其中：

（1）甲方将在本协议签订后______个工作日内以现金认缴增资额人民币__________元；

（2）乙方应将本协议约定的投资金额按以下约定条件，以现金方式认缴增资额。

①满足本协议第 2.1 条约定的全部条件且甲方和丙方共同及分别将以下条件交付给乙方后______个工作日内，乙方支付全部出资，即人民币__________元。

②甲方和丙方应共同或分别将以下文件交付给乙方或促使以下文件被交付给乙方：

a. 经核准无误的正式签署的丙方的股东会决议和董事会决议；

b. 经核准无误的正式签署的甲方的股东会决议和董事会决议；

c. 甲方签署的一份内容经乙方认可的承诺书，同意乙方的权利和诉求将优先于其各自作为丙方的债权人所享有的权利和诉求；

d. 由丙方和有关部门正式签署的有关项目的协议及取得的批准文件经核准无误的复印件。

3.3 增资完成后，丙方的股本结构如表 5-2 所示。

表 5-2 投资标的公司的股本结构

股东	投资金额	所占比例（%）

3.4 甲方和丙方共同或分别向乙方承诺,丙方的增资额应只能用于本轮私募融资招股文件载明的正常经营需求、补充流动资金或经公司董事会以特殊决议批准的其他用途,不得用于偿还公司或者股东债务等其他用途,也不得用于非经营性支出或者与公司主营业务不相关的其他经营性支出。

3.5 各方同意,由丙方负责委托有资质的会计师事务所对投资方的出资进行验资并出具相应的验资报告,且依据验资报告由丙方向乙方签发并交付公司出资证明书。同时,丙方应当在公司股东名册中将乙方登记为公司股东,办理相应的工商登记变更手续。

3.6 如果丙方未按约定按时办理相关验资和工商变更手续,且逾期 30 天仍未办理相应的工商变更登记手续(由于政府方面不愿意或不可抗力因素情形除外),乙方有权以书面通知的形式提出终止本协议,丙方应于本协议终止后的 15 个工作日内退还乙方已经支付的全部出资款,并返还等同该笔款项的银行同期贷款产生的利息。甲方对丙方上述款项的返还承担连带责任。

第 4 条 IPO 条款

4.1 甲方和丙方必须在交割日之后的______年内尽全部努力实现丙方合格的首次公开发行股票。

4.2 甲方和乙方同意在投资完成后,将逐步按照上市的相关法律、法规以及规范性文件的要求,对丙方公司、子公司和有关各方在历史沿革、税务、劳动、资产、关联交易、独立性等各方面的合规性进行完善,以便保证丙方在________年____月____日前实现首次公开发行,由此产生的所有费用原则上应由相关各方独立承担,但如果上述费用的产生系由于甲方或丙方在尽职调查中未披露相关事项或因违反本协议所造成,则应由甲方和丙方承担全部该等相关费用。

第 5 条 股权回购

5.1 当出现以下情况时,乙方有权要求甲方回购乙方所持有的全部丙方股份:

(1)不论任何主观或客观原因,丙方不能在________年____月____日前实现首次公开发行股票并上市,该原因包括但不限于丙方经营业绩方面不具备上市条件,或由于参与公司经营的甲方存在重大过错、经营失误等原因造成公司无法上市等;

(2)在________年____月____日之前的任何时间,甲方或丙方明示放弃本协议项下的丙方上市安排或工作。

5.2 本协议项下的股份回购价格应按以下两者较高者确定:

(1)乙方的全部出资额及自从实际缴纳出资日起至甲方实际支付回购价款之日按年利率____%计算的利息;

(2)回购时乙方所持有股权相对应的公司经审计的净资产。

5.3 本协议项下的股权回购均应以现金形式进行,全部股份回购款应在乙方发出书面回购要求之日起 2 个月内全额支付给乙方。乙方之前从丙方所收到的所有股息和红利可作为购买价格的一部分予以扣除。

第 6 条 股权转让

6.1 当出现下列任何重大事项时,乙方有权转让其所持有的全部或者部分公司股份,甲方具有按本协议第 5.2 条规定的股份回购价格受让该等股份的义务;但是如果任何第三方提出的购买该等股份的条件优于股份回购价格,则乙方有权决定将该等股份转让给第三方:

（1）甲方和丙方出现重大诚信问题严重损害公司利益；

（2）丙方的有效资产（包括土地、房产或设备等）因行使抵押权被拍卖等导致所有权不再由丙方持有或者存在此种潜在风险，并且在合理时间内（不超过三个月）未能采取有效措施解决由此给公司造成的重大影响；

（3）甲方所持有的丙方之股份因行使质押权等原因，所有权发生实质性转移或者存在此种潜在风险；

（4）丙方的生产经营、业务范围发生实质性调整，并且不能得到乙方的同意；

（5）其他根据一般常识性的、合理的以及理性的判断，因乙方受到不平等、不公正的对待等原因，继续持有丙方股份将给乙方造成重大损失或无法实现投资预期的情况。

第 7 条　反稀释条款

7.1　本协议签署后，丙方以任何方式引进新投资者时，应确保新投资者的投资价格不得低于本协议乙方的投资价格。

7.2　如新投资者根据某种协议或者安排导致其最终投资价格或者成本低于本协议乙方的投资价格或者成本，则甲方无偿转让所持丙方的部分股份给乙方，直至本协议乙方的投资价格与新投资者投资的价格相同。股权转换价格应根据加权平均法进行调整。

7.3　投资完成后，如丙方给予任一股东（包括引进的新投资者）的权利优于本协议乙方享有的权利，则乙方将自动享有该等权利。

第 8 条　优先分红权条款

8.1　在丙方每次宣告分配的股息数额达到乙方投资额的____%时，乙方的分红比例是____%，甲方的分红比例是____%。如果丙方宣告分配的股息数额超过乙方投资额的____%时，乙方先收取相当于乙方投资额的____%的股息，剩余的股息部分，甲方和乙方再按照股权比例进行分配。

第 9 条　清算优先权条款

9.1　进行清算时，丙方在支付完公司清算费用、职工工资和劳动保险费用、所欠税款、其他公司债务后，如果还有剩余财产，按照如下原则分配：

（1）如剩余财产未超过乙方原始投资金额的倍加宣布但尚未发放的股息，则乙方有权获得全部剩余财产，甲方无权获得剩余财产；

（2）对超过乙方原始投资金额的倍加宣布但尚未发放的股息的剩余财产部分，甲方和乙方再按照股权比例进行分配。

（注意：清算优先权条款多适用于中外合资企业，内资企业中存在法律障碍。）

第 10 条　新股优先认购权条款

10.1　丙方再次进行增资时，在同等条件下，乙方有权按股权比例优先认购；如果乙方放弃其优先认购权，则其他方有权认购其放弃部分。

第 11 条　公司治理条款

11.1　投资完成后，丙方董事会成员应不超过______人，乙方有权提名______人担任丙方董事，各方同意在相关股东大会上投票赞成上述乙方提名的人士出任公司董事。丙方应在办理营业执照变更的同时办理董事变更手续。丙方新董事会至少每半年召开一次董事会会议。

11.2　投资完成后，丙方的财务总监由乙方提名担任，各方同意在相关股东大会上投票赞成上述乙方提名的人士出任丙方财务总监。

11.3 当上述任何一方提名的董事、监事、财务总监辞任或者被解除职务时，由提名该名董事、监事、财务总监的一方继续提名继任人选，且各方应保证在相关股东大会上投票赞成该等人士担任公司董事、监事。

11.4 丙方的会计师事务所和律师事务所的聘任或解聘必须取得乙方的同意或认可。

11.5 任何下列可影响丙方及其附属公司的公司行为和交易（无论是否通过修改公司章程还是其他方式，无论是单一交易还是多笔相关交易），应当按照修订后的公司章程所规定的决策机制由公司董事会或者股东大会审议通过，如系董事会决议事项，则必须经董事会中至少一名乙方董事的投票确认方可形成决议；如系股东大会决议事项，则需经出席股东会议的股东或股东代表所持表决权的三分之二以上，并且同时需要乙方的股东代表同意，方可形成决议：

（1）修订或改变乙方股权的权利和利益，或者给予某些投资者任何新的权利、优先权和特别权力高于或者等同于乙方股权；

（2）丙方业务范围、本质和/或业务活动的重大改变；

（3）丙方合并、分立、被收购、解散、清算或者变更公司形式；

（4）增加或者减少丙方注册资本；

（5）并购或处置（包括购买及处置）超过万元的主要资产；

（6）对外担保或提供贷款；

（7）股息或其他分配的宣告和派发及公司股息政策的任何改变；

（8）进行公司资本重组、重新分类、分立、分拆、破产重组或业务重组的事项；

（9）任何（或者导致）收购、重大资产或控制权售卖、兼并、合并、重组、设立合资企业或合伙企业或成立子公司，或与减少股本、解散和清算的决议；

（10）丙方商标、专利、专有技术等知识产权的购买、出售、租赁及其他处置；

（11）在____个月内交易总额超过人民币____万元的任何开支或者购买任何有形或者无形资产（包括对任何公司进行股权投资）；

（12）与丙方的关联企业、股东、创建人、董事、经理或者其他关联方约定或达成任何交易和协议；

（13）增加或者减少董事会、监事会或任何董事会委员会中的席位数；

（14）对会计制度和政策做出重大变更，聘请或变更审计师；

（15）聘任或解除丙方总经理、副总经理、董事会秘书或财务总监等公司高级管理人员；

（16）提起或和解金额超过__________万元的任何重大法律诉讼、仲裁；

（17）丙方的上市计划，包括选择首次公开发行股票的承销商和上市交易所或批准首次公开发行股票的估值、条款或条件；

（18）丙方新的融资计划；

（19）制定或修订任何雇员期权计划、高管期权激励计划或方案，修改标准雇佣合同或高管薪酬和福利计划；

（20）修改或放弃丙方新的章程中任何规定和其他重要规章制度；

（21）其他可能对丙方生产经营、业绩、资产等产生重大影响的事宜。

第 12 条 共同出售权条款

12.1 若甲方计划向任何第三方出售其全部或部分持有股权，则必须首先通知乙方，乙方有权按出资比例以拟受让人提出的同样条款优先出售给买受人。

12.2 甲方经乙方同意向公司股东以外的第三方转让其股权的，甲方应保证股权受让方签署接受本协议条款的协议。

12.3 除非法律有禁止性或限制性规定，否则乙方股权的转让不受限制。

第 13 条 信息权

13.1 乙方享有作为股东所享有的对丙方经营管理的知情权和进行监督的权利，乙方有权取得丙方财务、管理、销售、市场或其他方面的信息和资料。丙方应按时提供给乙方以下资料和信息：

（1）在会计年度结束之后的______天内提供经乙方认可的会计师事务所审计之后的合并财务报告和经营报告；

（2）每财务季度结束之后的______天内提供未审计的季度财务报告和经营季度报告；

（3）在每月结束的______天内提供未审计的月度财务报告和经营月度报告；

（4）所有提供给股东的文件或者信息的副本；

（5）在下一财务季度开始前的______天内提供下季度预算报告；

（6）在下一财务年度开始前的______天内提供下年度预算报告。

13.2 所有财务报告均需按照通用会计准则准备。

13.3 所有经营报告均需包括财务数据与对应季度或年度预算目标的对比。

13.4 授权乙方检查丙方及其附属公司的设施、账目和记录。

13.5 按照乙方要求的格式提供其他统计数据、其他财务和交易信息。

第 14 条 业绩调整条款

14.1 原股东甲方承诺丙方年度净利润（或净利润）不低于__________万元。

如果乙方没有达到上述税后净利润目标，则丙方全面稀释的投资后估值应根据以下公式调整：

调整后公司估值=实际完成净利润 × 倍市盈率

14.2 如果启动以上业绩调整条款，甲方应立即无偿向乙方转让部分股权，使乙方所占的股权比例反映丙方调整后全面稀释投资后的估值。

第 15 条 股权锁定条款

15.1 投资完成后至丙方首次公开发行股票并上市前，丙方创建人、大股东、关键股东和持股管理人员不得发生以直接或间接方式转让丙方的权利行为，或进行可能导致丙方实际控制人发生变化的股权质押等任何其他行为，而不论交易之时个人与丙方公司的雇佣状态如何，除非已提前获得乙方的书面许可。

15.2 乙方持有的丙方的股份可在丙方首次公开发行股票并上市后根据上市交易所上市规则的要求在禁售期满后出售全部或部分股份。

第 16 条 债务条款

16.1 甲方承诺并保证，除已向乙方披露之外，丙方并未签署任何对外担保性文件，亦不存在任何其他未披露的债务：如丙方还存在未披露的或有负债或者其他债务，全部由甲方承担。若丙方现行承担并清偿上述债务，从而给丙方造成损失，甲方应当在丙方实际发生损失后______个工作日内，向丙方全额赔偿，甲方应以其从丙方取得的分红或从其他合法渠道筹措的资金履行赔偿义务。

第17条 同业竞争条款

17.1 甲方和丙方承诺,未经乙方同意,不会以任何形式从事或参与与丙方主营业务构成直接或间接竞争关系的业务或活动。

17.2 甲方和丙方承诺,其公司主要管理人员和核心业务人员在任职期间内不得以任何形式从事或帮助他人从事与丙方形成竞争关系的任何其他业务经营活动,在离开公司2年内不得在与丙方经营业务相关的企业任职。如果上述人员出现上述行为致使丙方或乙方的利益受到损害的,除该等人员须赔偿丙方及乙方损失外,甲方应就丙方或乙方遭受的损失承担连带赔偿责任。

第18条 费用条款

18.1 如因甲方的原因致使本轮投资未能进行,则甲方应承担因本合同起草、谈判和签约而产生的所有支出(包括法律费用)、费用和税金。

18.2 如因乙方的原因致使投资交割未能进行,则乙方应承担因本合同起草、谈判和签约而产生的所有支出(包括法律费用)、费用和税金。

18.3 如因丙方的原因致使投资交割未能进行,则丙方应承担因本合同起草、谈判和签约而产生的所有支出(包括法律费用)、费用和税金。甲方对此应承担连带责任。

18.4 如因上述原因之外的原因致使投资交割未能进行,则各方应各自承担因本合同起草、谈判和签约而产生的所有支出(包括法律费用)、费用和税金。

18.5 如果本次投资完成,各方应各自承担因本合同起草、谈判和签约而产生的所有支出(包括法律费用)、费用和税金。

第19条 保密

19.1 协议各方对于因签署和履行本协议而获得的、与下列各项有关的信息,应当严格保密,保护的程度不能低于接收信息的一方保护自己的信息。但无论如何,接收信息方对该信息的保护程度不能低于一个管理良好的企业保护自己的信息的保护程度:

(1)本协议的各项条款;

(2)有关本协议的谈判;

(3)本协议的标的;

(4)协议各方的商业秘密。

19.2 协议各方保证采取所有必要的方法对上述信息进行保密,包括(但不限于)执行和坚持令人满意的作业程序来避免非授权透露、使用或复制专有信息。

19.3 协议各方保证不向任何第三方透露本协议的存在或本协议的任何内容。

19.4 例外情况。协议各方保密不适用于下列情况:

(1)有书面材料证明,提供信息方在未附加保密义务的情况下公开透露的信息;

(2)有书面材料证明,在未进行任何透露之前,协议各方在未受到任何限制的情况下已经拥有的专有信息;

(3)有书面材料证明,上述信息已经被信息接收方之外的他方公开;

(4)有书面材料证明,信息接收方通过合法手段从第三方在未受到任何限制的情况下获得的专有信息;

(5)如果协议一方对上述信息的透露是由于法律、法规、判决、裁定(包括按照传票、法院或政府处理程序)的要求而发生的,负有公开义务的协议一方应当事先尽快通知其他协议各方。

19.5 本协议终止后本条款仍然适用,不受时间限制。

第 20 条 适用法律和争议的解决

20.1 本协议应适用中华人民共和国法律并应根据中华人民共和国法律解释。

20.2 凡因本协议引起的或与本协议有关的任何争议,协议各方均应通过友好协商解决。

20.3 如果各方在前述争议发生时不能通过友好协商解决,均应提交仲裁委员会,按照申请仲裁时该会有效的仲裁规则进行仲裁。仲裁裁决是终局的,对协议各方均有约束力。

20.4 仲裁过程中,本协议除争议事项以外的其他任何部分均应继续执行。

第 21 条 违约责任

21.1 本协议生效后,各方应按照本协议及全部附件的规定全面、适当、及时地履行其义务及约定,若本协议的任何一方违反本协议包括全部附件、附表约定的条款,均构成违约。

21.2 发生违约行为,违约方应当向守约方支付违约金,并赔偿因其违约而给守约方造成的损失。

21.3 延迟行使本协议或法律规定的某项权利并不构成对该项权利或其他权利的放弃。单独或部分行使本协议或法律规定的某项权利并不妨碍其进一步继续行使该项权利或其他权利。

第 22 条 生效及其他

22.1 未尽事宜,各方可另行签署补充文件,补充文件与本协议是一个不可分割的整体,并与本协议具有同等法律效力。

22.2 本协议自各方签字、盖章后成立并生效。本协议用中文书写,一式六份,各方各持一份,其余由丙方备案,各份具有同等法律效力。

案例汇编

高瓴资本:投资一家公司的四个维度

对于价值投资者而言,分析卓越投资者的逻辑,站在巨人的肩膀上进行投资是通往成功的不二法门。作为亚洲最大的私募股权投资机构,高瓴资本动辄上百亿的投资决策更是值得深入研究。高瓴擅长投资生物医药,消费, TMT 互联网,企业服务四大领域,这些行业天然具备高护城河、高净资产收益率、高资本投入回报率的特点。只有选择与这些行业内优秀的公司长期共生,才能长期稳定地跑赢标普 500、沪深 300。这里分享高瓴资本在投资一家公司时所研究的维度(如图 5-2 所示),这些维度取自高瓴资本的内部投研方法。

一、选择商业模式优秀和 ROIC(资本投入回报率)高的好生意

高瓴资本创始人张磊在多个场合说过高瓴资本是一家长期结构化价值投资的资产管理公司。不熟悉的读者可以先看看高瓴资本张磊的介绍,以及《高瓴资本的投资规模分布和投资特点》。对高瓴来说,最首要的要素就是长期。

张磊强调"选择时间是投资者朋友的行业和公司"。投资者可能要问,到底哪些行业和公司是时间的朋友呢?哪些行业和公司是时间的敌人呢?

全球最著名的咨询公司麦肯锡给出了一个价值投资最核心的指标——ROIC。ROIC 的全称是资本投入回报率（Return on Invested Capital），其衡量的是股东和债权人投入的本钱，到底获取了多少回报，这是一个生意的本质。

图 5-2　高瓴的投资策略有四个维度

巴菲特说过衡量生意最核心的指标是 ROE（净资产收益率），但是 ROE 有如下两个缺陷。

缺陷一：ROE 是净利润除以股东权益，但是净利润是一个容易被上市公司玩弄的指标。例如，上市公司卖一套房，常常造成真实利润的失真，而 ROIC 这个指标可以屏蔽非经常损益。

缺陷二：不少 ROE 高的公司是通过加杠杆堆出来的，通过高负债公司堆出来的高收益和不加杠杆产生的高收益是完全不一样的，在经济下行周期就完全可以看出来高负债的公司风险有多大，投资价值完全不一样。

1. 哪些公司不是时间的朋友？

ROIC 低于 6%的公司，这些公司都是时间的敌人，都是伪成长。

当然，对于一些小企业，有些项目暂时是亏损的，但长远看能取得不错的 ROIC。这考察投资者对公司未来的前瞻力，是投资的难点之一，这也需要市场达成共识预期。

2. 哪些公司是时间的朋友？

1）保持长期结构性竞争优势的公司和行业

高 ROIC 只是结果，而赛道和竞争格局、商业模式、护城河才是根本原因。

赛道和竞争格局、商业模式、护城河是生意的天然属性，这非常类似人的基因，从出生开始就已注定，这是改变不了的。但发现拥有优质赛道和优秀竞争格局的公司是最难的，需要投资者对商业有非常深度的调研和认知。而跟踪高瓴资本是最好的办法之一，因为高瓴资本长期专注于这方面的研究。

从两个财务维度来探讨什么是长期结构性的优秀公司和行业。可以将两个指标 ROIC 和 g（增长率）做成四个象限（如图 5-3 所示）。

（1）高 ROIC+高成长：投资里面的战斗机。例如：骨科赛道的爱康医疗（成长性 50%，ROIC 20%），医药研发合同外包服务机构（CRO）赛道的药明康德（成长性 20%，ROIC 15%），眼科赛道的爱尔眼科（成长性 30%，ROIC 5%），还有高瓴资本一级市场最近投资的国产奶粉赛道——君乐宝，和君乐宝一个赛道的龙头公司飞鹤也值得关注，他们都具有这种特点。

（2）高 ROIC+低成长：现金奶牛。例如：格力电器、海螺水泥。

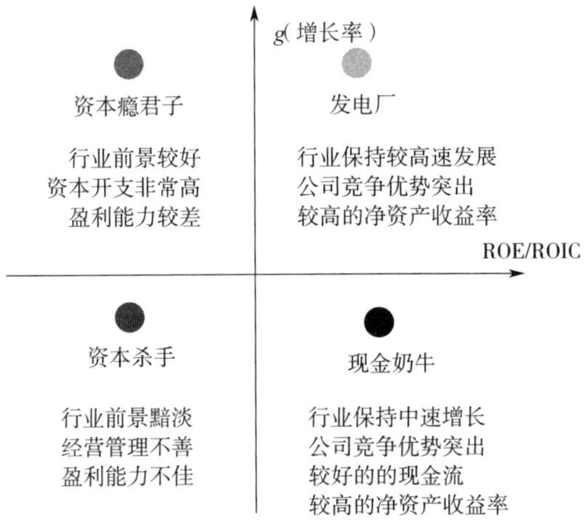

图 5-3 ROIC 和 g 四象限图

2)你选择的生意是否有规模优势,即随着公司规模的增长,成本是不是能真正降低

互联网就是有这种特点,边际成本随着规模增长迅速降低。

但并不是所有的生意模式都能够有所谓的规模经济效应,比如餐饮业(火锅赛道除外,如海底捞),中国餐饮业的标品化程度非常低,随着门店扩张,人员和运营成本、管理成本都会相应上升。很少有餐饮企业能解决这个问题。

当一个餐饮餐馆变成了 1 000 家店的餐饮连锁,它的规模是变大了,但是企业的护城河其实并没有变得更深,企业并没有因为规模变大而变得更强。其管理成本反而会直线上升,同样的,教育行业也存在相同的问题。

但这并不是说 100%不能搞改变的。这当中,除了生意模式,企业家或者是组织的核心竞争力,会有可能在一定程度上去改变一些传统生意模式的短板。

3)你投资的公司能不能在行业低谷的时候逆势扩张

这一点很重要,在行业逆风期,竞争力差的公司会倒下,要找到公司相对同行的真正优势在什么地方。

或者换句话说,在需求端整体变差的时候,公司能不能变得更强大?

历史经验显示,往往在这样的时候,行业龙头的日子相对比较好过,很多龙头公司都是在宏观或者是在行业需求变差的时候,竞争对手会比他先倒下,他反倒能在这个过程中扩大市场份额。

这也解释了为什么高瓴资本特别喜欢去投龙头公司,高瓴发现各行各业的头部公司在市场不好的时候,都能够把自己做大做强,非常典型的例子是格力和美的两个家电巨头。基本上只要周期性或者是宏观因素导致需求端变差了之后,两家头部家电企业反倒不断扩大市场份额。

4)你投资的科技企业,是价值利好还是价值毁灭?

并不是所有的科技创新,对于一个商业模式来说都是好事情。

传统市场上可能有一些公司利用信息不对称实现了一定程度的市场垄断。但电商的崛起,打破了信息的不对称。

比如传统女鞋、女装服饰等消费品,以前可以通过广告等模式去砸营销费用,很快沉入下线城市，导致有些头部消费品的品类集中程度非常高。但随着电商兴起，改变了传统的线下消费模式，对它们的影响是负面的。

另外一个反面案例，就是曾经一个非常了不起的上市公司——康师傅。受到外卖兴起的影响，康师傅的方便面市场销量受到了极大的影响。

但是，也有另外少部分的消费品品类，它们是得益于整个科技创新的。比如，电商发展起来之后，头部高端白酒的市场集中程度得到进一步提升。

另外，高端护肤品通过电商领域提升品类集中度。国际知名的高端护肤品牌，如资生堂、雅诗兰黛、海蓝之谜，都通过电商领域下沉到了非常低线的城市，而原来线下的专柜模式是根本没有办法下沉的，电商使得它们的整个市场份额变得非常高。

二、解决什么时候应该买入好生意的问题，提高投资回报率

过去，很多的企业家和基金经理，都以为自己挣的是生意的钱，但很多挣的是环境的钱。

环境包括很多方面，宏观经济环境，到不同行业的政策环境、监管环境，甚至再到更底层的人口结构变化环境，都会对投资造成很大的影响。

环境基本上决定了对于一个公司的投资的对的时间点。也就是说，为什么要在当下这个时间点去布局这些行业，去投资一些公司。

有一个极简的价值投资公式：

价值=（价格-成本）× 品牌市占率 × 品类总规模

（1）不同赛道的品类总规模决定了这个赛道所在公司的市值天花板，千亿品类规模的赛道可以成长几家千亿市值的公司，百亿品类规模的赛道只能产生几个百亿市值的公司，这是赛道的天然属性决定的。

（2）另外一方面，决定公司价值的是品牌市占率，在一个无序价格战的市场格局下，行业内所有的公司都是败家，如果在某个时间点因为一些特殊的因素，品牌公司市占率开始提升，一些小公司开始淘汰，这时候就是投资者应该关注的时候，这个就是高瓴资本所说的环境的变化。如果在无序竞争期长期持有这些生意，投资回报率会降低。

高瓴资本非常喜欢投资酒类的公司，酒类行业有很多优势，其中一个优势是无论白酒、红酒、威士忌都是一个库存生意，随着时间的增长，库存的价值也随之提升，酒类公司的这个特点是其他行业完全不具备的。

高瓴资本投资的啤酒行业就有这种特点。

中国啤酒行业经历了不同阶段。2000 年之前是非常早期的粗放式发展阶段；从 2000 年到 2010 年，大家开始意识到整个需求起来了，非常多的行业公司进入这个领域，行业混战非常明显；而 2017 年之后，国内龙头啤酒业华润的市占率开始迅速提升，高瓴资本也在 2017 年开始加仓华润啤酒。

2010 年之后，基本上混战结束，行业的集中度得到快速提升，前三家的百威、喜力、雪花，几乎赢得了全部市场，这对于投资时点提出了非常高的要求，要投的时机巧而不是投的时机早，因为投早，整个行业的回报率是不够的。

什么时候是一个非常好的投资时点？就是当看到整个销量已经开始趋于平稳，而整个供给侧的集中度开始快速提升的时候，投资头部的啤酒厂商成了投资回报率最好的投资了。

另外一个更加底层的环境变化就是，整个中国的“90 后”开始成为整个消费品的主力军。非常多的消费与零售企业，都开始经历从量驱动变成从质驱动，所有的消费品开始注重品质。

背后非常重要的一个原因就是,“90 后”开始大规模进入消费品领域,他们对于产品质量的要求是非常高的。

比如,像海蓝之谜这种高端护肤品牌,很多人没有想到,背后的消费者并不是在 25 岁以后需要抗老、抗皱型的人,这些高端护肤品的消费者主力军中,40%都是 25 岁以下的消费者。

年轻消费者对于品质要求的上升,也会对整个消费品领域的投资产生非常重要的影响。

三、优秀的管理层和组织结构是公司保持常青的决定性因素之一

除了“生意”和“环境”,高瓴还重视对于“企业家”的考察。

优秀的领导层和组织结构对普通投资者来说比较虚,因为公司有没有好的组织结构,有没有好的管理模式,管理层有没有良好的大局观视野,这些都不会写到财报里面,这是非常棘手的一个问题。

不是所有的生意都是贵州茅台,随便拉一个领导都能干,产品可以供不应求,大部分生意都需要优秀的领导层和完善的组织结构,公司才能发展好。

因此,在看一个上市公司的时候,不仅要关注生意模式,还要看它的商业模式是不是足够好,以及企业家本身的能力,整个管理团队的能力,包括整个组织的能力建设,也是非常关键的。

例如,在教育行业和餐饮行业,高瓴有过两个有名的投资案例,分别是好未来和海底捞。

这两个行业的生意模式都很难规模化,但是这两个企业的创始人通过对于他们原来商业模式的创新型的改造,解决了行业模式中存在的问题,成为行业的领头羊。

比如,海底捞的张勇解决了低层次劳动力培训的问题,一下子把他的公司带到了一个非常高的高度。

同样的,好未来通过改造线下培训的传统模式,从一个老师教一门课,变成了一个老师教一门课当中的一个环节,从而保证了教学效果不会被名师所绑架,通过非常好的师资力量的培训体系,源源不断地向市场提供好老师,从而能够让好未来不断做大做强。

除此之外,医疗领域也有几个比较经典的案例,例如恒瑞和爱尔眼科。

恒瑞创始人的优秀之处在于恒瑞在 2005 年,在国内仿制药利润丰厚、企业赚钱非常容易的时候,就已经开始组建起公司内部的创新药体系。并且花费 7~8 年的时间,创建了一个上百人的原药研发团队。正是因为企业家提前预料到了仿制药红利在未来将会消失,因而能够在原研药方面提前布局,获得了先发优势。

爱尔眼科的创始人陈邦同样具有前瞻性的眼光,医疗和教育、餐饮有一定的相似之处,即医疗的高端技术往往掌握在几个名医的手上,随着医院的规模化,如何保证医生质量能够跟上？这对于所有的医院都是一个很大的挑战。而陈总很早的时候就前瞻性地去布局科研力量。前前后后花了几十年,打造了一套具有自己核心竞争力的医疗技术和管理能力。因此,在 2015 年得到高瓴投资之后,爱尔眼科进入了高速发展期,最快的时候一年开了 250 家医院,这一切都得益于公司的管理能力和公司对于优质医生队伍的培养。

如何评判企业家或者他的团队,是不是值得投资或者值得重仓,高瓴非常关注这些问题。

(1)企业家跟自己是不是志同道合？主要是对于企业所在的商业模式本质的理解是否一致,这非常重要。

(2)企业家有没有全局观,不应该纠缠一些细枝末节的问题,要能够从非常多的信息里,一下就抓住到底什么是主要矛盾,什么是次要矛盾。企业家对数字或者对一些细节是不是足够敏感。

（3）企业家是不是有能力去打造一个非常具有战斗力或者是具有学习能力的组织，一个人强大是不够的，要能够快速培养出跟他一样强大的团队。

除了管理人的个人能力，高瓴还重视对于公司组织的考察，通常市场上常见的组织架构有两类，一种是自上而下型（中心化组织），另一种是自下而上型（去中心化组织）。

具体哪种组织在未来更加有竞争力，需要因人而异来看，取决于公司现在的发展阶段、业务线本身的特征、市场的竞争格局、细分赛道发展的时间和空间等多个因素。优秀的企业家，能够在公司发展的不同阶段灵活调节其组织架构。

作为机构投资者的高瓴资本相比普通投资者的一个优势就是可以直接和这些公司的创始人、掌舵者直接对话，可以直接去公司和现场做深入调研，普通投资者只能看看财报，看看研报，最多听听电话会议，就做出投资决策，高瓴资本的这个优势是一般投资者不具备的。

就像前面说的，高瓴资本下定决心买入高估值的爱尔眼科因为通过与管理层的交流，非常钦佩爱尔眼科陈总的全球视野和良好的执行力；而投资恒瑞医药，因为高瓴资本很早就开始了和恒瑞医药的直接对话，发现恒瑞在2006年左右就开始了创新药的布局，是国内最早开始布局创新药的公司之一。

而作为普通投资者，是很难有机会直接与这些所投公司的管理层直接对话的，即使可以，也很难知道到底需要跟哪一家公司对话，普通投资者在二级市场投资很难做到既有广度又有深度，参考卓越投资者持仓是一个相对比较容易的方法。

案例思考题

（1）为什么财务分析中的杜邦分析法选择ROE作为核心指标分析企业的财务状况？为什么巴菲特认为衡量生意最核心的指标是ROE？ROE指标有着什么样的缺陷？ROIC是否也存在一定的缺陷？

（2）高瓴资本投资一家公司的四个维度的分析框架对我们进行价值投资有着什么样的启示？

扩展阅读

高瓴资本创始人张磊：极少有人真正理解时间的价值

一、关于投资价值

对于投资来说，简单和不简单的事或许相似：如何保持内心的平静，在不断的市场诘问和自我拷问中不随波逐流，最需要的是深植行业、企业及市场的卓越研究能力和强大自我约束的投资初心。

“找到最好的公司，做时间的朋友”，这是对价值投资最好的诠释之一。

投资回报的本质是作为企业拥有者，获得管理团队为企业创新成长带来的价值积累。人们往往感慨，投资最贵的不是钱，而是时间。愿意付出更多的时间去研究，去持有，去陪伴企业的成长，即“花足够多的时间，做公司最好的朋友”。这种长期坚持和信赖，来源于充分的理性判断和风险认知，以及发自内心的勇气和诚实。

投资人无法亲历企业成长的方方面面，更无法判断市场的不可知因素，个体认知的局限和市场变化的混沌天然构成了矛盾。正是这样，在漫漫修远的求知路上，怀谦卑之心，长期关注“可预期、可展望、可想象”的有限关键变量，进而回归研究本质——大胆假设、小心求证，找到企业创新发展的“护城河”，从而做出最佳决策。

随着中国城镇化减速、人口结构变化、产业集中度提高、科技进步发展到新阶段，投资人无法再像过去那样随意采撷一二便可获得超额收益，但我们仍对大国发展抱有十足信心。我们可以看到，中国正拥有越来越多值得敬佩的创业者、发明家、科学家、企业家，他们在科学创新、产业创新、产品创新上不断追求卓越，正是这些，构成了坚持价值投资的原因所在。

对于今天的中国资本市场来说，价值投资已然不是新鲜名词，越来越多的笃信者和实践者在用自己的思考方式，不断探索新的未知世界。价值投资为投资者和企业家之间创造了相互信赖和尊重的情感纽带，正是这条纽带，让企业家敢于尝试伟大创想，目光聚焦在未来10年、20年，以超长期的视角审视未来生产生活的变化。这种源于价值投资理念的超长期投资，为企业注入了最坚实的动力。从某种程度上说，为卓越企业家分担创新风险，构成了价值投资超额收益的本质起源。

我们强调价值投资。不管是在哪一个阶段，一定要创造价值。价值背后更深的哲学，实际上来自中国，甚至其实先秦诸子里面就讲，老子的守正用奇，以正治国，以奇用兵。首先如果你要不正，你的思想是歪的（就无法成事），君子不立危墙之下，不能有个地方赚钱你就跑过去了；奇，就是你跟别人不一样，你不能说大家都从众，大家都追风口你也追风口，君子和而不同。还有我们所说的弱水三千但取一瓢，要有定性。

有很多人投资是天女散花型，投一大堆赚很多很多。假设你投了200家公司，一家公司开4次董事会，那就是800次董事会，你开得了吗？可能时间都不够用。你就是有十个人、二十个人，一年要开几十个董事会，只会造成董事会流于形式。我们希望我们真正能投的少一些，花的精力多一点，多给企业一些帮助，都能一起往前成长。

最后我们中国人和西方还有一个很大的不同，所谓“桃李不言，下自成蹊”。就是说，你不要在乎短期内你创造多少社会名誉，或者多少价值，多少人知道你。关键是你创造了多少价值。桃树李树都长出果子了，大家自然会找到它的。至于怎么赚钱，钱是怎么赚出来的，利润怎么来的，你的市场价值怎么被体现的，我觉得不用太担心，最后他自己会出来的。

大多数人往往重视回报，少数人管理风险，却极少有人关注成本，极少有人真正理解时间的价值。简单来说，回报会随着时间日益增多，成本会随着时间变本加厉，而风险会随着时间相对缓和。人们能够理解复利的力量，但成本会随着资产规模的扩大和交易频次的增多而愈加显著，成为高回报的阻碍因素。因此，一家低成本的投资基金就等于给予持有人更高的回报。同时，风险的短期波动性会随着时间的推移逐步被市场理解和消化，因此长期持有会降低投资的不确定性。

二、关于时间

我要做企业的超长期合伙人，这是我的信念和信仰。而高瓴基金的模式在亚洲也是独有的，我们是一家长青基金。

我们认为投公司就是投人，真正的好公司是有限的，真正有格局观、有胸怀又有执行力的创业者也是有限的，不如找最好的公司长期持有，帮助企业家把最好的能力发挥出来。所以我们希望所投公司从早期、中期、晚期、上市乃至上市后一直持有。而非投一个 IPO,上市卖掉,再不停地找。长青基金的特点是投 PE 项目不用担心退出压力,公司上市后,只要业务发展前景可期,基金会继续持有。

超长期投资对出资人(LP)的要求很高,需要对投资人(GP)非常信任。我们选择的 LP 都是超长线资本,像大学捐赠基金、家族基金、养老基金、主权基金,这些钱都是要传子传孙的,而只有你的资本是长期的,你才有条件花时间和精力去思考什么才是具有长期前景的生意模式,什么样的企业值得持有 30 年以上。

做这种超长期投资人,总结来讲,第一点是要把基金做成超长期结构的基金,第二点是所投公司和投资基金的理念要完全一致。

我的投资理念的最核心之处就是,我要找的是具有伟大格局观的坚定实践者。特别少的人,特别少的公司能够有这个格局、执行力,能够把公司愿景推到那么高的高度,但我们就要寻找这样的人。

这个人怎么找到呢？有两种模式,一种模式是人海模式,到处参加各种会议,一个地方一个地方跑;我们采用的是另一种模式,即研究型模式,就是通过研究发现哪个是最好的商业模式,然后我们再寻找跟最好商业模式契合的最好创业者,再一起发展。

这种研究模式让我们对事物有了深刻理解。如果理解的结果可以通过二级市场实现,我们就买入股票长期持有,如果没有这样的公司,我们就寻找私人市场,如果没有私人市场,我们就自己孵化。这个是长期做投资的人才有的能力。

在关键的时点投资关键的变化,如何定义、判断这两个“关键”？要研究,只有研究才能让你对变化有理解。研究是基于对事物本质的深刻挖掘,方法见仁见智,有的人看一两个季度,有的人看一两年,有的人看盈利,我看东西是看五年、十年、二十年。我看的不是形式,我看的是一个人本质上有没有给社会创造价值,只要你给社会创造很大的价值,早晚你会给所创的公司创造价值。

我把投资大致分为两类,一类是零和游戏,一类是把蛋糕做大游戏。很多人的投资是前者,比如 pre-IPO 这种,我个人是不相信零和游戏的。我喜欢把蛋糕做大的游戏,就是我的思想、资本不能创造价值,我是不会投资的。

从这个角度来讲,就更需要对关键时点和关键机会的把握。什么是关键时点？就是大家都看不懂的时候。关键变化又是什么？如果是一成不变的事情,实际上很容易被看见。这个世界永恒的只有变化,只有在变化的过程中我们才能去跟别人有不同的观点,而且是产生非常长期的不同观点。

我关注的是创造多大价值的机会,这就是我说的深入基本研究,在这个过程中我们多年来一直坚持持续深入的跨时间、跨地区、跨行业、跨类别、跨线上/线下的行业研究,所以高瓴能够深刻理解这些行业的长期内在发展规律和业务逻辑,从而准确把握行业与市场的变革要素和时点。

把最好的生意模式带给最好的企业家。各种生意模式都有非常不同的变化。比如说简单的卖产品的,但是如果提升附加值就可能变成卖一种服务,如果再抓住关键机会就可能变成一个平台,使卖产品和卖服务的人都可以用这个平台。生意模式博大精深,在这个过程中一个企业家能看清楚生意的本质是什么,他的理念和格局观就是不一样的。

虽然我并没有过创业经历和管理企业的经验,但我怎么知道什么是最好的呢？我有两点优势。

第一，我们有幸天天跟最好的企业家打交道，而且是与他们发生剧烈变化的那段打交道，经常参与到伟大企业的创造过程中去，这个过程中你是有很大优势的，因为只做一家企业的话，你有可能被局限于自己的行业和自己的事业，而如果你天天跟各种各样的企业打交道，从消费、互联网到先进机械制造，甚至水泥，你就能够找到伟大企业的共同点。

第二，我做高瓴本身也是个创业，从这个角度来讲我也是个创业者，在这个过程中我学习了很多，了解了文化、理念、人生的各种取舍。我也能够把自己的经验、情感与优秀企业家们分享、沟通。能否有通感，能否做到换位思考，是很重要的。我自己创业的过程，帮我更好地理解创业。

三、关于风控

我们最重要的关注点是选到最合适的企业家。这个人能不能既有格局观，又有执行力，还有对变化的敏感，以及对事物本质的理解，我觉得这种人很难找，大部分人都是在某一时期的某一方面会很好，但是有的人能够通过和外面的交流把自己提升。

我的风控理念比较关注企业家的为人，目光长远、想做大事且有大局观的企业家跟我们本身就很容易契合，而着重小利、玩零和游戏的人跟我们不太适合，也走不到一起，对我们来讲反而省了很多功夫。

当然，有的企业家可能在某个领域内受不同的人影响，突然到了某个时间点不会把追求企业价值的最大化作为目标，有的人想去赚快钱了，有的人选择了更安逸的生活，我觉得这都可以理解。这个过程当中最重要的是大家互相很坦诚，你要有这种变化，就可以很坦诚地告诉我。好在到现在我还没有遇到这种事情。

投资了最好的企业家后，又如何与他们形成良性、长期的伙伴关系？我觉得这个时候就要摆正投资者的位置。我们这些年做得最好的就是永远摆正自己是投资人的位置，跟公司的创始人保持非常灵活的合作，这也令我们相对比较超脱，避免在公司运营上介入太深，同时我们通过深入研究形成的战略格局观点还可以帮助企业。

四、关于"护城河"

优秀的商业模式需要有"真正的护城河"，如何发现或者区分？这可能永远没有正确答案。

我觉得"真正的护城河"是长期创造最大价值的，而且是用最高效的方式和最低的成本创造最大的价值。

怎么创造这种价值，在不同的环境和不同的时代是不一样的。在美国，20 世纪 50 年代，品牌是最大化、最快创造价值的"护城河"，而随着互联网对品牌的冲击，品牌价值的"护城河"又不见得是最高效的方式，有人说在网上通过意见领袖创造价值效率更高。

这个世界永恒的只有变化，"护城河"也不可能不变，优秀的公司是当互联网大潮袭来时，能够深挖自己的"护城河"，主动拥抱互联网带来的变化。如果一家企业亘古不变，这种企业永远不值得投资。我最看重的"护城河"是有伟大格局观的坚定实践者去挖造的"护城河"，这些人能不断地根据变化做出反应。那些赚快钱的人逐渐会发现他的路越走越窄，坚持做长期的人的路才会越走越宽。

很多人对"护城河"这个概念的认识很僵硬，认为就是要做成垄断。实际上我不认为这是一个好的思维模式。我经常开玩笑说，做就要做成一个大的，做大了就要做成一个永恒的，永恒不就垄断了嘛？但是我又加了一句："早死早超生。"什么叫早死早超生？自己要颠覆自己。换句话说，我对"护城河"的理解，实际上是一个动态的变化中的"护城河"。这个"护城河"的核心就是一句话，能不能不断地、疯狂地创造长期价值。如果你不能够创造长期价值，这个"护城河"就是纸老虎。

五、关于人

我最佩服的人有两个，一个是巴菲特，一个是大卫·斯文森。这两个人我都有机会比较近距离的接触。

我最佩服巴菲特的首先是他的投资能力。另外我也十分佩服他是一个具有强烈同理心的人，英文就是 empathy。我很喜欢这种有同理心的人；同理心能使他更好地去了解年轻人，了解和他不一样的人，了解管理层。所以今天我经常和我的管理人员说要有同理心，这点就是我从他身上学到的。

他总是能站在别人的角度想问题。打个比方，假设从严格的角度来讲，有个管理层不是最优秀的；但他总能站在别人的角度，假设自己处在那个环境下，分析这个情况是由于这些或者那些原因造成的。他不是只站在自己的角度，只站在投资者的角度。我觉得站在别人的角度想很不容易，因为每个人都习惯从自己的角度思考问题。我觉得这个同理心对于投资、人生，甚至家庭、人际关系，都是一个非常好的品质。我也经常和小孩子交流，让他们想想，如果你站在别人的角度上想，是什么样的？同理心非常重要，可以帮助更好地与他人产生共鸣。

说到大卫·斯文森，我最佩服他的一点就是，他有非常强烈的道德感、责任感。可以这么说，他是我见过的把 fiduciary duty（受托人职责）和 intellectual honesty（理性诚实）结合得最好的一个人。这两个人永远都是我的楷模，是我最佩服的人。

有人问我，成功的投资人需要有哪些特质？我在 2005 年创建公司的时候，我对我想招的员工的特质说了三个词，就是好奇、独立与诚实。

在热点纷呈的中国一二级资本市场，如果没有定力，不能保持智力上的独立与诚实，很难不随波逐流。同时，如果不始终保持和发掘好奇心，很难在这么高强度的工作中保持青春与活力。对想干大事的，想有更高成就的人，除了这三点还要很宽容，很能够欣赏别人，还要有很强的想象力，要能释放自己的想象力。第三个是很好的身体。投资到最后，反映的是你个人的真实性情和价值观。健康的环境和心情是长期修行的结果。成功诚然需要运气和际遇的配合，但能否幸福地去做投资则掌握在自己手里。

作为投资人，我自己的感触是用长远的眼光看问题做选择，时间自然会成为你的朋友。有句话叫"风物长宜放眼量"，就是让我们从远处、大处着眼，要看未来，看全局。

我常常给创业者建议，要学朱元璋"广积粮，高筑墙，缓称王"。这个战略在创业中有效，也同样适用于你我的生活。

做时间的朋友，需要极强的自我约束力和发自内心的责任感。在多数人都醉心于"即时满足"（Instant Gratification）的世界里，懂得"滞后满足"（Delayed Gratification）道理的人，早已先胜一筹。我把这称为选择延期享受成功。

6 风险投资的投后管理

风险投资的一个重要特点是风险投资机构一般对创业企业不只是投入资金,还会在投资后适度参与创业企业的经营管理。一方面,由于代理问题的存在,创业企业家与风险投资机构之间目标的不一致性,会导致利益冲突的存在,风险投资机构通过投资后对所投资企业经营管理的适度参与和监控,可以有助于改善风险投资机构和创业企业家之间的信息不对称,从而降低代理成本,减少投资风险,更好地保障投资者权益。另一方面,风险投资机构往往具有创业企业家所不具备的某方面的知识和经验,风险投资机构利用自己在该方面的优势,参与创业企业的经营管理,为创业企业提供增值服务,将有助于创业企业绩效的提高,从而提升创业企业的价值。还有,风险投资机构通过投资后的后续管理进行资本运作,可以促使创业企业价值得以体现或实现,并在资本退出的过程中获得高额投资回报。因此,投资后的后续管理在风险投资中具有重要意义。

6.1 风险投资投后管理概述

6.1.1 风险投资投后管理的内涵及意义

1. 风险投资投后管理的内涵

风险投资投后管理是项目投资周期中的重要组成部分,也是风险投资"融、投、管、退"四个重大环节之一,其流程贯穿从项目投资直到项目退出的整个期间。由于被投企业面临的经营环境在不断变化,公司的经营发展会受到各种因素的影响,从而项目投资的不确定性和风险(如市场风险、政策风险、技术风险、管理风险、法律诉讼风险等)也在不断增加,投后管理正是为管理和降低项目投资风险而进行的一系列活动。

所谓风险投资投后管理,是风险投资家与创业企业家签订投资合约后,风险投资家积极参与到创业企业的管理中,为其提供增值服务并对其实施监督控制等各种活动的统称。风险投资投后管理侧重于战略规划、人际沟通、社会资源网络和风险控制等方面的内容,主要分为增值服务和监督控制。通常,人们将风险投资家为创业企业所提供的一系列咨询服务、战略管理、资源赋能等统称为增值服务;而将风险投资家为使创业企业按照投资合同所设定的目标发展,控制项目实施过程中的各种风险,特别是创业者的道德风险所采取的各种具体办法称为监控措施。风险投资家通过这两种形式的管理,最终帮助创业企业实现并购或公开上市,从而实现风险资本的增值。

风险投资的投后管理是一个具有特定内涵的专业术语,是一个广义的概念,不能简单地理解为狭义的投资后对创业企业的管理,更不能理解为风险投资投资后的风险管理,它涵盖了投资后风险投资家对创业企业提供的各种增值服务和所实施的监督与控制。

2. 投后管理对创投机构的重要意义

早在 30 年前,投后管理就首次被提到。但自 2013 年底才开始逐步被我国的投资机构重视起来。据普华永道报告(2013 年 11 月)将投后管理视作是 VC/PE 参与管理使企业实现增值的过程,从而使得投后管理将成为基金的核心竞争力,逐渐显现出新的盈利模式。随着整个股权行业越来越重视投后管理,投后管理已经在"融投管退"全流程中扮演着重要的"中场"和"后卫"角色。

"六分投、四分管",投后管理的重要性日益凸显,这与风险投资在中国的发展阶段和行业趋势紧密相关。在经济高速增长阶段,得益于蓬勃发展的经济形势和逐步完善的政策环境,投资者仅凭投中好赛道和好企业就能获得高额收益,投后管理在价值提升上的作用不甚明显。但近年来,受经济增速逐渐放缓、同业竞争日益加剧等因素影响,仅靠"投得好"就能获得高额收益的时代一去不返。

近年来,国内外政治经济环境持续复杂,资本市场呈现剧烈振荡,股权投资市场也进入低迷状态,创投机构竞争愈演愈烈,加速行业出清。在此前提下,大机构尚能凭借自身实力及多年积累的资源平稳度过,而中小机构则需要通过优化自身管理来逃过一劫。对于中小机构来说,做好投后管理是其优化自身管理、谋求生存与发展的重要手段。做好投后管理,不仅有助于融、投、退各个环节工作的顺利推进,还有助于提升机构的品牌效应。

(1)从融资端来谈,目前政府引导基金和国资背景的 LP 已经成为国内股权投资行业资金的重要来源,而因为该类资金来源均具有"国有"属性,所以该类资金在投资时设有更严格的监管要求。通常国资背景 LP 在筛选 GP 时,会对 GP 展开严格的尽职调查,考量其团队情况、历史业绩、制度体系建设与执行情况等。除此之外,跟踪了解 GP 对于被投企业的风险管理和系列赋能情况也是国资 LP 考量 GP 的重要因素。因而,做好基金投后合规管理和赋能将有助于投资机构得到国资背景 LP 的青睐。另外,对于市场化的投资方而言,其往往认为基金的运营业绩和数据指标是基金管理人实力的直接体现,而基金的运营业绩与项目的投后管理工作关联重大。项目的成功与否不仅与项目投资节点的价值判断有关,还与项目后续发展过程中的风险识别与赋能服务相关,做好投后管理工作对于吸引市场化财务投资人也不可或缺。

(2)从投资端来谈,优质项目是稀缺资源,优质项目选择与哪家投资机构合作,除了资金本身,更重要的是看哪家机构能为其提供更多的投后赋能服务。可以看到,很多头部机构掌握了大量优质项目,根本原因是其为被投企业搭建了科学、全面、系统、高效的投后赋能体系,让创业者能心无旁骛地专注于企业本身的发展,从而实现企业价值提升。因而,做好被投项目的投后管理将有助于投资机构吸引更多优质项目。

(3)从退出端来谈,退出是投后管理的直观结果,一个项目能否实现投资价值,能否按照预期方式退出,投后合规管理与赋能服务尤为重要。一个企业从成立、探索商业模式、规模化生产运作、业务扩张到IPO上市每个阶段都面临一系列现实问题，而在此过程中，投资机构如果能陪伴企业成长，及时为被投企业提供帮助和对接资源，就能提高被投企业上市或者以其他方式退出的确定性和成功率。因而，做好被投项目的投后管理不仅有助于被投企业的发展壮大，也有利于投资机构获得良好的业绩回报。

（4）做好投后管理可以提升投资机构的融资能力、投资能力和退出能力，而这些能力共同决定了机构的品牌影响力。同时，品牌影响力的提升将继续作用于机构各方面能力的提升，形成良性循环。

直到今天，中国的VC/PE机构数量仍然呈现增长态势，但与此同时，行业从二八分化基本上走向一九分化，15%的管理人管理着市场超85%的基金规模，白热化的股权投资市场，“僧多粥少”的趋势愈加明显，投后赋能成了机构争夺好项目、投出好成绩的核心竞争力，强化投后赋能也成为那些有远见、有格局的投资机构们的“必修课”。

6.1.2 不同阶段项目的投后赋能需求

风险投资机构要充分放权、适时介入，选择性赋能，做到“帮忙不添乱”。风险投资机构要根据被投企业所处阶段的差异化诉求，适时施以援手。早期企业需要完成从0到1的质变，打造核心业务模式和产品服务，投资机构可以调动技术和研发方面的资源予以支持。已完成B、C轮融资的高增长企业，需要迅速扩大规模、抢占市场、强化团队，投资机构可以从市场开拓、数字化营销、关键人才引进等方面帮其发力。上市前期的较成熟企业，则需要满足上市要求，建立更专业的管理体系，投资机构可以从战略、财务、组织、数字化等系统性工程入手，为企业锦上添花。

对于天使、VC等前期项目来说，往往会存在团队配置不完善、股权架构不合理或者初创团队对于未来发展方向不明晰等问题。团队配置方面，通过与多个投资机构的管理层进行访谈了解到，投早期项目就是投人，所以一个完善的人才团队对于早期项目在后续发展中取得爆发式增长是至关重要的。合理股权架构的搭建能够保障创始团队对于项目整体方向的把控，增强项目发展的稳定性。未来发展方向方面，因为早期项目的初创团队多为技术出身，对于市场需求变化的敏锐度不高，投资机构可以结合自身的项目投资经验为该类项目提供商业模式和发展方向上的指导，避免走弯路。最后，资金是否充裕也是决定被投企业生死存亡的关键因素。对于早期企业来说，产品研发、团队建设、生产场地及设备等均需要花费大量资金，而能否帮助被投企业获取下一轮融资也是早期项目投后管理的重要内容。

对于中期项目来说，企业的盈利模式调整、销售渠道搭建以及战略融资是发展的核心问题。一方面，处于这个阶段的企业经过前期的打磨，研发已取得阶段性成果，产品已具备雏形，但产品的大规模生产、市场推广和变现仍然充满不确定性。基金管理人及其核心团队可以通过其自身生态或股东及产业LP资源为被投企业搭建销售渠道，引进专业营销人员，从而增强被投企业产品的变现能力，加大市场推广力度，改善企业经营状况。另一方面，处于该阶段的企业仍然会面临账面资金不足的问题，但对于他们而言融资不仅是找资金，更多是搜寻符合企业文化、契合企业未来战略的投资机构，这样不仅能够带来资金上的帮助，更多的是提供资源上的补充和支持。

对于成熟期项目来说，企业已经具备较成熟的商业模式，也有很好的盈利增长点，在某一细分市场也形成了一定的影响力，要想突破当前的发展规模，完善业务布局、补齐产业链和上市前准备是其面临的核心问题。完善业务布局主要通过收购行业内中小型企业来完成，被投企业可以通过横向并购和纵向并购来补齐业务短板，构建企业业务生态，从而增强企业竞争力。在企业进行业务扩展和补齐产业链的过程中，基金管理人及其核心团队人员可以帮助被投企业对接行业内的中小企业或提供专家资源，辅助其收并购进程。当企业发展到一定程度后，IPO 是其实现爆发式增长的契机，因而该阶段的企业也存在上市前辅导的需求。各国证券投资市场对于企业 IPO 有着严格的监管要求，企业要 IPO 需提前几年进行财务规划、股权架构调整、制度体系规范等。在这一时间节点上，基金管理人及其核心团队可以通过引荐上市公司专业财务顾问、法务顾问和管理咨询顾问等，帮助其做好上市前准备，不仅可以助力企业顺利上市，也能为自身及投资人获得超额回报。

6.1.3 风险投资投后管理的模式

目前投资机构主流的投后管理模式有三种，其中投前投后一体化和专业化投后是主流。

1. 投前投后一体化

投前投后一体化即“投资经理负责制”，其特点是，投资项目负责人既负责投前尽调、投中交易，也负责投后的持续跟踪和价值提升。这种模式通常被中小型股权投资机构，尤其是风险投资基金所采用。

该模式的优势在于投资经理对项目充分了解，能够进行有针对性的持续跟踪和改进，同时由于其与项目负责人的绩效直接挂钩，对项目团队的投后工作有一定的激励性。

但其缺点也显而易见，随着管理项目数量的增长，投后工作只能停留在基础的回访和财报收集上，难以提供更深入的建议和管理提升支持。

2. 专业化投后

专业化投后即“投后负责制”。为了应对投前投后一体化模式带来的投后工作的缺失，投资机构开始成立独立的投后管理团队，专门负责投后事务。这些事务不仅包括资源对接、定期回访，还包括深入洞察企业内部管理问题，制定详细计划并参与企业运营。

投资机构专业化投后管理的优点在于投后管理团队能独立并持续地专注于帮助企业在其运营中解决各类问题。但是可能面临绩效评估较难界定的问题，比如企业价值的提升，是归于投前团队投得好，还是归于投后团队投后管理的功劳呢。

3. 外部专业化

前两种模式的优劣势十分明显。但随着一家基金从垂直领域走向多元化组合，不同行业的受资企业面临不同类型的战略、业务和管理问题，因此内部投后管理团队的专业化程度面临巨大挑战。

部分投资机构逐渐探索出一种新的外部专业化模式，即将投后管理的部分工作，尤其是管理提升任务交给外部咨询公司，或者将投后团队分离，独立成立管理咨询公司，使其在绩效考核、费用核算与投资组合脱钩，转而向受资企业收费，从而形成新的合作模式。

此种模式一定程度上解决了投前投后一体化模式中人手和专业度的问题，也摒弃了专业化投后模式中投后团队与投资团队绩效考核冲突的问题，可视作相对成熟的解决方案。这就是 KKR 的 Capstone 模式。2002 年，KKR 成立 KKR Capstone，打造精品投后管理和咨询平台。Capstone 是 KKR 旗下专注于战略和管理提升的服务团队，拥有世界一流的管理咨询人才、项目加速人才，为 KKR 的投资项目提供全生命周期的投后增值服务，包括产品管理、销售和市场营销、运营、采购、IT 和人力资源管理等领域，帮助 KKR 的被投企业进行全面的管理提升和改进，在运营上独立于 KKR 并向被投企业收费。KKR 成立 Capstone 与自身以并购和大股权投资为主的投资策略紧密相关，因此很多国内外的大型并购基金也多采取这种模式，并根据自身机构所处的发展阶段和管理规模的大小，组建规模不等的管理咨询服务团队，如国内的弘毅投资、中信产业基金等。

总体来说，三种模式的比拼各有胜负，其适应的机构类型和发展阶段各不相同(见表 6-1)，而选择采取哪种模式的过程是平衡投后管理过程中责权利的过程。

表 6-1　三种投后管理模式

	投后投前一体化	专业化投后	外部专业化
特点	由投资经理负责	由公司内部投后管理团队负责	聘请外部专业咨询机构
优点	投资经理对项目充分了解，能够进行有针对性的持续跟踪和改进； 与项目负责人的绩效直接挂钩，对项目团队的投后工作有一定激励性	投后团队能独立并持续地专注于帮助企业在运营过程中解决各类管理问题，提升企业价值	解决了投后投前一体化模式中人手和专业度的问题，也摒弃了专业化投后模式中投后团队与投资团队绩效考核冲突的问题
缺点	后续可能因为精力问题，难以提供更深入的建议和管理提升支持	绩效评估的界定存在问题	需要给外部机构支付一定的费用，且存在诚信风险
适用机构	VC、小型 PE 机构	中大型 PE 机构	中大型 PE 机构、并购基金

6.1.4　风险投资投后管理的影响因素

投后管理是一项复杂的系统工程，它具有长期性、专业性和不确定性等特点。投后管理的实施以及效果受到宏观环境方面的宏观因素、被投企业以及投资机构、本身等多重微观因素的影响和制约。以下为几种主要的制约影响因素。

1. 投资机构自身的品牌与投后管理能力

投资机构的投后管理工作，除了受到投资机构本身对投后管理工作的重视与否的影响，投资机构的品牌影响力以及投后管理能力如何也影响着投后管理工作的具体执行情况。投资机构品牌影响力大且声誉良好的投资机构容易获得被投企业的信任，从而对其开展投后管理工作有正向影响。反之，如果投资机构因其品牌影响力不够，且投后管理能力有限，在被投企业对其警惕有加的情况下，投资机构的投后管理效果不佳。

2. 投资机构在被投企业的占股比例

投资机构在被投企业的占股比例较大，则在投资时可以争取到董事会董事的职位，投后管理工作的投后监管和增值服务可以通过董事会决议影响被投企业的重大决策。同时，投后管理机构还可以派驻财务经理长期驻守被投企业，对被投资企业的财务进行监管。在股权比例较小的情况下，投资机构只是参与股东大会，获取被投企业的运营情况信息的机会较少，不利于投资机构开展投后管理工作，投后监管和增值服务的提供有较大难度。

3. 被投企业所处的发展阶段

被投企业所处的成长阶段不同，投资机构对其在投后管理中参与的程度与介入的方式也有很大的不同。早期的被投企业，创业者缺少创业管理的经验，管理团队往往不健全，企业网络资源缺乏,上下游的供应链尚未搭建或者不完善。因此,对于早期的被投资企业,投资机构要想发挥强大的力量,与其共渡难关显得至关重要。对于发展较为成熟的被投企业,投资机构则更愿意给被投企业更多空间,仅通过一定手段实现投后监管,有必要时再提供所需要的增值服务,投资机构介入程度相对不那么深。

4. 被投企业所处的行业

投资机构对被投企业采用何种投后管理模式以及参与程度如何需要根据被投企业在何领域而决定。通常而言,高科技型的被投企业的创业者属于技术性人才居多,在商业和市场方面的开发能力不足,投资机构会发挥自己的优势深度协助创始人做该方面的增值服务。另外,投资机构会有选择性地投资某些熟悉的行业和领域,使得投资的企业在某一领域内形成生态圈,便于上下游整合和优化,从而深入介入被投企业的资本运作工作。

5. 被投企业创业者接受帮助的意愿

投后管理工作不是由投资机构单方面决定的,被投企业的创业者是否愿意敞开接受投资机构投资后的监督和提供增值服务至关重要。被投企业接受帮助的程度很大程度影响到投资机构的投后管理工作成效。如被投企业创始人对投资机构较为信任,且愿意将企业发展方向及业务发展中所遇到的问题与投资机构讨论商量,则其所能够享受的增值服务会更加周到细致。

6.2 增值服务

风险投资投资作为一种独特的商业模式,其区别于其他金融领域投资方式最突出的特点之一就是在进行股权投资的同时,向被投企业提供增值服务。增值服务是指风险投资家在投资后为被投资企业提供的一系列服务。风险投资家积极参与被投企业的经营管理并向其提供企业发展过程中所急需的各项资源和服务,从而促进被投企业的"职业化"并帮助其确立有利的市场地位,实现被投企业的价值增值。

对被投企业而言,选择适合自身所在行业及企业发展阶段的投资机构,是企业融资前需要重点关注的内容,尤其是在目前市场上资金充足而好项目难求的背景下,对于融资企业而言,"资金无差别,服务是关键"。投资机构在行业拥有的各种资源和成功投资经验是其独特的核心优势,能够帮助企业获得更广阔的发展。有远见的企业选择风险投资,不仅是基于投资实力上的比较,更是在衡量选择的机构是否适合企业自身的发展,能否在专业领域对企业发展提供指导性意见,从而将资本与投资机构资源结合起来,以期实现"1+1>2"的效果。

增值服务对风险投资机构来说也十分重要。从时间跨度来看,一般投后管理在整个风险投资活动中所经历的时间最长,而增值服务在其中占有重要地位。从机构战略来看,风险投资机构在考虑增值服务的深度和广度时,一般会结合风险投资机构自身的战略,选择有利于其战略上的服务内容。风险投资如果所投的项目在供应链、市场、技术等方面有一定的关联性,当对所投资的关联项目进行整合有利于附加价值的增加、风险的降低和退出时,风险投资机构会主动寻求提供以资源整合为中心的增值服务,使各相关被投企业分享到更多的外部资源。从风险投资机构品牌角度来看,投资机构给予被投资企业的增值服务水平也是一家投资机构区别于其他投资机构的重要标志,良好的增值服务能够增加风险投资机构品牌的内涵和价值,成为机构"软实力"的一种展现。从风险投资项目退出紧迫性来看,大量已投资但尚未退出的项目需要机构提供帮助保证企业能够持续增值。此外，增值服务能够为投资机构增加谈判砝码，降低投资风险，提高退出回报。

为企业提供增值服务往往并不在投资协议所规定的范围中，这些增值服务主要是基于风险投资家与创业者之间所建立的合作关系来提供的。增值服务的具体内容主要包括管理咨询、人力资源支持、提供网络资源、安排后续融资和设计退出方案五个方面。

6.2.1 管理咨询

创业企业在公司治理和经营管理方面可能存在各种问题和缺陷。例如，一些企业的治理结构不合理，另外一些企业的财务管理制度不健全。如果这些问题和缺陷不能及时得到纠正，势必会制约和阻碍企业的发展。风险投资家可以利用自己的知识和经验来为被投资企业提供管理咨询，包括策划并完善公司的治理结构和财务管理制度的方案，协助其建立和完善激励机制，以及提供企业经营和管理方面的建议和指导等，并与创业者一起找出解决他们所面临的各种经营管理难题的方法，以促进创业企业更好地发挥成长和增值的潜力。风险投资家为企业提供管理咨询的内容包括协助企业制定发展战略、提供指导和建议、完善治理结构、完善经营管理流程、完善财务管理制度、建立激励机制和提供信息咨询七个方面。

1. 协助企业制定发展战略

正确的发展战略可以帮助企业获取竞争优势，促进企业的快速发展。但是，由于创业企业的创始人和管理层一般缺乏相关的知识和经验，因此他们在为自己的企业制定正确的发展战略时可能面临很大的挑战。风险投资家在帮助创业企业制定正确的发展战略方面可以发挥重要的作用。由于风险投资家一般拥有丰富的企业经营管理知识和运作经验，他们可以根据企业所处的发展阶段和发展状况，协助企业制定正确的发展战略，从而帮助企业更好地抓住市场机会，获取领先优势。例如，在华平资本对 BEA 公司投资后，华平资本的合伙人 Bill Janeway 指导 BEA 公司的创始人制定了合适的企业发展战略，从而帮助 BEA 公司走上了快速发展的道路。

2. 提供指导和建议

除了那些连续创业者，大多数创业者可能缺少经营和管理企业方面的经验，而风险投资家一般拥有丰富的商业知识和企业经营管理经验，他们可以利用这些知识和经验来为创业者提供有关公司经营管理、人员招聘、团队建设和市场营销方面的指导和建议，向企业创始人传授各种经营和管理方面的经验和技巧，从而帮助这些企业创始人在短时间内成长为企业经营的行家里手，从而创建成功的企业。

3. 完善治理结构

公司治理结构规定了公司股东与管理层之间的权力划分。建立合理的公司治理结构是创业企业高效运作的前提，但大多数早期阶段的创业企业的治理结构都不太规范，存在各种各样的问题，这是制约创业企业快速发展的一个重要因素。风险投资家在投资后将会帮助被投资企业完善治理结构，包括建立强有力的董事会等，以提升企业运作的效率，促进企业的快速发展。

4. 完善经营管理流程

风险投资家在投资后还会帮助被投资企业完善其经营管理流程。例如，思科公司在被红杉资本投资之前，其管理流程上存在很多缺陷。红杉资本的合伙人唐·瓦伦丁在红杉资本投资思科公司后利用自己所拥有的专业知识和经验帮助思科公司建立了专业化的管理流程。

5. 完善财务管理制度

许多处于早期阶段的创业企业都缺乏管理和使用大额资金的经验，并且其财务管理制度也不健全。风险投资家一般拥有丰富的财务管理经验。他们在投资后将会帮助被投资企业完善财务管理制度，包括建立规范的会计报告系统，从而提高企业在管理大额资金，尤其是使用风险投资资金方面的效率。

6. 建立激励机制

许多处于早期阶段的创业企业都缺少高效的激励机制。风险投资家在投资后将帮助这些企业建立和完善激励机制，包括实施股票期权计划和建立合理的绩效考核制度等，从而激励企业员工更加努力地工作，为企业创造更多的价值。

7. 提供信息咨询

风险投资机构一般拥有行业和市场研究方面的专业人才，可以为创业企业提供技术、市场和行业发展方面的研究报告、专家意见和信息咨询服务，以帮助创业企业做出正确的经营决策。

6.2.2 人力资源支持

风险投资家可以为被投资企业提供人力资源方面的支持，具体包括帮助企业招募管理人员和管理团队成员等，这是风险投资家为企业提供增值服务的一个重要内容。

1. 帮助企业招募管理人员

风险投资家所提供的增值服务的一个重要内容是帮助企业招募首席执行官。对于那些进入成长和扩张阶段的企业来说，拥有一个运作技巧高超和管理经验丰富的首席执行官是获得成功的关键。在企业进入成长和扩张阶段后，风险投资家一般会花大量的时间来帮助企业招募职业经理人或高级管理人员。例如，KPGB 的合伙人约翰·多尔曾经帮助网景公司招募吉姆·巴克思达勒担任其新首席执行官（CEO）。吉姆·巴克思达勒曾经担任 McCaw 移动通信公司的首席执行官，并在 AT&T 和 McCaw 合并后任职于 AT&T 的无线服务部，是一名经验丰富的职业经理人。在 KPGB 对网景公司进行投资后，KPGB 的合伙人约翰·多尔成功地说服了吉姆·巴克思达勒离开 AT&T，出任网景公司的首席执行官。在巴克思达勒的管理下，网景公司快速地成长起来。

创业企业 CEO 的更换和升级在风险投资支持的创业企业中是一个常见的现象。那些高科技创业企业的创始人往往是技术方面的专家，他们一般缺少经营管理企业方面的经验和技巧。随着企业的发展，尤其是当企业步入快速发展阶段之后，这些企业创始人在经营管理经验和技巧方面所存在的局限性将会变得越来越明显，导致他们不再胜任企业的 CEO 职位。风险投资家往往会在这个时候介入，他们通常会推荐那些从企业外部招募的职业经理人来担任创业企业的 CEO，以替换那些不合格的企业创始人。例如，在对思科公司进行投资之后，红杉资本的合伙人唐·瓦伦丁利用自己所掌握的网络资源招募到了一位经验丰富的职业经理人约翰·莫格里奇来担任思科公司的首席执行官，替换了原来的企业创始人。

另外，当企业进入高速成长阶段以后，由于在管理能力和经验方面存在欠缺，一些企业创始人往往会主动要求退下来，并希望由职业经理人来代替自己担任企业的 CEO 职位。这时候，风险投资家就可以利用自己的人脉关系和网络资源来为被投资企业招募优秀的首席执行官。例如,谷歌的两位创始人佩奇和布林都是技术方面的天才,但是在成功创办谷歌之后,他们开始意识到自己在管理能力和经验方面存在的欠缺,为了谷歌公司的快速发展,他们希望引入更有经验的职业经理人来代替自己担任谷歌的 CEO 职位。作为谷歌公司的投资人, KPGB 的合伙人约翰·多尔向佩奇和布林推荐了 75 位 CEO 的候选人,但都被两位创始人拒绝了。后来,约翰·多尔了解到布林希望由 Novel 公司的首席执行官埃里克·施密特来接替自己担任谷歌的新 CEO,于是多尔就开始去做施密特的工作,包括陪施密特晨跑一个月,最后他终于说服施密特离开 Novel 公司,出任谷歌的新 CEO。谷歌公司在施密特的管理下获得了快速发展,并在三年后成功进行了首次公开发行,市值超过 1 800 亿美元。

2. 帮助企业招募管理团队成员

在投资后,风险投资家可以利用自己的关系和网络资源帮助被投资企业招募管理团队的核心成员,以促进创业企业尽快组建一个完整的管理团队。风险投资机构一般拥有广泛的专业人才网络,他们可以利用这一资源来为创业企业推荐高水平的技术、营销和财务等方面的专业人员,以充实和优化创业企业的管理团队。例如,如果被投资企业的管理团队缺少市场营销方面的经验,那么风险投资家就可以通过自己的专业人才网络招募一名具有丰富营销经验的人才来担任企业的营销主管,从而帮助企业补上这一短板。一些风险投资机构甚至建立了专业的人力资源招募团队来帮助被投资企业招募专业人才。例如,安德森—霍洛维茨风险投资公司就建立了一个拥有 11 名人力资源专家的人才招募团队,他们的任务是帮助基金投资组合中的企业招聘各种各样的专业人才。

6.2.3 提供网络资源

风险投资家可以利用自己所拥有的网络资源为创业企业提供支持和帮助,包括构建战略联盟、为被投资企业介绍客户和供应商、帮助被投资企业寻找合作伙伴以及引入战略投资者等。

1. 构建战略联盟

风险投资家提供网络资源的一个主要方式是在风险投资基金投资组合中的企业之间(包括以前投资的企业和当前投资的企业)构建战略联盟。通过投资组合中的企业之间的合作,可以使它们获得更加广泛的资源,产生协同效应,降低成本,提升竞争优势,从而带来共赢的结果。

一些知名的风险投资机构往往会致力于在其投资组合中的企业之间构建合作伙伴关系,并促成这些企业之间建立战略联盟。例如,著名风险投资机构 KPGB 的合伙人珀金斯就效仿日本财团的做法,开创了一项名为“经联体”的投资方式。“经联体”是一个日语词汇,它的原意是指那些日本企业集团内部形成的一种紧密的合作关系,以促进企业集团内的供应商和制造商之间以及上下游企业之间的合作,从而产生协同效应。KPGB 每年都会为其投资组合中的企业的高层管理人员组织 6 次聚会,以帮助这些企业建立紧密的协作关系。

2. 为被投资企业介绍客户和供应商

创业企业在其成长的过程中往往需要一些关键的商业资源,例如与重要的供应商和客户建立关系等。风险投资家可以利用自己的人脉关系和声誉来为被投资企业介绍客户和供应商,以帮助其实现快速成长。

3. 帮助被投资企业寻找合作伙伴

风险投资家可以利用自己所拥有的人脉关系和网络资源帮助被投资企业与其他企业建立战略性合作伙伴关系。为被投资企业介绍技术合作伙伴,共同开发新产品,或者帮助被投资企业进入新的市场领域。例如,在戈壁资本对灵图软件进行投资后,向灵图软件引荐了 IBM 和 NTT DOCOMO,因为这些著名的公司都是戈壁资本所管理的基金的有限合伙人。后来,在 IBM 的支持下,灵图软件成功地开发了导航和网络地图搜索程序,并成功中标中国联通的招标项目,获得了向联通公司提供地理信息和软件的机会。

4. 引入战略投资者

风险投资家可以利用自己的网络资源为创业企业引入战略投资者。例如,戈壁资本将灵图软件公司引荐给日本的 NTT DOCOMO 公司,而 NTT DOCOMO 作为战略投资者参加了对灵图软件的新一轮投资。

6.2.4 安排后续融资

帮助企业安排后续融资是风险投资家所提供的增值服务中的一项重要内容。据有关研究表明,风险投资支持的企业在其发展过程中往往需要进行多轮融资,而风险投资家可以在这些企业的后续融资轮次中发挥积极的作用。首先,风险投资家可以通过对被投资企业进行追加投资的方式来满足其后续融资需求。风险投资家一般采取分段投资的方式对企业进行投资。在对创业企业进行首次投资时,他们一般会根据企业的后续融资需求预留一部分资本用于未来对被投资企业的追加投资。其次,除了自身对被投资企业进行追加投资,风险投资家还可以利用自己的社交网络和人脉关系为被投资企业引荐新的投资者,或与新投资者进行联合投资。例如,在对灵图软件进行投资后,戈壁资本又引入包括美国橡树投资在内的新投资者来参加对灵图公司的后续投资。最后,风险投资家还可以利用自己在融资方面的知识和经验帮助被投资企业设计后续轮次的融资方案,并在融资时机、渠道和规模方面为创业者提供有益的指导和建议。

6.2.5 设计退出方案

被投企业的退出安排是被投企业投后管理的最后一个环节,主要是根据对被投企业的研判,包括经营分析报告、财务分析报告、重大事件报告、外部机会以及运营过程中的资本运作安排,选择适当时机提出退出建议或者方案,提交公司决策机构讨论,协助实施项目退出。项目退出机制主要包括首次公开发行(IPO)、买壳或借壳上市、管理层/股东回购、股份转让,以及破产清算。

对于拟 IPO 退出的项目,风险投资家还可以在企业上市的过程中为其提供重要的支持和帮助。由于风险投资家一般与律师事务所、会计师事务所和投资银行等中介机构建立了长期稳定的合作关系,他们可以帮助企业选择合适的承销商、法律顾问和审计机构。风险投资家往往会提前为被投企业提供 IPO 辅导服务,协助被投企业进行财务和法务咨询服务、中介推荐评估,上市重大事项跟进、上市前财经公关支持等,以确保被投企业实现 IPO。对于一些发展较好的项目,风险投资家也会根据产业 LP 及股东的需要,推动其对被投企业的收购。

6.3 监督控制

监督控制是指风险投资家在投资后对被投资企业进行监督、控制和对企业的经营施加影响的过程。这是一种由投资协议所确定的，风险投资家参与管理被投资企业的方式。通过这种监控控制可以减少风险投资家与创业者之间的信息不对称，确保被投资企业按照预先设定的方向发展，避免创业者采取机会主义行为，从而更好地保护投资者的利益。风险投资家投后管理进行监督控制的内容主要包括信息收集与监控、参与经营决策、二次筛选和危机管理四个方面。

6.3.1 信息收集与监控

信息收集与监控是投后管理的一项重要内容，它是指风险投资家在投资后通过审查企业定期提交的财务报告、实地考察、与企业进行日常联络和沟通等多重方式来获取有关被投资企业经营和发展状况的信息，减少信息不对称的过程。通过获取被投企业财务报表、经营数据、董事会决议、股东会决议等文件了解公司资产、负债、业务、财务状况，运营、经营成果，客户关系、员工关系发展情况。经营情况包括影响企业发展的内外部因素、预算执行情况、财务状况、经营成果、现金流量、人力资源变动等。

风险投资家一般可以通过以下渠道来获取被投企业经营活动的相关信息对其进行监控。

1. 出席企业董事会

在董事会中至少拥有一个席位，以便有效地参与企业的管理，并及时获得相应的信息。风险投资家的管理介入将大大减小风险投资家与创业者之间由于信息不对称而可能出现的代理风险，使创业企业尽可能朝着资本增值的目标发展。作为被投资企业董事会的成员，风险投资家可以通过出席董事会的方式来获取有关企业经营活动的信息，具体包括企业重大经营决策和经营计划的制订、重大人事变动、财务状况、资金使用以及经营绩效等方面。

2. 参加经营工作会议

除了出席企业董事会，风险投资家还可以通过参加企业内部的经营工作会议来了解企业的日常经营状况和动态。

3. 审查财务报表

在风险投资基金与企业签订的投资协议中一般会包含一个知情权条款。根据知情权条款，企业需要定期（如每月或者每季度）向风险投资家提交企业经营报告和财务报表。这样，风险投资家就可以通过定期审阅这些经营报告和财务报表来了解企业的经营和财务状况。另外，风险投资家作为企业董事会成员还有权随时查阅企业的财务报表，从而可以更容易地了解企业的真实财务状况，减少信息不对称。

4. 日常联络与沟通

在投资后，风险投资家一般会与企业创始人和管理层建立密切的合作关系，并通过定期沟通与交流来获得有关企业经营状况的重要信息。风险投资家与创业者的日常联络与沟通方式包括：通过电话与创业者联络，定期与创业者会晤，对被投资企业进行实地考察和走访等。事实上，每个风险投资家都会采取一套符合自己特点的方式来与被投资企业保持接触。例如，有一些风险投资家会选择每周都与企业创始人通电话，而另外一些风险投资家则会不定期地对企业进行走访。通常情况下，风险投资家对企业经营活动的了解程度在很大程度上取决于他们与企业家之间的关系的密切程度。

5. 定期走访与内控稽查

除定期收集被投企业相关资料外，对于被投企业的实地走访和内控稽查也是十分重要的。投后管理相关人员通常会根据被投企业的实际情况每半年安排至少一次定期走访或者内控稽查，以更加充分了解被投企业的实际经营情况，形成走访或稽查报告，对于被投企业发生的重大异常情况应及时上报给决策部门，为公司决策提供更为可靠的决策依据。

6.3.2 参与经营决策

风险投资家可以通过出席被投资企业董事会的方式来影响企业的经营决策，并对企业的经营活动和发展方向施加影响。在投资后，风险投资基金通常会派出一名自己投资管理团队的成员，通常是负责该投资项目的风险投资家作为代表参加企业的董事会。这位风险投资家可能曾经参加过对企业的尽职调查，并对被投资企业的业务领域和运营情况具有相当的了解。他可通过出席被投资企业的董事会来收集有关被投资企业的经营和发展状况的信息，还可以通过自己所拥有的投票权来影响企业的经营决策，从而确保创业企业按照预定的方向发展。

1. 出席董事会

在投资后，风险投资家通常会定期（每月或者每个季度）出席一次创业企业的董事会。作为创业企业董事会的成员，风险投资家拥有的权利包括：

（1）审核和评价企业的财务状况和业绩表现；

（2）定期参加企业的经营管理会议；

（3）对企业管理团队进行审查和考核；

（4）审核企业的薪酬制度；

（5）对企业的重大经营和交易事项，如收购或出售公司资产等进行审查；

（6）协助企业选择会计师事务所、律师事务所和投资银行等中介机构。

2. 行使特殊表决权

风险投资家还可以通过行使自己在被投资企业董事会的投票权来对企业的经营活动施加重要影响。风险投资基金一般拥有对企业重大经营决策事项的一票否决权，当企业管理层提出对投资者不利的经营提案时，风险投资家就可以利用自己的一票否决权来否决这些提案，以保护自己的利益不受侵害。

6.3.3 二次筛选

二次筛选是指风险投资家在投资后定期对风险投资基金投资组合中的企业发展前景进行评估，将那些发展良好并拥有巨大发展潜力的企业挑选出来追加投资的过程。由于创业企业具有很高的不确定性，即使经过严格的筛选和尽职调查，在风险投资基金的投资组合中依然会有一些企业无法实现预期的发展目标。同时，风险投资基金的资源也是有限的，而这些有限的资源应该被投资于那些最有发展潜力的企业。因为上述原因，风险投资家需要定期对基金投资组合中的项目进行筛选，及时放弃那些没有发展前景的项目，并将节省下来的资源用于支持那些最有可能获得成功的项目，以进一步扩大它们的优势。只有这样，才能实现基金投资收益的最大化。

在对创业企业进行初次投资后，风险投资家将作为企业董事会的成员出席被投资企业的董事会，跟踪被投资企业的经营发展状况。同时，他们还会通过多种渠道收集被投资企业的产品开发、用户以及销售收入增长等方面的信息。在此基础上,他们将定期对企业的发展前景进行评估,将那些没有发展前景的项目淘汰,并将那些发展良好并拥有成功潜力的项目挑选出来进行追加投资。

6.3.4 危机管理

危机管理是指风险投资家在企业经营出现危机的情况下为其提供管理支持的过程。风险投资家对企业管理的介入程度会受企业经营状况的影响。在一般情况下,风险投资家不会深度介入企业的日常经营管理活动,尤其是当企业经营和发展顺利的时候,他们更有可能采取放任管理的模式。但是,当被投资企业的经营出现严重问题或陷入经营困境时,风险投资家对于被投资企业的管理方式就可能发生变化。这时候,他们可能会积极介入企业的经营管理,协助企业解决其所面临的各种问题,帮助企业度过经营危机,这称为危机管理。

在采取危机管理模式时,风险投资家往往会更加积极地介入被投资企业的经营管理活动,并动用自己在企业董事会所掌握的权力,解雇或者撤换那些不称职的管理人员,迫使企业创始人离开企业,甚至全面接管被投资企业,以达到改善企业经营状况和提升企业经营业绩的目的。

风险投资家对创业企业进行危机管理的常见做法主要有三种。

1. 更换企业管理层

创业企业的董事会成员在理论上是由普通股股东以选举方式产生的,董事会的组成应该与公司股东所持股份比例保持一致。但是,在风险投资支持的企业中,董事会席位是由投资协议中的董事会席位分配条款所规定的。在这种情况下,董事会席位的分配就可能与股东的持股比例不一致。一般来说,在 A 轮融资之后,大多数风险投资支持的企业的董事会都会有 5 名成员,其中 2 名由 A 轮投资者推选,另外 2 名由公司推选,还有 1 名外部董事由公司推选,但需要得到股东的一致同意。在经过多轮融资之后,大多数被投资企业的多数股权和董事会都将由包括风险投资基金在内的外部投资者集体掌控。因此,风险投资家在投资后通常可以获得被投资企业一半或一半以上的董事会席位。这表明,风险投资家可以通过加入董事会直接参与企业管理,并因此实质控制整个董事会。如果企业面临倒闭风险,风险投资家拥有的表决权还可以使其有机会取代创业者成为首席执行官(CEO)。

此外,风险投资家还可以通过其在交易结构方面所做的安排使他们在企业发生经营危机的情况下获得对被投资企业的控制权,从而拥有促使企业做出改变的权力与地位。例如,一家风险投资支持的创业企业的董事会席位分配条款规定,企业的董事会共有 5 个席位,在实现预期阶段目标的情况下,风险投资基金拥有 2 个董事会席位;而在创业企业未按计划实现阶段目标的情况下,风险投资基金将获得第 3 个董事会席位。这样,这家企业的董事会席位的分配将根据创业企业阶段目标的实现情况发生变化。当创业企业未完成预期的阶段目标时,风险投资基金将获得额外的董事会席位,从而获得被投资企业董事会的多数席位,并拥有更换创业企业管理层的权力。

在投资后,风险投资家会利用自己在被投资企业拥有的权力密切监控被投资企业的经营和发展状况。当发现企业进展与预期计划相差太远时,或者企业发展对管理人员的要求已经超过企业现有管理人员能够胜任的范围时,风险投资家就会要求召开董事会来改选管理层,利用自己手中所掌握的投票权迫使企业现有的 CEO 离开,并推荐合适的人来担任企业的首席执行官,这样做将会更加有利于企业的健康发展。例如,1987年,红杉资本以250万美元购买了思科公司29%的股份,并成为其第一大股东。虽然思科公司的两位创始人莱昂纳德·博萨科和桑迪·勒纳都是杰出的技术专家,但是由于他们缺少经营管理公司的经验,不具备带领思科公司快速发展的能力,因此1990年8月,在唐·瓦伦丁的主持下,思科公司的董事会解雇了两位创始人,并引入职业经理人钱伯斯来担任思科公司新的CEO。作为一位拥有丰富经营管理经验的职业经理人,钱伯斯能够更好地应对公司快速成长中所面临的各种挑战。在他的带领下,思科公司快速成长并在2000年成为全球市值最高的企业。

虽然风险投资家拥有董事会的控制权,能够更换企业管理层,但这并不意味着他们可以随意更换企业创始人。一般来说,在创业企业快速发展和面临转型时,某些优秀的创始人的作用是无可替代的,原因是这些创始人要比其他人更加了解创业企业所在领域的技术发展趋势和市场情况。因此,在公司发展状况良好的情况下,风险投资家更倾向于保留创业团队的完整性,并确保创业团队能够独立对企业进行经营和管理,以充分发挥企业创始人和创业团队的作用。实际上,风险投资家只有在迫不得已的情况下才会去更换企业原来的管理层。例如,企业的产品开发遭遇失败,或者可能无法完成预期的发展目标。这时,风险投资家会从各方面寻找那些可能导致企业失败的原因,包括人事方面存在的问题。在许多情况下,更换公司的CEO可能是一种最有效的干预方法。汉纳·伯顿在对硅谷企业所做的一项调查中发现,风险投资家在对一家创业企业进行投资后的20个月内任命一名新CEO的可能性大约为10%,这种可能性在40个月内大约为50%,而在投资后的80个月内撤换CEO的可能性超过80%。Kaplan等于2009年对50个创业公司IPO案例的研究发现,在这些企业中,有大约56%的创始人和75%的企业高管都在企业上市之前离开了原来的创业企业。Hellmann和Puri于1999年对170多家硅谷高科技企业所进行的一项研究发现,有半数以上的企业创始人在风险投资进入6年以后不再担任企业的首席执行官。

当企业原来的创始人和高级管理人员在某个企业经营危机中被解雇时,风险投资家往往会通过自己的人脉关系从外部寻找更称职的职业经理人来担任创业企业的CEO。在思科的案例中,红杉资本的合伙人唐·瓦伦丁就用一个高素质的职业经理人钱伯斯替代思科公司原来的创始人,因为钱伯斯作为职业经理人比公司原来的创始人更了解如何才能更好地应对迅速增长的市场所带来的对企业和产品的需求。那些被替换下来的CEO通常还会继续留在创业企业中发挥作用,或者担任其他职务。这意味着,风险投资家在用一个更加胜任职位和更有经验的新CEO来替换企业原来的创始人,在促使创业企业获得更快成长的同时,也会设法留住企业原来的CEO并继续让他们在企业中发挥自己的作用。

2. 要求回购

风险投资家一般采用优先股或者优先债的形式来进行投资,并在投资协议中约定了在某些特定条件下有权要求被投资企业对风险投资家手中的优先股进行赎回的条款。因此,当被投资企业不能达成预期的发展目标或者不能按照预期进行首次公开发行或者以并购方式退出时,风险投资家就可能要求被投资企业按照原始的购买价格或者原始购买价格的某一个倍数赎回自己所持有的优先股,从而实现投资退出。

3. 强制清算

根据投资协议中有关条款的规定,在被投资企业出现严重的经营和财务危机时,风险投资家有权要求被投资企业进行清算。虽然进行清算本身意味着投资的失败,但是由于风险投资家一般以优先股进行投资,在企业发生清算事件的情况下,他们所拥有的优先清算权可以确保他们优先于企业创始人和其他股东从出售企业所获得的收益中获得补偿。因此,进行强制清算往往可以将企业经营失败的风险和损失转嫁给创业者,并将风险投资基金的损失最小化。

案例汇编

尤里·米尔纳:Facebook、阿里巴巴、京东、美团和小米背后共同的男人

他叫尤里·米尔纳,凭借对 Facebook 的投资一举扬名。尤里·米尔纳何许人也? 俄罗斯数码天空科技公司(Digital Sky Technologies,简称 DST)联合创始人兼 CEO。他是 Facebook 、Twitter,更是阿里巴巴和京东背后共同的男人,他用 6 年时间,从无名小卒到亿万富豪,投出两家千亿美元级别的互联网巨头公司(阿里巴巴和 Facebook),六家百亿级的公司(京东、Twitter、小米、滴滴打车、Airbnb 和 Snapchat)。“DST 更多是资本层面上的操作,有一批操刀过国际互联网投资的欧美最强投行背景的人。他们动作很快、开价很高、眼光很准,看中一个就抓住一个,也不考虑太多所谓‘策略’,比如不要董事会席位。而且进去就不轻易退出。”腾讯公司创始人马化腾这样评价 DST 的成功。(因此马化腾给他成立的 DST 公司投资 3 亿美元,换得 10%的股份。)

一、“2 亿换 2%”他震动硅谷

2008 年,金融危机席卷全球, Facebook 也不幸遇难。当时正在莫斯科闲聊的米尔纳听说了这件事之后,他的第一反应就是机会来了! 于是,他发动所有人脉,找到俄罗斯各路土豪,募集到了一笔基金来投资 Facebook。钱到了,但事情发展并不顺利。

虽然当时 Facebook 确实很缺钱,但在硅谷,拿俄国人的钱是一件难以启齿的事情。所以,当米尔纳拿着 2 亿美元打电话给 Facebook 的 CFO 吉迪恩·余时,听到的却是“我对你的钱没兴趣”。

而米尔纳是真的很执着,一定要把钱投给 Facebook! 于是直接买了张机票飞到了美国,终于在 Facebook 隔壁的星巴克里约到了吉迪恩·余。作为投资人的米尔纳开出了这样的条件: 2 亿换 2%——2 亿美元收购 2%的股份,而且既不要优先股,也不要董事会席位,所有投票权全部送给 CEO,纯纯的金钱交易。吉迪恩·余一听,惊呆了,这简直是天上掉下个金蛋,他迅速带米尔纳见了 CEO 扎克伯格,并很快签了投资协议。此事一成,便在投资圈炸开了锅。人们在吐槽扎克伯格穷到无底线连俄国人的钱都收,更嘲笑米尔纳无头脑,不顾基本常识,放弃了一个投资人该有的回报!

二、投自己的资,让别人羡慕去吧!

没想到这样的负面评论,竟让米尔纳在美国有了相当的知名度。不仅自己赢得了上百万的朋友,还被邀请去投资其他的互联网未来之星,数额均在数亿美元以上。从社交游戏网站 Zynga 到早期的团购网站 Groupon,从微信服务 Twitter 到专业的 LinkedIn,所有这些互联网公司都向他敞开了大门。米尔纳投资这些公司的方式和投资 Facebook 是一模一样的:出高价,并且不要任何决策权。米尔纳这样的参与,硅谷其他公司的创始人也纷纷和投资人讨价还价,要求享受同样的待遇!

这时人们才意识到,米尔纳用了一种新型的投资手法。

放弃决策权的做法看似愚蠢,却有个立竿见影的好处,那就是什么项目都能投。别人投资的时候都得先选边站队,因为你投了一个公司之后,想再投他的竞争对手可就难了。

但米尔纳却没这困扰。于是米尔纳既投 Facebook 又投 Twitter,既投阿里巴巴又投京东,虽然这些公司相互间"掐"得昏天黑地,但其 CEO 和米尔纳都是哥们儿,听上去颇有点鹬蚌相争渔翁得利的感觉。欧洲的互联网投资专家说:这是一位做事谨慎的投资人,他投资暴涨股份的时间很晚,他这样做是为了躲避风险。为此他的进场费往往要比别人高出许多。

三、目标明确,只投 10 亿美元以上的大公司

米尔纳看似随意的投资实际上非常讲究,概括下来有三条基本的准则。

(1)比较青睐新概念高科技公司,只投资于估值超过 10 亿美元的公司,只投资于门槛较高和有庞大用户基础的公司,盈利能力可以延迟。

(2)一般不投早期初创公司。

(3)高额投资,要么不出手一出手就是大手笔。

在这三条基本原则之下,又有以下方法。

(1)大未来的产业发展都很有前景。

(2)投资没有一个统一的公式,而是一门集科学与艺术于一身的学问。

(3)接近公司创始人。"我和其他投资者不一样的地方是,我同时还是企业家。就像中国的马化腾和马云,我也创建过自己的公司。这样我和企业家关系更贴近,战略、梦想、愿景等都是我们的共同话题。""DST 非常全球化。所以,当我们与企业家坐下来谈时,可以谈全球趋势、作为企业家的经历和我们专长的特别领域,总有很多东西可以谈。""要相信,你就要靠得近。"这句话简直是米尔纳的口头禅。

(4)"如果想寻找大获成功的人,最好还是把赌注押在创始人身上,历史经验表明,成功的企业多数是由一个激情四射的创始人领导的。""青睐企业创始人自己做职业经理人。"以一个公司市值除以创业者年纪的公式,计算投资回报——"30 岁的马克·扎克伯格生命中每一年都可以给投资人创造 30 亿美元的价值"。

(5)投资即将上市的公司,"投资的公司能引领 5 年、10 年甚至 15 年的潮流"。

(6)"不像很多投资各种不同行业的基金,我们只投资面向消费者的互联网公司,非常专注,这让我们有完整的远见"。

(7)不选边站队,不排斥投资竞品。"投资是很专注的事情。你要是投资的几个企业本身存在相互的竞争,而你同时成为这互相竞争的企业的董事会成员,那么发生利益冲突就不是好事,对你也不利"。

(8)"下手必快,否则必晚"。

(9)出高价、不要决策权。"能把公司做到这程度,创始人都不是吃素的。与其在董事会争执,还不如放手让他们自己折腾。""命运掌握在他们自己手里,你只要享用他们的成功果实就好了。"

米尔纳将这种投资方法称为晚期投资。2010 年 5 月,他在 Tech Crunch Disrupt 大会上表示,10 年前他们的投资风格与传统 VC 无二,但近年开始转向晚期投资,这意味着平均 10 亿美元以上的估值和 1 亿美元以上的投资额。而且不同于赶在上市前夕进入、然后很快退出获利的传统晚期投资,DST 愿意将投资回报周期拉得很长。

米尔纳利用这种晚期投资的方法又投资了微博、Twitter、Airbnb、P2P 平台鼻祖 Lending

Club、Groupon 等一些公司，这些公司一直处于行业的前端，为米尔纳赚取了丰厚的利润。仅仅用了 2 年的时间，米尔纳就基本把硅谷的科技大咖投了个遍。

经过一圈投资后，米尔纳成为硅谷的圈内人士，他还被评价为最重要的外国投资者。当然，嗅觉敏锐的米尔纳不可能错过中国这个大市场。在硅谷成名之后，米尔纳进入了中国市场，并于 2011 年将 DST 的总部从莫斯科搬到了香港。

2010 年 12 月，与刘强东第一次会见后，米尔纳对京东投资了三次，共计 7.82 亿美元，持股比例为 8.9%。2011 年，他与雷军会见这天就决定投资，总投资额达 5 亿美元，收购小米 7%的股份。2011 年，投资了阿里巴巴 5 亿美元。2013 年，投资今日头条，根据字节跳动的现有规模，一旦上市，将为 DST 的投资增添一抹色彩。此外，DST 还投资了许多中国互联网公司，如陌陌、滴滴打车、瓜子二手车、美团点评等互联网企业。

米尔纳的投资方法论看似简单粗暴，但每一步都有深邃的考量。这充分证明了那个道理：哪有什么投资神话，不过是每一步都稳扎稳打罢了。

案例思考题

（1）尤里·米尔纳的投资逻辑为什么是有效的？其投资逻辑验证了什么样的道理？

（2）为什么尤里·米尔纳被欧洲互联网专家评价为“做事谨慎的投资人”？

扩展阅读

沈南鹏自述：我的投资逻辑

好的资本一定不是纯金融投资者，而是战略投资人，最好的投资人应该是懂产业的投资人。

——沈南鹏

一、好的投资机构和投资人该如何做？

1）一个好的风险投资机构，须具备三个特征

首先，风险投资必须以长远的观点来看企业“think long term”，能够有一个长期的观点来看企业的发展。而不是短期的套利的想法，这点风险投资公司确实和之前的私募股权有很不一样的地方。在智能时代，有很多企业会走过非常长的发展阶段，这当中需要有耐心的、抱着长远观点的投资人和创业者一起走过。在相当长的时间里面，追求利润不是公司主要的目的，占据市场同时能够不断打造出新的产品领域才是公司应该真正关注的。

其次，在智能时代，好的资本一定不是纯的金融投资者，而是战略投资人，最好的投资人应该是懂产业的投资人。今天的产业细分越来越重要，在每个细分领域中，作为投资人都必须成为这个行业中的专家，成为真正能够帮到创业者的投资人。如果没有这样的产业背景，没有办法对产业有全面的布局和观点，这样的投资人也没办法真正帮助创业者完成战略使命。这种战略角度是每一个好的投资人必须有的素质。

再次，一个好的资本或投资人应该具有国际视野，必须是国际化的投资人，这样才能帮助公司实现国际化。今天，很难再去区分创业企业是中国企业、美国企业，还是印度企业。很多

企业在第一天就已经将全球化作为重要关注点，这个全球化不仅是他的产品设计和市场推广能力，更重要的是他的创业视野的全球化。与此同时，还有我们经常听到 copy to China 或 copy from China，其实都不是准确说法，真正来讲，每一个地方的企业家都应该从别的国家学习、借鉴到经验，同时根据本地的特殊情况创造出适合本地的产品，所以不存在 copy，是持续学习的过程。

2）做投资，要逼自己不断思考未来几年的发展

我总是怀有一颗好奇心。不管当初进华尔街还是后来创业、做投资，我都保持着好奇心，觉得做这些事本身很有意思。我会想为什么这么多公司能成功？原因是什么？有时候在你理性的思考之外，必须有那么一点冲动，一点激情，承担一定的风险，这时的判断标准就来自你的第六感。

过去几十年我做对了一个很重要的判断“Long China（做多中国）”，20 多年前很多人真的不那么看好中国，有各种担忧，但如今来看，凡是做出很大事业的中国企业家，他们身上都有一个共同的特性就是“Long China”。

选择投资对象时，我们很少投资那些以海外市场为主的企业。因为中国才是最有吸引力的地方，某种产品只要能够在中国被大家所欢迎，那它的增长潜力将非常非常大。

做投资没有选择，只能逼着自己不断思考两年、三年、五年以后的行业发展会怎样。有时候，我们可能做不出一个特别完美的判断，那就尝试做一个判断，然后在这个行业里做出一步到两步的布局，这是作为风险投资人必须有的判断，哪怕当时给你的数据并不充分。

3）我投资成功的三个因素

我也有感性的一面，在自身所谓的缜密思维背后，还保持着好奇心和热情。人必须有热情才能让你渡过比较艰苦的时期，这也是企业家精神的真谛，即对风险有一定的判断和感知，但依然愿意承担风险。

做投资跟企业家的差别是，好的投资人必须是一个企业家，但同时会比企业家更加有一种协调能力和一种整个的管理风险的能力。从整个基金管理的角度，他可能会比企业家在承担风险上稍微保守一点。

比如讲，我今天看到了一个非常让人兴奋的项目，我会花掉你整个基金的 10%到 15%去投资吗？如果是一个好的投资人可能会说，不应该这样。但是你在每一个项目上面，你应该跟企业家保持一样的心态，一样的 all-in。

其实很多人忘记了做投资最后真正要的成绩是靠什么？是靠每一个基金有多少钱回给 LP，这是最重要的。

我投资成功，有三个主要因素，即中国市场的推动、保持专注、不要盲目。很多人都知道要专注，但是要选择一个正确的领域并始终保持专注，并非易事。团队能力、资源以及对投资方向的判断都是需要考量的因素。对基金来讲，最重要的是有自己的战略，对基金的行业配置、投资组合做出前瞻性的判断。

4）我选项目的六条秘诀

我选项目有六条秘诀，分别是：看人、模式、执行力、客单量、效率、数据。创始人和团队的能力很重要，但更重要的是人要靠谱、诚信，不要忽悠投资人。

执行力是决定创业公司在初创期后能否融到钱的关键节点，因为没有执行力，所有的 idea、所有的远景目标都是空谈，如果你要创业或是正在创业，请一定找一个执行力强大的合

伙人。

还有客单量，之前所有的因素都会在客单量上表现，如团队、模式、执行力等，而这个时候只要客单量足够好，融资就不成问题。

5）创业者是司机，投资人是坐在副驾驶看地图的人

在创业者能力和创业者精神的选择上，我优先选择创业者精神，只有创业者有真正的品质和美德，他的能力才能够得以发挥，否则可能会被滥用。

有些创业者仅仅为了上市、赚钱而创业，但我们更欣赏的创业动机是希望创造一种产品和服务满足某种需求，解决某个问题，其动力源自好奇心和使命感。判断一个创业者不仅要看能力，还要看他（她）是否具备正能量。

创业者是开车的，投资人是坐在旁边副驾驶上看地图的人，会帮创业者出谋划策。虽然没有开车刺激，但也有成就感。投资领域的合作远多于竞争。创业公司必须甩掉别人，但是投资人之间的合作也很多。在不同阶段需要帮助创业公司成长，需要不同投资背景的人帮助他把赛道走完。

二、对创业者说

1）我看重企业家身上的五大能力和特征

（1）专业的知识和能力：必须在你所在的行业里面成为专家，但这对于一位有志成为管理者、领导者的人来讲，知识应该是多方面的。

（2）团队精神：我们需要在团队之间建立信任、尊重以及体谅。体谅这个词非常重要，尽管它放在最后。当你的同事因为种种原因没能达到大家期望值时，你要给他一些理解，同时给他尊重和鼓励，能够让他把落后的地方补起来。

（3）价值观：现在我们经常在说正能量。如果过度营销或欺骗客户，尽管可能在短期内能够达到某些目标，但这些最终都会损害公司和你自己。

（4）责任心：每个人对自己所从事的工作，每个细小的工作，都要有最佳完成任务的责任心。因为团队成员期待你最佳地完成这项任务。

（5）解决问题的能力：商业社会中的很多问题会比书本上的复杂很多，你必须要想出创造性的方法解决问题，因为没有现成的答案，书本上不会教你，你的老板不会教你，你的同事也没有答案，这也是在考验一个人的专业能力。你需要有能力创造性地解决问题，并且解决问题往往是在巨大的时间压力下完成的，这是商业社会中经常碰到的。

2）对创业公司 CEO 的八点建议

（1）作为一名优秀的 CEO，需要具备的素质就是根据市场反馈的信息来不断修正自己的商业计划，改变自己的策略和方向，尤其在公司早期，这更是不可避免的。如果创业公司的 CEO 是一个一成不变的人，那么他的创业很难成功。

（2）创业是容不得你去重新学习的，竞争的环境可能让你没有机会学习，因此基础科学知识结构对 CEO 的个人成长很关键。培养逻辑思维和建立模型的能力，对创业和企业管理都至关重要。

（3）在企业初创期，CEO 都不可能是完美的。木桶理论说的是不能有短板，但我更认可反木桶理论，初创期企业往往是反木桶理论在起作用。不管 CEO 还是团队，不可能什么都强。与其全才，不如专才。CEO 要有独门武功，这独门武功因行业而异。

（4）CEO 需要懂得和关注真正重要的指标，包括客户、订单量、营收、毛利、流失率、盈利能

力、现金流，让真实的数字说话。而不是强调物理条件和设施、注重形式而非内容、强调不可量化的事物。因为，投资方对创业项目的考量，在A轮之后不可逃避的就是数据：订单量、客单价、用户数、周留存率等都是考核指标的重点，无数据难以服众。

（5）CEO要是会算账的人，不能拍着脑袋决策。我觉得至少有两个数字是大部分公司都必须关注的。第一个是毛利率，决定了一家公司有没有真正的议价能力或定价实力，这是CEO需要关注和保持敏感的一个数字。第二个数字是单位经济。

（6）空降高管的失败率是不低的。建议CEO找年轻人培养，他们可能没那么多经验，不一定非得是顶级MBA或投行或咨询出身，但要有想法和好的商业感觉，与团队的核心创新理念吻合，再让他们和公司一起成长。

（7）CEO肯定也是产品经理，团队负责执行，但CEO应该深度介入并参与，帮助团队打磨产品。

（8）对于一个CEO来说，应该把心态放得更加平和一些，千万不要因为竞争，而乱了自己的阵脚。

3）我对"TMD"的创始人有几点看法

第一他们是绝对的产品偏执狂，换言之，他们产品取胜。例如，王兴绝对是产品性的创始人。所以对产品的重视程度和对产品的认知高度，这是一个CEO最重要的能力，我认为这是跟其他"80后"明显不一样的特质。当年王兴来跟我们交流的时候，其实他不是最厉害的，别人的规模已经做到接近他的两倍，但我能感觉他身上存在对产品的关注。

第二是视野和拓展能力的区别。我感觉作为一个企业家，视野和拓展性还是相当可观的。当然我们在马云、马化腾、李彦宏身上都看到这种特质，现在在这些年轻人身上再次看到，其实我认为是非常值得敬佩的。

有的时候我在想，他们"80后"跟我们这一代创业者有什么不一样的？我认为，他们承担风险的时候是可以taking calculate risk，是经过一定的计算，有一定的自己的盘算的，但最终怎么盘算this is risk，尤其是当他们的公司已经到一定规模时，再去做一件新的事情的话，背后隐藏的可能是他们会丢掉原来这个阵地，但是他们依然做了这样的选择。其实，我认为这就是根本上的一个创业者的精神。

4）企业需要有效的内控机制

资本对企业有选择性，企业对资本也有选择性。对于现在的企业有一条非常重要，就是企业在发展和内控当中有没有达到一个平衡。

我们投了很多年轻的互联网企业，互联网企业想的就是高速成长、市场份额，但是每个企业的发展背后必须有一个非常重要的战略部署，这就是内控。

传统上，内控这个词用于财务——财务内控，其实还有非常重要的是技术内控。现在企业除了财务审调以后还要有技术审调。这里面的一些数据隐私问题有没有处理好？有没有IP的侵权问题？还有包括刷单的问题，另外在中国互联网里面还有诚信问题的一部分。这些我感觉作为企业的领导人，包括董事会到股东，都必须高度重视，同时要有相应的一个机制。有财务部门，为何没有技术的内控部门呢？一样需要有。这样才能真正有效地让企业在发展中有一个机制，机制非常重要。

另外，你不能防范某一个员工或者某一个区域部门做出一些踩红线的事情，但是只有企业本身在内部有这样一个内控机制，才能真正在这个问题上解决潜在的风险。

7 风险投资的退出

7.1 风险投资退出概述

7.1.1 风险投资退出的原因

退出事件是指占有私人企业很大股份的股东出售其所持有的企业股份以换取现金或其他企业(通常是规模更大的企业)的股票的交易行为。在风险投资行业,退出是指风险投资基金出售自己所持有的被投资企业的股份并获得现金或其他企业的股票的过程。一般来说,风险投资基金主要通过将其所持有的被投资企业的股权出售给股票交易市场上的公众投资者、大企业(战略投资者)、企业管理层、其他风险投资机构或私募投资机构的方式来实现从被投资企业的退出。风险投资退出的原因主要包括以下五个方面。

1. 创业企业利润发生变化,投融资双方的需求不再匹配

风险投资所追求的高额投资收益主要来自企业快速成长所带来的资本增值,因此风险投资基金只有投资那些拥有巨大成长潜力的企业才能获得丰厚的投资收益。一般来说,当创业企业凭借一种新产品或者新商业模式进入市场并取得初步的成功后,对新产品的市场需求将会快速增长,这些企业将进入扩张期并快速成长。但是,随着行业的普及化和竞争壁垒的降低,成熟的技术往往会使技术壁垒在同业竞争中不断消除,模仿者和竞争者将会进入市场,从而使市场竞争变得激烈起来,创业企业因为技术壁垒造成的垄断利润会逐渐消失。同时,随着时间的推移,新产品的市场需求也会趋于饱和。这样,在经历一段时间的高速成长之后,企业的发展速度将会放缓并趋于稳定。

一般来说,风险投资的阶段主要是企业发展的初创期、早期和扩张期。这些阶段是企业发展速度较快的阶段,也是企业资本增值较快的时期。在这三个阶段进行投资,风险投资基金能够获得高额的投资回报。以高新技术开发为主的创业企业,一旦发展到成熟阶段,企业的成长性和资本增值潜力都将下降,其投资回报将随着企业风险的降低而表现为常规利润,而常规利润已不是风险投资追逐的目标。由于不能满足风险投资基金对预期投资收益率的要求,风险投资家就会考虑将资本从这些企业中撤出来,并重新寻找那些处于早期阶段的具有高成长潜力的企业进行投资。同时,处于成熟阶段的企业已经有了吸引非风险投资跟进的条件,因此风险投资家便有可能以接力赛的形式,及时将创业企业交给以投资风险较小的常规企业为主的投资银行和商业银行等新的投资者。

对于创业企业来说,风险投资家在企业成立之初不但给企业提供资金,还提供管理等增值服务。风险投资者提供的风险资本弥补了创业企业发展过程中的融资缺口,同时风险投资者提供的增值服务为创业企业建立了科学的管理决策制度,从而为企业的市场开拓、产品营销和资本运营提供了有效助力,保证了创业企业的快速成长。但是,随着创业企业在市场中逐步积累了自己的声誉,获得了丰富的管理经验和能力,风险投资所提供的增值服务的边际收益也会逐渐降低。此外,成熟期的创业企业需要大笔资金以实现企业的规模化生产和技术的产业化经营,而风险资本市场规模相对较小,融资成本相对高昂,使它不再是创业企业的最优选择。而且,企业积累了一定的有形资产以后,具有了一定的负债能力去吸引银行贷款,或在公开资本市场上发行证券,这就拓宽了创业企业的融资渠道,并使风险投资的退出成为可能。因此,企业在成熟期的发展和未来的长远发展,将主要依靠公开资本市场获得连续筹资的机会。相对于风险资本市场,信息相对充分、有效的公开资本市场将为企业的持续发展提供更强有力的资金支持,使其快速成长。因而,成熟的创业企业更倾向于离开风险投资去上市,或者转向银行融资或寻求与其他公司兼并。因此,当创业企业成功时,风险投资者的资本应当回收,并重新投资于新一轮处于早期阶段的企业,以获得更高回报。

2. 获得流动性

资本的变现取决于资本的流动性,如果资本不能流动,资本增值就不能兑现。风险投资基金主要通过买进企业股权的方式进入创业企业,资金进入企业之后就会固化为资产,但由于这些被投资企业是非上市的创业企业,它们的股权流动性很差。在没有股权退出机制的情况下,这些投资只能通过企业日常的分红收回少部分的回报,只有通过股权的退出才能使这些企业的股权获得流动性,从而使风险投资家可以在基金的存续期结束时将风险资本及其投资收益归还给投资者。

3. 获取投资收益

风险投资基金获得的投资收益主要包括两个部分:一是从企业获得的股息收入;二是资本增值收益。其中,资本增值收益占了绝大部分,这些资本增值收益主要是通过退出来实现的。风险投资基金通过购买企业股权的方式进入具有很高成长性的创业企业,这些企业的资产会随着企业的快速发展而大量增值。在被投资企业经历快速发展和资本大量增值之后,风险投资基金就会卖出被投资企业的股权以获取资本增值收益。

4. 锁定投资损失

在风险投资基金的投资组合中,只有很少一部分企业能够按照预期的计划获得快速发展,而大部分企业将表现平庸甚至陷入经营困境。当风险投资基金的投资组合中的一些企业由于无法完成预期的阶段目标或者发展前景不尽如人意而不再具有继续持有的价值时,风险投资家就应该对这些企业进行清算,将风险资本从这些企业中撤出,以减少或锁定投资损失。

5. 建立声誉

被投资企业的成功退出不仅可以为风险投资机构创造高额的投资回报,而且可以为它们带来巨大的声誉。从历史来看,那些顶级风险投资机构的声誉主要是通过成功的退出,尤其是首次公开发行这样能够带来高额投资收益的退出建立起来的。这种声誉将使风险投资机构发起和募集新基金的过程变得更加容易。借助这一声誉，风险投资机构就可以募集规模更大的基金，从而获得更多的投资收益分成。

7.1.2 风险投资退出的作用

在缺乏退出机制的情况下，投资者往往难以实现资产变现、获取收益的最终目的，风险资本也难以开始下一轮循环。建立健全有效的退出机制，是风险投资的一个中心环节，风险投资退出是风险资本循环的有机组成部分，建立和完善风险资本的市场退出机制，是扩大风险资本来源、保障风险投资和整个资本市场顺利发展的关键因素。对风险投资的运作来说，风险投资的退出具有以下四个方面的重要作用。

1. 促进风险资本的良性循环

风险投资家可以通过退出将风险资本从成熟的项目中撤出来，并将其归还给投资者。然后，风险投资家就可以从投资者那里募集新的基金，并寻找新的投资机会，将风险资本投入那些处于早期阶段并拥有巨大发展潜力的创业企业，从而实现风险资本的良性循环。具体来说，可以从下面三个方面促进风险资本的良性循环。

1）实现收益，补偿风险

由于风险投资的失败率很高，如果成功的项目没有很高的回报率，投资者损失的资金将无法得到补偿，风险投资活动也将难以继续下去。风险投资者之所以愿意承担高风险并涉足风险投资领域，其基本动力在于追求经济上的高收益。具有完善的风险投资退出机制，成功项目的投资收益就可以实现，失败项目的投资损失也就能够得到补偿，风险投资活动也就可以周而复始地进行下去。风险投资以其异乎寻常的高风险和高收益展示其独特魅力，通常风险投资是在创业企业发展初期投入风险资本，待其发育相对成熟后，通过市场退出机制将其所投入的资本的股权形态转化为资本形态，收回投资，取得高额风险收益。风险投资追求超常规的股权投资收益，之所以敢冒风险，进入前景不明的产品领域，是谋求通过企业股票公开上市、兼并收购或回购等途径，实现丰厚的投资回报。这正是风险投资的一大特点，这一特点在客观上要求有一个顺畅的退出通道。没有便捷的退出渠道，风险投资就无法实现资本增值和良性循环。

2）评价投资活动，发现投资价值

高新技术具有“新”的特征，因为“新”，所以在市场上难以找到衡量其价值的标准和尺度。而且每一个成功的风险投资项目，都是包含知识产权、创新思维、技术诀窍、管理和市场开发能力等因素的综合体，无形资产的含量很高。加上成功的风险投资项目均具有良好的发展前景和巨大的市场潜力，即便眼前项目是亏损的，但仍然可能受到投资者的欢迎。因而对风险企业不仅要评估其即期的价值，更要评估其由于成长性带来的未来期望价值。而按照传统的方法往往也难以进行准确的评估。而风险投资的退出机制最后以市场化的方式为风险企业的价值提供了参考。

由于投资者与风险投资公司之间存在着代理关系，因此投资者需要对风险投资公司进行评价。首先，资本的提供者需要对风险投资公司的经营能力进行评价。以便决定是否将新资本投资到该风险投资公司。其次，风险资本的提供者需要评价风险投资项目相对于其他投资项目的风险和收益，以便决定是否进行风险投资，如何投资。再次，如果风险投资公司的经营不善，或是风险投资公司的管理者的能力不适合于目前的风险投资项目，资本的提供者能够从目前的投资中撤出资本。尽管如此，由于评估风险投资公司需要很强的专业技术性，投资者虽然有强大的资金实力，但受知识和能力的限制难以全面评估风险投资公司。而对创业企业进行资金支持，然后再从中退出，为投资者评价风险投资公司提供了依据。退出使投资者可以评价出风险投资公司的能力和风险投资的获利能力，以便决定将新资本投向何公司，是否投资，投资多少。同时风险资本的退出，收益回报的实现，可以使投资者将其资本从不成功的风险投资公司中退出，投资于更成功的风险投资公司。

3）保持资产的流动性，促进投资的有效循环

风险投资是一种周期性投资，是由筹资—投资—退出构成的商业投资循环活动，如果缺乏退出机制，已经成功的风险资本无法从创业企业中退出，就不能进行新的再投资活动，风险资本自身的增值运动和社会的风险投资活动就会受到限制，不用说进行扩大的再投资，就连简单的再投资都无法持续进行。风险资本是由职业风险投资家从社会募集而来，而风险资本的退出则是风险投资成功的基本保障。如果没有可行的资本退出方案，投资者不会将资金投入，风险投资活动将因难以筹集到社会资本而无法进行，投入—退出—再投入的风险资本的有效循环也就无从建立。风险投资活动的链条就会中断，就无法实现投资增值的良性循环。长此以往，风险资本的规模就会趋于萎缩，风险投资活动将难以维持，更谈不上发展了。从这个意义上说，退出机制是风险资本的变现器和稳定器，是风险投资成功的必要条件。没有退出机制，风险资本就难以发展。

2. 为投融资双方提供激励

退出机制可以为风险投资家和企业家双方提供激励，鼓励他们为实现企业的发展和资本增值通力合作并创造更多的价值。首先，风险投资的退出是风险投资家获得高额报酬的前提条件。风险投资家所获得的报酬主要来自投资收益分成，投资收益分成的比例为风险投资基金利润的20%。一般来说，风险投资基金的投资收益越高，风险投资家能够获得的报酬也越多，而风险投资基金的高额投资收益主要是通过投资项目的退出来实现的。其次，企业公开上市所带来的高额收益是激励创业者努力工作，为企业创造更多价值的动力。创业企业具有很高的失败率。企业的创始人和员工之所以愿意放弃具有安全感的工作和稳定的收入，冒着巨大风险投身创业活动，一个重要原因就是看到了企业未来上市可能给他们带来的巨大财富。因此，退出为风险投资家与创业者提供了一个共同的奋斗目标，即通过退出来获得高额的财务回报。这个目标将创业者与风险投资家的利益捆绑在一起，从而实现了激励相容，并激励他们为实现这个长远的目标而齐心协力，努力工作。

3. 对风险投资家进行甄别

风险投资的退出机制可以帮助风险投资基金的投资者对基金管理人的质量进行甄别。由于风险投资运作存在高度的不确定性和信息不对称，风险投资基金的投资者很难对基金管理人的投资活动做出准确的判断。通过风险资本的退出可以让投资者对风险投资基金的业绩表现进行评价，进而对风险投资家的能力和努力程度做出判断。这样，他们就可以根据风险投资家之前所发起和管理的基金的业绩表现来决定是否对其所发起的新基金进行投资，从而有效避免逆向选择。

4. 吸引风险资本的投入，推动风险投资行业的发展

投资者之所以愿意冒着投资损失的风险将自己拥有的资金交给风险投资家去运作和管理，是因为想要获得高额的投资回报。风险资本的退出机制为风险投资基金获取高额投资回

报提供了可能性。如果被投资企业能够完成一个成功的 IPO 退出,例如在纳斯达克等股票市场公开上市,风险投资基金通过出售其持有的企业股权往往可以获得几十倍甚至上百倍的资本增值。事实上,每一次成功的 IPO 退出都会起到很好的示范效应,并对风险资本的提供者产生激励,激励他们将资本源源不断地投入风险投资行业。

IPO 退出所带来的高额投资收益是推动风险投资行业发展的重要力量。大量证据表明,IPO 市场的繁荣与风险投资活动的兴旺两者之间存在稳定的联系。在 IPO 市场繁荣时期,会有更多的退出事件发生,从而为风险投资基金带来高额的投资收益,而这又将吸引投资者向风险投资基金投入更多的资本。从历史来看,每当 IPO 市场处于繁荣时期,都会有更多的资本进入风险投资领域。例如,在 20 世纪 90 年代后期,随着 IPO 市场的繁荣,大量的互联网创业企业纷纷在纳斯达克股票市场上市,投资这些企业的风险投资基金也获得了高额的投资回报。受到高额投资回报的刺激,投资者向风险投资基金投入了大量的资本,从而增加了风险资本的供给,而这又导致许多新的风险投资基被创建起来,并募集更多的资本,进而促成了更多的风险投资活动,并促进了风险投资行业的繁荣和发展。

7.1.3 风险投资的退出方式

风险投资的退出方式是指能够为企业所有者和投资者带来利润的退出计划。风险投资的退出条件和方式通常在最初签订风险投资协议时即已确定。风险投资的退出方式很多,受不同国家资本市场发展体系不同(图 7-1 为我国目前的资本市场体系)的影响,风险资本的退出方式各有不同。目前在我国,通常情况下风险投资的退出方式有:上市转让、场外交易市场挂牌转让、企业并购、股份回购和清算。从投资者的角度看,首次公开发行是最理想的退出策略。另外,被战略投资者高价收购也是一个不错的退出策略。但在实践中,大部分的风险投资项目都不能满足公开上市发行的条件,或者难以吸引战略投资者进行收购,风险投资会根据企业的发展情况,选择其他二次转让或者回购的方式退出。在一些情况下,甚至可能被迫选择对被投企业进行清算。不同的退出方式在收益、效率、成本和风险上各有不同。

1. 上市转让

1)上市转让退出概述

股票发行是资本市场对于创业企业业绩的一种认可。当被投资企业经营达到理想状态时,会选择股票首次公开发行并上市,即将其拥有的被投资企业股份转变成可以在公开市场上流通的股票,通过股票在公开市场的转让实现投资退出和资本增值。上市转让退出的积极作用在于可以使股权投资基金获得较高的收益,实现被投资企业价值,资本增值可以产生较高的投资回报率。上市转让退出是最为理想的退出方式。上市主要包括境内上市和境外上市。其中,境内 IPO 主要市场有主板、创业板、科创板和北交所;境外 IPO 市场包括香港证券交易所、美国纳斯达克交易所(NASDAQ)、纽约证券交易所(NYSE)等。境内上市方式包括境内首次公开发行上市和间接上市两种。境内首次公开发行上市就是在境内实现 IPO。间接上市方式主要包括参与上市公司重大资产重组和借壳上市。间接上市成功后,股权投资基金持有的被投资企业股份或股权也可以转变成为上市公司的股份,再借助公开市场转让实现退出。境外上市主要是 IPO 方式为主,因此公开上市转让以 IPO 方式为主。

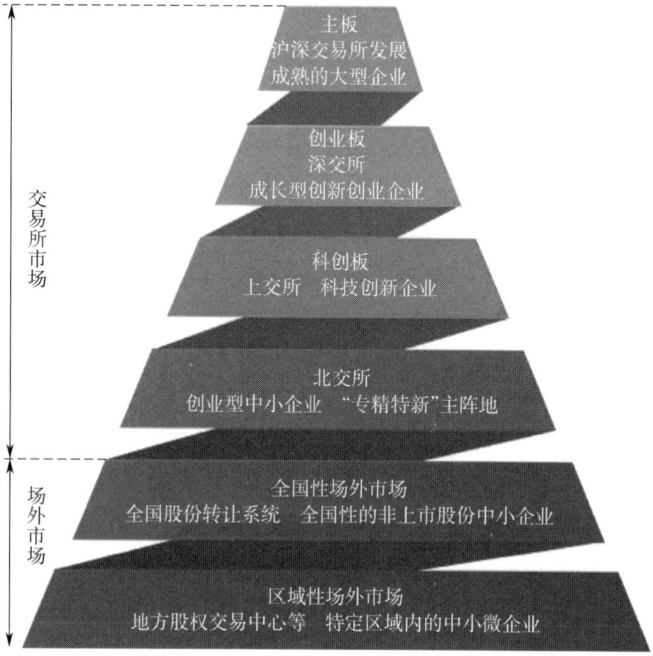

图 7-1　我国多层次的资本市场体系

对于风险投资来说,公开上市通常是最常见和较好的退出方式。风险投资家将所持有的创业企业股票通过首次公开上市发行后择机出售,以实现退出和资产增值。这种方式既保持了创业企业的独立性,又使风险投资家获得了可观的资本收益。

苹果公司是风险投资通过公开上市方式退出的成功案例。苹果公司于 1977 年首次公开推出新产品——苹果 2 号后,销售额迅速上升,作为一家新兴企业,成立 5 年之内就进入"《财富》500 强"排行榜。由于经营成功,苹果公司于 1980 年首次公开发行股票。以每股 22 美元发行了 460 万股,集资 1.01 亿美元。早期投资于苹果公司的风险投资家阿瑟·罗克于 1978 年花费 5.76 万美元,以每股 9 美分的价格买了 64 万股股票,这些股票在首次公开发行后增值为 1 400 万美元,增值了 243 倍。而创业者之一的马古拉最初投入的 9.1 万美元增值达 1 637 倍。公开发行上市使创业企业和风险投资家能够实现双赢,特别是在知识经济时代,"一夜暴富"已不再是神话。

由于公开上市是风险投资退出的最佳渠道,风险投资家通常在对创业企业投资前就考虑到未来 IPO 的可能性。在设计企业的交易结构、治理结构和财务目标时,就已经注意到未来需要满足证券管理当局上市的基本要求。计划公开发行上市的公司需要具备一些特质,包括在行业内具优势地位、清晰的业务策略、品牌知名度、稳健的资产负债表、合理的增长和盈利前景及优秀的公司管理层,尤为重要的是企业治理能力。这些都是一家公司在考虑上市前应具备的关键性条件。

2)IPO 退出方式的有利之处

(1)能够让投资者获得较高的收益回报。

对于风险投资的投资方来说,通过 IPO 退出能使其获得较其他方式更为可观的收益,一般可达投资金额的几十倍甚至几百倍。尤其是在股票市场整体估值水平较高的情况下,目标企业公开上市的股票价格相应较高，基金公司通过在二级市场上转让所持股份，可以获得超过预期水平的高收益。IPO 是金融投资市场对被投资企业价值评估的回归和投资的价值凸显，资本市场的放大效应，使得风险投资退出获得高额的回报。

(2)是实现投资者、企业管理层、企业自身三方利益最大化的理想途径。

在投资者获得丰厚回报的同时，企业家和企业管理者所持股份也会因股市较高的市盈率而获得大幅增值，若在二级市场套现可获得巨大的经济利益。被投资企业也由私人企业变为公众企业，除了提升企业的知名度，更增强了企业资金的流动性，IPO 所募集的资金有力地保障了企业规模经济和战略发展的需要，满足了企业进一步发展和扩张的需求。企业为成功上市经历的股改、完善治理结构、清理不良资产的过程，也为企业建立了良好的内部发展环境，从而对企业长期发展有着积极而长远的影响。

(3)有利于提高风险投资机构的知名度。

目标企业 IPO 的成功，实际是对风险投资机构资本运作能力和经营管理水平的肯定，不仅提高了目标企业的知名度，同时也提高了风险投资机构的知名度。一方面，风险投资机构通过 IPO 退出所获得的丰厚收益将吸引更多有着强烈投资愿望和一定资金实力的投资者前来投资，以便更好地开展下一轮投资。另一方面，在市场优质项目源较为匮乏的时期，IPO 退出的成功也会扩大基金公司和基金管理人在市场中的影响力，为其获得优质企业项目资源创造了条件。

3)IPO 退出方式的局限性

(1)上市门槛高。

各国股票主板市场的上市标准都比较高，因为涉及社会公众投资者的利益，所以对其监管十分严格。拟上市企业需要满足诸如主体资格、经营年限、公司治理方面的较高规范和要求，这使得大批企业望而却步，而风险投资的投资收益也可能因为退出渠道不顺畅而有所减少甚至发生亏损。鉴于此，很多企业选择在监管较为宽松的创业板市场上市，尤其是在美国、英国等多层次资本市场较为发达的国家，创业板上市成为新兴中小企业的第一选择。

(2)IPO 所需时间长、机会成本高。

即使被投资企业满足上市条件，烦琐的上市程序使得企业从申请上市到实现上市交易需要经过一个漫长的过程，再加上对包括风险投资基金在内的原始股东持股锁定期的规定，风险投资从投资到真正退出之间的周期相当长。从机会成本考虑，在等待 IPO 退出的过程中，市场上一定存在很多投资机遇，可能会错失更好的投资项目。

(3)IPO 退出面临诸多风险。

首先，国内的证券监督管理机构有可能根据市场情形，适当控制场内上市公司数量，使得 IPO 退出渠道受阻。其次，目标企业上市后的股票价格直接影响到风险投资的退出收益，而我国股票市场的股价波动不仅取决于公司的自身状况，在很大程度上还要受该阶段股票市场整体活跃度以及政府宏观政策的影响。股票市场瞬息万变，股票价格在分分秒秒都可能出现大幅度的涨跌，倘若风险投资机构因为上市程序和持股锁定期的耽搁未能在合适的时机转让股权变现退出，其预期收益可能无法实现，甚至可能遭受严重损失。

2. 场外交易市场挂牌转让

挂牌转让退出主要在场外市场进行。我国场外市场主要包括两种，分别是全国中小企业股份转让系统和区域性股权交易市场。其中，全国中小企业股份转让系统简称全国股权系统，即通常所说的新三板，是经国务院批准设立的公司制全国性证券交易场所，全国中小企业股份转让系统有限责任公司为期运营管理机构。全国中小企业股份转让系统主要是服务于创新型、创业型、成长型的中小微企业。旨在发挥主板和创业板的孵化器和蓄水池的作用，为企业提供前期融资、估值、股权流动以及企业展示的平台，是我国多层次资本市场的重要组成部分，全国股权系统挂牌股份转让退出成为股权投资基金的重要退出方式。区域性股权交易市场，是为市场所在地省级行政区域内的企业特别是中小微企业提供股权、债权转让和融资服务的场外交易市场。接受省级人民政府监管，中国证监会及其派出机构为区域性市场提供业务指导和服务。其作用主要是促进企业特别是中小微企业的股权交易和融资，鼓励科技创新和激活民间资本，加强对实体经济薄弱环节的支持，是多层次资本市场的重要组成部分。

全国股权系统挂牌后的退出方式主要包括协议转让、做市转让或中国证监会批准的其他转让方式。其中，协议转让又可以分为委托方式和成交方式两种。委托方式需要定价委托（投资者委托主办券商设定股票价格和数量，但没有确定的交易对手，交易信息将公开显示于交易大盘中），成交确认委托（买卖双方达成成交协议，委托主办券商向指定对手方发出确认成交的指令）；成交方式包括点击成交（完成上述定价委托），互报成交确认申报（双方通过约定价格、数量和约定号，统一提交到股转中心，完成交易），收盘自动匹配成交（在每个收盘日15:00，将盘中价格相同、交易方向相反的交易对手自动撮合）。做市转让是做市场在全国股权系统持续分布买卖双向报价，并在其报价价位和数量范围内履行与投资者成交义务的转让方式。做市商为挂牌公司提供相对专业、公允的即估值服务和报价服务，为挂牌公司引入外部投资者、申请银行贷款、进行股权质押融资等提供重要定价参考，为提升投融资效率，为挂牌公司融资、并购等创造更多的便利条件。

3. 企业并购

1）企业并购概述

由于股票公开上市所需周期较长、成本较高，加之风险资本在首次公开发行后不能马上实现完全退出，因此部分风险投资家将会转向另一种主要的退出方式——股份转让。股份转让是指风险投资家将所持创业企业的股权转让与他人，从而收回投资及其收益，退出创业企业。当风险资本的转让对象是其他公司或另一家风险投资机构时，这种方式称为企业并购；当转让对象是所投资创业企业的创办人、管理者或员工时，由他们出资购买风险资本所持有的股份，这种方式称为股份回购。股份转让是风险资本通过股权市场退出的一种重要方式，在风险投资中占有很大的比例，因此股份转让手段的运用就成为风险资本退出的一种自然选择。

企业并购（Mergers and Acquisitions，M&A）包括兼并和收购两层含义、两种方式。兼并是指由一家实力较强的企业与其他一家或者几家实力稍弱企业联合组成新的公司，其中实力较强的公司占主导地位。在兼并的过程中，被兼并企业的产权将有偿地转移到兼并企业，与此同时，其独立的法人地位也将丧失。收购是指企业通过证券市场购买目标公司的股份或者产权以控制目标公司的行为。被收购企业在被收购之后依然享有独立的法人资格，但是收购企业已经成为被收购企业中享有控制权的大股东。

国际上习惯将兼并和收购合在一起使用，统称为M&A，在我国称为并购，即企业之间的兼并与收购行为，是企业法人在平等自愿、等价有偿基础上，以一定的经济方式取得其他法人产权的行为，是企业进行资本运作和经营的一种主要形式。近年来，随着新的企业并购浪潮的兴起，并购在风险资本退出方式中的比重越来越大，作用越来越重要。通常是在创业企业发展到一定阶段时，如果想取得更进一步的发展就需要追加更大的投资，然而风险投资家又不愿意增加投资，就会采取转卖创业企业资产或股份的形式退出。对于风险投资家来说，通过兼并收购方式将其在创业企业中的投资变现可以迅速收回投资，因而兼并收购是一种重要的资本退出方式。与首次公开发行方式相比，企业并购方式交易费用低廉，退出过程也相对比较简单。但这种方式往往受到管理层的排斥，因为企业并购有可能损害创业企业的独立性，危及管理层在公司中的地位。

2）企业并购退出的类型

风险投资以企业并购的方式退出可以细分为两种：一般并购与第二期并购。

（1）一般并购，又称为商业出售，是创业企业出售中最重要的方式，指公司间的收购与兼并，如创业企业被大公司、其他企业收购或兼并，通常是指同行业或相关的产业集团收购或兼并创业企业，使之成为产业集团的一部分。

创业企业的一般并购事实上和其他企业的并购并无多大区别。一般企业的并购可以分为如下三种主要类型：横向兼并、纵向兼并和混合兼并。

①横向兼并。是指在同种商业活动中经营和竞争的两家企业之间的并购，其目的往往在于消除竞争、扩大市场份额、增加并购企业的垄断实力或形成规模效应。

②纵向兼并。是指在处于生产经营不同阶段的企业之间的兼并，即优势企业将与本企业生产紧密相关的处于不同生产、营销过程的企业收购过来，以形成纵向生产一体化。

③混合兼并。指既非竞争对手又非现实或潜在的客户或供应商的企业间的兼并，其主要目的在于分散处于一个行业时带来的风险，提高企业对经营环境的应变能力。

（2）第二期并购，也称次级并购、二次交易，是指风险投资家将持有的创业企业股份再卖给另一家风险投资公司，尤其是卖给致力于创业企业扩张期和后期的风险投资公司，由新加入的风险投资公司对创业企业进行下一期的投资。风险投资公司可能出于种种原因急于从创业企业撤资，而创业企业在其发展到一定规模以前，圈外人士往往难以判断该企业的经营前景，因而难以对创业企业进行合理的估价。此时，作为内行的其他风险投资公司会对该创业企业的发展进行较为准确的判断，一旦认定其具有投资价值，便会从原有的风险投资公司手中认购该企业股份。这种“圈内交易”比较容易在对创业企业的价值评估方面达成一致。对创业企业进行风险投资的第一个风险投资公司很可能是所有者权益导向型的，专门投资于处于早期创业阶段的创业企业；而接手投资的第二个风险投资公司则偏好于在创业企业发展稍后阶段购买所有者权益。采用第二期并购时，创业家并没有退出创业企业。

在风险投资领域，S 基金（Secondary Fund）就是一类专门从投资者手中收购另类资产基金份额、投资组合或出资承诺的基金产品，使用的就是典型的第二期并购的方式进行投资。S 基金起源于 20 世纪 80 年代的美国，目前已发展成为风险投资基金市场重要的基金类型，也成为投资早期项目的风险投资基金的重要退出渠道。传统上，风险投资基金投资于未上市企业股权，流动性较差，基金的存续期间往往高达 7~10 年，甚至会有延长的情况发生，而在这段时期内投资人对于该基金所产生的现金流并没有任何的控制能力，S 基金的产生极大地改善了风险投资基金的流动性。目前，海外 S 基金已经比较成熟，全球私募股权二级市场买方格局中，S 基金一家独大，占总交易规模的 80%以上。

根据受让标的，可以将 S 基金的交易模式分为以下三种。

①直接受让 LP 持有的基金份额。

这是最常见的一种交易模式。原来的风险投资基金投资者将其持有的基金份额转让给 S 基金，实现提前退出。这种模式也分为两种，一种是部分 LP 退出，基金管理人不变；另一种是原基金投资者全部退出，S 基金收购全部基金份额，这种情况下，基金管理人也可能发生变更。

②直接受让项目公司股权。

如果风险投资基金存在合规性的问题，或者原基金管理人只是为了调整投资组合，基金还是继续存续的，就可能采取受让项目公司股权的方式。这种情况下，一般是直接受让一组投资项目，而非单个项目。同时，对受让方来说，也是为了分散投资风险。

③收购基金剩余权益。

风险投资基金到期以后，往往还有个别项目无法按期退出。如果基金投资者希望结束投资，一种方式是直接分配项目公司股权，另一种方式就是将基金剩余权益转让给新的 S 基金。由于该情况下分配股权的计算方式较为复杂，原基金投资者一般还是希望以现金的方式实现退出。S 基金整体接盘以后，原有的基金管理人和投资者完全退出，避免基金清算的麻烦。

S 基金主要优势在于改善风险投资基金的流动性。对于投资人而言，折价向 S 基金变卖所持基金份额，能够迅速回补主业的现金流，是缓解资金紧张压力、对目前资产组合进行主动管理以及处置问题基金的有效渠道。S 基金的不足之处是目前我国仍处于初步发展阶段，整体规模较小，市场的成熟度与专业度也存在较大不足。相较海外，交易额、渗透率、募资规模均低于欧美市场，但也拥有巨大的成长空间。

虽然我国目前 S 基金规模尚小，但是近几年的增速十分迅速。根据执中 ZERONE 数据显示，2021 年全年，中国私募股权二级市场累计发生交易 353 起，覆盖 337 只基金，可获知的累计交易金额达 668.07 亿元。相较于 2020 年全年 264.45 亿元的交易金额增长达 153%，近 5 年复合增长率达 47%。

同时，自 2020 年 12 月起，证监会先后批复同意在北京、上海两地的区域性股权市场开展私募股权和创业投资份额转让试点，扩宽股权投资和创业投资的退出渠道。北京基金份额转让试点交易规模已突破 60 亿，上海试点也突破了 10 亿，随着市场交易规模的扩大以及试点平台的规范发展，S 基金交易将会在风险投资基金的退出环节受到更多关注，起到越来越大的作用。

3）企业并购方式退出的优势

（1）并购退出更高效、更灵活。相比较 IPO 漫长的排队上市苦等窗口期、严格的财务审查、业绩的持续增长压力，并购退出程序更为简单，不确定因素小。并购退出在企业的任何发展阶段都能实现，对企业自身的类型、市场规模、资产规模等都没有约束规定，双方在协商谈判达成一致意见以后即可执行并购，迅速实现资本循环，有利于提高基金公司的资本运作效率，减少投资风险。

（2）并购退出只要在并购交易完成后，即可一次性全部退出，交易价格及退出回报较为明确。而 IPO 退出则要等待 1~3 年不等的上市解禁期，即使到了解禁期也要考虑到被投公司上市后的股价波动，可能要分批次才能够实现全部退出，届时上市公司股价也不得而知，增加了退出回报的不确定性。

（3）并购退出可缓解风险投资机构的流动性压力。对于风险投资机构来讲，相比于单个项目的超高回报，整只基金尽快退出清算要更具吸引力，因为基金的众多投资组合中，某一个项目的延期退出将影响整只基金的收益率，如若没有达到当时与投资者间的协议承诺，后续基金募集等将受到重大影响。

4)企业并购方式退出的弊端

(1)潜在的实力买家数量有限。并购资金量较大,市场上潜在的购买者数量有限,目标企业不容易找到合适的并购者,或者出价可能不具有吸引力。

(2)收益率较 IPO 低。由于市场的变化甚至是信息的不对称,为了能迅速退出可能导致企业价格被低估。

(3)企业管理层可能对并购持反对意见。并购成功后,企业的产权或者控制权可能会发生转移,原先的管理层需要让渡一部分权利与利益。从自身利益考虑可能会出现抵制并购的情况,使原先简单的过程复杂化。

4. 股份回购

1)股份回购概述

股份回购是指创业企业发展到一定程度,风险投资基金将所持有的企业股份出售给企业的控股股东、管理层或员工而从企业退出的一种方式。股份回购经常与杠杆收购联系在一起。杠杆收购是指当企业的创始人或管理团队以他们自己的信誉做担保或以目标公司的资产作为抵押从银行或其他信贷机构那里获得融资来收购风险投资家手中所持有的企业股权。

在许多情况下,风险投资基金投资组合中的一些企业在经过一段时间的发展之后,可能已经拥有了稳定的业务和销售收入,却达不到公开上市发行股票的条件,或吸引不到战略投资者进行收购。在这种情况下,风险投资家就会将自己所持有的企业股权出售给企业的管理层和其他股东,以达到从被投资企业退出的目的。

对风险投资家而言,通过回购的方式退出,可在短期内收回资本并获得一定的投资收益。对创业者而言,通过回购企业的股份,可以增强他们自己对企业的控制权甚至完全拥有企业。虽然股份回购退出方式对风险投资家和创业者都具有一定的吸引力,但在很多情况下,企业的管理层或者创始人可能并不拥有从风险投资家手里回购企业股权所需要的大额资金,也很难从银行等信贷机构那里获得足够多的贷款。这时候,他们往往需要得到并购基金的支持才能够完成股份回购交易。另外,在许多情况下,创始人可能希望风险投资家继续留在企业中并与他们一起分担企业经营风险。出于这种考虑,企业创始人可能并不愿意从风险投资家手中回购企业的股份。

2)股份回购的类型及流程

股份回购退出的分类主要包括控股股东回购、管理层回购和员工收购三种类型。其中控股股东回购是被投资企业的控股股东在回购条件满足时自筹资金回购股权投资基金所持有的股权(股份),属于股份回购中比较常见的方式;管理层回购是被投资企业的管理层在回购条件满足时自筹资金回购股权投资基金所持有的股权(股份);员工收购是目标公司的员工集体出资将股权投资基金所持有的股权(股份)收购。

在具体回购流程上,主要包括发起、协商、执行和变更登记四个环节。其中,在发起环节,发起之前出让方与受让方评估股份回购的可行性,达成初步意向后正式发起股份回购要约,发起人既可以是股权投资基金,也可以是被投资企业的股东或管理层;在协商环节,设计回购方案的制定、价格谈判、融资安排、审计、资产评估、并准备相关的申报材料,协商过程的关键是定价与融资,协商成果是买卖双方签订《股权转让协议》;在执行环节,回购双方进行交割,回购方按约定的进度向股权投资基金支付议定的回购金额,部分股份回购交易需要经过政府主管部门批准后方可实施;最后一个环节是变更登记,在工商行政管理部门办理变更登记,向公司登记机关提交修改后的公司章程或公司章程修正案。

3)股份回购方式退出的优势

(1)交易过程简单。股份回购是发生在企业内部的产权转移,明晰的产权关系和合作已久的双方会使回购交易简便易行,所以会减少不必要的磨合期。

(2)资本安全得到保障。在目标企业难有大作为的情况下,一味死守意味着对机会成本的浪费,回购可以保证资本安全并使其重获自由为投资者带来更大收益。

5. 清算

清算是企业结束经营活动,处置资产并进行分配的行为。清算退出是指风险投资通过被投资企业的清算实现退出,主要是投资项目失败后的一种退出方式。如果风险投资能够确认创业企业已经失去了持续发展的可能,很难获得预期回报,就应当果断地通过清算或破产的方式撤出,以降低投资损失,这是不得已情况下损失最小的方法。清算退出主要有两种方式,一是解散清算,二是破产清算。其中,解散清算是公司因经营期满,或因经营方面的其他原因致使公司不宜或不能继续经营时,自愿或被迫宣告解散而进行的清算。解散清算的原因主要包括公司章程规定的营业期限届满或公司章程规定的其他解散事由出现;股东大会决议解散;公司依法被吊销营业执照,责令关闭或撤销;公司经营管理发生严重困难,继续存续会使股东权益受到重大损失,通过其他途径不能解决时,持有公司全部股东表决权 10%以上的股东请求人民法院解散,并获得法院支持。在解散清算中,如果是有限责任公司,清算组大都是由股东组成,如果是股份有限公司,清算组则是由董事会或股东大会确认的人员组成。破产清算则是公司不能清偿到期债务,并且资产不足以清偿全部债务或明显缺乏清偿能力时,公司被法院宣告破产,并由法院组织进行的清算。

7.2 风险投资的退出决策

投资退出的方式和时机将决定投资回报的高低。选择正确的退出方式和合适的退出时间,对于风险投资基金实现高收益具有重要的意义。一般来说,风险投资家在对投资项目进行初步筛选时就已经开始考虑投资退出的问题。在风险投资家准备投资建议书时,他们已经开始策划和设计具体的投资退出方案。在投资后,风险投资家会时刻关注被投资企业的发展状况,并对之前确定的退出方案进行审查。如果被投资企业发展顺利,风险投资家将会选择适当的时机安排企业按照最初设计的退出方案退出;如果情况发生变化,则需要根据实际情况对原来的退出方案做适当的调整,或者采用新的退出方案实现退出。

7.2.1 退出时机的选择

对风险投资家来说,选择合适的退出时机非常关键。企业的退出估值会随着时间的推移而发生变化。在企业发展成熟之前退出,由于企业能够获得的估值较低,因此风险投资基金所获得的投资收益也较少。但是,如果退出得太晚,由于企业的成长性降低,企业的估值也可能较低。另外,股票市场的情况也可能发生变化,从而影响企业的退出估值。因此,如果选择在不利的时机退出,那么风险投资基金将难以获得理想的投资收益。恰当的退出时机是风险投资公司获得良好收益的重要保证。从理论上讲,企业未来投资收益的现值高于企业市场价值时比较合适。这在实践中通常表现为,当创业企业处于高速增长后期时风险投资公司选择从创业企业退出。这时,企业的产品具有了一定的市场占有率,品牌的影响力也在不断增强。

一般来说，在对企业进行投资后，风险投资家将会密切关注被投资企业的发展状态和资本市场，尤其是 IPO 市场的状况，并在综合考虑以下各种因素的情况下选择最佳的退出时机，着手安排被投资企业的退出。

1. 影响退出时机选择的外部因素

1）股市行情

股市行情是影响退出时机选择的一个重要因素。首先，当被投资企业选择以公开上市的方式退出时，需要根据股票市场的状况来选择最佳的退出时机。一般来说，风险投资基金所获得的投资收益与被投资企业退出时的估值存在相关性，而被投资企业的退出估值又会受到股票市场的活跃程度的影响。当股票市场的行情高涨时，投资者更愿意给被投资企业股票一个较高的估值，这时被投资企业发行股票的价格也较高；反之，当股票市场的行情低迷时，被投资企业发行股票的价格也比较低。因此，股市行情会直接影响被投资企业股票的发行价格。其次，当被投资企业选择以并购方式退出时，也需要根据股票市场的状况来选择最佳的退出时机。当被投资企业以并购方式退出时，战略投资者在对被投资企业进行估值时往往会参考股票市场上那些公开上市交易的同类企业的市值，而这些公开上市的企业的市值又取决于其股票的价格，这样股票市场的行情就会对被投资企业在并购退出时的估值产生影响。总之，风险投资家应尽量引导被投资企业在股票市场行情高涨时退出，以获得较高的退出估值。同时，风险投资家应该让被投资企业避免在股票市场行情低迷时进行首次公开发行，等待市场行情好转时再上市。

2）行业发展状况

在行业发展的巅峰阶段，那些成功的企业往往可以在更短的时间内以更高的估值实现退出，从而为风险投资基金带来更高的投资收益。例如，在互联网兴起的 20 世纪 90 年代中期，马克·库班创建了一家通过互联网向用户提供在线广播服务的创业企业 Broadcast . com 。这家企业在 1998 年互联网浪潮的高峰期公开上市，从而获得了很高的退出估值，为投资者带来了巨大的商业回报。

2. 影响退出时机选择的内部因素

1）企业发展状况

企业发展状况是影响退出时机选择的一个重要因素。风险投资基金的投资组合中的一些企业在经过一段时间的快速发展后将在资产规模、市场份额以及销售收入和利润等方面取得良好的业绩表现，从而具备了进行首次公开发行的条件。这时，风险投资家就应该引导它们及时通过 IPO 方式退出以获取高额的投资收益。

2）企业融资需求

在企业进入扩张阶段后，随着市场需求的增加，企业可能需要进行较大规模的融资，以建设新的生产线或扩大生产能力来满足市场需求。这时，风险投资基金由于受到最高单笔投资规模的限制已经不能很好地满足这些企业的大规模融资需求。因此，这些企业可能需要通过公开上市来筹集大规模资金。

3）企业经营前景

在某些情况下，被投资企业可能会陷入经营困境，或者发展缓慢看不到成功的希望。这时，风险投资家就需要对被投资企业进行清算以锁定投资损失并收回部分投资。

4）基金融资需求

为了募集新基金，风险投资家可能需要出售现有基金投资组合中的企业以获得投资收益并提升基金的业绩，从而吸引投资者对新基金进行投资。

5）基金封闭期到期

有限合伙制基金有一定的存续期，在基金的存续期快要结束时，风险投资家需要将投资从被投资企业中撤出，并将其归还给投资者。

6）意见分歧

投资者与企业管理层可能在企业的发展方向和战略上发生分歧，由于双方难以达成一致，投资者可能会选择退出。

7.2.2 退出方式的选择

如果企业家和投资者都同意对退出时机的判断，那么他们下一步需要决定采取哪种方式来实现退出。

对风险投资家来说，理想的退出方式是首次公开发行，但这并不是唯一可行的选择。如果被投资企业的发展状况达不到公开上市的要求，或者上市退出的渠道不畅，那么风险投资家就可能会引导企业通过并购的方式退出。企业并购退出使风险投资家能够在短期内将投资变现，并获得预期的投资收益率。在有些情况下，通过并购退出甚至能够获得与从公开上市退出相当或更好的投资收益。例如，在互联网行业，被战略投资者收购经常能够为投资者带来高额的投资收益。

1. 影响退出方式选择的因素

在选择退出方式时，风险投资家和创业者一般会考虑当初在投资条款中对退出机制的安排。同时，他们还会考虑如下这些因素。

1）投资回报

采取不同的退出方式会给风险投资基金带来不同的投资收益。一般来说，风险投资家会更加倾向于选择那些能够带来较高投资收益的退出方式。

2）经济周期

风险投资退出方式的选择会受到经济周期的影响。如果经济状况良好，风险投资支持的企业更容易通过公开上市或并购的方式退出；而当经济进入衰退的时候，风险投资支持的企业通过公开上市或并购退出的案例则会显著减少。

3）行业周期

行业本身的生命周期也会影响风险投资的退出。在行业快速成长阶段，风险投资支持的企业通过 IPO 和并购退出的案例会显著增加。例如，在 20 世纪 90 年代末期，当互联网行业进入高速成长阶段时，互联网企业通过 IPO 退出的数量也达到了高峰。反之，当行业进入成熟和衰退期时，行业中的企业通过 IPO 和并购方式退出的案例也会减少。

4）资本市场因素

股票市场的状况在很大程度上将决定企业实施 IPO 的难易程度。一般来说，当股市行情高涨时，IPO 市场就会繁荣，风险投资支持的企业更容易通过 IPO 方式退出；而当股市行情低迷时，IPO 退出方案将难以实施。虽然看起来并购退出与股票市场之间并不存在直接的联系，但是如果股市行情不佳，那么投资者收购企业的意愿也会降低，因此通过并购方式退出时同样需要考虑股市状况的影响。

5)企业发展状况

企业的发展状况和业绩表现是影响退出方式选择的重要因素。一般来说,只有被投资企业在资产规模、销售收入或者利润额方面满足上市条件的情况下,它们才能通过首次公开发行方式退出。例如,一个由顶级投资银行负责承销的首次公开发行(IPO)至少需要发行5 000万美元的新股,这要求发行企业的股本规模必须大于2亿美元。如果企业的股本规模低于这个要求,它们将不能通过公开上市的方式退出。风险投资基金组合中的一些企业虽然不能达到公开发行股票的条件,但由于它们拥有大企业所需要的新技术或者市场优势,因此对战略投资者具有一定的吸引力。对于这些企业,风险投资家可以引导它们通过并购的方式实现退出。另外,如果被投资企业既无法达到公开上市的条件,也不能吸引战略投资者,但经营状况比较稳定,那么风险投资家就可以考虑引导它们通过二次出售或者管理层回购的方式实现退出。

6)行业的影响

企业所处的行业会影响它们对退出方式的选择。一般来说,高科技行业的企业更容易通过IPO的方式实现退出。因此,如果企业身处信息技术或生物科技行业,那么它们选择通过IPO方式退出的概率也会更大。

7)利益冲突

企业管理层与风险投资家在选择退出方式的时候经常会发生利益冲突或意见分歧。在很多时候,风险投资家更倾向于通过并购的方式退出,原因是通过这种方式退出可以让他们快速收回投资,并美化基金的业绩,从而有利于他们募集下一只基金。与之不同,由于通过并购的方式退出可能会削弱创业者对企业的控制权,因此创业者可能会反对以并购方式退出,从而可以继续保留对企业的控制权。

8)控制权分配

企业的控制权分配状况也会影响对企业退出方式的选择。根据Cumming对1996—2005年223家欧洲风险投资支持的企业的退出情况的调查,风险投资家对创业企业的控制权越强,那么被投资企业越有可能选择以并购方式退出,而不是以IPO或者清算的方式退出。尤其是当风险投资家拥有董事会控制权和更换创始人的权力时,发生并购退出的概率将上升到30%,而以清算方式退出的概率则降低为30%(原因可能是风险投资家的介入可以提升企业的经营绩效,从而降低企业失败的概率)。当企业创始人对企业拥有更多的控制权,风险投资者经验较少或他们所持有的股份是普通股而不是可转换优先股的时候,被投资企业通过IPO退出的概率将上升12%。

2. 退出方式的比较

1)难易程度

在选择退出方式时,还需要考虑各种退出方式的难易程度。一般来说, IPO退出是各种退出方式中难度最大的。

2)成本

一般来说,在各种退出方式中, IPO退出花费的成本和费用最高。在准备IPO的过程中,企业需要向股票承销商、会计师事务所、律师事务所和证券监管机构等多个方面支付费用。根据有关研究,当企业发行股票的筹资额在2 500万美元以下时,上市费用大约为筹资额的15%;而当企业发行股票的筹资额小于1 000万美元时,上市费用将大于筹资额的15%。与

IPO 退出比较，并购退出的成本更低。一般来说，企业通过并购方式退出需要花费的成本为并购额的 1%。

3）时间

退出需要花费的时间也是在选择退出方式时需要考虑的一个因素。由于 IPO 退出需要进行大量的前期筹备，手续烦琐，步骤较多，因此企业在通过 IPO 退出时花费的时间也更长。据有关研究，企业准备 IPO 退出的时间平均为两年左右。

并购退出较 IPO 退出所花费的时间更少。并购交易持续的时间一般在 6 个月左右。二次转让退出较 IPO 或者并购退出实施起来更加容易，持续的时间也更短，原因可能是风险投资基金投资组合中的企业在接受投资前已经过严格的筛选和尽职调查，信息不对称的程度较低，在进行二次转让时需要用于尽职调查的时间也较短。

4）退出收益

风险投资家能够从被投资企业的退出中获得的收益将会影响他们对退出方式的选择。从历史来看，IPO 或并购退出方式都能够为投资者创造高额的投资收益，但这两种退出方式所创造的收益还是存在较大的差异。一般来说，企业通过 IPO 退出的收益要远高于并购退出的收益。投资者需要考虑的问题是：让被投资企业继续发展并最终以公开上市的方式退出，还是现在就以一个不错的价格将其出售给战略投资者。研究发现，企业通过 IPO 退出时的估值会比并购退出的估值高出 22%，因此一般情况下，选择以公开上市的方式退出能够获得比通过并购方式退出更多的投资收益。但问题是，如果投资者选择通过 IPO 方式退出，他们可能需要为此多等上 2~3 年的时间，而且在这个过程中还存在很多的不确定性。

5）声誉效应

在被投资企业以公开上市的方式退出时，风险投资家将会获得巨大的声誉效应，他们可以凭借这一声誉更容易地募集新的基金。对创业者而言，以公开上市方式退出体现了公众对创业企业发展前景和创业者能力的高度认可，这种声誉效应使得公开上市退出成为风险投资家和创业者双方的首选退出方案。

6）流动性

由于 IPO 退出方式存在锁定期，企业原有股东、管理层和投资者等内部人士所持有的股票不能在企业进行 IPO 时出售，而是需要等锁定期满后才能出售给公众投资者。因此，风险投资家需要承担在锁定期内由于股市行情变化和企业股票价格下行所导致的投资贬值的风险。与之不同，在通过并购或者其他股权转让的方式退出时，由于没有锁定期的限制，风险投资基金所持有的企业股权都可以在短时间内获得流动性。

7）风险和不确定性

各种退出方式都会存在一定的风险和不确定性，在这里我们主要讨论两种类型的风险，即股价下行风险与财务风险。

（1）股价下行风险。

虽然通过公开上市退出可以获得理想的投资回报，但是通过这种方式退出存在的不确定性也很高，如市场接受的股票发行价格可能在上市登记的过程中发生变化。另外，在进行首次公开发行后的锁定期内，企业的股票价格也可能发生较大的变化，从而让投资者承担股票下行的风险。

一般来说，IPO 之后存在一定时间的锁定期。例如，根据美国的证券监管法规，在企业股票公开上市后的一段时间内(通常为 180 天),企业内部人士(企业原有股东、管理层和投资者)所持有的企业股票不能立刻进行公开交易,而是需要等待锁定期满后才能将其出售给股票市场上的公众投资者。这样,风险投资基金就需要承担在锁定期内由于股票市场行情的变化给其所持有的股票价格带来的下行风险,从而增加了不确定性。

(2)财务风险。

在采用股份回购方式退出时,企业股权的收购方可能面临较大的财务风险,原因是企业创始人或管理层可能需要向商业银行等信贷机构大量举债融资以收购风险投资基金所持有的企业股权。这样,他们就需要承担到期无法偿还贷款的财务风险。对于企业创始人和管理层来说,由于这一风险的存在,回购退出方式可能并不是最佳的选择。

8)控制权

对创业者而言,通过首次公开发行退出一般不会威胁他们对企业的控制权,并可以在 IPO 之后继续保持其现有职位;而采用并购方式退出往往会削弱创始人对企业的所有权和控制权,并使企业失去其独立性。许多创业企业在被并购后往往会成为大企业的一部分,企业创始人和管理层将失去对企业的控制权,很可能被降格为子公司或某个部门的负责人甚至被辞退。因此,一般情况下,企业创始人和管理层更倾向于选择通过 IPO 的方式退出。

在不同的国家和地区,由于在风险资本来源及资本市场发育程度方面的巨大差异,各个风险资本所选择的退出方式不尽相同。不同的退出方式将会造成资本收益水平和风险性方面的巨大差异。因此,选择和设计适宜的退出方式也就成了风险投资家们必须慎之又慎的问题。

案例汇编

通过管理层收购(MBO)实现风险资本退出

一、第一桶金

“道可道,非常道,名可名,非常名。”这是《道德经》的经典开篇,古往今来不知被多少人传唱,但从中传唱出一个亿万富翁,传唱出一个商业帝国的人或许并不多,大族激光董事长高云峰就是其中之一。

高云峰出生于 1967 年,毕业于北京航空航天大学飞行器设计专业,毕业后在南京航空航天大学从教两年,之后南下香港分别就职于香港闪达电子有限公司、香港远东电脑系统公司和华达电脑软件公司,从事专业技术工作。

在香港,高云峰结识了一位香港客户,这位客户与他都十分喜欢老庄之学,经常一起探讨哲学,感情甚笃。在言谈之中,高云峰得知该香港客户购买的进口激光打标设备经常“罢工”。由于本地客户少,厂商的售后服务十分草率,维修还需提前两个月预约。作为技术控,高云峰欣然接受了修理激光打标机的任务。

激光打标机作为一种电脑外设,通过底层控制系统及电脑端的信息输入,控制激光在材料表面的路径,从而形成需要的图文标记。

从原理和结构来说,打标机并不复杂。半年后,高云峰对机器的各个结构已了然于心。当时,客户的机器一有问题,就找他来修理,同时以每月数千港币作为酬谢。

1996 年,高云峰决定回大陆发展。当时,该香港客户正准备从欧洲增购两台打标机,便极力挽留他。经过半年的了解,高云峰已知其对设备的需求和要求,也知道进口打标机的购买流程:提前 3 个月预付 40 万元,提货时再付 40 万元。

高云峰主动请缨,用这 40 万元的预付款,在 3 个月内完成两台激光打标机的组装和调试,产品验收后再收另外 40 万元,同时负责售后。由于天天在一块儿谈老庄,双方彼此信任,连借条都没打,该香港客户就将预付款 40 万元交给了高云峰。

来到深圳后,高云峰在离电子市场最近的赛格租了三室一厅。深圳电子市场应有尽有,能够找到几乎所有的零配件,但设备的底层控制系统需要自己动手完成。

控制系统一般使用汇编或 C 语言,高云峰从书店买来教程边学边做,写出的程序也能运行。由于设备组装不可避免会出现若干零配件不兼容的问题,不断调试成为后期的主要工作。

就在约定的交货期那天,激光打标机调试成功。经过验收测试,客户认为符合要求,付清了 40 万元的余款,这就是大族激光的“第一桶金”。

“40 万元在当时的香港做不出这样的机器,我需要的人、原材料、配套商等都不允许,但是在深圳全都允许。”高云峰事后发出了这样的感慨。

根据大族激光《首次公开发行股票招股说明书》显示,在 1996 年 12 月 18 日,高云峰创办深圳大族实业有限公司,并申请注册“HAN’S”商标,公司产品冠名“HAN’S LASER”。从此,大族激光开始了高新科技企业成长之路。

二、弹尽粮绝

大族实业成立之后,立即面临来自市场的重压:激光行业被国资单位高度垄断,竞争对手早已割据一方,公司生产的产品找不到销路。

但高云峰仍然满怀信心,开始千方百计地为新产品找销路。甚至准备找长春的同学,帮忙开拓国资企业市场,但这条路对于当时的大族来讲显然走不通。

1996 年年底,经过反复分析,高云峰决定在与之体量相近的纽扣行业进行市场拓展。于是,第一批销售人员向“纽扣之乡”温州桥头镇进发。但当地的中小企业主并不买账:“一颗扣子平均卖 1 分钱,哪里用得着激光这种高级设备?”3 个月后,高云峰的营销团队颗粒无收,自有资金开始吃紧。

这时,高云峰调整了销售策略:帮企业免费打样,用自己的设备给每颗纽扣打上需采购纽扣的服装厂的品牌,让企业以每颗纽扣 2 分钱的价格与服装厂洽谈,视效果来决定是否采购。就在高云峰快坚持不住时,一位温州客户发来 30 万元的订单,解了燃眉之急。

“让客户先赚到钱”的“笨办法”慢慢奏效,1998 年公司产品开始供不应求,1999 年在温州市场的累计销售额已达 3 亿元。当然,这些都是后话。这种“笨办法”最大的缺点在于先期需要投入较大资金用于前期采购,这对于当时已捉襟见肘的大族而言,无疑是一种无奈的选择。

不久,公司品牌知名度、业务量逐渐上来,高云峰开始采用传统的经营模式,即向客户收取预付款,这其实是一种类“供应链融资”的手段。对于当时的大族实业来讲,核心竞争力在于具有自主知识产权的光源技术和数控软件,其他包括激光器在内的所有零件,均来自外部采购。这种融资手段无疑减轻了流动资金不足的压力,但对高云峰来讲,显然还远未达到“扩大再生产”的预期。这时,他想到了拉风投入伙。

三、风投恩怨

1997 年,高云峰按地方黄页寄信的方式寻找风投,这是当时比较高效的商务沟通手段。不久,有两家风投回信。其中之一便是深圳市高新投集团有限公司(原深圳市高新技术投资担保有限公司,以下简称高新投)。

“高新投是深圳市政府专门为了扶植高新技术企业成立的。我们最初是希望能获得担保贷款 100 万元,他们需要我们提供反担保,但我们不具备反担保能力。后来我们商量,干脆由他们来投资。”对于当时的选择,高云峰接受采访时表示,“为促成合作,我同意让高新投控股。并且,无形资产不作价。当时订单有 5 000 万元,净利润 1 000 万元,都不作价。最后他们出 438 万元,占 51%股份,派了董事长、财务总监来,合资公司正式成立。最终是双赢, 2001 年我们年营收几个亿,高新投的资产翻了 6 倍,企业完成股份制改革后在中小板上市。”

按照高云峰的说法,与高新投的合作近乎完美。实际上,高云峰和他的大族激光在此期间经历的痛苦或者磨炼,或许是其有生以来最大的考验。

1999 年 3 月,高新投与大族实业合资成立深圳市大族激光科技有限公司(以下简称大族有限)。其中高新投以 438 万元的出资获得 51%的控股权,大族实业拥有 29%股权,高云峰作为自然人则拥有公司 20%股权。

从高云峰让出控股权,订单、净利润、无形资产均不作价的行为上看,高新投似乎真的成了高云峰的“救命稻草”。高新投从签订投资协议开始,就已经实现了“以小搏大”,完成了国有资本保值增值的目的。当然,其前提是,大族有限仍然健康运转。

话又说回来,对于精明的高云峰而言,不可能做这种亏本买卖。况且, 1998 年大族实业的激光打标机在温州市场的表现正在好转。虽然“供不应求的订单”正需大量资金进行扩大再生产,缺钱是肯定的,但还不至于到抓“救命稻草”的程度。很大的可能,就是高云峰故意答应相关资产不作价,也就是说从签订投资协议开始,其净资产通过简单的市场行为就可轻易达到了回购高新投股份的要求。比如 5 000 万元的订单回款完毕,以当时至少 30%的毛利来算就有 1 500 万元。

在投资协议中,高云峰增加的净资产对赌条款如下:如果企业在一年半内净资产从 860 万元增加到 2 000 万元,大族实业创始人有权以净资产的价格回购控股权。果不其然, 2000 年 9 月,一年半之约到期,大族激光 3 500 万元的净资产已远超约定价格。

其实,按照当时的体制,这种结果有一定的必然性。按照以前的传统,国有资本要投资个体户,就要承担一定的政治风险,控股合资公司只以净资产作价成为一种常态。为应对高云峰的回购协议,高新投引入董事长及财务总监,完全抓住了大族激光的“命门”。

起初,作为一手把大族激光拉扯起来的高云峰来说,高新投要控股的条件是他万万不能接受的。“别人控股之后,企业的方向是不是能把握,这是一个问题。”高云峰的这一顾虑使谈判从 1998 年 6 月一直持续到 1999 年 3 月,足足谈了 9 个月。“非常难谈,说实话当时我觉得很犹豫。”然而,对资金的渴求使高云峰对控制权做出了让步,为了大族实业的利益,高云峰又开始在第一个条件上做文章,提出能不能“溢点价”。高新投作为国资企业,且定位于中小企业投资,整体投资额度有一定限制,由此导致高云峰的“溢价”方案再次遭到否决。

基于以上因素考虑,任何一个精明的商人都会选择没有任何悬念的对赌协议作为退路。

实际上,高新投的加入的确在融资方面帮了高云峰的大忙,最高时大族有限得到了 2 800 万元的贷款。大族有限在研发和全国网点铺设上有了更大力度的投入,企业开始加速扩张。

但高云峰最担心的事情发生了:他们与高新投派驻的管理层相处并不融洽,财务不配合工作甚至吊销发票成为散伙导火索之一。此外,与高新投散伙还有另一个重要原因,高云峰事后表示:“高新投主要目的是扶植更多的小企业发展。当我们资金需求量比较大时,就满足不了了。我们想收回股权资源后，再寻找更有实力的公司来支持公司的发展。”

作为国字头企业，高新投自然不甘心双手奉上一手扶持起来的“摇钱树”。经过一年半的入驻，大族有限最大的软肋——流动资金缺乏，对高新投而言早已不是什么秘密。作为投资老手，高新投或许在签订投资协议前，就对高云峰进行股权回购的概率和能力做了评估：按照协议，回购46%股份的成本达1 760万元，高云峰根本无力承担回购款；即使拿回股权，高新投也是最后的赢家。可见，在资深投资专家面前，再精明的商人也得服软。

但是，他们忘了高云峰还有一张底牌——49%的股权。高云峰正是运用股权质押的方式，引入港资加入战斗。

四、竞拍风波

高云峰与港资的资本往来，在媒体上有多个版本，可信度较高的是大族激光《首次公开发行股票招股说明书》中的股权纠纷记载。其中，2002年，与高云峰对簿公堂的深圳市诚中信投资发展有限公司（以下简称诚中信）老板张伟，就是后续竞拍事件的幕后推手，甚至一度成为大族激光的控股股东。

2000年9月28日，高云峰与深圳市荣泰投资发展有限公司（诚中信的前身）签订《股权转让协议》，转让个人所持大族有限10%的股份，获得800万元。最终，高云峰用筹集的880万元付了回购股份全款的一半，并与高新投签订了《股权转让协议书》，开始履行回购手续。

当时的回购流程，是按照老国企的方式处理的：先进行评估，然后到投资管理公司报批，再到国资办备案。办这些手续花了半年时间，等到高云峰到工商局去办变更手续时，工作人员却告知：“最近刚接通知，国有资产转让要公开招拍，你们是第一批。”由于双方在半年前就付了定金，签好了股权转让协议，高云峰首先想到起诉，但要求国企赔1 760万元，这官司至少打3年，还不保证输赢，自己着实拖不起，只能参加拍卖。

因为竞拍需要现付500万元保证金，高云峰以“股权转让协议因招拍而失效”为由，向高新投索要880万元的预付款。照理说，高新投没有理由拒绝，但最后还是一拖了事。

2001年1月10日，张伟与高云峰签订两份《股权转让协议书》，约定分别以767.6万元、1 098万元获得高云峰与大族实业所持大族有限的49%股权，其中20%的股权转让给矽感微讯，29%的股权转让给矽感控股。矽感微讯、矽感控股均是张伟在香港设立的公司。

与上次签订的协议（已作废）相比，大族有限的股票转让价缩水超过50%。不难想象，高云峰当时已没有任何讨价还价的余地。通过股权转让及后期竞拍借款，高云峰筹资4 300万元。

2001年4月，在公开竞拍中，厦门建发集团、深圳大鹏创业投资等多家企业参与，竞拍价直线上升。最后高云峰以2 460万元的高价拍得46%的股份，成为当时深圳市个人购买国有股权成交额最大的一宗案例。回购完成后，高新投仍保留了5%的股权。高新投退出后，仍然为大族激光提供了总计4 000多万元的贷款担保。

高云峰的事迹被全国各大媒体广泛报道，各种光环集于一身。然而，此时的高云峰一点也高兴不起来，因为大族激光的真正主人是张伟，自己已一无所有。

五、二次股改

张伟虽然是大族有限的实际控制人，但非常担心自身资金安全。主要担心有二：激光设备是重资产行业，投资回报率低，周期长；高云峰是大族激光的灵魂人物，由于占股少，随时可能甩手不干或另起灶炉。其实，张伟以及其他竞拍者早就预见了这样的风险，而让他心动的原因，或许正是看中了高云峰当初以“白菜价”转让的全部股权。

但事实表明,他的担心正在发生。虽然大族激光的营收逐年上升,但由于有华工科技、北京大恒这样的竞争对手,市场压力其实很大,投资回报率低不说,还很辛苦。张伟后悔不已,决定放弃所有股权,抽回本金及利息,转战回报率更高的房地产,同时希望高云峰能够寻找接盘者。高云峰又看见了一线曙光。

深圳市历来有扶持高新技术企业、培育行业龙头的良好传统。大族激光作为第一批国有股权拍卖试点单位,出众的财务报表引起市政府的高度关注,被列为"政府重点扶持的企业名单"或许正是此时。后续股权竞拍中,高新投的肖虎以及大连正源、东盛创投等国有投资单位成为高云峰的一致行动人,就是很好的佐证。这或许也是高云峰在短期内顺利找到接盘者,与高新投化干戈为玉帛的主要原因。

有了前车之鉴,高云峰在第二次股改时聪明了不少。2001 年 6 月 8—15 日,高云峰与接盘者按照不同约定价格分别签订股权转让协议,获得股权转让金约 6 000 万元。此次股权转让后高云峰与大族实业分别持股 29%、湖南华菱科技发展有限公司(现更名:海南洋浦华洋科技发展有限公司)持股 10%、红塔创投持股 8%、大连正源持股 8%、东盛创投持股 8%、深圳高新投资持股 5%、肖虎持股 3%。后经董事会同意,大族有限整体变更为深圳市大族激光科技股份有限公司。大族激光首次股票发行前股权结构见表 7-1。

表 7-1 大族激光首次股票发行前股权结构

股本类别	发行前		发行后	
	股份数量(万股)	持股比例(%)	股份数量(万股)	持股比例(%)
发起人股				
国有法人股				
其中:红塔创新投资股份有限公司	640.128	8%	640.128	5.98%
深圳市高新技术投资担保有限公司	400.080	5%	400.080	3.74%
法人股				
其中:深圳市大族实业有限公司	2 320.464	29%	2 320.464	21.68%
海南洋浦华洋科技发展有限公司	800.160	10%	800.160	7.48%
大连正源企业有限公司	640.128	8%	640.128	5.98%
深圳市东盛创业投资有限公司	640.128	8%	640.128	5.98%
自然人股				
其中:高云峰	2 320.464	29%	2 320.464	21.68%
肖虎	240.048	3%	240.048	2.24%
社会公众股	—	—	2 700.000	25.23%
合计	8 001.600	100%	10 701.600	100.00%

2001 年 6 月 15 日,张伟遵守诺言,签订《还款及解除合同协议书》,高云峰需归还 2 600 万元借款、1 700 万元购股定金及 430 万元的利息,双方此前签署的所有股权转让及借款协议终止无效。此刻,高云峰深刻体验了失而复得、绝处逢生的喜悦。

上市无疑是这些投资者的最佳退出通道,也是他们的参股初衷,于是高云峰和股东们开始张罗大族激光的上市事宜。大族激光引入风投始末如图 7-2 所示。

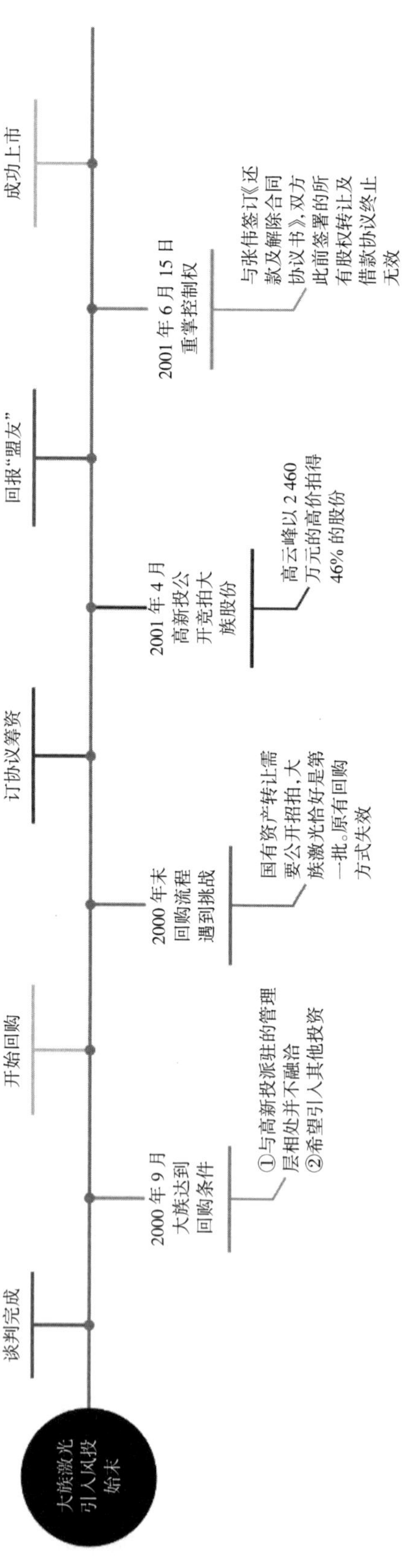

图 7-2 大族激光引入风投始末

六、上市圆梦

2004 年 6 月 25 日,深市恢复发新股，8 只新股在中小板上市,时称中国股市“新八股”。其中唯一的一支来自深圳本土的企业——深圳市大族激光科技股份有限公司,其股价当日涨幅夺冠,超过 400%。

据公开资料显示,大族激光投入二级市场的流通股只有 2 700 万股,占总股本的 25.23%,发行价 9.2 元,按此计算,募股资金总额约 2.4 亿元。但是,按照当时深市的传统做法,以当日第一笔股票交易价格作为新股开盘价,存在“恶炒新股”的风险。大族激光的开盘价为 40 元,比 9.2 元的发行价溢价约 435%,严重超出广大投资者甚至高云峰本人的预料。

由于误打误撞,大族激光再一次“被”成为标志性企业之一载入史册,前一次是国有股竞拍,这一次是中小板。

由于高云峰直接和间接持有大族激光 43.36%的股份,合计 4 640 万股。如果以当天的收盘价计算,高云峰的身价高达 18 亿元。年仅 37 岁的高云峰终于凭借上市东风,跻身于亿万富翁的行列。高新投仍保留了 5%的股权,按最初支付的金额来看,高新投的成本价仅 43 万元。如果高新投从当初持股至今不变,想想看,这是多么大的一个数字。

案例思考题

(1)为什么高新投在入股大族激光时,无形资产、订单和利润都没有作价?作为公司创始人,高云峰为什么能接受这样的评估依据和国资绝对控股的合作条件?

(2)高新投作为风险投资机构,既然看好大族激光未来的发展前景,为什么会设置允许其创始人主动回购股份的条件?

扩展阅读

每个龚虹嘉赚大钱的案子,都注定是 VC 投不到的

细数龚虹嘉的投资,几乎都是“反主流理念”“反天使投资”甚至“反 VC”的。让龚虹嘉持续获得超高回报的案子,大概都是 VC 学不来,也投不到的。

一、“真正的”天使投资人

2020 年早些时候,李竹和龚虹嘉进行了一场对话。末了,李用这么一段话评价这位老乡:“龚总是真正的天使投资人,估计也是国内每年投资金额最大的天使,看问题的高度和一般的投资机构也不一样,宽度也不一样,对创业者的容忍程度也是非常宽厚,这可能正是龚总能不断取得成功的一个非常重要的原因。”

我们当然相信李竹是在真诚地夸人,不然不会用这么多定语,但这句“真正”很有思辨意味。

如果对龚虹嘉赚了大钱的案例加以分析,就会发现,此人的投资风格是“最不真正”的天使投资,甚至可以认为是“反天使投资”乃至“反 VC”的。

天使投资通行标准是啥,你我都背得出来:投资 3 F,金额小,股比低,提供帮助,激励团队,初期低回报、高投入,后期分股也要大方。

龚虹嘉却把标准打个稀碎。看看海康威视吧,这个让他赚到了 25 000 倍回报的壮举是怎么发生的?

2001 年,“911”事件引发全球安防浪潮,国企中电科的 52 所脱编了 28 位工程师成立海康威视,负责人正是龚虹嘉在华中科技大学的两位老同学。

戏剧性的是,海康威视的首选并非龚虹嘉,而是他的好友李竹。李随即拒绝,理由无可挑剔:海康威视是国资控股,创始人不占股,天使投资怎么玩得转?

龚虹嘉则与对方一拍即合,龚出资 245 万元,占股 49%,成为海康威视第二大股东,其余 51%股份则掌握在中电科手中。

除了资金,龚虹嘉还帮着解决了急缺的核心技术,视频编解码 H.264 技术。

这里又是一段趣闻。龚虹嘉想招一位年轻的“技术大牛”做核心技术研发,对方当场提了三个“放肆”的条件:第一,不坐班;第二,要先给一笔钱保证下半辈子衣食无忧;第三,只签一年合同。龚虹嘉却一口气全答应了。结果这位老兄埋头家中半年,真把技术做出来了,H.264 编码技术正是日后海康威视安防帝国的技术基石。

现在来看,这个案子至少有三点是不合天使投资常规的:首先,和国企并肩早期投资,创始团队不占股;其次,投资人占股的比例过高,足有 49%;再次,在没有任何成果的情况下,承诺早期员工财富自由。

按照主流的标准,上面三条随便哪条给到主流 VC,恐怕都避之不及,比如李竹就避开了。龚虹嘉一次性踩中三条“红线”,却赚到了史无前例的回报。

还有一个案子也能说明问题:嘉博文,这家公司业务是回收餐厨废弃物,并将其转化为有机土壤调理剂。2007 年,这家公司曾获得高盛等机构的投资,但在 VC 基金的存续期间,公司业务并未迎来大规模应用,也没什么 IPO 的可能性,VC 便纷纷强制要求管理层赎回。

2015 年公司濒临倒闭之际,龚虹嘉出手了。他在采访中透露,把一部分海康威视的退出资金投到了这个项目,“每年总得放一两个亿”。在龚虹嘉的支持下,差点“凉了”的嘉博文涅槃重生,成为固废资源化领域的隐形巨头。

一家濒临倒闭的企业,把 VC 的耐心都已耗尽,龚虹嘉不仅出手了,一出手还是好几个亿,这是又一个“反 VC”的案例。

这到底是什么情况? 这话应该怎么说? 是“龚虹嘉投的项目和团队,都是 VC 肯定不会投的”,还是“龚虹嘉赚了大钱的案子,都是 VC 投不到的”?

二、“反 VC”的人才标准

如果你去问龚虹嘉最后悔的案子,答案肯定是拒绝王兴。美团刚起步,王兴通过李竹找到龚虹嘉,希望融资 1 000 万元去签 5 000 家商户。二人聊了不到 1 小时,龚虹嘉没投。

“看王兴斯斯文文的,性格比我还内敛,不是适合干这件事情的合适人选”。龚虹嘉这个拒绝理由也毫不出奇。事后龚的反思是“自以为是”,但根源恐怕不在这。

我们谈得具体一点:龚虹嘉可以在没看到任何成果的时候,一口气答应早期员工的财富自由,可以凭一种非主流的、极致的投资方式赚到 2.5 万倍的回报,同时他也能完美错过王兴——这个时代的“优质创业者代表”,最符合主流商业价值的优质企业家。

这只能说明一个问题:在龚虹嘉的人才标准下,他是“看不到”王兴的。

王兴是什么人? 可以说,他是全民创业时代下“优秀创业者”概念的集大成者,是最符合主流商业价值的优质企业家。他身上的每一条线索都是 VC 的投人准则:保送清华,毕业拿着全额奖学金去美国，博士读一半辍学创业，创办人人、饭否的连续创业者。顶尖的教育背景，还附带个“辍学创业”的标配剧本，王兴怎么看都是妥妥的优质样本。

除了美团，龚虹嘉还拒绝过大疆，尤其令人惊讶的是，他拒绝的是沈南鹏推介过来的大疆。

按照龚的说法，六七年前和沈南鹏在香港吃午餐。沈给他介绍了大疆，理由是有机会成为中国靠做智能硬件挣钱第二多的公司，前提是“他认为我是在中国靠做智能硬件挣钱第一多的人”。此时大疆刚接受红杉的早期投资，价格不高，龚却拒绝了，理由基于航空管制不看好无人机。

拒绝了后来的千亿美元企业家和后来的福布斯全球第一风险投资人，龚虹嘉简直是个拒绝主流的集大成者。那么，入得了龚虹嘉的眼的，又是什么人?

盘一盘他赚了大钱的案子就有端倪了。海康威视初创团队是从中电科脱编的国企员工；做到全球前 10 的智能卡应用开发商握奇数据，创始人是一位北京的中专老师；龚虹嘉第一桶金德康通信的创始人是三位 60 多岁退休的技术专家，研究所干了大半辈子，不懂管理，招了几个上海交大博士，不到半年全部走光，摩托罗拉来谈合作，几位老头觉得对方是来“搞我们”的。

这应该怎么总结？龚有所谓的“人才标准”吗?

那大概就是“土”了。他喜欢用“土”来形容自己，想来这一方面是自谦，二来也暗含着一种标准。龚虹嘉挂在嘴边的“土”，并不是气质上的土，而是一种反主流，甚至反现代的人才标尺。比如龚虹嘉就把三位大佬纳入到“土”的阵营，“丁磊不精通管理、陈天桥没出过国、马化腾没读过 MBA，中国最成功的网络公司都是这些‘土鳖’做出来的。”

翻译一下，龚虹嘉的意思大约就是：用“反主流”的投资理念和人才标准，也一样有 top 级别的结果。

不过呢，上个章节的结论，看来我们也只说对了一半：龚虹嘉的大案子是 VC 投不到的——但 VC 主流标准里怎么找顶级企业家，龚虹嘉也不会。

三、“运气最好”

收获 25 000 倍回报是一种怎样的体验？回答这种问题挺麻烦，盈满则亏，不如打太极，归结为“运气”最省事。

“我从大学读书、工作、创业，到做天使投资人，甚至包括娶妻，都是在一个非常窄的圈子里面进行的。几十年来，数番来来回回，我都和这几十个人发生着各种联系。人生这么多的大事都在一个专业班上完成，而且还从与班上同学合作中赚得自己第一、二、三桶金。”

谈“小圈子”，本质上就是谈“运气”，这也确实可以解释他的前几桶金，但时至今日，龚虹嘉的成绩单用运气来概括肯定是狭窄了。

龚虹嘉的投资密码，暗藏着的是强大的手腕、认知和经验。

比如，中源协和的案子。中源协和是国内细胞存储的龙头企业，早在 1993 年就在 A 股上市。2015 年和 2016 年，中源协和两次收购上海傲源，均以失败告终。

2017 年，龚虹嘉介入，迅速帮助中源协和完成收购。交易完成后，龚虹嘉持股中源协和 10.21%，次年，龚虹嘉通过减持海康威视套现 48.72 亿，增持中源协和超过 3%股份，之后直接出任中源协和董事长。

一个两次未果、错综复杂的资产重组案件，龚虹嘉不动声色解决得干脆利落，最后甚至“反客为主”，这就远不止于“天使”能概括得了，这是“野蛮人”级别的手腕和财技。

除了投资功力一流，龚虹嘉的说话艺术也十分了得。

龚虹嘉是一位情商极高的老江湖，深谙中国式关系之道。比如，赚了大钱只说自己“运气好”。

对于很多事情，龚虹嘉也只是点破但不说破。2020 年早些的一场对话中，龚虹嘉被问及天使机构化是不是伪命题，他自始至终没有直接回答，再被追问“你还是支持个人做天使投资对吧”，老兄终于给了一句“这样考虑更加理智”。

与同行的相处，龚虹嘉也是又周到，又仔细。4 年前，龚虹嘉和朱啸虎等人同台，当时的朱啸虎接连投中滴滴、映客和 ofo，春风得意。主持人问龚虹嘉如何看待共享单车，龚却先大大地恭维了朱啸虎一番，力道十足，这里有必要摘录原话。

“我们在座见到朱啸虎还是比较崇敬的，原来说早期投资没有什么‘救世主’，那是谁都看不清楚的阶段，但我觉得自从有了朱啸虎，早期投资算是有了‘救世主’，只要他看重哪个项目他就砸大钱，往往他一砸大钱长则一年结束战斗，短则几个月结束战斗，我们都得花十几二十年才能结个果，你就整两三年。他的滴滴算是整得波澜壮阔一点，也快，所以你改变了我的人生观，也改变了我的价值观，向你致敬。

我总结就是说，第一，人起名字很重要，他的父母给他起了朱啸虎，他在早期风投这一块表现出来的风格就是呼啸而来凶恶的老虎；第二，管别人的钱真好，风险大一样敢上，这也是我的短板。”

你瞧，把对方称作救世主，谈自己却净顾着揭短了。

所以龚老板的话绝不能当干货，你得当艺术听。实际来看，强大过人的资本手腕，另辟蹊径的深刻投资洞察，以及在中国式关系中如鱼得水的生存之道，才是龚虹嘉“真正天使投资人”的利器，而不只是什么随机的缥缈的运气。

四、“所有人”的 LP

龚虹嘉高在哪儿？高就高在除了创业者和天使投资人，他还是 LP。

他不但是 LP，而且还几乎是所有人的 LP。

2014 年，龚虹嘉创办了深圳嘉道谷投资，还与朱伟豪联合创办了嘉豪投资。根据报道，嘉道谷投资了红杉中国、IDG 资本、高瓴资本、晨兴资本、经纬中国、英诺天使基金、梅花创投、中金资本、方广资本、清科创投等知名机构。嘉豪基金对外投资的 GP 包括元生资本、沸点资本、火山石资本、顺为资本、源码资本、GGV 纪源资本、愉悦资本、赛伯乐投资、云启资本、南山资本等。

总共二十几家，你顺着榜单去捋吧，他几乎把国内有头有脸的 GP 承包了，简直是独立锻造了一只中国风险投资的“30ETF”。

龚虹嘉谈及过 GP 的选择逻辑，一是看 GP 的擅长方向、过往案例和投资风格是否与认知吻合；二是是否能够弥补自身和团队在认知和能力边界上的不足，第二点比第一点投得更多。

这两个理由无可厚非，毕竟龚虹嘉的投资版图时常游离在主流之外，补补短板完全说得过去。但若想补短板，投个几家 GP 也就足够了。龚虹嘉为什么偏偏要投这么多家？

答案只有一个，不错过。

聪明如龚虹嘉，不可能看不到中国市场巨大的投资潜力。他选择用一种类似指数基金的策略做 LP，把对外投资的盘子做到尽可能的大。龚虹嘉信奉“水利万物而不争”，时常把“不争”挂在嘴边。但在投资这件事上，龚虹嘉的动作语言是明明白白的“从不错过”。

天使投资人也好，LP也罢，还是得捧一下这位只喜欢自揭短板的投资人。对于职业投资人来讲，龚虹嘉的故事正像是带着某些残酷色彩的启示录，有助于VC思考自己的边界和局限性，也有助于投资人们更深层次地理解这份职业，乃至探索更多的可能性。

参考文献

[1] 王斌. 风险投资学[M]. 北京:清华大学出版社,2019.
[2] 刘曼红, PASCAL LEVENSOHN,刘小兵. 风险投资学[M].2 版. 北京:对外经济贸易大学出版社,2018.
[3] 中国风险投资研究院. 风险投资家(风险投资从业培训教程)[M]. 北京:中国发展出版社,2017.
[4] 布拉德·菲尔德,杰森·门德尔松. 风投的技术:创业融资及条款清单大揭秘[M]. 桂曙光,译. 北京:机械工业出版社,2018.
[5] 任泽平. 中国独角兽报告 2022:趋势和机会[R/OL].[2022-7-11]. https://baijiahao.baidu.com/s?id=1738017419088762980&wfr=spider&for=pc.
[6] 桂曙光,陈昊阳. 股权融资:创业与风险投资[M]. 北京:机械工业出版社,2019.
[7] 韩凤芹,周斌. 促进高技术产业发展的政府采购政策研究[J]. 中国经贸导刊, 2011(10):32-34.
[8] 陈敏灵,陈红霞,薛静. 中国风险资本来源分析及多元化实现路径[J]. 现代经济探讨, 2011(5):48-52.
[9] 付伯颖. 美国联邦遗产税的历史变迁与启示[C]//中央财经大学中国财政史研究所. 财政史研究(第八辑). 北京:中国财政经济出版社,2015:334-357.
[10] 清科研究中心. 产业与资本的融合之路: 2023 年股权投资市场 CVC 发展研究报告[R].[2023-08-17].
[11] 龚雄武. 大族激光资本腾挪术:高新企业峭壁生存法[J]. 经理人,2015(10):30-45,18.
[12] 胡海峰. 风险投资学[M]. 北京:首都经济贸易大学出版社,2008.
[13] 范柏乃,袁安府. 风险投资工具、股权定价与合同设计[J]. 证券市场导报,2002(6):30-37.
[14] 王景涛. 新编风险投资学[M]. 大连:东北财经大学出版社,2005.
[15] 汪岩.30 分钟搞定商业计划书[M]. 北京:中国纺织出版社,2005.
[16] 廖筠. 风险投资后续管理解析[J]. 企业改革与管理,2005(4):10-11.
[17] 范柏乃. 现代风险投资运行与管理[M]. 上海:同济大学出版社,2002.
[18] 乔希·勒纳,费尔达·哈迪蒙. 风险投资和私人权益资本案例[M].2 版. 胡波,朱琳,王芬,译. 北京:经济科学出版社,2002.

[19] 朱砂梅. 人类历史上最伟大的一笔投资[EB/OL]. http://www.cyzone.cn/a/20180324/327263.html,[2018–03–24].

[20] 司业非. 如何看懂一个商业模式是否成立？给你 7 条参考标准[EB/OL]. [2018-05-05]. https://www.jianshu.com/p/7811cf408b64.

[21] 福布斯中文网. 尤里·米尔纳：Facebook、阿里巴巴、京东和小米背后的同一个男人[EB/OL]. [2016-06-12].http://pe.pedaily.cn/201606/20160612398195.shtml.

[22] 投中网. 每个龚虹嘉赚大钱的案子，都是 VC 注定投不到的[EB/OL]. [2020-11-03]. https://baijiahao.baidu.com/s?id=1682304871265665233&wfr=spider&for=pc.